ОТКРЫВАЯ БИБЛИЮ

НОВЫЙ ЗАВЕТ

ОТКРЫВАЯ БИБЛИЮ

НОВЫЙ ЗАВЕТ

Дж. Дэвид Посон,
магистр гуманитарных наук,
бакалавр (естественных) наук
в сотрудничестве с Энди Пек

Anchor Recordings

Copyright © 2003, 2014 Дэвид Посон

Название на английском языке: Unlocking the Bible

Издание на английском языке впервые было опубликовано отдельными томами в 1999-2001 гг. в Великобритании

Настоящее издание на русском языке опубликовано в Великобритании в 2014 г.

Право Дэвида Посона считаться автором настоящей работы было подтверждено в соответствии с законом о защите авторских и патентных прав, а также прав в области конструкторских изобретений (Великобритания, 1988 год).

Ни одна часть этой публикации не может быть воспроизведена, сохранена в системе хранения или передана в любой форме или любыми средствами – электронной, механической, фотокопированием, записью или какой-либо иной без получения предварительного письменного разрешения издателя.

Другие материалы с учением Дэвида Посона, в том числе DVD-диски и компакт-диски, можно приобрести по адресу:
www.davidpawson.com

ДЛЯ БЕСПЛАТНОГО СКАЧИВАНИЯ
www.davidpawson.org

Для получения дополнительной информации пишите по адресу электронной почты:
info@davidpawsonministry.com

СОДЕРЖАНИЕ

ПОВОРОТ ИСТОРИИ

36.	Евангелия	9
37.	Евангелие от Марка	19
38.	Евангелие от Матфея	35
39.	Лука и Деяния	57
40.	Евангелие от Луки	67
41.	Деяния	87
42.	Евангелие от Иоанна	111

ТРИНАДЦАТЫЙ АПОСТОЛ

43.	Апостол Павел и его послания	139
44.	1 и 2 послание Фессалоникийцам	153
45.	1 и 2 послание Коринфянам	171
46.	Послание Галатам	191
47.	Послание Римлянам	225

48. Послание Колоссянам	243
49. Послание Ефесянам	255
50. Послание Филиппийцам	267
51. Послание Филимону	283
52. 1 и 2 послание Тимофею и послание Титу	287

ЧЕРЕЗ СТРАДАНИЯ К СЛАВЕ

53. Послание Евреям	313
54. Послание Иакова	341
55. 1 и 2 Послание Петра	359
56. Послание Иуды	385
57. 1, 2 и 3 Послание Иоанна	401
58. Откровение	429
59. Тысячелетнее Царство	519

ПОВОРОТ ИСТОРИИ

36.	Евангелия	9
37.	Евангелие от Марка	19
38.	Евангелие от Матфея	35
39.	Лука и Деяния	57
40.	Евангелие от Луки	67
41.	Деяния	87
42.	Евангелие от Иоанна	111

36. ЕВАНГЕЛИЯ

Введение

Библия – это собрание книг, написанное сорока авторами на протяжении более 1400 лет. Бог не хотел дать нам справочник текстов с главами и стихами или доктринально организованными книгами. Вместо этого Он дал нам собрание **разных литературных жанров,** таких как исторические книги и поэзия, послания и откровения, написанные на трёх языках, по большей части греческом, и еврейском и частично арамейском.

Разнообразие

Это собрание книг отражает уникальность каждого автора и его точку зрения. Это подобно библиотеке, где каждая книга имеет неповторимый стиль своего автора. Очень важно понимать, что Дух Святой, Который является божественным автором Библии, вдохновил писателей к написанию книг, но Он не использовал их как писарей, диктуя каждое слово. Святой Дух является главным автором, но в то же самое время авторы отдельных книг доносили послание в своей индивидуальной манере, присущей только им. В действительности, только некоторые из авторов знали, что написанное их рукой станет частью Святого Писания.

То, что на первый взгляд кажется очевидным противоречием, можно разрешить, определив мотив автора. Для примера возьмем разногласия по поводу утверждения апостола Павла, что мы спасаемся верою, а не делами, в противовес посланию Иакова, в котором просто показывается необходимость в делах. Когда Павел писал на тему веры, он отвечал на вопросы римлян, которые отличаются от вопросов, задаваемых Иакову. Мотивом Павла было объяснить, что спасение не приобретается делами, целью же Иакова было показать, что истинная вера должна сопровождаться делами.

Единство

Несмотря на различия книг Библии, в ней прослеживается божественность их авторства. Существует одна центральная тема – прогрессирующая история искупления, которая прослеживается от книги Бытие до Откровения. Главы 1-3 книги Бытие и главы 21-22 книги Откровения очень похожи. Несмотря на то, что были написаны с разницей в 1400 лет, они удивительно являют руку Божью. Следует обратить внимание на единство Библии, однако, не подразумевая под этим однообразия. Так же как и Бог один, но в то же время триедин, так и Библия одновременно отражает согласованность книг при их разнообразии.

Методы изучения Библии

Когда мы изучаем Библию, нам необходимо принимать во внимание следующее. Существует два равно значимых принципа по изучению Библии:

1. Принцип разнообразия – анализ книги, через который будет видно её отличие от других книг.
2. Принцип согласия – анализ книги, через который будет заметно сходство с другими книгами и ее взаимодействие с ними.

Люди с либеральным взглядом на Библию склонны чрезмерно подчёркивать разнообразие книг, не замечая между ними единства. А те, кто имеют евангельскую точку зрения, склонны больше фокусироваться на единстве, остерегаясь столкнуться с противоречиями.

Необходим баланс в понимании того, что Бог написал Библию, объединив все книги вместе, но в то же время следует понимать, что нужно смотреть на каждую книгу в отдельности, как на труды отдельных авторов, у которых были свои мотивы для написания. Если мы сосредоточиваем наше внимание только на божественном единстве, то можем нехотя приобрести неправильное понимание жизненно важных сфер той или иной истины, при этом не замечая личный подход автора к теме. Мы ошибочно можем воспринять тот или иной текст Священного Писания, как будто Библия – это одна книга с одной темой и стилем, забывая, что Бог уникально использовал контекст книги и её автора для того, чтобы изложить истину. Но с другой стороны, если мы обращаем внимание только на индивидуальность каждой книги, то можем забыть, что Библия – это собрание книг, которые Бог собрал вместе, тем самым показывая нам прекрасное единство темы и содержания.

ЕВАНГЕЛИЯ

Евангелия – это своего рода биография Иисуса Христа, повествующая о Его жизни, смерти и воскресении. Но мало кто знает, что Евангелия были написаны в уникальном литературном стиле, о котором до первого века никто не знал, и которому не было аналогов в литературе. Каждый внимательный читатель заметит, что для того, чтобы правильно понимать Евангелия, необходимо понимать каждый стих в своем непосредственном контексте, а также в контексте всей книги. Этот факт может стать проблемой, если читатель не понимает стиля написания этих четырех книг. Поэтому нам необходимо понять, что это за литературный стиль – Евангелие.

Что такое Евангелие?

Евангелие – это не автобиография, по той причине, что Иисус никогда не писал книг, однако это и не биография в смысле жизнеописания, поскольку более одной трети каждого Евангелия занимает описание смерти Иисуса Христа. Ни в какой биографии не будет описываться смерть в таком объеме. Однако данная смерть, столь захватывающая и трагичная, достойна такого подробного описания. Возможно, самой лучшей иллюстрацией того, как написано Евангелие, будет пример из современной жизни людей. Евангелие подобно сводке новостей.

Английское слово «gospel» (прим. пер. по-русски «Евангелие») – это англо-саксонская версия греческого слова «evangeion», которое использовалось в период Нового Завета в значении «объявление» и описывает акт распространения новости послом по городам и селам в определенной местности. Таким образом, рассылали новость о смерти врага или о смерти императора. Также и Евангелие – это новость, которая распространяется с большой скоростью, главной целью которой является не оставить мир равнодушным.

Как новости оглашаются публично с экранов телевизоров, так и евангельская весть предназначена для публичной декларации (совместно со всем Новым Заветом). Для нас сегодня будет большим достоянием, если мы тоже будем читать эту весть вслух (даже для себя), или же про себя.

Зачем были написаны Евангелия?

Существует веская причина, по которой Евангелия были написаны своим уникальным стилем. В первые несколько десятилетий после вознесения Иисуса Христа Церковь численно выросла и распространилась по всей Римской империи, благодаря проповеди Евангелия апостолами. В связи с этим многие люди захотели узнать «новости» о жизни Иисуса что называется из первых рук, то есть от непосредственных очевидцев событий жизни Иисуса Христа. Поэтому появилась необходимость, чтобы свидетели Благой вести написали достоверный рассказ о жизни Иисуса и всех событиях, связанных с Ним.

Почему существуют четыре Евангелия?

Первое, что поражает многих людей, это тот факт, что существует четыре Евангелия, которые в большей степени похожи своим содержанием и стилем написания. Этот факт приводит некоторых людей в замешательство и заставляет задать вопрос о том, почему существует четыре Евангелия, если они говорят об одном и том же, и нельзя ли было обойтись одним, что, возможно, было бы более удобным. Или почему кто-то просто не сделал один том из четырех Евангелий?

С одной стороны, эти вопросы очень разумны и логичны, но с другой – что-то важное теряется, когда мы пытаемся соединить все четыре Евангелия в один том. Бог имел достаточную причину для вдохновения четырех евангелистов к написанию Евангелия точно так же, как Он задумал, чтобы некоторые части Священного Писания повторяли другие его части. Так, например, в одной из книг Библии, в книге Бытие, содержится два рассказа о сотворении мира: один отражает Божий взгляд, а другой – человеческий. Также в Библии содержится два повествования об истории Израильского народа: одно из них записано в книгах Царств, а другое – в книгах Паралипоменон. Хотя замысел написания у них разный, но при этом они описывают один и тот же период времени. В Библии содержится также четыре повествования о жизни Иисуса, Его смерти, и все потому, что Бог хотел показать нам полную картину с четырех различных сторон.

Например, если бы вы хотели кому-то показать, как выглядит самолет Марки «Конкорд», недостаточно было бы одной фотографии. Необходимо сделать хотя бы четыре или пять снимков, чтобы другие поняли, как на самом деле выглядит самолет, потому что он выглядит по-другому с каждой из сторон. Подобно этому примеру, Иисус – это самый удивительный Человек, когда-либо живший на этой Земле, и поэтому Бог побудил четырех людей написать о жизни Иисуса для нас так, как они это видели. Каждый из авторов писал независимо друг от друга, и у каждого был свой личный взгляд на Иисуса Христа.

ВДОХНОВЕНИЕ

Взгляд на то, как были написаны Евангелия, дает нам очень важный урок, как понимать богодухновенность Писания и показывает нам, что Бог не использовал авторов сугубо как писарей, диктуя им каждое слово, но предусмотрел, чтобы каждый автор использовал свое понимание об Иисусе и тем самым передал Евангелие с определенным замыслом и точкой зрения. В то же время то, что они писали, является Божьим словом как в целом, так и каждое слово в отдельности. В одно и то же время это – и Слово Божье, и точно так же слова людей. Таким образом, вдохновение содержит в себе индивидуальность каждого автора.

В чем же отличаются Евангелия между собой?

Когда умирает какая-то известная личность, то зачастую описывается жизненный путь этого человека от рождения до самой смерти.

1. Первая публикация обычно повествует нам о том, чем **занимался человек.**
2. Позже люди больше интересуются тем, **что говорил этот человек,** и таким образом печатают его письма и речи.

3. Затем следует третий этап, в котором люди пытаются понять значение слов и дел человека с целью лучшего понимания его личности, характера и мотивов, чтобы выяснить, каков он был на самом деле.

Четыре Евангелия очень явно следуют этим трем этапам, как это показано на страницах 17-18. Марка более всего интересовало то, что делал Иисус, и он акцентирует внимание на Его действиях, чудесах, смерти и воскресении. Матфей и Лука более всего хотели передать то, о чем говорил Христос, описывая Его проповеди куда более точно, чем это делал Марк. Иоанн же был не просто заинтересован в делах и словах Иисуса, а хотел передать сущность Христа и то, Кем Он был. Хотя все четыре Евангелия были написаны в одном литературном стиле, все же они вмещают в себя широкий спектр раздумий об Иисусе, который рисует полную картину и дает полное понимание личности Иисуса Христа.

Как изучать Евангелия

Учитывая уникальность Евангелия как жанра, необходимо подчеркнуть, что существует два уровня для понимания и раскрытия его смысла. Первый уровень, с которым мы уже ознакомились ранее, показывает необходимость изучения каждого Евангелия, беря во внимание **точку зрения автора**, смотря и оценивая его понимание Иисуса Христа. На втором уровне мы смотрим на Евангелия **со стороны авторской задумки**, оценивая его цели при написании Евангелия, а также то, к чему он призывает читателей или какого ответа от них ожидает. Эти два принципа, имеющие некоторые сходства, помогут нам, когда мы подойдем к изучению каждой книги в отдельности.

Понимание автора

Каждый из авторов Евангелия хотел раскрыть свое понимание Иисуса и потому излагал материал особым образом (смотри таблицу стр. 25). Целью автора было не просто передать то, что говорил и делал Иисус, а также создать обстановку, с помощью которой можно было бы понять жизнь Иисуса. Хотя мнение автора не отличается уникальностью в каждом Евангелии, потому что существует много похожего у авторов, но все же становится явным то, что у каждого автора существует свое личное понимание.

Например:

- Марк написал Евангелие первым, и оно также является самым коротким; в нем Иисус представляется как Сын Человеческий.
- Лука написал свое Евангелие вторым и представил Иисуса как Спасителя мира.
- Матфей написал Евангелие третьим, и представил Иисуса как Царя Иудейского.
- Иоанн написал Евангелие последним, представляя Иисуса как Сына Божьего.

Таким образом, становится понятно, что авторы выбрали и изложили свой материал так, чтобы он соответствовал их индивидуальному пониманию.

Замысел авторов

Однако нам также необходимо рассматривать каждое Евангелие с точки зрения читателя. У каждого автора в замысле была своя аудитория, а также цель, как передать весть об Иисусе именно этой аудитории. После детального рассмотрения мы приходим к выводу, что Иоанн и Матфей писали верующим людям:

- Матфей пишет свое Евангелие так, чтобы объяснить читателю, как жить жизнью последователя Иисуса Христа.
- Иоанн написал для более старших верующих с целью ободрить их держаться веры в Иисуса Христа, а также противостоять ересям об Иоанне Крестителе и Иисусе Христе.

С другой стороны, Марк и Лука писали, в основном, для неверующих людей:

- Марк в своем Евангелии пытается заинтриговать читателя новостью об Иисусе, чтобы в результате этого они могли иметь веру в Него.
- Лука, как единственный автор с языческим прошлым, очень заинтересован донести весть о Христе язычникам.

Мы видим, что каждый автор излагает и суть материала, и его последовательность, учитывая свою специфическую аудиторию.

Сходства

Мы уже упоминали ранее, что существует определенное сходство между содержанием четырех Евангелий и их формулировкой. Прежде всего, это относится к первым трем, и доказательством этому является то, что 95 % материала, содержащегося в Евангелии от Марка, включено в Евангелия от Матфея и Луки, а в некоторых случаях очень похожи или даже полностью совпадают слова. Эти первые три Евангелия еще называют «синоптическими» Евангелиями. Слово синоптический («synoptic») происходит от двух греческих слов: «*syn*», которое означает «вместе», и «*optic*», которое переводится как «видеть» или «вид». Первые три Евангелия отображают Иисуса очень схожим образом, в отличие от Евангелия от Иоанна, которое было написано более независимо. Если прочитать Евангелие от Матфея, Марка и Луки, а затем перейти к Евангелию от Иоанна, то можно заметить большую перемену.

Между первыми тремя Евангелиями есть, конечно, много общего. Марк написал очень мало такого, чего нельзя найти в Евангелиях от Матфея и Луки, хотя то, что мы находим у них, все же написано, по-другому. Если читать Евангелие от Матфея, то складывается впечатление, что он поделил Евангелие от Марка на маленькие отрывки и перемешал их со своим материалом, в то время как Лука взял целые разделы из Евангелия от Марка и вставил их в свой материал.

Существует несколько вопросов и связанных с ними дискуссий, связанных с синоптическими Евангелиями: использовали ли Матфей и Марк Евангелие Луки, или Матфей и Лука использовали и дополнили Марка, или все же Марк написал короткую версию Матфея и Луки? Скорее всего, Матфей и Лука писали, взяв за основу Евангелие от Марка, расширив его. Конечно же, у Матфея содержится материал, характерный только ему одному, что также характерно и для Луки.

Марк как основание

Неудивительно, что три синоптических Евангелия имеют литературное сходство, основанное на Евангелии от Марка. Несмотря на то, что Евангелие от Марка стоит вторым в оглавлении Нового Завета, с большой уверенностью можно сказать, что оно было написано первым. Очень заметно, как Марк делит Евангелие на две части с интервалом между ними. Первая часть описывает служение Иисуса на севере Галилеи. Вторая часть описывает, как Иисус перешел служить на юг Иудеи. Если не брать во внимание одно происшествие в жизни Иисуса, которое произошло в Назарете, когда люди из села пытались скинуть Его с обрыва, то можно сказать, что Иисус пользовался популярностью на севере, где тысячи людей следовали за Ним. Таким образом, Марк строит структуру написания текста с кульминацией, в которой Иисус из дружелюбного севера идет на враждебный юг, где впоследствии умирает.

Матфей и Лука также используют эту структуру в основе своих Евангелий. Лука пишет следующим, взяв за основание Евангелие от Марка, и затем добавляет свою информацию и ту, которая используется у Матфея. Эта информация, скорее всего, была взята то ли из устных, то ли из письменных рассказов, о которых знал как Матфей, так и Лука. Библейские знатоки назвали этот источник информации «Q», что в переводе с немецкого означает «источник». Затем Матфей написал свое Евангелие, используя источник «Q», Евангелие от Марка и свое собственное исследование.

Заключение

Если мы хотим глубоко понять содержание Евангелий, нам необходимо понимать, что такое Евангелие и кому оно было адресовано. Схемы ниже помогут нам подвести итог всего выше сказанного:

ЧЕТЫРЕ ЕВАНГЕЛИЯ

Марк – Сын Человеческий

Матфей – Царь Иудейский

Лука – Спаситель мира

Иоанн – Сын Божий

ТРИ УРОВНЯ

Марк – *что делал Иисус*

Матфей и Лука – *о чем говорил Иисус*

Иоанн – *Кем являлся Иисус*

ДВЕ СТОРОНЫ

Писатель – понимание

Что? Как?

Читатель – намерение

Кто? Почему?

Чтение Евангелия очень похоже на то, как если бы мы читали четыре выпуска новостей, которые рассказывают, кто был Иисус и чем Он занимался, ссылаясь на уникальные первоисточники о его жизни и жизни того времени вообще, написанные с целью назидания верующих или убеждения неверующих поверить в Христа, Которого послал Бог. Наиболее эффективный способ понять Евангелие – это прочитать его целиком и вслух за один раз, поскольку эти слова были проповеданы до того, как были записаны.

Эти книги очень неординарны, поскольку они «раскрывают историю». Мир уже никогда не будет таким, как прежде. Христос пришел, как Человек и Бог в одном лице, чтобы стать Спасителем мира. Вот поэтому время разделено на две эпохи: до Р.Х. (до Христа) и от Р.Х. (после Его рождения, на латинском AD *anno domini* – «год Господа нашего Иисуса Христа»).

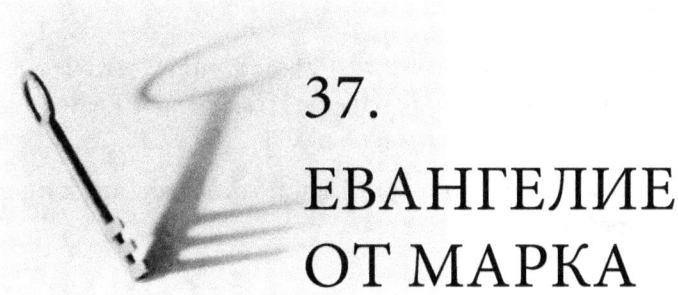

37. ЕВАНГЕЛИЕ ОТ МАРКА

Введение

Как мы узнали из общего введения к Евангелиям (страницы 9-18), Евангелие от Марка было написано первым, несмотря на то, что помещено вторым в Новом Завете. В основном, оно адресовано **неверующим людям**, и вы это легко можете заметить, так как написана книга в довольно впечатляющем и эмоциональном стиле. Это Евангелие читается настолько легко, что от него тяжело оторваться.

Кем был Марк?

В контексте Евангелия от Марка так же, как и в остальных трех Евангелиях, имя самого автора не упоминается. Несмотря на то что автор не привлекает к себе внимание, в Евангелии содержатся намеки на то, кто является его автором. Выглядит так, что Марк как бы хочет сконцентрировать все внимание не на себе, а на Личности Иисуса Христа.

Марк – это человек, у которого было три имени, и каждое из них объясняет его прошлое:

1. Имя «Марк» происходит от латинского имени **Маркус** и говорит нам о том, что, несмотря на еврейские корни, у него были официальные римские связи. Мы не знаем точно, какие они были, но знаем, что у его семьи был большой дом в Иерусалиме – по крайней мере, с одной прислугой.

2. Его еврейское имя – «**Johannan**», или Иоанн, что значит «Яхве (Бог) проявил милость», потому многие его знали как Иоанна–Марка.

3. Его третье имя было необычно – «Colobodactolus». Это греческое имя значит «коренастый палец». Итак, первое Евангелие было написано «Коренастым пальцем»!

Таким образом, у Марка было три имени: греческое прозвище, латинское имя и еврейское имя.

СЕМЬЯ МАРКА

Мать Марка звали Мария, на иврите «Мариам». Существует большая вероятность того, что место последней Вечери Господней был как раз дом, который принадлежал семье Марка. Так принято считать из-за необычного случая, который произошел после ареста Иисуса в Гефсиманском саду, сразу после Вечери Господней, которая прошла в «верхней комнате», в доме в Иерусалиме.

Мы читаем, что солдаты, когда арестовали Иисуса, схватили одного молодого человека, который вместо одежды был обмотан в одну только простыню. При побеге от стражников он оставляет простыню в руке солдата и скрывается нагим во мраке ночи. Это очень необыкновенная деталь, и написать такое возможно только в том случае, если этим молодым человеком был сам автор, то есть Иоанн Марк, который, скорее всего, покинул свой дом в спешке, следуя в сад за учениками. Затем он спрятался за одним из старых оливковых деревьев и слышал молитву Иисуса, а также видел его арест. Этим предположением объясняется тот факт, что автор Евангелия знает в деталях, о чем молился Иисус, хотя Он совершал молитву наедине, без учеников, которых взял с Собой.

Конечно, это только предположение, но очень правдоподобно то мнение, что место, где была Вечеря Господня, – это дом Иоанна Марка, а также случай с молодым человеком подтверждает, что автором этого Евангелия является Марк.

Как же он собрал материал?

Иоанн Марк не был в числе апостолов. В молодости он встречался с Иисусом, но никогда не был вовлечен в события, о которых писал. О нем упоминается в других книгах Нового Завета, но как о «второстепенной личности» (например, чей-то помощник). Поэтому очень удивительно, что из всех людей именно Иоанн Марк должен был написать первое Евангелие.

Он был помощником у трех ведущих личностей во времена первоапостольской церкви, и этот факт дает нам ключ к пониманию вопроса, как он собрал материал *для написания Евангелия*. Сначала Иоанн Марк помогал своему старшему двоюродному брату Варнаве, левиту из Кипра. Скорее всего, **Варнава** и подготовил его к христианскому служению.

Затем Марк помогал апостолу **Павлу**, сопровождая его и Варнаву во время их первого миссионерского путешествия. Это закончилось не совсем успешно, так как Марк отказался идти до конца и покинул Павла, когда они были в Малой Азии. Лука не записал в Деяниях святых апостолов точную причину, почему Марк покинул Павла. Возможно, он заскучал по дому. Некоторые предполагают, что ему было тяжело принять руководство Павла, так как он считал, что его двоюродный брат Варнава должен быть первым руководителем. Еще есть предположения, что опасность разбойных нападений, которые могли произойти в дороге, повлияли на него. Мы не имеем точного ответа, однако с точностью можем утверждать, что Иоанн Марк, когда Павел и Варнава отправились во второе миссионерское путешествие, стал их ключевым объектом для обсуждения. Павел настаивал на том, чтобы Иоанна Марка оставить и не брать с собой из-за его дезертирства в прошлый раз, в то время как Варнава настаивал, чтобы Марк продолжил путешествие с ними. В результате этого Павел и Варнава расстались.

В конечном счете, Марк стал личным помощником апостола **Петра**, который прибыл в Рим позже, после Павла. Таким образом, Марк собрал всю нужную информацию для написания своего Евангелия. Изначальной задачей Марка было переводить проповеди Петра в поместных церквях во время его путешествия по Римской империи. Один документ Ранней церкви говорит нам о том, что некоторые члены церкви в Риме просили, если возможно, записать проповеди Петра для них. Они боялись, что смелость Петра приведет его к аресту, особенно во времена правления императора Нерона, потому переживали, чтобы его воспоминания об Иисусе не были утеряны. Некоторые источники говорят, что сам Петр не был особо восхищен этой идеей, и что «он и не препятствовал и не ободрял Марка сделать это».

Стиль

По причине тесного общения Марка с Петром это Евангелие было известно также как **«Евангелие от Петра»**. И в самом деле, если прочитать в сравнении проповеди Петра в книге Деяния, то можно заметить их тесную взаимосвязь с Марком. Темперамент Петра очень хорошо просматривается на страницах Евангелия от Марка. Мы даже могли бы дать ему прозвище «Человек-движение», потому что он был очень стремительный, импульсивный, неоднократно говоривший что-то прежде, чем обдумывал, и зачастую был готов к действию там, где другие проявляли осторожность. Мы узнаем из других Евангелий, что Петр был тем, кто имел желание ходить по воде. Он был тем, кто устал ждать обещанного появления Иисуса после Его воскресенья и сказал: «Иду ловить рыбу». Он также был тем, кто выпрыгнул из лодки в воду, когда Иоанн сказал, что это Иисус был на берегу.

Петр просто не мог усидеть на месте, и эта динамичность проходит через все Евангелие. Словосочетание «тот час» встречается много раз, передавая особую живость характера Петра. По этой причине Евангелие от Марка является самым красочным и самым живым из всех четырех Евангелий, и очень увлекает, когда читаешь его вслух. Один актер, которого звали Алик Маккоуен, сделал аншлаг в одном из театров Лондона, когда на протяжении месяца просто читал вслух Евангелие от Марка.

В первой части Евангелия автор очень мало описывает первые два с половиной года служения Иисуса. В этой части все написано таким образом, чтобы привлечь внимание и увлечь читателя быстро происходящими событиями. Но уже во второй части он описывает последние месяцы жизни Иисуса, концентрируя свое внимание на последних неделях его жизни, вплоть до последнего дня, где описан каждый час. Это как скоростной поезд, экспресс, который постепенно останавливается и в конечном итоге делает остановку у подножия креста.

Марк выстраивает структуру Евангелия таким образом, что она вся направлена в сторону смерти Иисуса Христа, и все постепенно замирают у подножия креста. Это – мастерство журналиста и, скорее всего, лучшее Евангелие, которое можно дать человеку, ничего не знающему об Иисусе, но который хотел бы прочесть о Нем, о Его удивительной Личности, о нашем Господе и Спасителе.

Содержание Евангелия от Марка

Слабости Петра

Евангелие от Марка представляет Петра не в очень хорошем свете, так как евангелист акцентирует внимание на более слабых его сторонах, нежели сильных. Кажется, Петр как бы стремился, чтобы читатель обязательно узнал о **его ошибках**. Таким образом Марк не упускает слов Иисуса к Петру «Отойди от меня, сатана», после того как Петр выступил против ожидавших Иисуса страданий. В то же время в Евангелие от Матфея мы читаем контрастные слова Иисуса: «Ты Петр – камень, на котором Я создам Церковь, и врата ада не одолеют ее». Также Марк описывает, как Петр отрекся от Христа, не упоминая при этом о его раскаянии, которое записано в Евангелие от Иоанна.

Чудеса

Мы можем заметить, что Петр был более заинтересован в том, **что делал Иисус**, чем в том, что Он говорил, поэтому Евангелие с восторгом демонстрирует чудеса Иисуса. Этот факт хорошо отображает такое сердце евангелиста, какое имел Петр, который стремился, чем только мог, привлечь интерес неверующих людей. Это подтверждается и относительной пропорцией, которую использует Марк, освещая в Евангелии чудеса и речи *Иисуса*. В Евангелии от Марка описаны восемнадцать чудес, которые совершил Иисус, и это совпадает с тем, что мы находим в Евангелии от Матфея и Луки. В Евангелии от Марка содержится только четыре притчи, но, если сравнить с Евангелием от Матфея, там записано восемнадцать, а если сравнить с Евангелием от Луки, то там их – девятнадцать. И только одна продолжительная речь Иисуса нашла место в 13 главе Евангелия от Марка.

Погрешности (упущения) Петра

Невежество Петра также хорошо прослеживается на страницах Евангелия. Можно предположить, что Петр не знал, как и где был рожден Иисус, потому что ни в одной из своих проповедей, записанных в книге Деяний или же в своих посланиях, не содержится ни единого намека на то, что Петр владел этой информацией. Знакомство Петра с Иисусом началось у реки Иордан с того момента, когда он и его брат Андрей крестились, и когда Иоанн представил их Иисусу. Таким образом, в Евангелии от Марка мы не находим истории о рождении Христа или рассказов о Его детстве. Повествование Евангелия начинается с того момента, который был знаком Петру – служение проповедью и крещение Иоанна (Крестителя).

Порядок

В Евангелии от Марка описаны три года публичного служения Иисуса, но порядок изложенного материала отражен в двух ракурсах: во времени и пространстве, **хронологии** и **географии**. Этот рассказ набирает обороты, описывая первые два с половиной года публичного служения Иисуса, достигая своего переломного момента и затем от этой точки все направляется к событиям последних шести месяцев жизни Иисуса на Земле. Марк концентрирует внимание на служении Иисуса в Галилее, упуская посещения Им Иерусалима в ранние годы (смотри схему на обратной странице).

ХРОНОЛОГИЧЕСКАЯ СТРУКТУРА

Существует три периода в служении Иисуса:

- **Первый период** – Иисус становится очень известным. Тысячи людей приходили, чтобы исцелиться, и молва о Нем распространяется по всей стране.

- **Второй период** – начало оппозиционного противостояния. Начиная с разных мнений по поводу субботы, несогласия нашли место в других областях учения и привели к тому, что у Иисуса стало больше врагов, чем друзей.

- **Третий период** – Иисус концентрирует свое внимание на двенадцати учениках, отделяя их от тысяч других людей, которые шли за Ним толпами, стараясь услышать Его учение.

Евангелие повествуют нам о трех отдельных периодах. Первые два с половиной года описаны в главах с первой по девятую, следующие шесть месяцев – в десятой главе, и главы с одиннадцатой по шестнадцатую повествуют о последних неделях жизни Иисуса.

ГЕОГРАФИЧЕСКАЯ СТРУКТУРА

Географическая структура Евангелия аналогична временной. История берет свое начало у реки Иордан, (это место является самой низкой точкой земной поверхности) и развивается в сторону Галилеи, где прошла большая часть служения Иисуса. Диаграмма показывает движение с нижней точки вверх, акцентируя внимание на высшей точке Обетованной Земли, на горе Ермон, у подножия которой расположен город Кесария, что в Филиппах. Как только верхняя точка достигнута, Иисус направляется в Иерусалим, на графике – это движение по нисходящей.

Географически это от горы Ермон наверху – и вниз к Иудее, двигаясь через Перию, которая находится на востоке от реки Иордан, а также до самого Иерусалима, где Христос умер на кресте и через три дня воскрес.

Так что же случилось в Кесарии Филипповой после двух с половиной лет служения Иисуса, и что же так сильно изменило ход Его служения, на что Марк так сильно стремится обратить внимание своих читателей?

ПЕРЕЛОМНЫЙ МОМЕНТ

Небольшая предыстория поможет нам в этом. Кесария Филиппова находится у истока реки Иордан, которая берет свое начало у подножия горы Ермон и размер которой 30-40 футов шириной. Источником воды является снег на вершине горы Ермон, который тает и проникает вниз по трещинам внутрь горы и попадает в реку через ее русло.

Этот природный феномен стал фокусом внимания суеверных и религиозных культов, а также центром языческого поклонения на протяжении многих веков. С лицевой стороны обрыва на глубине реки находится вырезанная ниша, в которую вкладывали статуэтки богов. Была статуэтка одного греческого бога Пан, потому это место по сей день называется Панеос или Бэнеос. Имелась даже статуэтка Цезаря, ее положил туда один из сыновей Ирода Великого, Филипп, которому достался участок земли, когда умер отец. Филипп назвал это место в честь себя и в честь римского императора. Таким образом, имя стало Кесария Филиппова.

Здесь есть статуя греческому богу Пан – богу, который должен был прийти на землю как смертный человек, а также статуя Цезаря, смертного человека, которого называли богом. Это было именно то место, куда Иисус привел 12 учеников и спросил у них: «За кого почитают Меня люди?».

Ученики дали различные ответы: за Иеремию, Илию, Иоанна Крестителя, подразумевая, что Иисус был перевоплощением великого Человека из истории.

Затем Иисус спросил, за кого они почитают Его. И именно Пётр дал правильный ответ. Он понял, что Иисус существовал с давних времён, от начала всего, но не здесь, на Земле. Пётр сказал: «Ты Христос, Сын Бога живого».

Это случилось впервые, когда кто-то из людей понял, Кем был Иисус. (Первой женщиной была Марфа, вероисповедание которой записано в Евангелии от Иоанна). Именно этот ответ является переломным моментом в Евангелии. Иисус ждал два с половиной года, чтобы задать этот вопрос, и теперь у него была возможность поговорить с Петром на две темы, на которые они не могли говорить раньше:

1. Христос говорил о **создании Церкви**. Эта тема ранее никогда не затрагивалась, даже во время того, когда Он проповедовал,

исцелял и творил чудеса. Причина очевидна: Иисус не мог построить Церковь, пока люди не поймут, кто Он на самом деле, так как Церковь может построиться только из людей, которые понимают Его сущность. Здесь Иисус даёт новое имя Симону («тростнику») – Пётр. Это имя – игра слов, и по значению слово Пётр очень близкое к «камню» в оригинале.

2. Он так же выразил своё **желание идти в Иерусалим и умереть на кресте**. Он находился с учениками уже два с половиной года и до этого никогда не делал даже намека на то, что должен умереть. Сейчас же Он объясняет, что должен пойти на крест, и Его ничто не может остановить. Взволнованный Пётр отговаривает Иисуса, чтобы Он не шёл, за что получает упрек. С этого момента главной темой Евангелия является крест.

Таким образом, это и есть переломный момент в Евангелии от Марка. Мы можем легко упустить развитие событий, если не поймём этого, выдвигая предположения об учениках, потому что знаем, как они все оставили Его, но при этом упуская из виду последовательно представленное откровение в Евангелии.

Теперь, когда ученики уже поняли, Кем является Иисус, происходит ещё одно вытекающее естественным образом событие. Иисус берёт с Собой Петра, Иакова и Иоанна на вершину горы, выше уровня снега, где преобразился перед ними. Когда Пётр описывает это событие, он говорит, что одежда Иисуса стала ярче, чем одежды после использования наилучшего отбеливающего средства. Вообще-то он использует слово, которое переводится как «отбеливающее средство» (или «сукновал», который был эквивалентом в то время). Свет, исходящий от Иисуса, сиял изнутри, и они «видели Его славу». Он встретился с Моисеем и Илиёй, чтобы обговорить Свой «исход», посредством которого произведёт освобождение для Своих людей, как записано в Евангелии от Луки.

Таким образом, ключевым моментом Евангелия является момент понимания учениками того, Кем является Иисус на самом деле: Он есть Христос, Мессия. Это также ключевая мысль и для читателя, та **хорошая новость**, которую доносит Марк через своё Евангелие. Матфей и Лука затем пишут свои Евангелия, основываясь на этой вести.

Ценность Евангелия от Марка для нас

1. Чёткая картина личности Христа

Марк, в основном, уделяет внимание тому, что делал Иисус, но также не упускает возможности уделить внимание тому, кем Он являлся на самом деле. Действительно, Марк ясно излагает, что Иисус постепенно открывался Своим ученикам. Евангелие открывает личность Иисуса и в то же время указывает на то, что Сам Иисус как бы не хотел особо афишировать Свою сущность.

Существует ряд ссылок, которые подчёркивают этот момент наиболее заметно.

- В 25 и 34 стихах первой главы Евангелия от Марка Иисус не позволял демонам говорить о том, Кем Он был, хотя они это знали.
- В первой главе, в 44 стихе, читаем, что, исцелив прокажённого человека, Иисус отпустил его с предупреждением не рассказывать никому об этом.
- В третьей главе, в 12 стихе, снова, говоря о демонах, «Он опять дал им чёткое указание не говорить никому о том, Кем Он являлся».
- В пятой главе, в 43 стихе, воскресив дочь Иаира, Он строго приказал никому не говорить об этом.
- Подобные случаи происходили в отрывках 7:24, 7:36, 8:26, 8:30, 9:9 и 9:30. Даже на горе **Ермон** Иисус просил учеников не разглашать о Его сущности.

Эта особая черта Марка известна как «мессианская тайна» и отображает желание Иисуса завершить миссию гладко. Он хотел, чтобы ученики поняли, что Он явился от Самого Небесного Отца, но Он сдерживал их мысли, чтобы они пришли к этому пониманию правильным путём. Также Он скрывал свою сущность Мессии, потому что это могло бы привести к преждевременной лести и требованию, чтобы Он стал мессией в политическом понимании, а это могло помешать Его служению и предположительно предотвратить Его смерть.

2. Учение о деле Христа

Вторая примечательная тема Евангелия от Марка – это учение о том, что совершил Христос. Автор делает акцент на смерти Иисуса: одна третья часть Евангелия захвачена описанием страдания на кресте – факт, который часто пренебрегается теми, кто ставит театральные постановки и снимает фильмы о жизни Христа. Этот факт подчёркивает уникальность Евангелия, описывающего «историю жизни». Мы вряд ли могли бы представить себе историю о каком-то известном человеке (например, Махатма Ганди или Джон Кеннеди), в которой больше всего уделялось бы внимание их смерти, несмотря на то, что они действительно были убиты.

Тема креста главенствует в Евангелии от Марка. Становится очевидным тот факт, что люди с самого начала хотели убить Иисуса. В процессе ученичества и проповеди Он приобрёл как друзей, так и врагов. Его вызов к религиозному статусу-кво был непопулярным среди религиозных и политических лидеров и порождал враждебность. Особенно фарисеи ненавидели его нападки на их традиции.

ЧЕЛОВЕЧЕСКИЙ И БОЖЕСТВЕННЫЙ АСПЕКТ СМЕРТИ ИИСУСА

Особое внимание, которое Марк уделяет кресту, включает в себя человеческий и божественный аспект смерти Иисуса.

Человеческий аспект

С человеческой стороны, Иисус был обвинён в богохульстве за то, что говорил, что Он Бог. По еврейскому закону это наказывалось смертной казнью. Однако, обвинявшие Его, не могли решить, за какие именно слова, которые использовал Иисус, они должны были обвинить Его. В конце концов, судья лично задал прямой вопрос Иисусу о том, кем Он себя считает. Конечно же, как истинный иудей Иисус должен был ответить первосвященнику, и Иисус признал тот факт, что Он есть Христос. Судья разорвал свои одежды и сказал: «Вы сами слышали! Каков ваш вердикт?» И синедрион, состоявший из семидесяти человек, признал Иисуса повинным смерти.

Несмотря на вердикт, они не могли официально казнить Его, потому что жили на римской территории и должны были подчиняться римским законам касательно смертной казни. Им было необходимо разрешение римлян на смертную казнь, потому что по римским законам такой обвинительной статьи не существовало. Единственная надежда была только на то, что до момента, когда Иисус предстанет пред Пилатом, представится возможность изменить обвинение Иисуса с богохульства на обвинение в государственной измене. В конце концов, Его обвинители переиграли всё так, что Иисуса обвинили не в том, что Он называл Себя Богом (т.е. в богохульстве), а в том, что Он называл Себя Царем Иудейским (государственная измена). Человеческий аспект смерти Христа был несправедлив с начала и до конца, хотя на самом деле Он не был повинен ни в богохульстве, ни в государственной измене.

Божественный аспект

Божественная сторона смерти Иисуса также прослеживается в Евангелии от Марка, потому что **Иисус уверенно знал с самого начала, что Он пришел для того, чтобы умереть**. Он предсказывал Свою смерть и воскресение не один раз. Мы читаем, что Иисус взял чашу, которая является прообразом, и говорит о Божьем гневе и расплате за грех. Без всяких сомнений, Марк слышал, какие слова произносил Иисус в Гефсиманском саду в ночь, когда и был предан.

С того времени, когда Иисус впервые начал говорить о Своих будущих страданиях, у нас возникает чувство, что Его должны предать, и что это – план Бога. Иисус знал об этом и никак не мог избежать такой участи. Пётр не должен был искушать Иисуса избежать креста.

Комбинация из человеческого и божественного аспектов является самой убедительной, открывая читателям абсолютную реальность миссии Христа. Это делает Евангелие очень привлекательным для неверующего читателя.

3. Реакция людей на Иисуса

Марк постоянно описывает реакцию людей на учение и чудеса Иисуса. В Евангелии содержатся два ключевых слова: «страх» и «вера». От начала Евангелия до конца складывается впечатление, что те, кто встречались с Иисусом, становятся перед выбором «веры» или «страха». Марк как бы спрашивает: «Какова твоя реакция: страх или вера?»

Например, в истории об успокоении шторма Иисус был в лодке, и ученики спросили Его: «Разве ты не переживаешь, что мы утонем?» Иисус ответил: «Почему вы так боязливы? У вас что, до сих пор нет веры?» Одно из Его любимых высказываний, встречающееся в Евангелие: «Не бойтесь». Страх и вера – две несовместимые реакции, независимо от обстоятельств или ситуаций.

Основания для веры

В Евангелие от Марка нам открывается чёткая картина личности Христа – то, что Он делал, а также ободрение, чтобы проявлять веру, а не страх, когда сверхъестественные обстоятельства врываются в нашу жизнь. Существуют и другие причины, по которым Евангелие от Марка является хорошим Евангелием для неверующих. Оно даёт базовые знания о личности Христа и о том, что Он совершил, а также призывает к ответной реакции на эти знания.

Заключение

Евангелие от Марка имеет очень специфическое заключение. **Оно заканчивается как бы в середине предложения.** В ранних манускриптах Евангелие заканчивается в середине 8-го стиха 16-й главы, на специфической фразе «Потому что они боялись...» (в английском переводе «они были испуганы»). Ничто не может скрыть тот факт, что Евангелие заканчивается очень резко с акцентом на страх.

Причины для «оборванного» окончания

Очень удивительно то, что Евангелие заканчивается таким образом, когда мы знаем, что Марк пытается вызвать другую реакцию у своего читателя: уверовать, а не бояться. По этой причине возникают важные вопросы. А что происходило дальше? Почему Марк так некрасиво закончил? Почему Марк не описывает то, как Иисус явился ученикам после воскресения? Описан только пустой гроб и то, как его обнаружили, но не описана встреча Иисуса с учениками, что очень странно, если мы сравниваем с другими Евангелиями. Существует, по крайней мере, три причины, которые объясняют это.

1. Это был **замысел** Марка, чтобы оставить Евангелие незавершенным.

2. Марк не смог закончить написание, т.к. ему **что-то помешало**. Может быть, его внезапно арестовали или куда-то забрали, а может быть, он просто умер и, таким образом, рукопись не была закончена.

3. Концовка **была утеряна**. То ли манускрипт был повреждён преследователями, то ли Пётр оборвал окончание. Поскольку это действительно «Евангелие от Петра», в нём должны быть проповеди о Христе. Нам известно из книги 1 Коринфянам, что одно из самых главных событий – явление Иисуса Петру, но об этом мы не читаем ни в одном из Евангелий.

Может быть, потому что это было у Марка, но Пётр хотел это удалить, так как считал это событие дорогим только для него: таким личным, что не хотел, чтобы об этом знали и другие. Некоторые доказывают, что мы не имеем окончания, потому что оно содержится в Евангелиях от Луки и Матфея, поскольку они использовали Евангелие от Марка для своего написания.

Мы не знаем, что произошло, но первый аргумент очень неправдоподобен, так как это означало бы, что Марк специально закончил писать посредине предложения, что женщины «никому ничего не сказали, потому что боялись…». Это было бы очень неординарное окончание для передачи Евангелия, особенно того, которое направлено на неверующих людей.

Другая концовка добавлена

Нам известно, что другая концовка была добавлена кем-то, как короткая, так и длинная версия. Кто-то другой закончил Евангелие от Марка, чтобы у нас была завершенная история. Длинная версия, которая включена в наши Библии сегодня, записана с 9 по 20 стихи, создает баланс между страхом и верой, хотя там и сказано, что ученики не верили в воскресение Иисуса даже после того, как увидели Его. Здесь записаны удивительные высказывания Иисуса, которые не оценены сполна частью христианской Церкви сегодня. Иисус говорит о языках (единственный случай, где Иисус говорит, что Его ученики будут говорить другими языками), и что Его последователи будут изгонять бесов, исцелять больных, брать змей и оставаться невредимыми (то, что случилось с Павлом на Мальте). Здесь также содержится утверждение Иисуса, в котором Он говорит, что крещение необходимо для спасения, Он говорит: «Кто будет веровать и креститься, спасён будет».

Мы не знаем, кто написал эту концовку, но здесь отражается то, во что верила Ранняя церковь: о Христовых делах между воскресением и вознесением, а также некоторые моменты из других Евангелий. Очень коротко написано о дороге в Эммаус, а также содержится маленький отрывок, подобный Великому Поручению, что записано у Матфея. Кажется, кто-то взял разные части из других Евангелий, сложил их вместе и таким образом закончил Евангелие. Эта концовка является действительно частью Слова Божьего и отображает понимание первых христиан, даже если она не написана словами самого Марка.

Вывод:

Евангелие от Марка концентрирует своё внимание на том, что делал Иисус: по мере того, как Пётр выявляет признательность своему Учителю, он сильно желает, чтобы неверующие пришли ко Христу. В нём представлены основы веры в доступной форме. Евангелие имеет огромную ценность для нас, последователей Иисуса, напоминая нам о Его сущности и о том, что Он совершил, а также о необходимости с верой и доверием правильно реагировать на эту «сводку новостей». Свежий и восторженный тон Евангелия является хорошим противоядием для тех, чья христианская жизнь потеряла свежесть, потому что они перестали удивляться событиям, которые совершил Христос. Так как это Евангелие самое короткое, его легко прочитать, как говорится, в один присест. Если вы можете, прочитайте Евангелие от Марка вслух для полного удовлетворения, прочитайте просто для себя или для другого человека.

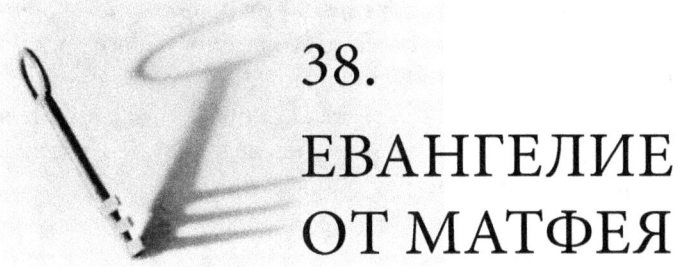

38. ЕВАНГЕЛИЕ ОТ МАТФЕЯ

Введение

Кто был автором?

Как правило, считается, что автором этого Евангелия был Матфей, также известный как Левий, хотя его имя не встречается в первоисточнике. Имя Матфей означает «дар Божий», и он был одним из двенадцати апостолов. Матфей был сборщиком налогов в Капернауме. В Евангелиях от Матфея и от Луки говорится, что он оставил все, чтобы последовать за Иисусом, и устроил обед, чтобы его друзья и коллеги могли лично встретиться с Иисусом. Хотя Матфей и является одним из двенадцати апостолов, он не самый известный из них и редко упоминается в Евангелиях.

Как было написано Евангелие?

Мы уже отмечали, что Евангелие от Матфея было написано на основании содержания и структуры Евангелия от Марка. Между ними есть значительное сходство, включая использование одних и тех же фраз в некоторых местах. Матфей перенимает у Марка общее деление книги на две четкие фазы, но при этом добавляет свою собственную четкую структуру. Итак, он включает в «первую фазу» два с половиной года, когда Иисус нес служение в Галилее, и во «вторую фазу» – последние шесть месяцев, которые Он провел на юге, среди более националистически настроенных евреев Иудеи. Матфей также указывает на переломный момент в служении Христа, когда Петр признает Иисуса Христом в Кесарии Филипповой, и, как результат, Иисус направляется на юг и впоследствии на Крест.

Мы также говорили о важности распознания *проницательности автора:* что он увидел и понял об Иисусе с его личной точки зрения. В случае с Матфеем, помочь все прояснить может вопрос: почему он чувствовал необходимость переписать Евангелие от Марка? Цель Матфея станет очевидной в результате исследования различий между его Евангелием и Евангелием от Марка.

Различия между Матфеем и Марком

Суть

Матфей был одним из двенадцати, и у него было время для размышления о трех годах, проведенных непосредственно с его Учителем. В то время как Марк делает ударение на человеческой сущности Иисуса (Сын Человеческий), Матфей видит Его как **Царя Иудейского**, Который исполнит обещания пророков. На протяжении 600 лет ни один потомок из рода Давида не был на троне. Действующий царь Ирод не имел никаких наследственных прав на него. Наконец пришел Тот, Который может быть законным царем.

С самого начала Матфей обращает внимание своих читателей на родословие Христа по царской линии Давида, описывая, как Его рождение исполняет пророчество и указывает на то, что Сам Бог принимает участие в рождении Иисуса, предсказанном архангелом и воспетом хором ангелов. В то время как Лука включает пастухов, Матфей записывает поклонение Младенцу волхвов с востока. Тема Иисуса как Царя Иудейского наполнена глубокими эмоциями; Матфей пишет о терновом венце, «скипетре» и титуле, который был дан Иисусу, чтобы высмеять Его притязания на царский престол, но для Матфея это было указанием на царственную личность.

Цели

Матфей пишет для совершенно иной группы людей, чем Марк. Евангелие от Марка написано для неверующих, Матфей пишет **вновь уверовавшим**, многие из которых в то время были обращенными иудеями.

Его цели можно четко проследить в конце Евангелия, где он записывает последние слова Христа к Его апостолам, повелевая им «научить все народы». Матфей, без сомнения, достигает этой цели, обеспечивая руководством по ученичеству тех, кто входит в Царство. Более того, именно таким образом это Евангелие использовалось Ранней церковью, и это было одной из причин, почему оно было первым включено в наш Новый Завет.

В то время как Евангелие от Марка подходило для тех, кто был заинтересован во Христе, но еще не был убежден, евангелист Матфей, переписывая Евангелие от Марка, достигает совершенно другой цели.

Более раннее начало

Евангелист Матфей начинает свой рассказ с более ранних событий, чем евангелист Марк – с рождества Иисуса в контексте Его родословия. Марк начинает с крещения Иисуса и менее заинтересован, или даже совсем не знает о Его рождении. Прежде чем мы слышим учение Иисуса и видим Его чудеса, Матфей рисует для нас картину, которая создает ощущение ожидания, когда Иудейский Мессия появляется на исторической сцене.

Более длинное повествование

Евангелие от Матфея – наиболее полный и систематический рассказ о жизни Иисуса, что, возможно, говорит об упорядоченном складе ума рассказчика. Матфей включает в повествование как свои собственные наблюдения, будучи одним из двенадцати учеников, так и личные исследования. И Лука, и Матфей, очевидно, используют один и тот же источник, который был незнаком Марку, или которому тот не придал значения. Матфей не только добавляет рождение Иисуса, он также приводит больше разговоров и высказываний, самые детальные из которых относятся к смерти Христа, включая 14 дополнительных фраз Иисуса в повествовании о Его смерти.

Изменения

Матфей внес много изменений в текст Марка, чтобы показать те аспекты, которые он считал важными. Рассказы Матфея часто оказываются короче, опускаются резкие и яркие детали, чтобы сделать историю более мягкой, объясняющей любые недопонимания и сомнения учеников. Поэтому «чувство» Матфея более трезвое, в нем меньше восторженности и меньше эмоциональности, чем у Марка. Матфей – человек более старшего возраста, передающий свой непосредственный опыт, он производит впечатление скорее учителя, чем проповедника.

Сборник высказываний

Матфей собирает высказывания Иисуса в пять «проповедей» (см. стр. 39), формируя краткое изложение Его учения. Нагорная проповедь – самая известная, но есть еще четыре, относящиеся к теме **Царства**. В этом отличие от Марка, который приводит очень мало бесед, и от Луки, который использует высказывания Иисуса повсюду на протяжении повествования.

Обращаясь к еврейскому кругу читателей, у Матфея, вероятно, есть особая причина предоставить именно *пять* проповедей. Их положение в самом сердце его Евангелия указывает на пять книг Закона Моисея, которыми начинается Ветхий Завет (от книги Бытие до книги Второзаконие). Матфей говорит своим читателям, что Иисус приносит **новый закон,** уже больше не Закон Моисея, но Закон Христа. Отсюда на протяжении всей Нагорной проповеди мы находим свод правил Иисуса: «Вы слышали, что сказано древним, а Я говорю вам…» – утверждения, которые уже никогда не будут прежними.

Структура

Матфей использует структурное основание Марка, как мы уже отмечали, но добавляет свои собственные элементы. Наряду с двухфазовым делением Евангелия от Марка, он добавляет две мысли, которым предшествует фраза «В то время…», поэтому мы читаем: «С того времени Иисус начал проповедовать и говорить: покайтесь, ибо приблизилось Царство Небесное» и «С того времени Иисус начал открывать ученикам Своим, что Ему должно идти в Иерусалим и много пострадать…» Первое упоминание этой фразы раскрывает смысл служения Иисуса на севере, второе – неизбежность Его смерти на юге. Матфей также использует слова «Когда Иисус окончил…» для того, чтобы изменить направление в своем повествовании.

Однако наиболее заметное и впечатляющее структурное изменение относится к тому, как он чередует пять блоков учения Христа с четырьмя блоками Его дел. Мы можем представить это следующим образом:

СТРУКТУРА ЕВАНГЕЛИЯ ОТ МАТФЕЯ

Вступление: Рождество, крещение, испытание

Слово	главы 5-7
Дела	главы 8-9
Слово	глава 10
Дела	главы 11-12
Слово	глава 13
Дела	главы 14-17
Слово	глава 18
Дела	главы 19-23
Слово	главы 24-25

Заключение: смерть и воскресение

Итак, у нас пять проповедей, за четырьмя из них следуют дела Иисуса, которые служат их иллюстрациями. Значение этого мы рассмотрим более детально позже, а сейчас нам следует только отметить стремление Матфея показать, что дела Иисуса не расходятся с Его словами, давая нам пример для подражания. Марк приглашает нас прийти и посмотреть, что сделал Иисус, а Матфей приглашает прийти и посмотреть, что Он сделал *и* что Он сказал.

Повествование о Кресте

Евангелие от Матфея имеет более полную концовку, чем Евангелие от Марка. В виду того, что Евангелие от Марка резко обрывается, некоторые предполагают, что последняя часть Евангелия от

Матфея на самом деле может быть подлинным окончанием Евангелия от Марка. Мы этого не знаем, но можем перечислить конкретные его отличия в последних двух главах.

1. **Детали ареста:** Матфей обращает внимание на невиновность Христа, поэтому он делает ударение на том, что все произошло для того, чтобы исполнилось Писание.

2. **Кончина Иуды:** Матфей записывает предупреждения, которые Иисус дает ученикам, и раскаяние Иуды, когда он возвращает деньги, хотя было уже слишком поздно.

3. **События, последовавшие сразу после смерти Иисуса:** именно Матфей описывает открытую гробницу и явления ранее умерших людей в городе Иерусалиме.

4. **Гробница:** Матфей записывает, что гробницу охраняли, и отчет солдат о том, что тело было похищено.

5. **После воскресения:** Матфей говорит намного больше, чем Марк, о событиях, которые последовали за воскресением. Он упоминает о возвращении Иисуса в Галилею и Его встрече с 11 учениками (и о 500 других, некоторые из которых «усомнились»). Огромное значение имеет местоположение. Галилея находилась на пересечении дорог мирового значения с горой Мегиддо в критической точке, где сходились дороги с востока, севера, юга и запада. Ее население было многонациональным, «Галилея народов». Иисус был на горе, напоминающей о Моисее, на горе Нево. Именно здесь было дано Великое Поручение: ученики должны были научить все народы (буквально: все этнические группы).

Особенности Евангелия от Матфея

А. Его заинтересованность в иудеях

Наряду с материалом, позаимствованным у Марка, Матфей добавляет много своих личных особенностей, и читатель сразу обращает внимание на иудейскую направленность Евангелия от Матфея. Оно, без сомнения, было рассчитано на иудейских читателей, хотя и не единственно для них. Его чуткость к переживаниям и интересам иудеев прослеживается везде.

1. РОДОСЛОВИЕ

Евангелие начинается с родословия, которое практически не интересует язычников, но привлекает внимание иудеев, стремящихся узнать о **предках Иисуса**, потому что в их понимании семейное дерево формирует личность. Более того, иудеев интересует то, как составлено родословие. Предки Иисуса выстроены в три группы по 14: первая группа – от Авраама до царя Давида, вторая – от Давида до пленения, и третья – от пленения до Иисуса. Эти периоды представляют эпохи, когда Божьим народом управлял особый вид руководства: пророки, цари и священники.

Важность трех групп может быть утрачена, если мы не поймем, что каждое иудейское имя имеет числовое значение, когда каждой букве соответствовало число, а сумма образовывала число имени. Давид на еврейском языке (в котором нет гласных) выглядит как ДВД и соответствует 14. Отсюда мы сразу видим, что Матфей стремится донести принцип: предки Иисуса – из рода Давида, и Он пришел как раз вовремя.

Матфей намеренно включает в повествование родословие Иисуса по линии Иосифа. Мы можем считать, что в этом нет ничего необычного – до тех пор, пока не вспомним, что Иисус не был *физически* связан с Иосифом. Почему не взять пример с Луки и не перечислить предков Марии? Потому что, согласно иудейскому пониманию, если они произошли от отца, это означало, что все построено на *законных правах*; сегодня же играет роль родословие по линии матери.

Еще одним интересным моментом является то, что хорошо знающий Ветхий Завет иудей может заметить: если Иисус был *физическим* потомком Иосифа, Его права на престол Давида могут быть поставлены под вопрос, потому что Иехония перечислен, как один из предков Иосифа. Бог сказал через Иеремию, что ни один потомок Иехонии никогда не будет сидеть на престоле Давида. Задачей Матфея было установить *законное* право Иисуса быть «Сыном Давида».

2. ТЕРМИНОЛОГИЯ

Чувствительность Матфея к иудейскому читателю прослеживается также в языке, который он использует. Наиболее ярким является его указание на «Царство» – ключевую тему проповеди Иисуса. Матфей пишет о **«Царстве Небесном»**, а не о «Царстве Божьем», как в других Евангелиях. Иудеи избегали использования имени Бога в речи из страха говорить непочтительно, поэтому Матфей использует фразу «Царство Небесное», даже если значение этой фразы то же, что и фразы «Царство Божье», которая использовалась другими авторами.

3. ИСПОЛЬЗОВАНИЕ ВЕТХОГО ЗАВЕТА

Матфей цитирует Ветхий Завет чаще, чем в любом другом Евангелии. Одно из его любимых высказываний: «Да сбудется реченное чрез пророка». Это одна из причин, почему Евангелие от Матфея помещено первым в Новом Завете, хотя оно не было написано первым. Оно обеспечивает связь с Ветхим Заветом лучше, чем любыми другими Евангелиями. Всего в Евангелии от Матфея 29 прямых цитат из Ветхого Завета и еще 121 косвенная ссылка или упоминание.

Это видно, в частности, в повествовании Матфея о Рождестве. По мнению язычника, он уделяет много времени на то, чтобы объяснить, почему Иисус родился в Вифлееме: потому что пророки предсказали, что Вифлеем Иудейский будет местом рождения царя. Но иудею будет чрезвычайно важно узнать, был ли это Мессия, давно обещанный Богом. Матфей стремился дать читателям понять, что пророки говорили о непорочном рождении, об убийстве невинных, о побеге в Египет и возвращении в Галилею. Фраза «да сбудется реченное чрез пророка» встречается 13 раз в истории о рождении Иисуса, где Матфей цитирует Михея, Осию, Иеремию и Исаию.

4. МЕССИЯ

К тому же иудейским читателям было бы достаточно трудно поверить в то, что Иисус был Мессией в свете Его **распятия**. Как могло произойти так, что Мессия был осужден, как преступник, и приговорен к смертной казни? Матфей делает ударение на том, что Иисус был действительно невиновен по всем пунктам обвинения, предъявляемым ему. Это иудеи были повинны в несправедливом обвинении, в незаконном осуждении и изменении обвинения таким образом, чтобы римляне признали Его виновным и казнили. Матфей разъясняет, почему иудеи не приняли своего Мессию, и включает список бедствий в отношении фарисеев, наиболее религиозных людей среди всех иудеев.

5. ЗАКОН

Делая ударение на иудаизме, Матфей беспокоится о том, чтобы мы правильно понимали Закон во свете учения Иисуса. Никто из евангелистов, кроме Матфея, не подчеркивает, что Иисус пришел не упразднить Закон, а **исполнить** его. Матфей записывает слова Иисуса, что «ни одна иота или ни одна черта не прейдет из закона». Многие иудеи считали, что Иисус пришел разрушить Закон, но Матфей четко утверждает, что подобное не было Его целью. Он пришел, чтобы Закон был «исполнен» – скорее выполнен, чем аннулирован.

ПОЧЕМУ МАТФЕЙ ПИШЕТ ИУДЕЯМ НАСТОЛЬКО РЕШИТЕЛЬНО?

Чтобы держать дверь открытой для иудеев

К 85 году после РХ, вскоре после того как Матфей написал свое Евангелие, верующих иудеев исключили из синагог. Церковь, в целом, все более и более наполнялась язычниками. В результате этого между иудеями и церковью увеличивалась пропасть. Матфей хотел сохранить дверь открытой для иудеев и помочь им понять, что последователи Иисуса не отказываются от Ветхого Завета, и что они не забыли о своих иудейских корнях. Он был иудеем, они были его народом и, подобно апостолу Павлу, Матфей желал, чтобы иудеи поверили в их личного Мессию.

Напомнить язычникам об их корнях

Во-вторых, Матфей написал Евангелие, которое было иудейским по характеру, потому что хотел, чтобы христиане из язычников никогда не забыли своих иудейских корней. Матфей более чем другие евангелисты внедряет Иисуса в иудаизм, помещая Его в контексте Божьих намерений в отношении Израиля, с родословием, достигающим Авраама и Давида.

С одной стороны, он говорит иудеям: «Не бегите от христиан», и христианам, с другой стороны: «Не бегите от иудеев». Это Евангелие стремится объединить христиан и иудеев.

Б. Его интерес в язычниках

Цель Матфея не является исключительно иудейской. Он деликатно упоминает, что **Христос заботится также и о язычниках**.

- В самом начале мудрецы с востока (возможно, язычники) пришли увидеть Младенца в Вифлееме.
- В родословии в первой главе упомянуты Руфь и Рахав, обе язычницы.
- Нам говорилось, что Иисус нес служение в «Галилее языческой».
- Матфей пишет о вере римского сотника, которую Иисус приветствует, как необычную.
- Мы читаем о людях, приходящих с востока и запада, чтобы воссесть в Царствии.
- Евангелие является Благой Вестью для язычников, которые поверят в имя Иисуса.
- Мы читаем о вере женщины-хананеянки.
- Матфей пишет, что Иисус является краеугольным камнем, который отвергли строители, и что Царство будет взято от иудеев и дано язычникам.
- В конце Евангелия Иисус повелевает Своим последователям идти и научить все «народы»; и слово, которое Матфей использует, означает все этнические группы, т.е. язычников.

Более того, он не боится записать отрицательные слова, которые использовал Иисус, обращаясь к иудеям. Он включает целую главу, посвященную «горю», а также другие комментарии. «Горе» было словом, которое выражало проклятие. 23 глава – собрание высказываний Иисуса в отношении фарисеев и религиозных лидеров. Суровые высказывания!

Мы склонны скорее замечать благословения, забывая, что Иисус произносил и проклятия. Во времена Иисуса в четырех крупных городах на побережье Галилейского моря проживало 250 000 человек. Сейчас в этом месте расположен только один город. Почему? Иисус сказал «Горе тебе, Хоразин… Горе тебе, Вифсаида… и ты, Капернаум…» – и они все исчезли. Единственный город, который не был проклят – Тивериада, и он все еще стоит.

В. Его заинтересованность в христианах – иудеях или язычниках

РУКОВОДСТВО ПО УЧЕНИЧЕСТВУ

Мы уже увидели, что Матфей написал свое Евангелие прежде всего для новообращенных, и эту цель он почерпнул из Великого Поручения Иисуса в самом конце Евангелия, когда Тот покидал Своих последователей, поручая им труд, который они должны были совершать до Его возвращения: «Идите, научите все народы (этнические группы), крестя их…, уча их соблюдать все, что Я повелел вам». Эти слова обеспечивают нам основание для понимания цели Матфея: **помочь ученикам**, обучая их тому, что повелел Иисус. Мы можем назвать Евангелие от Матфея «руководством по ученичеству».

Это – самая лучшая книга в Новом Завете, которую можно предложить новообращенным. Она хорошо разработана, чтобы научить их, как жить теперь, когда они стали учениками Иисуса. Христианская жизнь может начаться с *решения* последовать за Иисусом, но на то, чтобы стать *учеником*, потребуются годы. Ключевой момент в ученичестве – научиться, **как жить в Царствии Небесном на Земле**, и Матфей написал свое Евангелие именно с этой целью: чтобы мы могли научить других.

ЦЕРКОВЬ

Подобная цель объясняет, почему Евангелие от Матфея – единственное Евангелие, в котором записаны слова Иисуса о Церкви. Это слово используется в двух разных значениях – **Вселенская Церковь** и **поместная церковь**.

Слово с первым значением появляется вслед за признанием Петра, что Иисус – «Христос, Сын Бога Живого», – ключевой поворотный момент в Евангелии. Как только последователи Иисуса осознали, Кто Он, Иисус мог начинать строить Свою Церковь. А построив Свою Церковь, Он мог умереть на кресте. Здесь слово «Церковь» относится ко Вселенской Церкви, всей Церкви Иисуса Христа. Существует только одна Церковь Иисуса Христа, и Он созидает ее.

Второе значение слова появляется в 18 главе: «Если же согрешит против тебя брат твой, пойди и обличи его… если послушает тебя, то приобрел ты брата твоего; если же не послушает, возьми с собою еще одного или двух… свидетелей… если же не послушает их, скажи церкви». Это слово не может означать Вселенскую Церковь, а скорее поместную общину, частью которой является согрешивший человек.

В этих двух высказываниях Матфей выделяет два значения слова «церковь» в Новом Завете: есть Церковь Иисуса, которую Он созидает, и поместная церковь, которая является частью Вселенской Церкви, которой, в случае необходимости, вы можете выражать свое недовольство.

Евангелие от Матфея – это не только единственное Евангелие, которое говорит о Церкви; очевидно также, что некоторые наставления предназначались, собственно, более поздней Церкви, после дня Пятидесятницы. Матфей записывает наставление, которое не было значимым непосредственно для слушателей. Например, из 37 стихов 10 главы, в которой приводятся наставления Иисуса двенадцати ученикам, только 12 стихов имели значение для слушателей. Глава говорит о преследовании язычниками, но в тот момент язычники еще не преследовали христиан, поэтому Евангелие от Матфея включает в себя материал из уст Иисуса, который подразумевал, что будет иметь значение в *будущем*. Точно так же учение о «Церкви» в 18 главе нужно было бы преподать позже, поскольку ученики не могли понять его в то время.

ЦАРСТВО

В то время как учение о Церкви находится только в Евангелии от Матфея, учение Иисуса о Царстве затрагивает многие темы, которые также присутствуют в других Евангелиях. Матфей проявляет *особый* интерес к «Царству». Никакой другой автор не придает ему такой важности. Мы уже видели, что Матфей сгруппировал учение Иисуса в пять блоков. Все они связаны с темой Царства. Более того, притчи Иисуса часто начинаются со слов: «Царство Небесное подобно…» Эта доминирующая тема отражает учение Иисуса и проходит через всю историю Библии, поскольку Бог начинает восстановление Царства Небесного на Земле. Эта тема, конечно, объединяет и иудеев, и христиан, потому что и те, и другие стремятся достичь Царства Божьего. Это содействует планам Матфея объединить иудеев и язычников.

Но все же существует огромное различие между *ожиданием Царства иудеями* и *христианским пониманием Царства*. Это объясняет причину, почему так много иудеев не способны понять, что Иисус был их Мессией. Важно понимать это, если мы хотим понять учение Иисуса в этом аспекте (см. диаграмму).

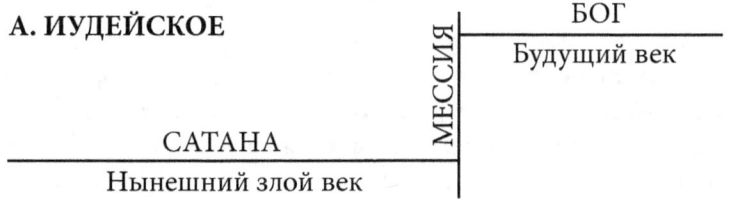

А. ИУДЕЙСКОЕ (Израиль)   Б. ХРИСТИАНСКОЕ («Церковь»)
Цитаты   Язычники
Аллюзии   Ученики
Ученики
Объяснения
Компиляции   Руководство по ученичеству
(5х = «закон» Христа)

ЦАРСТВО НЕБЕСНОЕ (= Бог)

Для иудея Царство – это будущее, что-то, что еще не пришло, поэтому они называют его «грядущий век». Сегодня, когда иудейский народ ежегодно в сентябре или октябре отмечает праздник Кущей, они ожидают прихода Мессии, Который принесет Царство Небесное на Землю. Это – ключевой момент их надежды. Они рассматривают настоящее время, как «настоящий лукавый век», когда миром правит сатана. Диавол – князь этого мира, правитель этого мира, бог этого мира. Эти титулы Иисус и Павел приписывали сатане, но иудейский народ уже был знаком с ними.

Отличие христианской надежды на будущее заключается в следующем: христиане верят, что Мессия уже пришел, а также, что Он придет снова. В Евангелии от Матфея Иисус говорит об этом, как о тайне Царства, то есть, что Мессия придет дважды, а не один раз. Поэтому «век грядущий», которого ожидают иудеи, уже наступил – он начался с приходом Иисуса. Царство Небесное стало абсолютно реальным и находится сейчас здесь, но оно скорее частично совпадает с «настоящим лукавым веком», чем замещает его, как того ожидают иудеи. Между двумя приходами Мессии частично совпадают два века. Вот почему христиане находятся в напряжении от того, что мы живем в период «совмещенных веков». Царство одновременно уже и наступило, и еще нет; уже введено в действие, но еще не завершено; еще не установлено, но, однако, можно стать его частью сейчас.

С таким пониманием *грядущего* Царства мы можем лучше понять, почему Евангельская весть была настолько оскорбительной для иудеев, которые считали, что они достаточно хороши, чтобы войти в век грядущий. Иоанн Креститель говорил, что им необходимо очиститься и креститься в Иордане, чтобы грехи их были омыты, и они приготовились для грядущего Царства. Многие совсем не обращали внимания на эту нужду. Как только мы поймем это различие в понимании Царства, мы намного лучше будем понимать учение Иисуса и те конфликты, с которыми Он сталкивался.

Матфей сознает, что тема Царства должна вписываться в остальную часть учения, чтобы фокус на Царстве – с верующими, как подданными Царя, мог подвести нас к размышлению о наших взаимоотношениях с Богом именно в этом свете. Частота использования слова часто является ключом к ударению, который делает автор; Матфей использует слово «Отец» 44 раза, тогда как в Евангелии от Марка оно использовано всего 4 раза, а в Евангелии от Луки – 17. Он подчеркивает, что хотя мы и подданные Царя Небесного, мы все же можем называть Его «Авва Отче». Мы и сыновья, и подданные. Если бы мы были просто подданными, которые стремятся повиноваться Царю, то стали бы думать, что наше повиновение каким-то образом спасает нас, и забыли о сыновних отношениях, к которым призывает нас Бог. Таким образом, это становится эффективным противоядием легализму и жизни, основанной на правилах и предписаниях.

Понимание Царства, предложенное в общих чертах выше, дает возможность определить основную тему Евангелия от Матфея следующим образом: **Как вы живете в Царстве сейчас?** Давайте бегло посмотрим на пять «проповедей», в которых Матфей собрал все учение Иисуса о Царстве.

1. Образ жизни Царства (главы 5-7)

Эта компиляция более известна, как «Нагорная проповедь», и часто ее неверно понимают. Это – не совет Иисуса неверующим по поводу того, как жить. Даже верующему достаточно сложно жить подобным образом, не говоря уже о неверующем. Нет, проповедь учит нас, **как верующие живут сейчас, когда они в Царстве**.

Проповедь начинается с потрясающей серии утверждений: «Блаженны нищие духом, ибо их есть Царство Небесное… Блаженны кроткие, ибо они наследуют землю… Блаженны чистые сердцем, ибо они Бога узрят…» Иисус описывает новый тип личности, измененный характер.

После вступительных «блаженств» диапазон повелений в проповеди расширяется и становится очень практичным. Вот несколько примеров:

- если ты назвал кого-то безумным, ты – преступник;
- Закон Моисея гласит: «не прелюбодействуй», а Иисус говорит, что даже «не смотри на женщину с вожделением»;
- Он также говорит: «Не разводись и не женись на разведенной;
- нам сказано не беспокоиться, потому что этим мы дискредитируем Царя Небесного, Который заботится о Своем творении, и так же будет заботиться о нас.

Таков образ жизни Царства. Эти главы обеспечивают новообращенных прекрасным материалом. Важным моментом является понимание того, что они спасены не *благодаря* этому образу жизни, а *для* него.

2. Миссия Царства (9:35-10:42)

Эта «проповедь» вытекает логически из первой. Матфей указывает на то, что человек, когда входит в Царство, получает поручение идти и приводить других. Поэтому Иисус очень много учит о **благовестии** в 9 и 10 главах. Иисус наставляет Своих учеников, чтобы они показывали реальность Царства через воскресение мертвых, изгнание бесов и исцеление больных, а потом тем, кто последовал, говорили, что Царство грядет. Поэтому *действия* должны предшествовать *словам* о Царстве. Отрывок также дает конкретные детали по поводу того, как они должны ходить, что брать с собой и как отвечать на противостояние.

3. Рост Царства (13:1-52)

- Мы переходим от поручения к росту. Чего нам следует ожидать в отношении **распространения Царства**? Здесь учение проводится через серию притч.

- Сеятель: мы не должны переживать, если три из четырех наших семян не принесут плода. Одно семя в хорошей почве может принести плод в 30, 60 и 100 крат, поэтому это будет стоить того.

- Пшеница и плевелы, растущие вместе: царство сатаны будет расти вместе с Царством Божьим до тех пор, пока они не будут разделены при последней жатве.

- Горчичное зерно: Иисус описывает семя, которое становится большим деревом, изображая рост Царства с очень маленьких семян, проведя четкое сравнение с ростом Церкви. Иисус начал с 11 хорошими людьми, а теперь имеет 1 500 миллионов!

- Драгоценная жемчужина: нам сказано, как оценивать Царство, ведь оно подобно драгоценной жемчужине. Мы должны быть готовы отдать все, что уже имеем, чтобы приобрести его.

- Невод: Иисус советует нам не беспокоиться о неугодных обращенных, потому что Царство Небесное подобно неводу, наполненному разной рыбой: и хорошей, и плохой. Его послание заключается в том, что мы должны ждать, пока «рыба» наконец не будет доставлена на берег в последний день, а не пытаться сортировать ее сразу же, как только она поймана.

4. Община Царства (18:1-35)

Матфей включает сюда некоторые наставления, которые дал Иисус о **взаимоотношениях тех, кто находится внутри поместной церкви**. Он говорит о том, как мы должны поступать с теми, кто отошел от веры и что мы должны делать с теми, кто согрешает против других в обществе верующих.

5. Будущее Царства (24-25 главы)

К тому времени, как Матфей написал свое Евангелие, многие христиане задавались вопросом, когда Иисус вернется. Поэтому Матфей (как и Лука с Марком) включает раздел, помогающий его читателям узнать, чего им следует ожидать по **признакам Его пришествия**.

Очень важным является расположение этой «проповеди»: Иисус с учениками сидит на горе Елеонской, рассматривая храм, и ученики спрашивают Его о кончине века. Матфей связывает вопросы учеников об этом времени с пророчеством Иисуса, что однажды храм будет разрушен.

Иисус дает им четыре признака, которые следует распознать перед Его пришествием:

1. Бедствия в мире: войны, голод, землетрясения, лжехристы.
2. События в Церкви: всемирное преследование, сокращение числа, лжепророки, завершение Поручения.
3. Опасность на Среднем Востоке: святотатственный диктатор, несравнимое (но ограниченное) страдание, лжехристы и лжепророки.
4. Темнота: солнце, луна и звезды исчезнут, молния, которая пронзит все небеса, пришествие истинного Христа и собранные «от четырех ветров» христиане.

Из четырех признаков первый уже видели; второй – на подходе; третий еще должен появиться, и когда это произойдет, сразу же последует четвертый.

Матфей продолжает раздел серией притч, сфокусированных на готовности к возвращению царя. В каждой притче есть слово «замедлил», указывающее на необходимость быть верными в случае значительной задержки.

ОСНОВНЫЕ ТЕМЫ

Мы уже рассмотрели несколько тем, которым Матфей уделяет особое внимание. Нам также необходимо рассмотреть еще три, все они имеют фундаментальное значение для ученичества в Царстве.

1. Вера

Первая, постоянно поднимаемая тема – это тема веры. Она не является чем-то уникальным для Матфея, но определенно вызывает его особый интерес. Матфей говорит о том, что подданный Царства, который также является сыном Отца, живет верой. Это – не одноразовое проявление веры, но тот, кто поверил, живет верой. Часто в Евангелии от Матфея Иисус спрашивает людей: «Верите ли вы тому, что Я сказал вам? Верите ли вы, что Я могу это сделать?» Иисус ищет **постоянного доверия** Ему и Его слову. Он высказывает высочайшую похвалу сотнику, который пришел к Нему за исцелением, противопоставляя его великую веру недостатку веры в некоторых частях Израиля.

2. Праведность

Праведность – тема, которой вы не найдете в других Евангелиях – это необходимость того, чтобы **действия соответствовали вере**. Достаточно понятно, что важен порядок: сначала вы начинаете верить, но верите для того, чтобы действовать. Возьмем одну из самых коротких притч во всем Евангелии – например, о человеке, у которого было два сына; он попросил их пойти и поработать в его винограднике. Один сказал «да», но не пошел; другой сказал «нет», но пошел. Продолжая, Иисус спросил, который из двух сыновей исполнил волю отца, подразумевая, что мы должны учиться послушанию, но вместо этого лжем, когда на самом деле не делаем того, что Он повелевает нам. Быть учеником – не значит просто верить в Иисуса, но активно «действовать по праведности».

Это очень ясно видно во многих местах Евангелия от Матфея. Подобное утверждение указывает на причину крещения Иисуса и объясняет его значение, которое часто понимается неверно. Зачем Иисус принимал крещение? У Него не было грехов, которые нужно было смыть – ничего такого, что должно быть очищено; и все же Иисус пришел к Иоанну креститься. Когда Иоанн выразил протест, что Иисус должен его крестить, Иисус настоял, потому что «так надлежит нам исполнить всякую правду». Крещение Иисуса не было актом покаяния, как у всех остальных, но актом праведности. Отец повелел Иисусу сделать это, и Он сделал. В самом начале Евангелия Иисус демонстрирует важность дел, на Своем примере показывая то, чего Он ожидал бы от Своих последователей.

Поэтому не удивительно, что учение Иисуса пропитано этой темой. Он говорит, что «если праведность ваша не превзойдет праведности книжников и фарисеев, то вы не войдете в Царство Небесное». Фарисеи представляли собой группу чрезвычайно религиозных людей. Два раза в неделю они постились; отдавали десятину со всего, что имели; они исходили море и землю, чтобы приобрести прозелитов; они были прекрасными миссионерами; они читали Библию; они молились. И все же Иисус сказал, что праведность Его последователей должна превзойти все это.

Насколько важно, когда, благодаря вере, мы понимаем, что именно это значило, настолько должны быть уверены, что согласны с таким понятием праведности, как представляет ее Матфей. Иисус не говорит, что мы спасены *благодаря* праведности, но мы спасены *для* праведности. Это – важное различие. Если Евангелие от Матфея дать неверующему, у него может возникнуть впечатление, что быть христианином – значит делать добро, но на самом деле только *после* того, как вы станете христианином – будете спасены и прощены – вы призваны проявлять праведность в действии, как это описано в Евангелии от Матфея.

3. Суд

Третья тема может показаться странной; кажется, что она противоречит утверждению о том, что Матфей написал Евангелие для верующих. И все же именно в Евангелии от Матфея собрана значительная часть учения о Суде, звучащего из уст Самого Иисуса. Более того, тщательное исследование контекста каждого предупреждения об аде раскрывает то, что все они, кроме двух, были даны возрожденным верующим.

Евангелие от Матфея – это **предостережение учеников от самоуспокоения.** Начало следования за Иисусом не является проходным билетом в небеса. Последователи должны сами бояться ада, если они остаются «на пути». В то время как два предупреждения даны фарисеям, остальные предназначены для тех, кто все оставил, чтобы последовать за Иисусом. Наиболее поразительно то, что Он никогда не предупреждает грешников подобным образом.

Эта истина становится особенно очевидной, когда мы изучаем контекст одного из самых известных утверждений Иисуса об аде: «Не бойтесь убивающих тело, души же не могущих убить; а бойтесь более того, кто может и душу, и тело погубить в геенне». К кому Он обращается? В действительности, Иисус обращается к христианским благовестникам (двенадцати ученикам) как раз перед тем, как послать их провозглашать и являть Царство. Он не говорит, что страх перед адом должен быть частью их вести для грешников, но скорее что ученики сами должны его бояться, потому что, если они боятся ада, то не будут бояться никого и ничего больше, даже мученической смерти.

Если бы во всем Новом Завете у нас было только Евангелие от Матфея, нам было бы достаточно знать, что христиане должны бояться закончить свою жизнь на Божьей свалке, которую Иисус называет «геенной», долиной Енномовой за стенами Иерусалима, куда выбрасывалось все ненужное для сожжения. Евангелие от Матфея – это здравое Евангелие для учеников, которое учит их быть серьезными, активно продолжать верить и ходить всегда с Иисусом.

КАК ПРЕПОДАНА ВЕСТЬ ЕВАНГЕЛИСТА МАТФЕЯ

Принимая во внимание цель евангелиста Матфея – предоставление руководства по ученичеству – у нас может возникнуть вопрос, почему он поместил все учение в формат Евангелия от Марка? Почему просто не назвал его руководством по ученичеству и не записал учение, в котором нуждаются ученики? Ответ на этот вопрос дает глубокое понимание того, что Иисус и Матфей желали донести своим слушателям и читателям.

Контекст

Матфей верно передал изначально преподанное Иисусом учение. Иисус преподавал Свое учение в контексте Своих дел и совершал чудеса в контексте Своего учения. Учение необходимо было передавать в этом практическом контексте. Нам необходим **баланс между словом и делом**.

Двусторонний процесс

Важно отметить, что Евангелие имеет изъявительную форму наклонения: **что Христос сделал для нас**; после чего оно переходит в повелительную форму: **что мы должны сделать для Господа**. Мы собьемся с пути, если будем концентрироваться на одном, но не на другом. Если сосредоточимся на том, что сделал Бог, нам может показаться, что не нужно ничего делать, а это может привести к вседозволенности (когда не имеет значения, как я живу). Если мы сосредоточимся только на том, что мы должны делать для Господа, нам может показаться, что все лежит на нас, а это может привести к исполнению буквы закона (когда мои дела обеспечивают мне спасение). Вместо этого наши поступки должны исходить из нашей веры – мы реализуем то, что Он вкладывает. Власть Царства освобождает нас от греха, поэтому мы можем жить в чистоте Царства. Царство – это одновременно и предложение, и требование. Поэтому, что Бог делает для нас, и что мы делаем для Него – все это является частью Евангелия, Благой Вести Царства.

Необходимость уравновешивать изъявительное и повелительное наклонения оказывается истинной правдой, когда мы размышляем о кресте Христа, потому что есть опасность разделить учение Христа со всем тем, чего Он достиг на нем. Мы не сможем научить людей жить христианской жизнью, если не преподнесем им учение в формате того, что Христос приобрел для них на кресте. Последовательность Матфея помогает нам быть постоянно благодарными Иисусу за то, что Он совершил. Он мудро решил представить учение для учеников в формате Благой Вести, что Иисус, Который требует всего этого от Своих последователей, был Иисусом, Который исцелял больных, воскрешал мертвых, умер и воскрес для нас.

Заключение

Евангелие от Матфея было самым любимым в Ранней церкви. Верующие были готовы исполнять Великое Поручение – идти по всему миру и учить все народы делать то, что повелел Иисус. Евангелие от Матфея как руководство по ученичеству и для иудеев, и для верующих язычников, дало им возможность делать именно это, объединив Ветхий и Новый Завет, говоря миру, что пришел Христос, Царь Иудейский, чтобы исполнить обещание, данное Аврааму, что все народы мира благословятся через него и его семя. Наконец пришел Сын Давидов, и вот как мы должны жить сегодня, будучи подданными Царя.

39. ЕВАНГЕЛИЕ от ЛУКИ и ДЕЯНИЯ

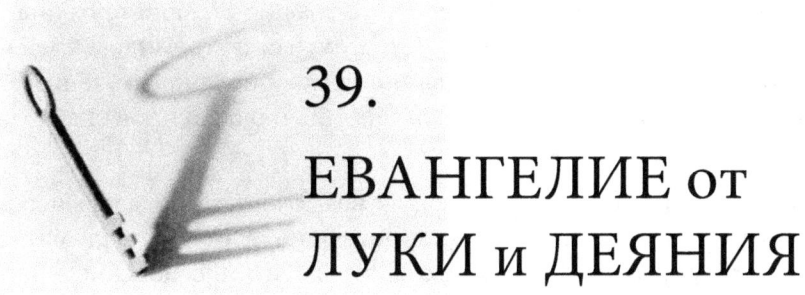

Введение

Библия состоит из слов человека и Слова Бога – множества авторов, но одного Божественного редактора. Большинство авторов отвечали на непосредственную нужду и даже не представляли себе, что написанное ими однажды станет частью Библии. Поэтому мы можем изучать книги Библии на двух уровнях: историческом и экзистенциальном. На историческом уровне мы задаем вопрос: зачем была написана книга? Какая человеческая причина стояла за этим? На экзистенциальном уровне мы спрашиваем: почему книга находится в нашей Библии? Почему Бог хотел, чтобы мы знали об этом? Этим методом мы будем пользоваться при изучении Евангелия от Луки и позже – книги Деяния. Обе книги написаны одним и тем же автором. Вместе они представляют достаточно интересный случай. Итак, кем был Лука и почему он написал эти две книги?

Кем был Лука?

1. ЯЗЫЧНИК

Лука представляет собой уникальный случай среди авторов Библии, потому что он – единственный язычник. Его «английское» имя произошло от имени Лукас. Он был родом из Антиохии (Сирия), которая была своего рода Парижем для Древнего мира на восточном побережье Средиземного моря, на север от Земли Обетованной.

Именно в Антиохии была образована первая церковь из язычников, и именно там последователей Иисуса Христа стали называть «христианами» – унизительное в некоторой степени прозвище, которое дали им местные жители, потому что они стремились следовать «Христу». Сегодня это название стало популярным и имеет широкий спектр определений, в Деяниях обычно использовали слова «верующий» или «ученик».

Как язычник, Лука имел хорошие возможности показать через свои писания, как Евангелие распространяется от Иерусалима до Рима. Легко упустить из виду, что для религии преодоление этнических барьеров является уникальным явлением, особенно переход из состояния исключительно иудейского в чрезвычайно языческое. Большинство людей рождаются в своей государственной религии и остаются в ней. Но здесь религия передается от одних людей к другим. Направленность на языческих читателей демонстрируется по-разному. Например, Лука избегает использования таких еврейских и арамейских выражений, как «Равви» и «Авва», которые используют Матфей и Марк, предпочитая переводить подобные слова для своих читателей на греческий язык, чтобы быть уверенным, что их понимают.

2. ВРАЧ

По профессии Лука был врачом – апостол Павел называет его «врач возлюбленный», когда пишет церкви в Колоссах. Медицина развивалась на протяжении 400 лет, и врачи проходили основательное обучение. Лука, должно быть, был наблюдательным, аналитичным и внимательным в своих записях – навык, который он также использует при написании своего Евангелия и книги Деяний.

Многие моменты выдают медицинское прошлое Луки. Рождение Иисуса, например, рассказано с точки зрения Марии. Мы находим детали обрезания Иисуса, упоминание о пеленах или пеленании – вопросы, которые могут интересовать доктора. (К тому же, Лука предлагает нам родословие Марии, чтобы проследить физических предков Христа, в то время как Матфей дает нам родословие по линии Иосифа). Когда Марк описывает болезнь тещи Петра, он называет ее просто горячкой; Лука же пишет о «сильной горячке». Среди чудес, которые записывает Лука, пять из шести – чудеса исцеления.

Бог использует доктора, чтобы записать сверхъестественное! Непорочное рождение, чудеса Иисуса, знамения и удивительные события в книге Деяний вышли из-под пера Луки. Некоторые доктора скептически относятся ко всему, что находится за пределами естественной физической реальности, но Лука способен использовать свои незаурядные способности писателя и врача, чтобы записать то, что произошло на самом деле, даже если это выходило за пределы медицинского знания или возможности.

3. ИСТОРИК

Лука был тщательным в деталях, формулировках и понимании культурных особенностей. Не являясь апостолом, он был зависим в своих знаниях об Иисусе от тех, кто был близок к Нему. Некоторые современные историки подвергали критике труд Луки, заявляя о том, что он ошибался, но более поздние археологические находки всегда свидетельствовали в пользу Луки – кстати, в наши дни он признан одним из самых выдающихся историков своего времени. К тому же, если мы рассматриваем «Евангелие» как жанр, отличающийся от «истории», как предполагалось раньше (стр. 655), тогда Лука – единственный писатель-историк в Новом Завете. Основной его целью скорее было предоставить точный и достоверный отчет о том, что было сказано и что произошло в жизни Иисуса, чем провозгласить Благую Весть о спасении, хотя обе эти цели пересекались друг с другом.

4. ПУТЕШЕСТВЕННИК

Лука был также очень опытным путешественником. Именно Лука называет Галилейское «море» «озером», оно всего лишь 13 км в длину и 8 км – в ширину. Для опытного путешественника это, на самом деле, было всего лишь озеро! Он путешествовал с апостолом Павлом, об этом свидетельствует использование слова «мы» в некоторых отрывках в книге Деяний. Лука остается анонимным, как и другие авторы Нового Завета, стараясь отвлечь внимание от себя, но использование слова «мы» выдает тот факт, что он присутствовал там. Лука был спутником Павла в путешествиях, особенно, когда Павел был в море: в путешествии из Троады в Филиппы, из Филипп в Иерусалим и из Кесарии в Рим. Возможно, Павел нуждался во враче во время своих плаваний? Некоторые из самых точных записей Луки описывают путешествия в конце книги Деяний и заключительное крушение корабля на берегах Мальты.

В нашем понимании готовность Луки путешествовать сыграла важную роль в написании Евангелия от Луки и книги Деяний. Нам известно, что Павел находился под арестом дважды – в Кесарии и позднее в Риме, в обоих случаях в течение двух лет. Позже мы увидим, что возможно именно в этот период Лука составлял обе свои книги: Евангелие – в Кесарии, а Деяния – в Риме, где он, конечно, мог беседовать с Павлом на досуге.

5. ПИСАТЕЛЬ

Лука пишет на литературном, отточенном греческом языке, подобно историкам-эллинистам. Мы рассмотрим его писательские способности, когда будем детально изучать Евангелие от Луки и Деяния. Его отчет о кораблекрушении на Мальте был признан одним из литературных шедевров Древнего мира. Он обладал хорошим словарным запасом, прекрасным стилем и способностью удерживать внимание читателя, используя мягкий быстрый переход

с одного сюжета на другой. Способности Луки как историка также очевидны; его исследования основательны, он знает, что включить, а что опустить в своем рассказе.

6. ЕВАНГЕЛИСТ

Лука был евангелистом, скорее благодаря своему перу, чем голосу. «Спасение» – ключевое слово в обеих книгах. Это слово и его однокоренные слова постоянно повторяются. Как язычник, Лука особенно интересовался тем, что спасение пришло для «всякой плоти». В своем Евангелии Лука записывает слова Иоанна Крестителя, цитирующего из Исаии: «И узрит всякая плоть спасение Божие». Многие рассматривали эту фразу, как ключевую тему Евангелия от Луки.

При изучении Евангелия мы увидим, как Лука проявляет особый интерес к различным группам людей, которым дано увидеть спасение Божие. Подобно этой, другая тема книги Деяний – Святой Дух, излитый на всякую плоть, - на иудеев, самарян и до концов земли.

«Иудейская» религия предназначена для всех по всему миру: Лука представляет Иисуса, как Спасителя всего мира.

История свидетельствует о том, что Лука умер в возрасте 84 лет в Беотии (Греция), так никогда и не женившись.

Аудитория

Взглянув на автора, давайте теперь обратимся к аудитории, для которой он писал свой двухтомный труд. Обе книги Лука написал для одного человека – Феофила, что буквально значит «г-н Друг Божий». Кажется странным, что Луке понадобилось четыре года исследований только для того, чтобы написать одному человеку, даже если он и предполагал, что в будущем будет более широкий круг читателей. Кем был этот человек Феофил?

Существует предположение, что Феофил – вымышленный персонаж, так, словно автор написал книгу для вымышленного представителя группы: «Дорогой г-н, искренне ищущий». То есть Феофил – придуманное имя, «Друг Божий» означает кого-то, кто интересуется верой и желает найти Бога. Какой бы обоснованной эта теория ни была, она не подтверждается всеми фактами.

Другие утверждают, что это была реальная личность (возможно, издатель, интересовавшийся христианством); такая версия, бесспорно, интригует, поскольку гораздо интереснее рассматривать Феофила, как реально существующего человека. Очевидно, он был достаточно влиятельным человеком, скорее всего, занимал государственную должность, по этой причине Лука обращается к нему со словами «Достопочтенный» г-н друг Божий. Точно такой же титул использовался для Феста и Феликса, когда они председательствовали на судебном процессе Павла, и это служит достаточно веским основанием предполагать, что Феофил был по профессии либо юрист, либо судья.

Однако непонятно, почему Лука пожелал предоставить юристу столь полный отчет сначала об Иисусе, и потом – о Павле?

Адвокат, защищающий Павла

Если представим, что Феофил был адвокатом, защищающим Павла, или даже его судьей на судебном процессе в Риме, тогда все становится понятным: возможно, необходимо было краткое изложение фактов, подробных обстоятельств, ведущих к судебному разбирательству.

Как зародилась эта новая религия? Кто был ее основателем? Как Павел начал участвовать в ее распространении? Более того, адвокат мог проявлять особый интерес к тому, как эта вера воспринималась римской властью. Поэтому, когда Павла арестовали в Кесарии, Лука расследовал жизнь и смерть Иисуса, а когда Павла перевели в тюрьму в Риме, он проводил все исследования и делал отчеты о вкладе Павла в новую религию.

В работе Луки заметны следы того, что он собирал информацию от разных людей, которые, как нам известно, имели влияние в новозаветной церкви: Иакова, возможно, Матфея и, без сомнения, Иоанна (в Евангелии от Луки есть некоторые моменты, которые находятся только у Иоанна, например, только он и Иоанн упомянули об отсечении уха у Малха во время ареста Иисуса).

Компиляция книг

Лука столкнулся с трудностями при сборе необходимого материала для «краткого изложения фактов». Он не был одним из двенадцати учеников, никогда не встречался с Иисусом и не был очевидцем Его жизни и служения. Но сумел преодолеть эти трудности, посещая тех, кто были очевидцами жизни Иисуса. В течение двух лет Лука собирал данные об Иисусе, ожидая Павла в Кесарии. В течение последующих двух лет по прибытии Павла в Рим Лука написал историю о Павле в своей второй книге – «Деяния святых апостолов».

Если предположение о «кратком изложении фактов» верно, тогда оно очень многое объясняет в обеих книгах. Например, оно может объяснить, почему римляне представлены вполне симпатизирующими новой религии в обеих книгах. И в судебном разбирательстве Иисуса, и в судебном разбирательстве Павла Лука включает три утверждения, что эти люди абсолютно невиновны. Пилат три раза говорит, что Иисус невиновен, и три раза римские власти повторяют, что Павла можно было освободить, если бы он не подал апелляцию в Рим. Поэтому в обеих книгах причиной проблем в отношении христиан выступают не римляне, а иудеи, стремящиеся создать проблемы для новой веры.

Очевидцы

Адвокат пожелал бы услышать свидетельство из первых рук, доклады очевидцев и тщательное исследование фактов, представленных в нужном порядке. В обеих книгах Лука включает точные даты римских событий (например, Лк. 2:1 и 3:1) и вступление, обращенное к Феофилу в первой книге, подтверждает его цель: «Как уже многие начали составлять повествования о совершенно известных между нами событиях, как передали нам то бывшие с самого начала очевидцами и служителями слова, то рассудилось и мне, по тщательном исследовании всего сначала, по порядку описать тебе, достопочтенный Феофил, чтобы ты узнал твердое основание того учения, в котором был наставлен» (Лк.1:1-4). Формулировка, без сомнения, подходит к тому типу материала, который мог потребовать адвокат.

АКЦЕНТ – НА ПАВЛЕ

Эта теория также объясняет необычные детали во второй книге. Деяния известны, как «Деяния святых апостолов», но книга сосредоточена только на двух из них, редко упоминая других и опуская любую ссылку на большинство. К тому же в то время как Петр является основным персонажем первых 12 глав, он исчезает практически сразу, как только обращается Павел. После этого книга практически сфокусирована исключительно на Павле, рассказ о нем занимает две трети всего повествования. Такая пропорция может показаться необычной, если только весь труд не будет направлен на защиту Павла и объяснение римским властям, что в новой религии нет ничего мятежного или антиправительственного. Павел представлен римским гражданином, невиновным с точки зрения римского закона и заслуживающим вердикта «не виновен» в судебном разбирательстве.

Интересное различие прослеживается между судом над Павлом и судом над Иисусом в Иерусалиме. По римскому закону Иисус был невиновен, но все же распят из-за давления иудеев. Суд над Павлом, наоборот, производится в месте, где иудеи не могли повлиять на приговор. Его апелляция к цезарю предотвратила их вмешательство.

Это также объясняет, почему свидетельство Павла, трижды представленное в книге Деяний, немного излишне (никто из других апостолов не рассказывает свое свидетельство), если только это не потому что Павел находится в суде, и жизненно важно, чтобы адвокат услышал, что он говорил на предыдущих слушаниях, чтобы можно было использовать это в качестве доказательства, а не в свидетельстве против него.

К тому же, вигляд на Деяния, как на краткое изложение фактов для адвоката, помогает объяснить, почему книга заканчивается так неожиданно. Она заканчивается на том, что Павел ожидает суда. Это также опровергает другие доводы о цели написания Деяний. Если бы это было просто описание жизни Павла, то подобное завершение повествования можно было считать странным. Мы знаем, что сам Лука дожил до 84 лет, а это значит, что он был жив и мог записать смерть Павла, если бы именно с этой целью писал Деяния. Если же цель была юридической, тогда вполне предсказуемо, что повествование заканчивается ожиданием Павлом суда.

Одно последнее несоответствие может все застопорить. Почему врач Лука столько места отводит для подробного рассказа о кораблекрушении на Мальте, если он собирался записывать историю Ранней церкви? И почему он записывает только это бедствие на море, хотя проходил через подобное, по крайней мере, три раза? Наверняка Лука поступил так потому, что хотел показать примерное поведение Павла, который не пытался сбежать в суматохе, а вместо этого спасал жизни всех, кто находился на борту, включая римскую охрану, которая несла ответственность за его безопасную доставку в римский суд. После рассказа об этом героическом и патриотическом поступке я могу представить адвоката, защищающего Павла и в заключение говорящего: «Я закрываю мое дело, Ваша честь».

БЫЛО ЛИ ИЗЛОЖЕНИЕ ФАКТОВ УСПЕШНЫМ?

Все факты указывают на то, что Павел был оправдан на первом суде в Риме. Послания, которые он написал Тимофею и Титу, содержат детали, которые не соответствуют его прежней жизни, поэтому предполагается, что он был освобожден. Даже существует предание, что Павел воплотил в жизнь свою мечту достигнуть Испании. Некоторые древние церкви в Испании утверждают, что Павел был их основателем.

Мы не можем утверждать это с уверенностью, но доказательство из предания указывает на тот факт, что Павел был освобожден на первом суде, а позже его снова арестовали и обезглавили. Несмотря на окончательный результат, кажется, что труд Луки не прошел даром: если он написал эти две книги преимущественно для того, чтобы спасти жизнь Павла на первом суде и освободить апостола для дальнейшего служения, тогда он преуспел.

Заключение

Мы сделали акцент на переживаниях Луки о Павле, но очевидным является также то, что суд оказывал влияние на христианство везде. Не просто Павел, а *христианство* было под судом: весть о произошедшем в Риме распространилась повсюду, поэтому эта история оказалась важным уроком.

Обе книги Луки можно было бы назвать «История христианства, часть 1 и 2». Они содержат в себе прекрасно составленное повествование, охватывающее период в 33 года, начиная с общественного служения Иисуса до заключения Павла или домашнего ареста в Риме. В нем много уникальной информации, поэтому и первый, и последующие читатели могли точно узнать, что произошло, и как они должны реагировать.

Лука, без сомнения, понимал, что его труд также может заинтересовать **более широкую аудиторию**, потому что неограниченный круг лиц начал замечать потрясающее распространение христианства, и вскоре его уже не будут рассматривать как секту в иудаизме, а как развивающуюся всемирную и межнациональную веру; христианство становилось важной новостью в самом Риме. Поэтому труд Луки был не просто кратким изложением фактов для защиты, а **декларацией веры**; он также внес весомый вклад в благовестие среди язычников.

Евангелие от Луки является частью уникального материала. В начале он говорит Феофилу, что многие составляли повествования о том, что произошло. Он мог быть знаком с Марком, возможно, Матфеем и, вероятно, с записями других авторов, но его собственное Евангелие – плод обширного личного исследования, включая беседы и устные рассказы очевидцев, составленные в контексте римского мира. Он рисует общую картину, потом смещает акцент на личности.

Несмотря на то, что сам Лука не был апостолом, никогда не возникало сомнения, что Евангелие от Луки и Деяния должны быть включены в новозаветный «канон». Это прекрасный показатель того, насколько Ранняя церковь защищала выдающийся труд, «апостольский» по содержанию и авторитету, если не по авторству.

40. ЕВАНГЕЛИЕ ОТ ЛУКИ

Введение

Евангелие от Луки – наиболее любимое, но менее известное среди всех четырех Евангелий. Это наблюдение может показаться необычным. Большинство людей прекрасно знают части, **присущие только** Луке: притча о добром самарянине – любимая притча многих людей, сами слова уже стали частью нашего языка; большинство людей знают, что значит «возвращение блудного сына» из истории о «блудном» сыне; повествования о встрече Иисуса с Закхеем, Марией и Марфой, также широко известны рассказы об умирающем разбойнике и двух учениках, идущих по дороге в Эммаус.

Но там, где материал Луки **совпадает** с другими Евангелиями, мы лучше знаем их повествования, чем его. Например, что подразумевается под сравнением учеников с «солью», записанным Матфеем и Лукой? Большинство людей предполагают, что эта характеристика относится к действиям верующего, направленным на сохранение и придание вкуса обществу, позаимствовав значение из использования соли при приготовлении пищи. Но Лука записывает больше деталей, говоря, что если соль потеряет свою силу, она станет непригодной и для почвы, и в качестве удобрения. Это предполагает, что метафора на самом деле относится к земле, а не к кухне. Соль добывали в Мертвом море, в ней содержалось много углекислого калия и других солей. Ее использовали в качестве удобрения в сельском хозяйстве и дезинфицирующего средства для людских отходов. В этом случае соль ускоряла рост растений и останавливала распространение инфекций: ученики должны быть такими же, говорил Иисус. Большинство людей не замечают деталей, добавленных Лукой, и объясняют свое понимание «соли земли» с точки зрения Матфея.

Еще один пример нашей небрежности в Евангелии от Луки проявляется в словах: «Ибо, если с зеленеющим деревом то делают, то с сухим что будет?» На лекциях я часто подшучиваю над своими слушателями, предлагая им проголосовать, взяты ли эти слова из Ветхого Завета, Нового Завета или из произведения Уильяма Шекспира. Большинство обычно ошибается! На самом деле эти слова произнес Иисус, когда нес Свой крест на Голгофу. Только Лука записал эти слова, которые, кажется, почти никто не читал.

Элементы, присущие Луке

Структура Евангелия от Луки основана на системе Евангелия от Марка, с ключевым переломным моментом, произошедшим в Кесарии Филипповой, после которого Иисус направил Свой путь в Иерусалим. Но ее можно также разбить на пять частей:

1:1-4:13	Первые 30 лет жизни
4:14-9:50	Галилейское служение
9:51-19:44	Путешествие в Иерусалим, период передачи учения ученикам
19:45-23:56	Последние дни в Иерусалиме (эта часть совершенно отличается от предложенной Марком)
24	Воскресение и вознесение

Давайте порассуждаем над частями, присущими только Луке.

Истории Рождества

Все истории Рождества записаны с **точки зрения Марии**, в отличие от Евангелия от Матфея, сконцентрированного на Иосифе. Это придает повествованию совершенно новый оттенок. Лука проявляет больше человеческого интереса и приводит больше интимных деталей о зачатии, родах, даже упоминает пелены. Лука включает родословие Иисуса, как это делает Матфей, но оно написано по линии Марии и идет дальше – до Адама. С юридической точки зрения Иисус является потомком Давида по линии Иосифа, но Его физическое происхождение прослеживается по линии Марии тоже до царя Давида. Поэтому Иисус является дважды царственным Принцем.

Повествование Луки о Рождестве опосредованно указывает нам на **месяц рождения Иисуса**. Он говорит, что Захария принадлежал к священническому роду Авии. Из 1 книги Паралипоменон мы знаем, в каком месяце этот род призывался на служение в храме: в годовом цикле они были восьмым родом из 24. Поэтому Захария был в храме в четвертом месяце по иудейскому календарю. Мы знаем, что Елизавета забеременела в это время, за шесть месяцев до зачатия Марией, таким образом, можем подсчитать, что Иисус родился спустя 15 месяцев, в седьмом месяце следующего года в праздник Кущей (по нашему календарю конец сентября начало октября). Иудеи ожидали, что Мессия придет во время этого праздника, и все еще продолжают ожидать Его в этот день.

История отрочества

Лука пишет всего лишь об одной истории из первых 30 лет жизни Иисуса. В 12 лет Иисус достиг возраста Бар-мицвы, что значит «способен делать добрые дела». Когда иудейский мальчик достигает этого возраста, он становится ответственным за свои поступки. До 12 лет за проступки мальчика наказывались родители, но с этого времени он несет ответственность за свои поступки и за соблюдение Божьих заповедей. Мальчика приводят в синагогу, и он читает отрывок из Закона Моисея. С этого времени его воспринимают как взрослого человека. В этот момент он становится партнером своего отца, каким бы ремеслом ни занимался отец, или какую бы профессию он не имел.

Этим объясняется история о **посещении Иисусом Иерусалима с Иосифом и Марией**. В те дни женщины уходили раньше, проходя более 24 км в день, потом разбивали лагерь и готовили еду к приходу мужчин. Дети до 12 лет шли со своими матерями, мальчики старше 12 лет шли с отцами. Иисус мог идти с Марией, как Он всегда делал раньше, но поскольку Ему теперь уже исполнилось 12 лет, вполне естественно, мог возвращаться с Иосифом. Понятно, почему каждый из родителей думал, что Иисус идет с другим.

Это также проливает свет на ответ Иисуса, когда Мария нашла Его в храме. «Или вы не знаете, что Мне должно быть в том, что принадлежит Отцу Моему [или является Его делом]?" Это первые записанные слова Иисуса. Но самым удивительным является то, что после этого происшествия Он вернулся в Назарет и был в повиновении у родителей. История раскрывает, что Иисус знал, Кем Он на самом деле был даже в возрасте 12 лет. Также очевидно, что Мария никогда не говорила Ему, Кем Он был (она говорит об Иосифе: «Отец Твой»).

Крещение

В историю о крещении Иисуса Лука также включает уникальную информацию. Только Лука говорит нам, что **Иисус получает Святого Духа** после Своего крещения, **как ответ на молитву**. Матфей и Марк записывают, что Иисус получает Духа, когда выходит из воды, но только Лука упоминает Его молитву: «Когда же... Иисус... молился, – отверзлось небо, и Дух Святой нисшел на Него в телесном виде, как голубь». Более того, Лука говорит нам о крещении Духом больше, чем любой другой автор в Новом Завете. Эту тему мы рассмотрим более детально позже (стр. 76).

Учение Иисуса

УНИКАЛЬНЫЕ БЛОКИ УЧЕНИЯ

Лука также по-другому представляет учение Иисуса. Нагорная проповедь в Евангелии от Матфея становится проповедью на равнине, и каждое блаженство противопоставляется горю. Например, «блаженны плачущие ныне» связывается со словами «горе вам, смеющиеся ныне». Не стоит предполагать, что Матфей и Лука каким-то образом конфликтуют. Очевидно, Иисус говорил эту проповедь не один раз, и ее формы варьировались. Лука просто предлагает нам другую, более короткую версию этой проповеди.

УНИКАЛЬНЫЕ ПРИТЧИ

Большим количеством историй Иисуса мы обязаны исключительно Луке:

- Притча о добром самарянине.
- Притча о блудном сыне (или, скорее, о блудном отце и потерянных сыновьях; см. пересказ на стр. 81-84).

- Притча о настойчивой вдове.
- Притча о фарисее и мытаре.
- Притча о друге, пришедшем в полночь, стучащем в дверь соседа, чтобы взять немного хлеба для неожиданного гостя.
- Притча о бесплодной смоковнице.
- Притча о неверном управителе.
- Притча о богаче, который попал в ад, и Лазаре. Это единственная притча, в которой указываются имена («Лазарь» может даже относиться к реальной личности; см. пересказ на стр. 85–86).

УНИКАЛЬНЫЕ ЭПИЗОДЫ

Уникальными событиями являются:

- Чудесный улов рыбы.
- Поручение «семидесяти» ученикам (в некоторых версиях они указываются 72).
- Вознесение. Это единственное Евангелие, в которое включено повествование о вознесении, не считая короткого упоминания в «более длинном» заключении в Евангелии от Марка. Лука также записывает это повествование в начале Деяний, чтобы связать два труда и сделать ударение на важности этого события. Лука также включает отдельные случаи с людьми, которые его особенно интересовали.
- Проститутка, которая помазала ноги Иисуса в доме фарисея.
- Женщина, прикоснувшаяся к краю Его одежды среди большой толпы народа.
- Принятие пищи в доме Марфы и Марии.
- Мытарь на дереве (Закхей).
- Исцеление человека, болеющего водянкой.
- Женщина, имевшая духа немощи.
- Десять прокаженных.

- Жертва вдовы.
- Умирающий разбойник.
- Двое на дороге в Эммаус.

Эти истории подчеркивают то, что евангелист Лука больше заинтересован в людях, чем любой другой автор Евангелия, и это характерно для человека, который был семейным врачом.

Заинтересованность в людях

Лука проявляет особый интерес, по крайней мере, к шести категориям людей.

1. САМАРЯНЕ

Самаряне были группой людей, к которым иудеи относились, как к изгоям, потому что они появились в результате смешанных браков с язычниками во время изгнания. Неприязнь была настолько сильной, что иудеи, путешествуя между Иудеей и Галилеей, проходили более длинное расстояние с восточной стороны Иордана, лишь бы не проходить через Самарию. Только Лука говорит нам о том, что единственный прокаженный из 10 исцеленных, который вернулся, чтобы поблагодарить, был самарянином. Остальные были иудеями, и они приняли дар исцеления как должное.

Лука также записывает, как Иаков и Иоанн хотели свести огонь с неба на самарян из-за того, что они были грубы с Иисусом. Он потом продолжает историю в Деяниях, где мы читаем о том, как Иоанн возвращается с Петром в Самарию помолиться, чтобы самаряне смогли получить огонь Святого Духа!

И, конечно же, он рассказывает историю о добром самарянине; «добрый» было необычным эпитетом по отношению к этим людям. К изумлению иудейских слушателей оттого, что самарянин может быть настолько заботлив, Лука тем самым открыто демонстрирует свою поддержку самарянам, а также использует это как средство для исцеления отчуждения двух народов.

2. ЯЗЫЧНИКИ

Поскольку Лука сам язычник, естественно, что язычники будут широко представлены в его истории, и само название «язычник» бросается в глаза. Лука сразу раскрывает свою тему, когда Симеон говорит, что Иисус – «Свет к просвещению язычников».

Он записывает упоминание Иисуса о вдове из Сарепты и о Неемане из Сирии в Своей проповеди в Назарете. Иисус намекнул на то, что у этих язычников было больше веры, чем у народа Израильского, эти слова спровоцировали попытку местного населения отнять Его жизнь.

Евангелист Лука также рассказывает нам о том, как Иисус послал семьдесят учеников (число, которое иудеи рассматривают как символ народов, основанный на книге Бытие 10), а также включает историю служения Иисуса на восточном берегу Иордана в Перее. Другие авторы Евангелий включают путешествие Иисуса с севера в Иерусалим, но опускают труд, который Он совершил по пути через неиудейскую территорию.

3. ИЗГОИ

Лука проявляет большой интерес ко всем изгоям: **к любому человеку, к которому другие относятся с презрением**. Он записывает историю исцеления 10 прокаженных и призвание Закхея, сборщика податей. Эту профессию презирали по двум причинам: во-первых, из-за договоренности сборщиков податей с римлянами, которые наделяли их ответственностью собирать налоги, и, во-вторых, потому что они получали заработную плату с того, что могли взять сверх установленной подати. Иисус не только встречался с Закхеем, который обладал этой непопулярной профессией, но нам также сказано, что в тот день «спасение» пришло в его дом.

Лука также пишет об участии пастухов в свидетельстве и распространении новости о рождении Иисуса. В то время пастухи обладали репутацией ненадежных паразитов общества, живущих на то, что могли украсть у других. В результате, свидетельство пастухов не было признано законным в суде.

Также внимание заслуживает тот факт, что Лука включает историю бывшей проститутки, помазавшей ноги Иисуса; ее ответ на Его прощение является назидательным уроком для самоправедных.

4. ЖЕНЩИНЫ

Лука проявляет особый интерес к женщинам. Мы уже упоминали Марфу и Марию. Вдобавок евангелист Лука пишет о женщине, прикоснувшейся к одежде Иисуса и внезапно последовавшем исцелении. Никто из других авторов не замечает плачущих об Иисусе женщин, когда Он несет свой крест. Более того, Лука перечисляет имена богатых женщин, которые финансово поддерживали служение Иисуса. Евангелие включает **10 женщин, о которых нигде больше не упоминается**, и еще трех, упомянутых в притчах.

5. НИЩИЕ

Кажется, Лука достаточно **предвзято относится к нищим**. Например, он записывает слова Иисуса «Блаженны нищие» (рус. синод. Библия: «Блаженны нищие духом»; *прим. пер.*) и «Горе вам, богатые», тогда как Матфей говорит «Блаженны нищие духом» и ничего не говорит о богатых. В Евангелии от Луки бедность представляется благословением, в противоположность точке зрения народа Израильского, который считал ее признаком Божьего осуждения. Он записывает, что Мария и Иосиф принесли в храм голубей для жертвоприношения при рождении Иисуса. Это была самая дешевая форма жертвоприношений из дозволенных законом левитов.

Целый ряд других высказываний, отражающих аспект бедности в учении Иисуса, включен в Евангелие:

- «Всякому, просящему у тебя давай, и от взявшего твое, не требуй назад».

- Иисус сказал пригласившему Его человеку: «Когда делаешь обед или ужин, не зови друзей своих, ни братьев твоих, ни родственников твоих, ни соседей богатых, чтобы и они тебя когда не позвали, и не получил ты воздаяния. Но когда делаешь пир, зови нищих, увечных, хромых, слепых, и блажен будешь, что они не могут воздать тебе, ибо воздастся тебе в воскресение праведных».

- В притче о большом ужине читаем: «… пойди скорее по улицам и переулкам города, и приведи сюда нищих, увечных, хромых и слепых».

- В притче о богаче и Лазаре сказано: «Умер нищий и отнесен был Ангелами на лоно Авраамово… И в аде, будучи в муках, он поднял глаза свои, и увидел вдали Авраама и Лазаря на лоне его…»

6. ГРЕШНИКИ

Последняя категория людей, к которым Лука проявляет особый интерес, может показаться странной. Разве Иисус не пришел спасти грешников? В те дни слово «грешник» относилось к иудеям, которые прекратили исполнять Закон Моисея. В нем было 613 законов, которые достаточно тяжело было исполнить, но религиозные лидеры добавили даже больше. Большая часть населения прекратила его исполнять. Лука записывает истории и события, которые открывают, что именно ради этих людей пришел Иисус. Он подчеркивает, насколько фарисеи ненавидели Иисуса за то, что Он был среди людей, которые не исполняют законы. Как может Он быть близок к Богу и при этом быть настолько близким к «грешникам»?

Евангелие от Луки – **человеколюбивое Евангелие**. Люди для Луки значат то же, что они значили для Иисуса. Он проявлял внимание и заботу к тем, кто *не мог* себе помочь и кому *не помогут* другие. Ему, без сомнения, нравилось слово *splanknidzomai*, что значит «сострадание», и он изображает Иисуса Человеком, Который живет не ради Своей власти или популярности, но для того, чтобы Бог прикоснулся к беспомощному. Итог этому подводится в конце истории о Закхее: «Он пришел взыскать и спасти погибшее». Таким же образом мы читаем: «И весь народ искал прикасаться к Нему, потому что от Него исходила сила и исцеляла всех».

Другие акценты в Евангелии от Луки

1. АНГЕЛЫ

Лука проявляет особый интерес к ангелам, особенно в начале своего повествования. Небесные создания извещают о том, что Елисавета родит Иоанна, говорят Захарии, как назвать его сына и извещают Марию о рождении Иисуса. Лука записывает служение ангелов, и когда Иисус молится в Гефсимании, мы читаем: «Явился же Ему Ангел с небес и укреплял Его».

Говорят, что представители медицинской профессии наиболее скептически настроены в отношении сверхъестественного. Лука, медик и внимательный историк, не только не видит проблем в том, чтобы включить ангелов в свое повествование, но даже старается выделить их **жизненно важную роль**.

2. ДУХ СВЯТОЙ

Евангелие от Луки называли «**харизматичным Евангелием**». В Евангелии от Луки чаще говорится о Духе Святом, чем в Евангелиях от Матфея и от Марка, вместе взятых.

- Лука записывает, что Дух Святой ответственен за зачатие Иисуса: «Дух Святый найдет на тебя, и сила Всевышнего осенит тебя».

- Елисавете и Захарии было сказано, что они исполнятся Духа Святого, и им предсказали, что Иоанн Креститель будет исполнен Духа Святого еще от чрева матери своей.

- Ветхозаветное понимание о помазании Духом Святым также видно в Анне и Симеоне. Симеон был движим Духом Святым, чтобы встретить Младенца Иисуса, а Анна описана как пророчица.

- Дух Святой сошел на Иисуса во время Его крещения. Затем нам сказано: «Иисус, исполненный Духа Святого, возвратился от Иордана и поведен был Духом в пустыню».

- После искушения в пустыне, «возвратился Иисус в силе духа в Галилею…»

- Лука записывает, что Иисус учит молиться о Духе: «…тем более Отец Небесный даст Духа Святого просящим у Него».

Евангелие заканчивается словами Иисуса, обращенными к Его последователям, с просьбой ожидать в Иерусалиме до тех пор, пока они не «облекутся силою свыше». Заинтересованность Луки в Духе Святом находит свое продолжение в его второй книге, и Деяния содержат даже больше ссылок.

3. МОЛИТВА

а) Иисуса

Лука пишет о молитвах Иисуса намного больше, чем другие авторы Евангелий. Как уже ранее отмечалось, сошествие Духа во время крещения Иисуса совершилось в ответ на Его молитву, Его первую записанную молитву. Свою последнюю молитву Он произнес на кресте: «Отче! В руки Твои предаю дух Мой».

Между этими двумя молитвами Лука записывает девять случаев, когда Иисус молился. Семь из них присутствуют только в Евангелии от Луки. Кажется, что Иисус **постоянно молился Своему Отцу** о руководстве.

б) Учеников

Лука также переживает о том, чтобы мы понимали **важность молитвы для каждого ученика**. Особенно 11 глава включает исчерпывающее учение об этом. К тому же притча о настойчивой вдове ободряет тем, что Бог желает отвечать на молитву, и следующая притча, противопоставляющая мытаря и фарисея, поощряет смирение в молитве. Молитва не менее важна для тех, кто последует за Иисусом, чем она была для Самого Иисуса.

4. РАДОСТЬ

Лука использует **больше слов, связанных между собой корнем слова «радость», чем любая другая книга в Новом Завете**. Например, он является единственным автором, который использует слово «смех». Он также пишет о радости на небесах об одном кающемся грешнике. А однажды Иисус «возрадовался духом».

Эта тема связана с прославлением и поклонением. Повествование о рождении начинается с песни ангелов «Слава в вышних Богу» и заканчивается в храме с людьми, «прославляющими» Бога. Лука постоянно **поднимает своих читателей на небеса**. Одни из самых красивых песен прославления находятся в Евангелии от Луки. Это песни: «Величает душа моя…» (песнь Марии) и «Ныне отпускаешь…» (песнь Симеона).

5. ВСЕОБЩЕЕ ЕВАНГЕЛИЕ

Евангелие от Луки – всеобщее Евангелие, которое показывает, что Иисус есть **Спаситель всего мира**. Эта тема прослеживается на протяжении всего Евангелия, потому что автор-язычник убеждает своих, в значительной степени языческих читателей, как и насколько может относиться к ним Благая Весть.

- Вначале евангелист Лука представляет родословие Иисуса. Он не делает ударения на Его иудейских корнях, как это делает евангелист Матфей, но возвращается к Адаму, выделяя человеческую сущность Иисуса и тот факт, что Евангелие относится ко всем: Бог всегда заботился о всех людях.

- С самого начала песнь ангелов содержит слова: «На земле мир, в человеках благоволение».

- Лука цитирует Исаию, говоря нам, что «узрит всякая плоть спасение Божие».

- Семьдесят посылаются не к «потерянным овцам дома Израилева», как были направлены двенадцать в Евангелии от Матфея, но «во всякий город и место».

- Мы читаем, что люди «придут от востока и запада, и севера и юга, и возлягут в Царствии Божием».

- В конце Евангелия Иисус предсказал, что надобно «проповедану быть во имя Его покаянию и прощению грехов во всех народах».

Итак, здесь представлена вера, точно записанная евангелистом Лукой, с крепкими иудейскими корнями, основанная на иудейском контексте, которая достигает своей кульминации в Иерусалиме. Все подготовлено для истории Деяний, где вера распространяется по империи, вплоть до самого Рима. По существу, это наименее иудейское из всех Евангелий, и, как мы можем ожидать, Лука переживает по поводу того, как убедить язычников в достоверности записываемых им событий.

Как нам читать Евангелие от Луки?

Человеческое Евангелие

Это Евангелие **для людей, погрязших во грехе**. Иисус – Спаситель. Среди всех Евангелий только в Евангелии от Луки «спасение» используется в роли имени существительного. Лука хочет, чтобы его читатели узнали о спасении Христа на основании описанных им исторических событий. Глагол «спасать» используется здесь больше, чем в любой другой книге Нового Завета.

Лука говорит нам, что «сегодня» – день спасения (об этом говорится 11 раз, по сравнению с 8-ю в Евангелии от Матфея и 1-им – в Евангелии от Марка), а «теперь» пришло спасение (14 раз, по сравнению с 4-я – в Евангелии от Матфея и 3-я – от Марка). Он подчеркивает, что милость, прощение и примирение возможны здесь и сейчас. Это спасение приходит через крест Христа. Оно подобно еще одному крещению для Христа. Как еврейский народ был освобожден из рабства в Египте, так крест Христа обеспечивает новый «исход» для Его народа. Следовательно, это – спасающее Евангелие. Евангелист Лука хочет, чтобы его читатели нашли спасение в Иисусе.

Счастливое Евангелие

Темы **прославления и радости постоянно повторяются**. Это Евангелие, которое упоминает смех, и в нем больше слов, имеющих отношение к радости, чем в любом другом Евангелии. Во всем известных притчах в 15 главе мы видим радость тех, которые находят то, что потеряли, описание радости на небесах о кающемся грешнике. Ответом учеников на воскресение Господа является радость, и само Евангелие завершается радостью. В этом смысле оно привлекательно и «дружелюбно к пользователю», идеальное Евангелие для постороннего человека, который хочет узнать больше об Иисусе.

Небесное Евангелие

Евангелист Лука **сосредоточен на небесах.** Он делает ударение на сверхъестественном рождении Иисуса, на участии Духа Святого, на важности молитвы. Он хочет, чтобы те, кто читают его Евангелие, независимо от их прошлого, были на небесах. Слова Иисуса в притче о великом пире обобщают его желание: «Пойди по дорогам и изгородям и убеди придти, чтобы наполнился дом мой». Лука знает, что Бог желает привести в небеса людей из всех народов, потому что Иисус на самом деле – Спаситель мира.

Наиболее читаемое Евангелие

Евангелист Лука смог прекрасно объединить между собой элементы своей истории. Мы, например, часто называем историю, записанную в 15-ой главе, «Притчей о блудном сыне». Но так происходит потому, что мы не в полной мере можем рассмотреть **писательские способности Луки**, мы также недооцениваем притчу в контексте Евангелия. На самом деле, это притча о блудном *отце*, который потратил свои деньги, дав их двум своим сыновьям. Если вы прочитаете 15-ю и 16-ю главы одну за другой, то сможете увидеть, как сменяются темы и как Лука старательно составил наиболее читаемое Евангелие.

15-я глава начинается с того, что Иисус обедает вместе с мытарями и грешниками в доме, в то время как фарисеи и книжники ропщут за его пределами. Следующие две главы исходят из этой ситуации и объясняют ее. Иисус рассказывает историю о потерянной овце; она оказалась далеко от того места, где должна была быть, и знает об этом. Потом Он говорит о драхме, потерявшейся в доме, но не знающей об этом: одна история – для мужчин, другая – для женщин, но в обоих есть что-то «потерявшееся». Потом мы переходим к основной истории о двух потерянных сыновьях с акцентом не на младшем, а на старшем сыне. Он более «потерянный», чем младший, но не знает этого. Младший сын похож на потерянную овцу, потерявшийся далеко и знающий об этом. Старший сын – как потерянная драхма, он потерялся в доме, но не знает об этом.

Однако параллели на этом не кончаются, потому что, когда мы переходим к 16-й главе, снова видим две личности, имеющие отношение к двум сыновьям в 15-й главе. Первая, приводящая в замешательство, история о мошеннике, которого Иисус хвалит за бесчестное поведение. Интересно, что одно и то же слово используется для описания как младшего сына, *расточающего* свое имение в далекой стране, так и мошенника, *расточающего* имение своего господина. Итак, у нас – то же слово и та же характерная особенность. Подобным образом, как старший сын утверждал, что поступал во всем правильно: «Я никогда не преступал приказания твоего», также богатый человек во второй истории из 16-й главы не описывается виновным в каком бы то ни было грехе безнравственности или преступлении, но все же оказывается в аду из-за своего безразличия к другим, из-за потворства своим желаниям и своей независимости от Бога.

Через все эти притчи проходит **одна тема**, тщательно представленная евангелистом Лукой. К сожалению, разделение на главы и стихи послужило к разделению того, что Лука так прекрасно и взвешенно объединил. Дальнейший пересказ рассказанных Иисусом историй предназначен для того, чтобы по-новому расставить акценты в общей теме Евангелия от Луки.

Пересказанные притчи

Два человека и их деньги (Луки 15-16)

Какое-то время спустя, духовные изгои, некоторые просто нерелигиозные, другие – откровенно аморальные, собрались вокруг Иисуса послушать Его. Фарисеи и законники критиковали Его за то, что Он общался с ними, осуждая Его между собой: «Этому человеку нравится общество тех, кто даже не *пытается* исполнять Божьи законы, Он даже ест с ними!» Поэтому Иисус, для оправдания Своих действий, рассказал им историю.

«Кто из вас, – начал Он, – имея стадо из 100 овец и потеряв одну из них, не оставит 99 в открытом поле, где они были, и не пойдет искать потерянную, и будет искать до тех пор, пока снова не найдет ее? А когда найдет ее, будет настолько счастлив, что ему не составит труда пронести ее всю дорогу домой на плечах. Когда он принесет ее домой, то пригласит всех своих друзей и соседей: «Приходите и отпразднуйте со мною, я нашел овцу, которую потерял!» Говорю вам, то же самое происходит на небесах; там намного больше радости об одном грешнике, который был возвращен из своего своевольного блуждания, чем о 99, заслуживающих уважения граждан, которые никогда не сделали ни одного неверного шага!»

«Или какая женщина, имея драгоценную подвеску с 10 серебряными жетонами и потеряв одну из них, не возьмет фонарь и метлу и не исследует каждый уголок и щель, пока снова не найдет ее? А когда она найдет ее, то будет настолько счастлива, что пригласит всех своих друзей и соседей: «Придите и отпразднуйте со мною. Я только что нашла монету, которую потеряла!» Говорю вам, то же самое происходит у Ангелов Божьих: они также празднуют каждый раз, когда меняется сердце одного грешника».

Потом Иисус добавил: «Жил однажды один человек и было у него два сына. Младший сын пришел к отцу и сказал: «Я хочу получить свою часть бизнеса сейчас, до того, как ты умрешь». Итак, отец разделил свое имущество между двумя братьями. Спустя какое-то время, младший сын перевел свой капитал в наличные деньги и уехал за границу. Там он расточил свое богатство на неумеренный стиль жизни. Когда он истратил все свои деньги, в стране случился неурожай, что привело к острой нехватке продовольствия. Цены взлетели, и молодой человек оказался в острой нужде. Чтобы выжить, он пристал к местному землевладельцу, который позволил ему кормить свиней. Часто ему хотелось заполнить свой желудок из того же корыта, но никто даже не собирался ничего ему давать.

Когда он наконец-то пришел в себя, то сказал себе: «Все наемные слуги на ферме моего отца едят с избытком, в то время как я здесь умираю от голода. Лучше я снова вернусь к моему отцу. Я только скажу ему: «Я понимаю, что поступил ужасно против Бога и против тебя. Я не достоин снова быть твоим сыном, но, может быть, ты возьмешь меня к себе в работники?»

Итак, молодой человек направился домой. Но когда он все еще был на некоторой дистанции от дома, отец заметил его приближение. Взволнованный до глубины души, он побежал навстречу своему сыну, обнял его, стал целовать. Сын начал заранее приготовленную речь: «Папа, я понимаю, что поступил ужасно с Божьей точки зрения, так же, как и с твоей; я больше недостоин называться твоим сыном…»

Но отец прервал его, обернулся к своим слугам, которые сбежались посмотреть, что происходит, и приказал им: «Принесите лучший костюм и оденьте его, оденьте ему на палец мой перстень и обуйте его. И заколите теленка, которого мы откармливали. Мы должны приготовить большой обед, чтобы отпраздновать такое событие. Мой сын был мертв для меня, но снова вернулся в мою жизнь. Я думал, что потерял его, но мы снова нашли друг друга!» Итак, пир начался полным ходом.

Все это время старший сын работал на полях. Когда в конце дня он стал приближаться к родительскому дому, то услышал звуки веселья: люди пели и танцевали под музыку. Он подозвал одного из работников, стоящего неподалеку, и спросил, что послужило причиной для подобного веселья. Юноша выпалил: «Вернулся твой брат, и отец заколол теленка, которого мы откармливали, потому что он благополучно вернулся домой».

Старший брат был взбешен и отказался заходить в дом. Отец же побежал за сыном (второй раз за этот день), чтобы объяснить ему все. Но сын взорвался от гнева: «Посмотри, все эти годы я служил тебе здесь! Ни разу я не ослушался твоих повелений и не пошел против твоей воли. Однако ты ни разу не позволил мне заколоть даже козленка, чтобы провести время с моими друзьями. Но как только вернулся этот твой сын, растратив в борделях все сбережения, которые ты заработал тяжелым трудом, ты заколол для него лучшее животное на ферме!»

Но отец мягко ответил: «Мой дорогой мальчик, ты все время был со мной, и ты знаешь, что оставшееся состояние уже принадлежит тебе. Неужели ты не понимаешь, что мы должны были устроить этот праздник? Потому что твой брат, который был практически мертвым для нас, теперь снова живет с нами. Я думал, что мы потеряли его навсегда, но теперь мы снова нашли его».

Иисус продолжал рассказывать следующую историю Своим последователям. «Однажды жил богатый человек, который нанял управляющего для управления своим поместьем, и до него дошел слух, что этот человек растрачивает капитал своего работодателя. Поэтому он послал за управляющим и расспросил у него об этих слухах. «Что это я слышу о тебе? Немедленно проверю твои счета. Я не могу оставить тебя на должности управляющего».

Итак, управляющий обдумал свои будущие перспективы. «Как я смогу заработать себе на жизнь, – сказал он себе, – сейчас, когда хозяин уволил меня? Я позабочусь, чтобы в то время, когда я окажусь без работы, многие из моих бывших клиентов захотели выручить меня».

«Поэтому он вызвал всех арендаторов, за которыми числился долг его хозяину. Первого, кто пришел, он спросил: «Сколько ты должен моему хозяину?»

«Четыре тысячи литров масла», – ответил тот.

Тогда управляющий сказал: «Вот оригинал договора. Быстрее садись и снизь данные до двух тысяч». Затем он сказал следующему: «Сколько ты должен?»»

Он ответил: «Двести мешков пшеницы».

Тогда управляющий сказал: «Вот ваше соглашение; ты можешь сократить долг до пяти».

Когда землевладелец услышал об этих исправленных договорах, он не мог не поздравить бесчестного менеджера за его находчивость и смекалку.

«К сожалению, часто те, кто живут ради того, что предлагает этот мир, проявляют больше смекалки в своих делах, работая с другими людьми, чем те, кому рассказали о другом мире. Поэтому, мой вам совет, – сказал Иисус, – используйте грязные деньги этого мира, чтобы приобрести себе много друзей, чтобы, когда вы, наконец, оставите все свое имущество, вы были приняты на небесах с распростертыми объятьями.

Человек, который верен в незначительных вопросах, будет также честен и в больших. А человек, который мошенничает в мелких счетах, будет таким же мошенником и в большом деле. Итак, если вам нельзя доверить нечто преходящее: такое, как деньги, то кто поручит вам что-то более ценное? И если вы ненадежны в управлении имуществом других людей, кто хотя бы подумает дать вам ваше собственное?

Никакой служащий не сможет от всего сердца работать на двух работодателей. Он вынужден будет сравнивать, и либо один будет ему больше нравиться, чем другой, или он будет более предан одному и менее заинтересован в другом. Вот почему вы не можете посвятить себя зарабатыванию денег и, в то же самое время, служению Богу».

Некоторые фарисеи подслушали то, что Иисус сказал Своим ученикам. Они старались быть богатыми и набожными, и, понятно, высмеивали Его утверждение. Но Иисус знал, о чем они думают, и сказал им: «Вы можете убедить ваших сотрудников, но Бог видит то, что внутри вас! На людей можно произвести впечатление, тогда как Богу это внушает отвращение».

Заповеди Моисея и обвинения пророков были в силе вплоть до появления Иоанна Крестителя. С тех пор было введено в действие

Божье установление, и люди пользуются возможностью жить по нему. На самом деле, скорее исчезнут планета Земля и космическое пространство, чем отменится хотя бы одна иота из Божьего закона.

Хочу предложить вам пример: с Божьей точки зрения тот, кто разводится с женой и женится на другой, нарушает супружескую верность, и кто женится на разведенной женщине, также нарушает супружескую верность.

Однажды жил богатый человек, который привык одеваться в дорогую одежду и каждый день чрезмерно есть. Был там также нищий с подходящим именем «Боже, помоги нам», который сидел у сточной канавы сразу за воротами. Его жалкое тело было покрыто язвами, и ему давали только то, что выбрасывалось в мусор за домом. Бездомные собаки со всей округи лизали его сочащиеся раны. Через какое-то время нищий умер, и его дух перенесен был Ангелами в любящие объятия Авраама. Вскоре после этого умер богатый человек, и был с пышностью похоронен. Но сам он не присутствовал на этих похоронах. Он уже мучился в аду.

В своих мучениях он поднял глаза и увидел вдалеке Авраама: он обнимал того старого нищего «Боже, помоги нам!» «Отец Авраам, – закричал он, – сжалься надо мной. Я бы даже облизал палец этого нищего, если бы он сначала омочил его в воде! Эта жара невыносима!»

Но Авраам серьезно ответил: «Только вспомни, какой прекрасной была твоя жизнь, и насколько жалкой была жизнь моего друга «Боже, помоги нам». Теперь пришло время ему успокоиться, а тебе понять, что значит страдать. В любом случае, между нами большая пропасть. Никто не может перейти отсюда к вам, и никто не может попасть от вас сюда».

Тогда бедный богач подумал о другой возможности. «Умоляю тебя, отец Авраам, если ты не можешь никого послать сюда, пожалуйста, пошли кого-нибудь ко мне домой, на Землю. По крайней мере, пять моих братьев будут предупреждены об этом ужасном месте».

Но Авраам покачал головой и ответил: «У них есть в доме Библия. Если они только прочитают, что говорили Моисей и пророки, у них будут все предупреждения, необходимые им».

Но осужденный человек не согласился. «Этого недостаточно, чтобы убедить их, отец Авраам. Но если кто-то вернется из могилы сказать им, что на самом деле происходит, они наверняка исправятся».

Но Авраам просто сказал: «Если они не обращают внимания на слова Божьи, данные через Моисея и других пророков, едва ли поверят тому, что скажет им тот, кто вернулся из мертвых».

41. ДЕЯНИЯ СВЯТЫХ АПОСТОЛОВ

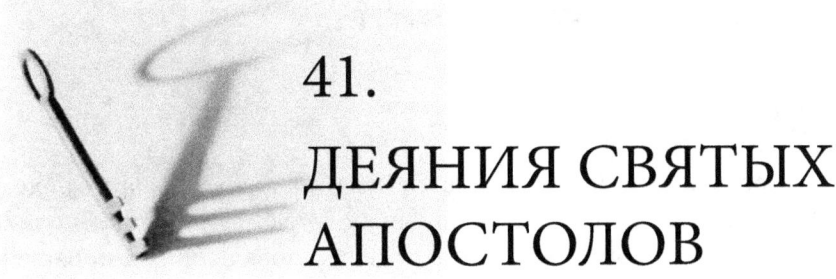

Введение

Изучая какую-либо книгу Библии, ее нужно рассматривать на двух уровнях. Во-первых, мы рассматриваем **человеческий уровень**, обсуждая, кто писал эту книгу и зачем, осознавая, что каждая книга основана на конкретной ситуации и учитывает определенную аудиторию. На этом уровне мы обращаем внимание на историческую ситуацию, пытаясь сделать Слово Божье *реальным* в его первоначальном контексте.

Во-вторых, мы изучаем книгу на **Божественном уровне**, спрашивая, зачем Дух Святой предназначил эту книгу для нас, стремясь определить, каким образом она относится к нам сегодня.

Мы можем определить эти уровни как **исторический и экзистенциальный**. Исторический уровень спрашивает, зачем написана книга, какие человеческие предпосылки стояли за ней? Экзистенциальный уровень спрашивает, почему та или иная книга находится в нашей Библии и почему Бог хотел, чтобы мы знали об этом? Такой двухсторонний подход окажется чрезвычайно полезным при изучении книги Деяний.

Деяния на историческом уровне

Кто написал их и почему?

АВТОР

Автором книги Деяний является Лука, по профессии врач, родом из Антиохии (Сирия), единственный писатель-язычник в Библии. Он был сотрудником Павла, часто путешествовал с ним и проявлял особый интерес к исследованию событий, связанных с жизнью Иисуса и ростом церкви. Скорее всего, Евангелие и книгу Деяний он написал, находясь в Кесарии и Риме (более детальную информацию о Луке как авторе этих двух книг см. на стр. 57-58).

Краткое изложение фактов для защиты

Мы уже видели, что Деяния – это вторая книга из двухтомного труда, написанного Лукой для защиты Павла в то время, когда он ожидал суда в Риме (см. стр. 58–59). Деяния начинаются с обращения к тому же человеку, к которому Лука обращался в начале своего Евангелия, – к «достопочтенному» Феофилу – титул, подразумевающий адвоката или судью, и использовавшийся в Деяниях по отношению к Феликсу и Фесту, которые были правителями, встречавшимися с Павлом. Лука, без сомнения, знал, что его «краткое изложение фактов» может получить широкое распространение, так как люди в Риме задавали вопросы о вере, из-за которой Павел предстал перед судом.

Если бы это была история жизни Павла, тогда Лука включил бы, по крайней мере, результаты суда над ним, если не детали его смерти. Если бы это была история Церкви, мы бы ожидали более детальный рассказ о церкви в Риме. Но Лука не стремился представить в полном объеме детали биографии Павла, так же, как и раскрывать историю Церкви ради нее самой, но он считал важным предоставить Феофилу достаточно информации, чтобы понять, как развивалась христианская вера, и почему апостол Павел был несправедливо осужден. Поэтому читатели Деяний святых апостолов оказываются там, где Лука заканчивает краткое изложение фактов Феофилу.

Структура и план

После того, как мы поняли, почему были написаны Деяния, возникает вопрос о структуре книги, поскольку он также проливает свет на цель ее написания. Существуют три общепринятые теории о том, какую структуру Деяний планировал Лука.

1. ДВА РАЗДЕЛА

Более простая теория говорит о том, что Лука построил Деяния вокруг **двух основных апостолов**. Петр – апостол иудеев, он преобладает в главах 1-12, а Павел – апостол язычников, доминирует в остальной части книги. Есть много подтверждений данной теории, потому что прослеживаются потрясающие параллели между тем, что Лука говорит о Петре, и тем, что он говорит о Павле. Возможно, это было стремлением связать развитие двух отдельных церквей (иудейской и языческой), каждая из которых заявляет, что нужно следовать только за их апостолом. Лука делает акцент на том, что жизни Петра и Павла во многом были схожи, поэтому мы не должны рассматривать одного более важным, чем другого. Здесь приведены некоторые сходства:

- Оба совершали чудеса.
- Оба видели видения.
- Оба пострадали за свою веру.
- Оба провозглашали длинные проповеди.
- Оба были исполнены Духом Святым.
- Оба смело проповедовали.
- Оба проповедовали как язычникам, так и иудеям, хотя Петр преимущественно проповедовал иудеям, а Павел – больше язычникам.
- Оба были взяты под стражу и чудесным образом были освобождены.
- Оба исцеляли больных.
- Оба исцеляли врожденную инвалидность.

- Оба изгоняли бесов.
- Оба обладали сверхъестественной возможностью исцелять, Петр – своей тенью, Павел – своим платком.
- Оба воскрешали из мертвых.
- Оба осуждали лжеучителей.
- Оба отклоняли поклонение себе.
- Оба умерли в Риме, (хотя Лука не включает эти факты в свое повествование).

Этот анализ дает серьезные основания считать, что среди причин написания Лукой книги Деяния есть желание подтвердить, что оба человека были в равной мере почитаемы и ценились как апостолы в церкви. Поэтому один из подходов к изучению Деяний – просто разделить их на две части.

2. ТРИ РАЗДЕЛА

В Деяниях 1:8 мы читаем: «И будете Мне свидетелями в Иерусалиме и во всей Иудее и Самарии и даже до края земли». Некоторые усматривают в этом утверждении структуру, которой придерживается Лука в развитии своих тем. Свидетельство о Христе **начинается в Иерусалиме**, в главах 1-7. С 8 по 10 главы свидетельство переносится **в Иудею и Самарию**, и, наконец, оттуда оно распространяется **в Европу и сердце Римской империи**. Таким образом, кажется, что Лука показывает, как слова Иисуса, сказанные вначале, исполнились в конце книги, когда Евангелие достигает с помощью Павла Рима, и свидетельство об Иисусе – самого императора. Но едва ли можно назвать Рим «краем земли»!

3. ШЕСТЬ РАЗДЕЛОВ

Трехуровневая структура может выглядеть довольно убедительно, но есть лучший и более детальный подход к пониманию намерений Луки. Такое понимание приходит непосредственно из **литературного приема**, который использует Лука, чтобы подчеркнуть свою тему. Он включает **серию одинаковых фраз** в разных местах повествования. Обратите внимание на следующее:

- **Деяния 6:7.** «*И слово Божие росло*, и число учеников весьма умножалось в Иерусалиме; и из священников очень многие покорились вере».
- **Деяния 9:31.** «*Церкви* же по всей Иудее, Галилее и Самарии были в покое, назидаясь и ходя в страхе Господнем, и, при утешении от Святого Духа, *умножались*».
- **Деяния 12:24.** «*Слово же Божие* росло и распространялось».
- **Деяния 16:5.** «И *церкви* утверждались верою и *ежедневно увеличивались числом*».
- **Деяния 19:20.** «С такою силою *возрастало* и возмогало *слово Господне*».

Эти пять утверждений в Деяниях о росте либо Слова Божьего, либо церкви, отмечают завершение каждого раздела. Лука рассказывает нам, что произошло, и потом подводит этому итог: благодаря тому, что произошло, церковь росла и распространялась.

В свете этих делений, предположение, высказанное ранее о том, что Лука создал Деяния географически, отчасти является верным – эти выделенные стихи предлагают разделение на следующие шесть секций:

1-6:7	иудеи в Иерусалиме
6:8-9:31	эллинисты и самаряне
9:32-12:24	язычники и Антиохия
12:25-16:5	Малая Азия
16:6-19-20	Европа
19:21-28:31	Рим

Лука описывает «непреодолимую силу» этой новой религии во всей Римской империи. Смерть и воскресение Иисуса подобны камню, брошенному в пруд. Лука показывает, как распространились круги на воде, при этом подчеркивает каждым обобщающим утверждением, что круги продолжают расходиться, пока не достигнут самого Рима. Без сомнения, его описание выборочное, распространение описывалось только в одном направлении, на северо-запад. Единственный намек на расширение в южном направлении – обращение ефиоплянина по дороге домой в Африку.

Важные события

Давайте рассмотрим некоторые события, которые считались важными в этом распространении. Лука показывает, в каком направлении распространялась христианская вера, начиная с локального иудейского движения к международной и многонациональной вере.

ДЕНЬ ПЯТИДЕСЯТНИЦЫ

Лука начинает с первого великого события в распространении Евангелия – дня Пятидесятницы (глава 2). Дух Святой сошел на 120 учеников в храме, где они собрались для утренней молитвы в 9 часов в притворе Соломона. Дар языков, которым сопровождалось сошествие Духа Святого, явился аннулированием Божьего наказания при Вавилонской башне (Бытие 11) и дал возможность людям разных национальностей собраться на праздник, чтобы услышать проповедь Петра. Около 3 000 людей ответило покаянием и крещением, они были присоединены к церкви. Многие позже вернутся в свои страны, чтобы распространять Евангелие, включая сам Рим.

НЕДОВОЛЬСТВО ВДОВ

Удивительно, что записанное Лукой в начале 6 главы событие о том, как вдовы язычников выражают недовольство из-за несправедливого разделения пищи, было ключевым в распространении церкви, потому что оно происходит как раз перед первым обобщающим утверждением в стихах 6:7. В вопросах оказания помощи апостолы стремились к тому, чтобы не было **разделения между иудеями и неиудеями**. Необходимо было любой ценой избежать разделения иудей/язычник на этом этапе. В результате, апостолы избрали семь диаконов для помощи в распределении продуктов. Двоим из них, Филиппу и Стефану, предстояло оказать особое влияние.

МУЧЕНИЧЕСКАЯ СМЕРТЬ СТЕФАНА

Стефана арестовали во время его проповеди и представили пред религиозными руководителями, обвиняя в распространении антииудейской пропаганды. Мы очень мало узнаем о нем из Деяний, и все же его последняя проповедь включена в Деяния и является одной из самых длинных глав во всей книге (глава 7). Его слова подчеркивают замысел Луки описать, как христианство преобразилось из иудейской национальной религии в **языческую международную веру**.

К ужасу своих обвинителей, Стефан в общих чертах обрисовывает перед иудейскими лидерами, как много Бог действовал за пределами их Земли до того, как появился храм. Завет с Авраамом, избавление из Египта и Закон были дарованы за пределами Земли Обетованной. Поэтому обвинения в том, что Стефан говорил против святого места и закона, были несправедливыми, потому что Божье Слово и Его присутствие выходят за пределы государственных границ.

Эта речь является богословским объяснением и обоснованием для распространения Благой Вести язычникам; в разворачивающейся истории Деяний мы видим как смерть Стефана и последующее гонение рассеяло верующих из Иерусалима в Самарию, и дальше – до Антиохии, родины Луки.

ФИЛИПП В САМАРИИ

Далее Лука записывает, как Филипп, еще один из тех семи диаконов, пошел в Самарию и увидел многих, откликнувшихся на его проповедь. Бездна непримиримости лежала между иудеями и самарянами, и даже сами ученики выражали антипатию к самарянам.

В последний раз, когда Иоанн был в Самарии с Иисусом, он и его брат Иаков спрашивали, нельзя ли им помолиться, чтобы Бог послал огонь с неба и испепелил всех самарян. Теперь **множество самарян пришли к вере,** и позже Петр и Иоанн приходили помолиться, чтобы самаряне были крещены Святым Духом, прося об огне с неба по абсолютно другой причине!

Затем Филипп был послан проповедовать евнуху из Эфиопии на обратном пути из Иерусалима. Это происшествие могло бы показаться не таким уж необычным, чтобы о нем упоминать, если бы не стремление Луки показать, как распространялось Евангелие. Вот так Евангелие достигло Эфиопии посредством евнуха, **первого африканского обращенного.**

ОБРАЩЕНИЕ САВЛА

Обращение Савла также является центральным моментом во всем повествовании (глава 9). К тому же это свидетельство записано три раза, чтобы Феофил мог знать факты, которые можно представить судьям. Савл стал позже известен, как Павел, и мы узнаем, как ему было **поручено служить Христу,** и как он присоединился к верующим в Иерусалиме, чтобы трудиться с ними по согласованной стратегии. Как только церковь в Антиохии послала Варнаву и Павла на служение, фокус книги переносится с Петра на Павла.

ПЕТР В КЕСАРИИ

Серьезным камнем преткновения при распространении Евангелия явился иудейский закон о еде, запрещающий иудеям есть с язычниками. Поэтому Лука включает рассказ о том, как Бог научил Петра, что позволительно есть «некошерное», и послал его в дом язычника проповедовать Евангелие.

10-я глава Деяний – центральная глава, показывающая удивление Петра, что **Дух Святой сошел на неиудеев** так же, как Он везде сходил на иудеев. Это было настолько потрясающим, что Петру пришлось объяснять произошедшее апостолам в Иерусалиме для того, чтобы показать им, каким образом Бог действовал.

СОВЕТ В ИЕРУСАЛИМЕ

Общение Петра с верующими в Иерусалиме – предвестник собрания совета в Иерусалиме в 15-й главе. Павел поделился тем, как его служение среди язычников послужило росту церкви. Но он понимал опасность растущего отчуждения между иудейской церковью и влившимися в Царство язычниками. Конечно, они мало понимали, или не понимали вообще иудейское наследие. В результате, было послано письмо церквям из язычников, в котором их убеждали, что **церковь из язычников может свободно развиваться** при поддержке «материнской» церкви в Иерусалиме.

КОНКРЕТНАЯ ЦЕЛЬ

Очевидно, Лука выбрал конкретные события, чтобы показать Феофилу не просто **факт распространения Церкви**, но и то, **откуда она взяла свое начало**. Это не просто хаотически рассказанные истории. Они описывают, как христианская вера распространилась в римском мире, и как она оставалась единой, несмотря на влияние культуры, с которой столкнулась. Лука не рассказывает нам множество историй личных обращений, как не рассказывает он и о дальнейших судьбах апостолов, но вместо этого он выбирает определенные события, которые соответствуют его замыслу.

Деяния на экзистенциальном уровне

Рассмотрев человеческие или исторические аспекты Деяний, необходимо обратить внимание на то, почему Божественный редактор захотел, чтобы мы имели эту книгу. Мы не должны оставлять наше изучение в прошлом, но должны также стремиться услышать, что Библия говорит для сегодняшнего дня. Для этого мы переходим от исторической значимости к экзистенциальному значению книги, задавая вопрос: что она должна сказать нам сегодня?

Звенья

Деяния – **очень важное звено между Евангелиями и посланиями**. Представьте Новый Завет без этой книги. Многое было бы очень трудно понять. Люди в посланиях апостолов упомянуты без объяснения. Некоторых людей, которые являются ключевыми фигурами, а также важные места невозможно было бы понять без этой книги.

1. ПАВЕЛ

Большинство посланий в Новом Завете написаны Павлом, но кем был Павел? Он не был одним из двенадцати апостолов, поэтому о нем не упоминается в Евангелиях. Без книги Деяний мы будем очень мало знать о Павле или его служении, а также о том, почему он решил писать церквям и отдельным лицам, и почему эти письма настолько важны.

2. КРЕЩЕНИЕ В ВОДЕ

Крещение верующих – еще один вопрос, который тесно связан с Деяниями. **Только в книге Деяний апостолов описывается крещение в воде**. Итак, хотя Павел часто ссылается в своих *посланиях* на крещение, (например: «Неужели не знаете, что все мы, крестившиеся… в смерть Его крестились?»), на самом деле он никогда не связывает слово «крестить» со словом «вода». Это позволило некоторым ученым утверждать, что Павел не учил о водном крещении и что «крещение во Христа» означает что-то совершенно духовное. Но в Деяниях вы найдете, что Павел сам был крещен и крестил своих обращенных. Итак, мы знаем, что, когда он говорит в своих посланиях о «крещении», то говорит о крещении в *воде*.

3. КРЕЩЕНИЕ В ДУХЕ

Фраза «крещены Духом Святым» встречается во всех четырех Евангелиях, но ни одна из них не объяснит вам, что это на самом деле значит, или что происходит, когда кого-то крестят таким образом. Если бы вы обратились за разъяснением значения к посланиям, то также были бы разочарованы. В 1-ом послании Коринфянам Павел использует фразу «Ибо все мы одним Духом крестились в одно тело», но он не говорит, что это значит на практике. Только книга Деяний объясняет, что на самом деле значит быть крещенным Святым Духом, потому что только здесь, в действительности, описано это событие.

4. ЗАКОН МОИСЕЯ

Деяния также помогают нам, когда мы рассматриваем наш подход к Закону Моисея сегодня. Откуда нам, христианам, знать, что мы не связаны им? Закон Моисея содержит 613 различных постановлений, поэтому для нас должно быть понятно, свободны мы от этих законов или нет. Откуда нам знать, относятся ли они к нам или нет? Ответ приходит, когда мы читаем о горячем споре по поводу обрезания, который достиг своей кульминации в 15-ой главе Деяний и был окончательно разрешен, **освободив христиан от Закона Моисея**, но оставив их связанными Законом Христа.

5. ЦЕРКОВЬ

Интересно узнать, что даже слово «церковь» можно понять неправильно, если бы не было записей Луки в Деяниях. В Евангелиях только один Матфей упоминает это слово, и его ссылки не описывают, какой должна быть церковь. Послания, в общем, адресованы церквям и дают нам небольшие намеки, какими они были, но только в Деяниях мы узнаем, **что, в действительности, представляла собой церковь**, включая то, как она была основана, как апостолы избирали служителей, и какими были отношения между апостолами и церквями, которые они основали.

6. ОБРАЩЕНИЕ

Деяния – ключевая книга для нас, потому что из нее мы узнаем, **каким образом люди переживали второе рождение**. Евангелия записывают события до сошествия Духа Святого, а послания написаны для людей, уже утвержденных в вере. Нигде не предлагается соответствующая модель того, как люди приходят к вере в Иисуса в век церкви. Поэтому мы обращаемся к Деяниям, чтобы увидеть, как апостолы приводили людей в церковь, и читаем об обычном примере *покаяния, веры, крещения в воде* и *крещения Духом*. (Более детальное объяснение этого процесса предлагается в моей книге «Нормальное рождение христианина»).

Модель для сегодняшнего дня

Деяния – важный источник информации и объяснений, хотя очевидно и то, что эта книга также является чем-то бо́льшим, чем это. Многие рассматривают ее как модель церковной жизни, и тоску по дням, когда **современные церкви станут проявлять те же качества, которые описывает Лука**. Это кажется разумным предположением. В конце концов, это единственная история церкви, которая есть в нашем Писании. Вероятно, Святой Дух желал включить ее, чтобы мы могли знать, что Бог предназначил для Своего народа.

1. ХОРОШАЯ ИЛИ ПЛОХАЯ

Хотя достижение этой «модели» обоснованно, возникают проблемы, если мы предполагаем, что она *подходит* всегда. Представление Луки далеко от идеала, и содержит в себе как трудности, так и благословения. В Деяниях записаны как **споры, разделения и ошибки, так и необычный рост.**

- Немногие захотят использовать историю об обмане Анании и Сапфиры, как модель для подражания.

- Страстное желание Симона получить выгоду от приобретения Святого Духа не является хорошей моделью для молодого обращенного, желающего развиваться.

- Даже в «огорчении», которое случилось между Павлом и Варнавой, хотя одна из сторон не обвиняется, но это точно не было идеальным приготовлением к миссионерскому путешествию.

- Лука описывает отношение Гамалиила к новому течению. Он советует своим коллегам-правителям подождать и увидеть, как все будет развиваться, прежде чем выступать за или против христиан. Но Лука не утверждает, что подобная беспристрастность являлась достойным ответом, и этот человек, занимающий выжидающую позицию, больше не упоминается в тексте.

- В противоположность ему, Савл из Тарса, ученик Гамалиила, предпочитает агрессивную позицию. Вместо того чтобы «подождать и увидеть», он стремится остановить новую веру и преследует церковь. Его враждебность прекратилась по дороге в Дамаск: это привело к тому, что он стал великим, возможно, величайшим апостолом.

Рассказ об общине верующих в Деяниях – это смесь хорошего и плохого. Здесь – соперничество, ссоры, лицемерие, безнравственность и ереси. Нам даны и примеры, как *нельзя* поступать, и модели, которым нужно подражать.

2. НЕОБЫЧНАЯ И ОБЫЧНАЯ

Когда речь идет о понимании событий в Деяниях, необходимо сделать разграничение между необычным и обычным. Кое-что из того, что происходит в Деяниях, необычно, и **не следует ожидать, что оно будет происходить постоянно**.

Взять, к примеру, обращение Павла. Он слышит голос Иисуса, и его ослепляет свет. Вне сомнения, это был исключительный случай. Если мы будем использовать его как образец или схему для современных обращений, очень немногие пройдут подобное испытание. К тому же сам Павел утверждает, что это было уникальным поручением для него стать апостолом.

Подумайте над смертью Анании и Сапфиры. Разве верующие сегодня не совершают еще худшие поступки, но при этом их не убивают? Или переизбрание Иуды с использованием жребия служит в качестве примера сегодня? Конечно, нет.

Более того, если события повторяются, кому-то сложно будет решить, какой модели следовать в определенных случаях. Апостол Петр был спасен от Ирода, а апостол Иаков – нет. Какой результат следует ожидать сегодня? Нам следует остерегаться брать одно событие или один случай Ранней церкви и делать его нормой для всей церкви в любом периоде.

Обсуждение подводит нас к ключевому вопросу: **как провести различие между необычным и обычным?** Не часто ли церковь делала вывод, что некоторые явления необычны и неприемлемы для сегодняшнего дня, только для того, чтобы убедиться в обратном? Серия вопросов поможет нам в принятии такого рода решений.

а) Упоминается ли событие всего лишь один раз?

Если событие упоминается только раз и никогда не повторяется, скорее всего, (хотя не наверняка), оно необычно. Например, в день Пятидесятницы произошли некоторые уникальные события. Мы не ожидаем увидеть ветер и языки пламени каждый раз, когда кто-то получает Духа Святого. В другом месте мы читаем, что поколебалось здание, когда верующие собрались для молитвы. Сегодня это может стать ошибочным руководством для совершения молитвы. **Некоторые ранние события являются очевидными исключениями.**

Поэтому, если что-то упоминается только раз, оно *может* произойти снова, но неправильно было бы заключить, что оно обязательно должно повториться.

б) Повторяется ли событие?

В описаниях крещения Святым Духом в Деяниях мы можем видеть некоторые сходства. В день Пятидесятницы ветер и языки пламени очевидно являются уникальным феноменом, но другие явления повторяются. Когда те, кто находился в доме Корнилия (10:46), а также ученики Иоанна, получив Духа Святого, стали говорить на разных языках, можно предположить, что это было повторяющимся явлением, в то время как ветер и языки пламени – нет. Более того, всегда, когда кто-то крестился Духом Святым в Деяниях, происходило что-то, что делало сошествие Духа Святого очевидным для получателей, а также наблюдателей. **Повторяемость события увеличивает вероятность того, что описываемое явление является закономерным для церкви в наши дни.**

в) Есть ли независимое подтверждение в Писании?

Если Евангелия и послания дают **независимое подтверждение, что описываемое событие являлось обычным явлением христианской жизни в то время, то, скорее всего, мы можем применять его и сегодня**. Например, только во 2-ой главе в 3-ем стихе книги Деяний говорится о том, что Дух Святой «излился». Книга Иоиль 2:28 в Ветхом Завете и послание Титу 3:6 в Новом Завете подтверждают его как общепринятое понятие.

Еще один пример – избрание служителей в Деяниях. Было ли оно исключительным событием? Нет, это не было всего лишь временной обязанностью в Деяниях: в 1-й главе послания Титу, в послании Тимофею и Евреям содержатся ссылки на повсеместную необходимость подобного руководства.

3. НАСТОЯЩАЯ И ПРОШЛАЯ

Как только мы задали три вышеприведенных вопроса, нам легче определить различие между исключительными событиями, которые являются просто частью исторического повествования Луки, и теми, которые Бог желает, чтобы происходили всегда, даже если в обычной современной церкви о них зачастую даже не упоминают.

Крайне важно задавать перечисленные вопросы и использовать книгу Деяний в качестве модели, иначе мы можем впасть в заблуждение, пытаясь воспроизвести события другого периода церковной истории. Многие деноминации берут пример либо с периода Реформации, либо с периода пуританства или же периода ранних пятидесятников. Они забывают, что Библия предлагает полную модель и является наивысшим стандартом, с помощью которого можно рассматривать другие периоды.

Деяния святых апостолов дают нам пример того, что делали члены Ранней церкви и что они из себя представляли.

Что они делали

Деяния повествуют нам о теплых взаимоотношениях членов церкви, о центральном положении учения апостолов, о важности молитв и спонтанном благовестии, когда Дух Святой вдохновлял и посылал их говорить другим о Христе. Эта книга также говорит о бесстрашном провозглашении апостолами Евангелия, когда они сталкивались с противлением иудеев и язычников. Это живая книга, наполненная деяниями Бога и ростом Царства.

Что они из себя представляли

Они были людьми, исполненными радости познания Бога, прославляя Его даже тогда, когда находились в тюрьме. Они были людьми, которые боялись Бога, людьми надежды и мужества: Петр и Иоанн были готовы ослушаться иудейских правителей и отказались прекратить проповедовать. Стефан также был готов противостоять властям, даже если это значило расстаться со своей жизнью.

Деяния как миссионерское пособие

Принимая Деяния, как пример для нас сегодня, как нам нужно читать эту книгу? Один из самых полезных подходов предложен человеком, писавшим в начале двадцатого века, Роландом Алленом. Он написал три книги, и они сформировали понимание многих людей, которые стремились понять, как нужно использовать Деяния сегодня. Эти книги называются: «Миссионерские методы во времена апостола Павла и в наши дни», «Спонтанный рост церкви» и «Служение Духа Святого». Размышления Роланда Аллена далеко опередили его время, и мы многим обязаны проницательности автора. Он доказывает, что **Деяния – это не только пример поведения церкви, но и миссионерское пособие для роста церкви**. Деяния рассказывают нам, как исполнять Великое Поручение и распространять Евангелие. Из этой книги мы можем взять стратегию из семи уровней, которым можем следовать в наши дни.

1. ПОСЫЛАТЬ АПОСТОЛОВ

Слово «апостол» буквально значит «посланный». Ранняя церковь понимала, что Бог избрал определенных людей распространять Евангелие. В Новом Завете мы находим пять видов апостолов:

1. Иисус, *главный Апостол*. Нет подобного Ему.

2. 12 апостолов – *свидетели воскресения*. В наши дни нет подобных им (Матфий заменил Иуду).

3. Павел, 13-й апостол. «После всех… как (некоему) извергу». В наше время нет подобных ему, *записывающих богодухновенное Писание*.

4. *Первые основатели Церкви*, которые строят новые церкви с новыми обращенными. К ним также можно отнести апостола Павла, Варнаву и других, которых всегда посылали в команде.

5. *Любой христианин, которого посылают из пункта А в пункт Б делать все*, что является «апостольством», например, Епафродита послали быть домоправителем Павла в Риме. В этом смысле каждый может быть «апостолом».

К нашему времени применимы четвертое и пятое определения. Церковь Иисуса Христа нуждается в **основателях церквей, которые желают, чтобы их посылали совершать конкретные задачи во имя Бога**.

Инициатива и поддержка должны исходить от поместной церкви. В книге Деяний ясно видно, что людей для труда избирал Святой Дух. Посылаемый человек избирался не решением людей, но под руководством Духа Святого. Именно Дух Святой сказал, что нужно отделить

Павла и Варнаву на труд, который Он приготовил для них. Церковь была готова послать своих лучших людей, чтобы о Христе узнали.

Следует также отметить, что апостолов посылали в командах. Посылали всегда как минимум двух человек, путешествующих вместе (так же, как Иисус посылал Своих учеников по двое). В Деяниях не приветствуется миссионер-«одиночка».

2. ДОСТИГАТЬ ГОРОДОВ

Начинать труд в густонаселенных центрах было обычным явлением для апостолов, чтобы растущие церкви могли создать эффект, подобный расходящимся кругам на воде, в окрестных районах. Например, когда Павел пошел в Ефес и ежедневно учил в школе Тиранна, мы читаем, что «все жители Асии слышали проповедь о Господе Иисусе, как Иудеи, так и Еллины». Вероятно, что человек по имени Епафрас уверовал благодаря этим проповедям и впоследствии основал церковь в Колоссах. Павел писал этой церкви, хотя никогда не посещал их лично и не принимал участие в их росте.

Стратегия идти в **основные населенные пункты, используя их, как опорные пункты для дальнейшего распространения**, была практичной и эффективной, и это то, о чем нам нужно помнить сегодня.

3. ПРОПОВЕДОВАТЬ ЕВАНГЕЛИЕ

Обычно в первую очередь Павел сосредоточивал свое внимание на синагогах. «Павел, по своему обыкновению, вошел к ним (в синагогу, – *прим. пер.*) и три субботы говорил с ними из Писаний».

Когда Павел находился с иудеями, он использовал Ветхий Завет. Но заметьте так же, как менялся **его подход в зависимости от аудитории**. Когда Павел проповедовал иудеям, он цитировал Библию, но когда благовествовал язычникам, то стремился найти какое-то общее основание, прежде чем представить библейские понятия. Например, повествование в 17-ой главе Деяний о его обращении к афинянам. Эта речь не стала особо выдающейся, однако результатом явилось значительное количество новообращенных. Лука включает эту историю, чтобы мы могли увидеть, как Павел обращался к языческой аудитории.

Обращаясь к афинянам, Павел ссылается на случаи, которые происходили у них в прошлом, и на поэтов, которых они знали. Он знал, что много лет назад в Афинах было землетрясение, которое разорило их город и разрушило их здания. Придерживаясь политеизма, афиняне пришли к заключению, что они оскорбили одного из своих богов и пытались узнать, которого из них. Поэтому они решили выпустить на главную улицу несколько овец. Возле какого идола ляжет овца, того бога афиняне и оскорбили. Однако овцы отказались следовать намеченному плану и улеглись посередине поля. Итак, снова собрался совет и решил, что, поскольку они все еще не знают, какого бога оскорбили, возможно, существует бог, о котором они забыли, и которого оскорбило отсутствие посвященного ему жертвенника. Поэтому они соорудили еще один жертвенник и начертали на нем слова «неведомому богу».

Придя в Афины, Павел видит этот жертвенник и использует его как основание, с которого начинает говорить о Боге, которого они не знали. У него сразу появились слушатели. Отталкиваясь от этого основания, он может рассказать им о Боге, Которого они должны и могли знать, и об Иисусе, Которого этот Бог воскресил из мертвых и поставил судить человечество. Сосредоточенность на проповеди Евангелия видна практически на каждой странице Деяний, когда Дух Святой дает христианам смелость и власть провозглашать их весть.

4. ЗАНИМАТЬСЯ УЧЕНИЧЕСТВОМ

Апостолы заботились о том, чтобы люди стали «учениками». Их не интересовали наши современные методы ответа: поднятие руки, выход вперед на массовой встрече или заполнение карточки. Они понимали, что **ученичество занимает время,** и поэтому Павел оставался в одном месте на значительный период времени, чтобы удостовериться, что верующие утверждены. В Ефесе он учил о Царстве Божьем каждый день после обеда, с 12 до 16 часов (время сиесты) на протяжении двух лет, для того чтобы новообращенные могли научиться, а вновь приходящие уверовать.

Поэтому хотя Лука и записывает, как в Антиохии возникло слово «христианин», тех, кто приходил к вере, больше знали как «учеников» или последователей «пути». Ударение ставилось на **хождении в вере**, а не на одномоментном решении, которое оказывало так мало влияния на ежедневную жизнь.

5. НАСАЖДАТЬ ЦЕРКВИ

Деяния повествуют о том, как проповедь Евангелия объединяла группы верующих, и как апостолы позже вновь посещали эти группы для того, чтобы каждое миссионерское путешествие приносило плод в **укреплении уже действующих общин верующих**. Этот аспект миссионерской стратегии можно легко пропустить, если мы живем в стране, где уже есть много церквей. Мы не замечаем, что некоторые церкви уделяют внимание только одному сектору общества, возможно, одной относительно узкой социальной группе. Зачастую не существует церквей, которые могли бы достигать другие группы общества. Такой стиль насаждения церквей показывает, что существующие церкви часто чувствуют, будто вновь пришедшие люди вторгаются на их территорию, поскольку они изначально нацелены на другую социальную группу, даже если эти люди живут по соседству.

6. ИЗБРАНИЕ СЛУЖИТЕЛЕЙ

Мы читаем, как Павел и Варнава вернулись в Листру, Иконию и Антиохию и, «рукоположивши же им пресвитеров в каждой церкви, они помолились с постом и предали их Господу, в Которого уверовали».

Молодость церквей говорила о том, что «пресвитеры» могли находиться в вере всего лишь 12 месяцев, но это обстоятельство не вызывало проблем. Поскольку кандидаты опередили других и были более зрелыми, им можно было **доверить руководство**. Этот образец избрания служителей для руководства общиной прослеживается через всю книгу Деяний, поскольку апостолы стремились найти местных руководителей, чтобы общины могли стать самоуправляемыми и не зависеть от их основателя. Судя по всему, служителей избирала вся церковь вместе с местными верующими, подтверждающими апостольское назначение. (Слово «избранный» буквально обозначает «поднятая рука», поэтому служителей избирали голосованием с поднятием рук).

В некотором смысле труд апостолов был четко определен:

Достижение ключевых городов.

- Проповедь Евангелия, адаптированного для слушателей.

- Подготовка учеников, а не решений.
- Оставаться с ними и учить их.
- Насаждение церквей, чтобы оставили после себя общину.
- Избрание служителей для руководства общиной.

7. УХОД АПОСТОЛОВ

Этот 7-ой и заключительный этап в миссионерской модели также очень важен. Как только основывалась церковь, апостолы шли дальше. Последующая связь могла обеспечиваться через письмо, посещение или направление апостольского «делегата». **Как только у общины появлялись свои руководители, апостолы могли оставить им продолжение работы**. Церкви были самораспространяющимися, самоуправляемыми и финансово независимыми. По существу, служение истинных апостолов было передвигающимся. Обычно они сами себя обеспечивали посредством коммерческой деятельности, чтобы не быть ни для кого финансовым бременем, в то время как устанавливалась церковь.

УПУЩЕНИЯ В ПЛАНЕ

Анализ «миссионерских» методов, использовавшихся в Деяниях, указывает на некоторые заметные упущения, которые, зачастую, очень важны в настоящее время.

- Не было церковных зданий. Верующие собирались по домам или в убежищах.
- Не было необходимости вкладывать капитал в недвижимость.
- Не было разделения на духовенство и мирян.
- Все служения в церкви основывались на дарах и обязанностях. Считалось, что каждый верующий должен иметь служение.
- Не было никакой иерархии.
- Не было органов управления.
- Не было крещения младенцев.

- Не было церквей, основанных по национальным или деноминационным признакам.
- Не было установленных правил поклонения, хотя и есть намеки на то, как поклонялись церкви, но нет установленной с тех времен структуры, которой нужно следовать.
- Апостолы не организовывали больницы, школы, медпункты или организации по оказанию помощи.

Очень многое из того, что мы сегодня рассматриваем, как естественную часть церковной или христианской деятельности, не было обычным для Ранней церкви.

Богословский взгляд

Наше размышление над Деяниями сосредоточено на многих сферах. Мы отметили замысел книги, особенность читателя, кому адресована книга, а также каким образом Лука построил свою книгу, чтобы достигнуть своей цели, и как можно использовать книгу в качестве «миссионерского пособия». Остался еще один завершающий способ изучения книги, который согласуется с проведенным нами анализом: посмотреть на книгу с богословской точки зрения. Что мы видим на этом уровне?

Чьи деяния?

Давайте начнем с названия. Изначально книга была названа просто «Деяния». Это слово произошло от греческого слова *praxis*, от которого мы получили слово «практика». Таким образом, Деяния описывают **практику христианства**, но кто совершает эту практику? Чьи это деяния? На эти вопросы есть четыре возможных ответа.

1. АПОСТОЛЫ

Обычно книгу называют «Деяния апостолов», что может, как мы уже увидели, ввести в заблуждение, поскольку **большинство апостолов не упоминается в ней!** Иакова обезглавили в первых главах, Иоанн упоминается только вместе с Петром, значительная доля повествования уделена Петру и больше половины книги сосредоточено на Павле, который не был изначально одним из 12-ти. Так что эта книга не исключительно о «деяниях апостолов».

2. ИИСУС

Книга начинается со слов: «Первую книгу написал я к тебе, Феофил, о всем, что Иисус делал и чему учил *от начала*», ясное указание на то, что настоящая книга о **всем, что Иисус продолжает делать и учить**. Поэтому мы можем назвать ее «Продолжение деяний Иисуса». Имя Иисуса 40 раз упоминается в первых 13-ти главах. Он был предметом проповеди апостолов, и Его именем совершались исцеления. Поэтому книгу можно назвать «Деяния Иисуса».

3. ДУХ СВЯТОЙ

Более детальное изучение открывает, однако, что **наиболее выдающаяся личность в Деяниях – Святой Дух**, Который также упоминается 40 раз в первых 13-ти главах и 70 раз – в остальных. Итак, возможно, нам следует назвать книгу «Деяния Святого Духа». Бесспорно, это будет справедливо по отношению к Его роли. Именно Дух Святой дает возможность 120 ученикам свидетельствовать в день Пятидесятницы и часто описывается, как наполняющий верующих. Некоторые из важных решений в Деяниях совершались по водительству Духа Святого, и проповедь Петра в доме Корнилия была прервана Духом Святым, сошедшим на всех присутствующих. Именно Дух Святой предупредил верующих не идти в Асию и Вифинию, вместо этого посылая их в Троаду. Он обеспечивает динамику миссионерского распространения. Поэтому было бы вполне обоснованно, если бы мы понимали эту книгу как «Деяния Святого Духа».

4. БОГ

Подобное утверждение приемлемо и в отношении более важной личности, Которая также часто упоминается в книге. Если Дух Святой упоминается 40 раз в первых 13-ти главах, другая личность упоминается 100 раз – Сам Бог. Если мы сосредоточимся на Иисусе или Святом Духе, это может невольно сделать нас сторонниками «унитаризма» в богословии – ловушки, в которую попали многие группы. **Дух Святой сосредоточивает нас на Иисусе, а Иисус возвращает нас к Богу.**

Троица

Итак, богословие Деяний на самом деле построено на Троице. Слово «Троица» в действительности не встречается в Библии, но это – сокращенное выражение для трех Личностей, которые являются нашим Богом. Поэтому Деяния говорят о трех моментах:

1. Царстве Бога-Отца
2. Имени Иисуса-Сына
3. Силе Святого Духа

Таким образом, наиболее подходящее название для книги могло бы быть **«Деяния Бога через Иисуса Христа посредством Духа Святого в апостолах»**.

Заключение

Деяния – потрясающее повествование о распространении христианства от Иерусалима до Рима. Лука внимательно подбирает свидетельства и избирает события, которые демонстрируют это распространение, предлагая модель церковной жизни и миссионерское пособие, которое обеспечивает дальнейшее расширение. Одновременно он достигает свою главную цель – кратко изложить Феофилу факты так, чтобы его друга, апостола Павла, можно было оправдать на суде. В то же время Бог желал, чтобы мы поняли, как Он работает над строительством Своего Царства, чтобы любой из нас, где бы мы ни жили, ясно видел идеалы, ради которых нам следует трудиться и молиться.

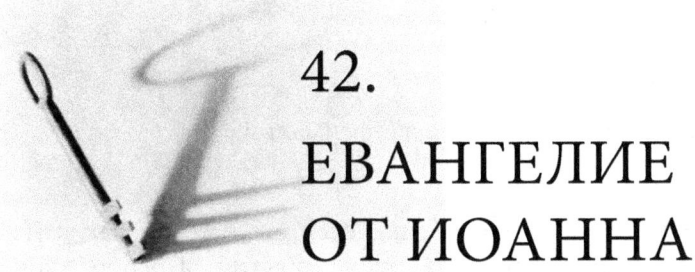

42. ЕВАНГЕЛИЕ ОТ ИОАННА

Введение

Во вступлении к Евангелиям (стр. 9-18) мы увидели, что существуют три опознаваемые фазы заинтересованности в великом человеке, который покинул этот мир: заинтересованность в том, что он **делал**, что он **говорил** и **чем или кем** он был. Вне сомнений, Иоанн интересуется преимущественно третьей сферой. Он смотрит на Иисуса *изнутри* и спрашивает: Кем Он был?

Матфей, Марк и Лука сосредоточены больше на том, что Иисус делал и говорил, редко задавая вопросы, касающиеся Его внутренней мотивации. Только Иоанн предлагает нам портрет **внутренней жизни и самоутверждения Иисуса**. Позже мы увидим, что это не единственная причина написания Евангелия, но важный аспект, который следует учитывать, чтобы его понять.

Между Евангелиями от Матфея, Марка и Луки всего пять основных различий.

1. Опущения

Отличие Евангелия от Иоанна от синоптических Евангелий становится наиболее очевидным, когда мы размышляем над **содержанием его Евангелия**. Иоанн не просто пишет с особой точки зрения об Иисусе, он опускает большое количество тем, которые другие авторы Евангелий считали важными:

- зачатие и рождение Иисуса;
- Его крещение;

- Его искушения;
- изгнание бесов;
- преображение;
- последняя вечеря;
- борения Иисуса в молитве в Гефсимании;
- вознесение.

Эти опущения удивляют, особенно, если мы отметим, как другие авторы выделяют некоторые из этих событий. Преображение, например, рассматривается, как ключевое событие в синоптических Евангелиях. На кресте Иисус попросил Иоанна позаботиться о Его матери; возможно, он опустил историю о рождении, чтобы уберечь Марию от еще большей огласки. Однако основная причина этих опущений заключается просто в том, что **подобные детали не подходят замыслу Иоанна**. Он планирует сказать нам что-то совершенно отличное от других Евангелий и не видит смысла включать ненужный ему материал.

В Евангелии от Иоанна есть не только опущения, но также **преуменьшение важности некоторых тем**, которые играют важную роль или достойны занять больше места в повествовании других трех Евангелий. В Евангелиях от Матфея, Марка и Луки, например, очень много говорится о чудесах, а в Евангелии от Иоанна приводятся только семь из них. Иоанн также мало внимания уделяет одной из основных тем в проповеди Иисуса – Царству Божию. Эта фраза встречается всего лишь дважды, когда Иисус говорит Никодиму, что, если тот не родится свыше, то не сможет увидеть Царствия Божия, а также когда Он говорит Пилату, что Его Царство не от этого мира. Это не значит, что чудеса или Царство не важны, но цель Иоанна просто отличается от других авторов, и он по-другому ее достигает.

2. Дополнения

ЧУДЕСА

Помимо ощущений Иоанн также вносит некоторые очень важные дополнения. Из семи чудес, которые упоминает Иоанн, **пять – абсолютно новые**:

- превращение воды в вино на свадьбе в Кане;
- человек у купальни «Вифезда»;
- исцеление сына царедворца;
- исцеление слепого от рождения человека;
- воскрешение Лазаря.

Повторяются только два чуда: хождение по воде и насыщение 5 000 человек.

Более того, Иоанн использует **другое слово для чудес**, называя их «знамениями». Знамение всегда указывает на что-то за пределами видимого. Итак, Иоанн записывает меньше чудес не потому, что считает их менее важными, но для того, чтобы подчеркнуть, как чудеса или знамения указывают на Иисуса. Позже мы обратим внимание, как этот подход влияет на цель Иоанна.

ЛИЧНОСТИ

Иоанн включает больше историй об отдельных людях и большинство из них присутствуют только в его Евангелии. Упоминается первоначальный отказ Петра от того, чтобы ему омывали ноги, а также разговор с самарянкой у колодца и беседа с Никодимом. Кроме того, **диалоги один на один** выделяются по сравнению со встречами с толпами народа, которые доминируют в других трех Евангелиях. Все высказывания Иоанна Крестителя в этом Евангелии произносятся в личных беседах, а не во время массовых провозглашений.

ЗАЯВЛЕНИЯ ОБ ИИСУСЕ

В Евангелии от Иоанна также присутствуют семь важных заявлений о Самом Иисусе, известных как **высказывания «Я есмь»**:

- Я есмь хлеб жизни;
- Я есмь свет мира;
- Я есмь дверь;
- Я есмь пастырь добрый;
- Я есмь воскресение и жизнь;
- Я есмь путь, и истина, и жизнь;
- Я есмь истинная виноградная лоза.

Эти заявления встречаются только в Евангелии от Иоанна и служат для того, чтобы подчеркнуть его цель, когда он предлагает взглянуть изнутри на то, Кем Себя видит Иисус.

3. Акценты

Синоптические Евангелия основаны на структуре, построенной Марком, и склонны использовать схему: 30 месяцев служения на севере в Галилее, за которыми следуют шесть месяцев на юге в Иудее, уделяя особое внимание Иерусалиму. Но Евангелие от Иоанна совершенно другое. Практически все его Евангелие говорит о служении **на юге** и включает материал из раннего служения Иисуса. Иоанн предпочитает выделять случаи, когда Иисус ходил на **праздники** в Иерусалим (возможно, три раза в год). Поэтому в Евангелии от Иоанна много говорится о празднике Кущей, Пасхе, о храмовом празднике, и очень многое опускается из служения Иисуса на севере.

4. Стиль

Отличие в стиле написания Евангелия от Иоанна особенно заметно в двух сферах.

ЯЗЫК

Язык Евангелия от Иоанна отличается от других Евангелий. Они содержат очевидные совпадения, в отдельных местах используя одни и те же слова. Язык Иоанна предполагает, что его работа **совершенно независимая**. Например, когда синоптические Евангелия описывают насыщение 5 000 человек, они используют, в общем, одни и те же слова, но у Иоанна – только 8 слов, которые используются в других Евангелиях. Даже слово «рыба» – другое.

СПОРЫ

Значительную часть синоптических Евангелий занимают притчи Иисуса. Разделы с продолжительным учением встречаются редко. В Евангелии от Иоанна, однако, создается впечатление, что Иисус вовлечен в **бесконечные споры** с длинными беседами, **сосредоточенными больше на вопросах веры, чем на поведении**. Поскольку большинство из них произошли во время южных путешествий Иисуса, кажется, Он изменил стиль Своего учения, когда направлялся на юг, потому что там у Него было больше споров с иудеями о Его сущности.

Возьмем, например, длинную беседу в 8-й главе Евангелия от Иоанна. Иисус говорил о Своих взаимоотношениях с Богом-Отцом. Фарисеи спрашивали Иисуса: «Где Твой Отец?» При этом подразумевалось, что Иисус не мог уверенно говорить о Своем происхождении, ходили слухи о Его незаконном рождении.

«Вы не знаете ни Меня, ни Отца Моего, – отвечает Иисус. – Если бы вы знали Меня, то знали бы и Отца Моего». Итак, Иисус говорит о том, что знает, Кто Его Отец, и снова переводит спор на фарисеев. Они тоже должны Его знать, но находятся далеко от Него.

Это возбуждает интерес в отношении оппонентов Иисуса, который часто оказывается непонятным. Когда мы читаем в Евангелии от Иоанна о том, что иудеи «ненавидели» Иисуса, так как Иисус всегда спорил с иудеями, и что иудеи распяли Его, мы допускаем очень большую ошибку, если применяем название «иудеи» ко всему народу. Кроме того, такое неверное понимание вызвало всплеск антисемитизма на 2 000 лет. Когда Иоанн говорит об «иудеях», он имеет в виду жителей южного региона, иудеи четко отделяли их от галилеян на севере, так как их отношение (за некоторыми исключениями) было совершенно другим и более положительным в отношении Иисуса.

5. Точка зрения

Точка зрения Иоанна очень отличается от мнения, высказанного в синоптических Евангелиях. Иоанн понимал **необходимость взаимодействия с греческим миром так же, как и с еврейским**. Он писал свое Евангелие в Ефесе в Асии (современная Западная Турция), где пересекались греческое и еврейское мировоззрения. Необходимо видеть различия между ними, чтобы понять некоторые подходы, которые использует Иоанн, чтобы систематизировать свой материал.

Проще говоря, евреи использовали *горизонтальную временную линию* мышления, придерживаясь общих идей о прошлом, настоящем и будущем. Они знали Бога, Который был, есть и грядет. Все их мировоззрение основывалось таким образом, что у времени были и цель, и прогресс. Греческое мышление, напротив, придерживалось *вертикальной линии в пространстве* и интересовалось жизнью вверху и внизу, в небесах и на земле.

Поэтому, если вы думаете как евреи, время, в вашем понимании, следует в одном направлении с Богом, Который решает, куда все должно двигаться. Первые три Евангелия придерживаются именно этой временной линии, и Иоанн не отказывается от нее совершенно. В конце концов, он сам иудей. Например, он использует понятие «час» пять раз.

Однако он также использует греческий подход с вертикальной линией между небом и землей, между тем, что вверху, и тем, что внизу. Поэтому он видит в Иисусе Того, **Кто сошел с небес**, цитируя слова Иисуса в 3:13: «Никто не восходил на небо, как только сшедший с небес Сын Человеческий». А в 6:33: «Ибо хлеб Божий есть Тот, Который сходит с небес и дает жизнь миру».

Мы уже упоминали раньше, что в Евангелии от Иоанна очень мало говорится о Царстве Божьем. В то время как синоптические Евангелия делают ударение на том, что Царство начинает действовать в настоящем злом веке в ожидании своего окончательного установления, Иоанн больше обращает внимания на *вертикальный* аспект Божьей любви к миру, посылающего Иисуса на Землю. Мы можем сказать, что Евангелие от Иоанна преимущественно построено на понятии «вверх-вниз», тогда как другие Евангелия – на «сейчас и потом».

Понимание Евангелия от Иоанна

После того как мы рассмотрели, чем Евангелие от Иоанна отличается от трех других, нам нужно поближе познакомиться с самим Иоанном.

Кем был Иоанн?

РЫБАК

Иоанн был рыбаком до того, как Иисус призвал его следовать за Ним. Будучи полностью посвященным этой профессии, он ловил рыбу и продавал ее. Мы знаем, что у него были связи в Иерусалиме, вероятно, они включали и розничную торговлю рыбой, пойманной в Галилее. Поэтому он был **человеком двух миров**: сельским жителем на севере и жителем города Иерусалима – на юге. По существу, он отличался от большинства апостолов, которые были исключительно северяне, единственным южанином был Иуда Искариот.

РОДСТВЕННИК ИИСУСА

Он был братом Иакова, одного из учеников, и двоюродным братом Иисуса. Кроме того, по крайней мере, пять, а возможно, и семь из двенадцати учеников были родственниками Иисуса, хотя Его родные братья были скептически настроены до Его воскресения. Только после воскресения Иаков и Иуда не только стали верующими, но и написали две из книг Нового Завета. Эта близость, очевидно, проявилась у креста, когда Иисус попросил Иоанна позаботиться о Его матери.

САМЫЙ БЛИЗКИЙ ДРУГ ИИСУСА

Однако Иоанн был близок к Иисусу не только потому, что приходился Его двоюродным братом. Он также входил с Иаковом и Петром в **узкий круг** тех, кто был особенно близок Иисусу. Иоанн называет себя «учеником, которого любил Иисус», стараясь отвлечь от себя внимание тем, что не называет своего имени, но, однако, дает нам понять, что среди всех двенадцати он был самым близким Иисусу. На последней вечере именно Иоанн сидел возле Иисуса, когда они, возлежав, принимали пищу. Иисус хотел, чтобы в этом важном событии Его хороший друг находился рядом.

ПОСЛЕДНИЙ АПОСТОЛ

Иоанн был не только самым близким к Иисусу, но также и последним живущим апостолом. Он пишет свое Евангелие **в преклонном возрасте**, указывая на Иисуса с уникальной точки зрения. В конце Иоанн записывает историю о том, как Петр узнал от Иисуса, что будет распят, и как Петр спрашивал Иисуса о смерти Иоанна. Иисус ответил, что это не его дело, и захочет ли Иисус сохранить жизнь Иоанну до Своего возвращения, Ему решать.

С того времени распространился слух, что Иисус вернется прежде, чем умрет Иоанн, но Иисус говорил не об этом, и Иоанн разъясняет все в конце своего Евангелия.

Близость Иоанна к Иисусу проявляется в том, **насколько свободно он передает слова Иисуса**. Иоанн пересказывает некоторые Его беседы, чтобы полностью раскрыть их значение, так как верит, что достаточно хорошо знает мысли Иисуса, чтобы объяснить, что Тот имел в виду. Так, например, если вы читаете Иоанна 3:16: «Ибо так возлюбил Бог мир, что отдал Сына Своего единородного…», то непонятно, кто говорит: то ли это Иисус в разговоре с Никодимом, то ли Иоанн расширяет раздел своими собственными размышлениями. Достаточно странные слова для того, чтобы их говорил Иисус, и звучат они как будто от третьего лица, косвенно говоря об Иисусе. Подобная ситуация типична для Евангелия от Иоанна. Он расширяет то, что сказал Иисус, так как действительно понимает, что Он имел в виду. Он раскрывает смысл **под водительством Духа Святого**. По этой причине Евсевий, один из отцов Ранней церкви, назвал его «духовным Евангелием», и легко увидеть почему.

Цель Иоанна

Какова реальная цель написания Евангелия Иоанном? Этот вопрос действительно откроет нам путь к пониманию книги. Мы уже увидели, что Иоанн стремится разглядеть внутреннюю сущность Иисуса, но это было лишь частью большей цели, которую он раскрывает в конце своего Евангелия. Он говорит, что выбирал материал так, **чтобы читатели могли поверить, что Иисус – Сын живого Бога** и, благодаря этой вере, могли иметь жизнь во имя Его. Это достаточно ясное утверждение, но важно, чтобы мы поняли *весь* смысл того, что говорит Иоанн.

ВЕРНОЕ ЗНАЧЕНИЕ

Прежде всего, нам нужно понять точную форму слов в греческом оригинале. В греческом языке есть «настоящее продолжительное» время для глаголов, которые трудно перевести, но которые очень часто оказываются важными для правильного понимания текста. Это значит **продолжать делать** что-то. Чтобы точнее передать смысл, можно использовать слово «продвигаться». Например, Иисус не говорил: «Просите, и дано будет вам; ищите, и найдете; стучите, и отворят вам», подразумевая, что каждое действие должно быть совершено только однажды. На самом деле Он говорил: «*Продолжайте* просить, и вы получите; *продолжайте* искать, и вы найдете; *продолжайте* стучать, и отворят вам». Поэтому, если кто-то не получил Духа Святого, когда просил в первый раз, не должен паниковать: такие люди должны продолжать просить.

Такой глагол в настоящем продолжительном времени используется Иоанном в главе 20:31, поэтому более точно стих следует перевести: «Сие же написано, дабы вы *продолжали верить*, что Иисус есть Христос, Сын Божий, и, *продолжая верить*, *продолжали иметь жизнь*». Такая же конструкция проливает свет на самый известный стих в Евангелии. Иоанна 3:16 более понятен следующим образом: «Ибо так возлюбил Бог мир, что отдал Сына Своего Единородного, дабы всякий *продолжающий верить* в Него, не погиб, но *продолжал иметь жизнь вечную*».

ДЛЯ ВЕРУЮЩИХ ИЛИ НЕВЕРУЮЩИХ?

Евангелие от Иоанна не было написано с той целью, чтобы читатели начали верить, что Иисус – Сын Божий. Оно было написано для того, чтобы они *продолжали* верить в это. Большая часть содержания не подходит для людей, которые обращаются к Евангелию, не имея ранее полученных знаний об Иисусе. Книга написана **для зрелых христиан**, чтобы помочь им держаться их веры и не уйти от понимания того, Кем является Иисус, но продолжать верить и, в результате, продолжать иметь жизнь вечную.

Таким было правило Иоанна для отбора его материала. Иоанн не планировал, чтобы его Евангелие было всесторонним, но стремился предложить читателям то, что им необходимо было знать, чтобы продолжать жить, постоянно веря. Проще говоря, целью, ради которой писал Иоанн, была жизнь, и значение этой цели – **постоянное доверие и повиновение**.

ЦЕЛЬ – ЭТО ЖИЗНЬ

Иоанн описывает жизнь, которую предложил Иисус, как **жизнь, продолжающуюся в настоящее время**. Вечная жизнь включает величину – бесконечность; но также и качество – изобилие. Это не просто страхование от смерти, но жизнь, которой мы наслаждаемся здесь и сейчас. Утвержденная Иоанном цель в 20:31 подразумевает, что эта жизнь является чем-то, что мы унаследовали, но можем потерять, если не будем продолжать верить. Поэтому темы жизни и веры очень важны для всего замысла Иоанна. Жизнь – цель, ради которой он пишет, чтобы его читатели могли продолжать иметь жизнь, тогда как вера – это средство, обеспечивающее подобную жизнь. Если мы продолжаем верить, мы продолжаем иметь жизнь.

ВЕРА – ЭТО СРЕДСТВО

То, что Иоанна волновала вера, подтверждается частотой использования им этого слова – 98 раз. Это намного больше, чем в остальных трех Евангелиях, вместе взятых. Но нам необходимо быть осторожными, потому что он не имеет в виду одно и то же каждый раз. Для Иоанна существуют **три стадии или фазы веры**.

а) Доверие

Доверять – значит **верить, что нечто является истиной**. Ключевое слово – «что». Итак, мы верим, *что* Иисус умер, *что* Он воскрес. Это вера в конкретные исторические факты, принятие достоверности Евангелия, принятие Его истины. Доверие основано на словах и делах, которые подтверждают заявления Христа.

Сама по себе вера не спасает, потому что на этом уровне любой может сказать, что он верит в то, что нечто является истиной. Принять истину – это только начало спасающей веры. (Бесы верят фактам и «трепещут»; но это не делает их верующими (Иакова 2:19)).

б) Уверенность

Уверенность – вторая стадия веры: приняв истину, мы стаем уверенными *в* Иисусе, **доверяя и повинуясь** Ему. Это значит принимать истину и действовать на основании того, что мы называем истиной. В конце Евангелия Иисус сказал Петру: «Следуй за Мною». Это действие, основанное на уверенности, на доверии и повиновении. Мы можем заявлять, что верим в кого-то, но если мы не уверены в нем, наша «вера» поверхностная.

в) Постоянство

Это третье измерение веры, затрагивающее аспект непрерывности, который мы рассматривали выше, когда говорили о главной цели Иоанна. Мы должны **продолжать верить**. И в греческом, и в еврейском языке «вера» и «верность» являются одним и тем же словом, и иногда мы не знаем, которое из них имеется в виду. Если вы действительно кому-то доверяете, вы будете продолжать ему доверять. Если вы действительно исполнены веры, тогда вы будете верными. Вы будете продолжать верить в кого-то, что бы ни происходило и чего бы это ни стоило. Поэтому вера – это не один *шаг* (мгновенный), а *состояние* (постоянное).

Иисус делает это понятным, когда учит Своих учеников в 15-й главе. Он использует образ виноградной лозы, чтобы описать Себя и сказать им, что они являются ветвями на виноградной лозе. Он предупреждает их, чтобы они пребывали, жили и оставались в Нем. Если они не будут так поступать, то станут бесплодными, их отсекут и сожгут. Итак, в то время как Иоанн учит, что никто не может прийти к Иисусу, если Отец не приведет его, он также учит, что верующему необходимо *пребывать во Христе*, если он или она желают наслаждаться вечной жизнью. Эта жизнь находится в виноградной лозе, а не в ветвях (ср. с 1 Ин. 5:11).

Давайте обобщим то, что мы отметили о замысле Иоанна: его цель – чтобы читатели продолжали верить в Иисуса и могли продолжать иметь вечную жизнь. Эта вера включает три стадии: принятие истины, действие по истине и пребывание в истине. Сам Иисус является истиной.

Истина об Иисусе

Еще один аспект в замысле Иоанна поможет нам понять некоторые детали текста. К тому времени, когда писал Иоанн, около 90 года после РХ, возникло **много предположений в отношении Иисуса**, даже о Его раннем периоде жизни. Было написано большое количество неканонических евангелий, которые стремились описать детство Иисуса. Одно описывает Иисуса маленьким мальчиком, играющим на улице Назарета, кто-то толкает Его в грязь, и Иисус насылает на него проказу. Существует также история о мальчике Иисусе, лепящем из глины маленьких птичек, благословляющем их и отпускающем на волю.

На самом деле Иисус не совершил ни одного чуда до того, как Ему исполнилось 30 лет, потому что Он не мог совершать их без силы Духа Святого. Иисус совершал чудеса не как Сын Божий, а как Сын Человеческий, исполненный Духа. Узнав о распространившемся неверном учении, Иоанн захотел раз и навсегда заглушить предположения в отношении личности Иисуса. **Так Кто же Он?** В Ефесе были распространенными две точки зрения, которые, по мнению Иоанна, нужно было исправить.

1. СЛИШКОМ ЗАВЫШЕННОЕ МНЕНИЕ ОБ ИОАННЕ КРЕСТИТЕЛЕ

Из 19 главы книги Деяний мы знаем, что в Ефесе была группа последователей Иоанна Крестителя, которые не верили в Иисуса, пока Павел не исправил их. Кажется, что в дни Иоанна также все еще были те, кто почитал Иоанна Крестителя до такой степени, что возникла опасность создания христианской секты, **делающей ударение на покаянии и моральных принципах, как это делал Иоанн, но не сосредоточиваясь на Духе Святом, Которого принес Иисус.**

Апостол Иоанн решил написать Евангелие, чтобы исправить завышенное мнение об Иоанне Крестителе. Он умаляет Иоанна Крестителя каждый раз, когда упоминает о нем. Он говорит, что Иоанн не был светом мира, он только указывал на свет. Автор Евангелия говорит, что Иоанн не совершал чудес. Он записывает слова самого Иоанна о том, что ему должно умаляться, а Иисусу возрастать, что Иисус был Женихом, в то время как Иоанн Креститель был всего лишь свидетелем.

Иоанн Креститель сказал две очень важные мысли об Иисусе:

- Он будет **Агнцем Божьим**, Который возьмет грехи мира.
- Он будет **крестить Духом Святым**.

Обе эти мысли нужно было донести, чтобы у последователей был соответствующий баланс в их понимании Иисуса. Иоанн Креститель ясно дал понять, что *только* Иисус может удалить грех и крестить Духом Святым. Но, несмотря на то, что говорил Иоанн, его последователи запомнили немного из его слов и не предоставили Иисусу достойного места.

2. СЛИШКОМ НИЗКОЕ МНЕНИЕ ОБ ИИСУСЕ

Намного более серьезным фактом было то, что в Ефесе люди уже придерживались слишком низкого мнения об Иисусе. Частично это положение можно объяснить сильным влиянием греческой философии. Как уже раньше упоминалось, греческие философы разделяли жизнь на две сферы. Поочередно использовались различные определения: вверху и внизу, физическое и духовное, временное и вечное, духовное и мирское. Они не только разделили эти две сферы, но и возвышали одну над другой. Платон говорил, что духовное более реально, Аристотель же наоборот более реальным считал физическое.

При таком положении дел у греков возникла настоящая проблема с учением о том, что Иисус имел физическую и духовную, земную и небесную, человеческую и божественную сущность. В их понимании, **физическое и духовное нельзя совместить**, поэтому они развили большое количество вариантов, чтобы решить, какую сущность имел Иисус.

1. **Больше Бог, чем человек?** Некоторые говорили, что Иисус был больше Богом, чем человеком, что Он никогда не был по-настоящему человеком, а только *воплотился* в человека. Эта ересь была известна как «докетизм», от слова «иллюзия», т.е. Иисус только казался человеком. Согласно этой точке зрения, Иисус никогда в действительности не был человеком, потому что Его божественность всегда затмевала Его человеческую сторону.

2. **Больше человек, чем Бог?** Другие говорили, что Он был более человеком, чем Богом, – человеком, который в совершенстве отвечал Богу и во всем объеме развил божественную способность, которая заложена в каждом из нас. Эта точка зрения называется «адопционизм», т.е. Иисус был только *усыновленным* Божьим сыном; считалось, что это произошло при крещении, когда Он исполнился Духа. К сожалению, эта ересь все еще преподается сегодня.

3. **Частично человек, частично Бог?** Некоторые утверждали, что Он был частично человеком и частично Богом, без указания был ли Он более одним, чем другим. Эта точка

зрения все еще существует в наше время. Свидетели Иеговы утверждают, что мы должны воспринимать Иисуса полубогом, получеловеком, первым *сотворенным* существом. Поскольку первый стих Евангелия от Иоанна ясно утверждает, что Он был Богом, и был с Богом от начала, свидетели Иеговы переводят этот отрывок так, чтобы сказать, что Иисус был Богом, добавив неопределенный артикль, которого нет в оригинальном греческом тексте.

4. **Полностью человек, полностью Бог?** Евангелие от Иоанна ясно утверждает, что Иисус полностью Бог *и* полностью человек. Чтобы Иоанну достичь намеченной цели, важно было показать это. Только Тот, Кто был полностью Богом и полностью человеком, мог спасти человечество от греха. Его *человеческая сущность* дала Ему возможность умереть за нас, а Его *Божественность* подтверждает, что Он сможет победить смерть и предложить жизнь тем, кто поверят в Него. Если читатели Иоанна желали иметь жизнь во имя Иисуса, они должны были знать *Того же* Иисуса, Которого знал апостол.

Так как Иоанн хотел, чтобы люди знали истину об Иисусе, он преднамеренно сосредоточивает внимание на этих двух сферах: человеческой сущности Иисуса и Его Божественности.

1. ЕГО НАСТОЯЩАЯ ЧЕЛОВЕЧЕСКАЯ СУЩНОСТЬ

Иисус действительно представлен «больше человеком» в четвертом Евангелии, чем в трех других. Возьмем, например, самый короткий стих в Библии: «Иисус прослезился». Он показывает, что Иисус полностью человек, Который стоит у могилы одного из Своих лучших друзей, зная, что скоро вызовет его из гробницы, но все же плачет в этой ситуации. Иоанн записывает, что Иисус испытывает голод и жажду, устает и удивляется – все это чисто человеческие характеристики. Пилат невольно суммирует все, что Иоанн описывает словами: «Се, Человек!» В Иисусе Иоанн показывает нам, **чем на самом деле является человеческая сущность,** или какой она должна быть.

Человеческая сущность также видна в том, как Иоанн выделяет **молитвенную жизнь** Иисуса, где он приводит больше деталей, чем в остальных Евангелиях. Иоанн описывает человека Иисуса, Который нуждался в молитве, находясь в зависимости от Отца, чтобы Он руководил тем, что Иисус говорил и что делал. Некоторые из Его лучших молитв находятся в этом Евангелии.

Более того, фокус Евангелия на **смерти Иисуса** подчеркивает, как никакое другое Евангелие, что Он на самом деле умер. Иоанн записывает, как один из воинов пронзил мечом бок Иисуса, отчего потекла кровь и вода. Потом Иоанн добавляет предложение: «Он знает, что говорит истину, дабы вы поверили». Для Иоанна было важно, чтобы его читатели знали, что Иисус действительно умер. Между прочим, этот необычный симптом указывает на разрыв околосердечной сумки, «разбитое сердце».

К тому же Иоанн приводит свидетельство очевидца **воскресения**, записывая результат его исследования погребальных пелен и головного платка в пустой гробнице. Иисус не только действительно умер, но и на самом деле воскрес из мертвых.

2. ЕГО БОЖЕСТВЕННОСТЬ

Однако основное ударение в Евангелии от Иоанна делается на **полной Божественности Иисуса**. Это возвращает нас к цели написания Иоанном Евангелия и дает возможность поближе рассмотреть, как интригующе Иоанн ее развивает. Мы уже видели, как Иоанн признает, что вера начинается с доверия, когда веришь во что-то. Иоанн помогает поверить, что Иисус – полностью Бог, формируя Его свидетельство вокруг числа семь, совершенного числа в еврейском понимании. Иоанн включает в свое Евангелие **три завершенные части свидетельства Божественности Иисуса**: семь свидетелей, семь чудес и семь слов.

а) Семь свидетелей

Существительное «свидетель» и его глагольная форма «свидетельствовать» встречаются 41 раз в четвертом Евангелии. Иоанн делает ударение на том, что у нас есть **личные свидетельства** о правде в отношении Иисуса. В этом Евангелии семь человек приписывают Иисусу Божественность:

- Иоанн Креститель;
- Нафанаил;
- Петр;
- Марфа (первая женщина, которая делает это);
- Фома;
- Иоанн, любимый апостол;
- Сам Иисус.

По иудейскому закону для подтверждения истины достаточно было двух или трех свидетелей, но Иоанн здесь включает совершенное число людей для подтверждения того, что Иисус – действительно Сын Живого Бога.

б) Семь чудес

Мы отмечали раньше, что Иоанн записывает всего только семь чудес и называет их «знамениями», потому что они указывают на то, Кем был Иисус. Он на самом деле включает семь чудес (знамений), которые представляли собой самые сверхъестественные и сенсационные дела, совершенные Иисусом. Иоанн не включает изгнание бесов, потому что многие люди в древнем мире делали это, включая фарисеев. Вместо этого он выделяет **чудеса, которые никто не мог сотворить**:

- Превращение воды в вино – неоспоримое чудо.
- Исцеление сына царедворца, находясь на большом расстоянии от больного человека, не видя его и не возлагая на него рук.
- Исцеление человека у купальни «Вифезда», который находился там 38 лет, очевидно, страдая от хронического состояния.
- Насыщение 5 000 человек. Чудо, о котором написали во всех четырех Евангелиях: творческое чудо, когда из малого получили много.
- Хождение по воде.
- Исцеление слепорожденного.

- Воскрешение Лазаря, не оживление тела сразу после смерти, как в случае с дочерью Иаира или сыном вдовы из Наина, но воскрешение человека, тело которого уже начало разлагаться.

Иоанн говорит, что эти знамения указывают на Божественность Иисуса. Как сказал Никодим, никто не мог творить таких чудес, как Иисус, если не был с ним Бог.

в) Семь слов

Мы уже ранее упоминали, что только Иоанн записывает для нас семь «слов», которые Иисус сказал о Себе. Для иудейских слушателей Его заявления были неопровержимыми, потому что каждый раз Он начинал с еврейского слова, описывающего Бога, ЯХВЕ, означающего «Я есмь». Иоанн аккуратно помещает эти высказывания в одну группу, которая показывает, что заявление Иисуса было законным.

- «Я есмь хлеб, сшедший с небес» – было сказано после насыщения
- пяти тысяч пятью хлебами и двумя рыбами.
- «Я свет миру» – последовало за исцелением слепорожденного.
- «Я есмь воскресение и жизнь» – было сказано после воскрешения Лазаря.

Иисус также сказал: «Я есмь дверь», «Я есмь пастырь добрый», «Я есмь путь, и истина, и жизнь» и «Я есмь истинная виноградная лоза». Это Человек, который сам знал, что был Богом в человеческой плоти, и эти семь слов, преднамеренно разбросанные по Евангелию, важны для Иоанна, как доказательство того, что Иисус достоин доверия читателей.

Открытые отношения с Отцом

В Евангелии от Иоанна отношения Иисуса с Отцом более открытые, чем в синоптических Евангелиях. Иоанн пишет, что Отец послал Иисуса, что Он одно с Отцом и послушен Отцу в словах, которые проявляются, и в делах, которые Он делает.

Большое количество споров Иисуса с иудеями о Его личности породило величайшую враждебность, особенно когда Он заявлял, что является Богом: «Истинно, истинно говорю вам, – ответил Иисус, – прежде, нежели был Авраам, Я есмь. Тогда взяли каменья, чтобы бросить на Него; но Иисус скрылся и вышел из храма».

Фактически, Евангелие от Иоанна – единственное Евангелие, которое прямо описывает Иисуса как Бога, хотя подразумевалось это и в остальных трех. Иоанн начинает с утверждения: «Слово было Бог», а в конце Фома исповедует Иисуса словами: «Господь мой и Бог мой».

ТЕМЫ

Наконец мы подошли к рассмотрению тем, которые являются неотъемлемой частью всего замысла Иоанна: вера во Христа должна быть продолжительной во времени.

1. Слава

«Слава» – ключевое слово в Евангелии от Иоанна, потому что в Ветхом Завете его использовали только в отношении Бога. В 1-ой главе Иоанн использует то же слово для описания Слова, обитающего среди людей, как и *shekinah* – славы Бога, когда Он открывал Себя через скинию в конце исхода. Иоанн видел величие Бога в Иисусе на протяжении всей Его жизни, в Его смерти, воскресении и вознесении. Даже крест был местом, где прославился Иисус. Поэтому с самого начала нам представили человека, который совершенно отличается от своих современников и стоит отдельно от остальных Божьих людей.

2. Слово

Иоанн уникальным образом начинает свое Евангелие. Когда Марк писал свое повествование об Иисусе, он начал с момента, когда Иисусу было 30 лет, поскольку именно тогда Он впервые появился на публике. Матфей, вероятно, был автором следующего написанного Евангелия, но он решил вернуться далеко назад, утверждая, что необходимо было включить зачатие и рождение Иисуса, потому что Он был иудеем, и родословие должно было восходить к Аврааму. Лука чувствовал, что, поскольку Иисус был Сыном Человеческим, на Него нужно смотреть как на человека, принадлежащего ко всей человеческой расе, поэтому он начал Его родословие с Адама.

В отличие от трех других евангелистов, Иоанн решил начать даже раньше, делая ударение на том, что Иисус был еще до творения. Поэтому он берет за основание слова из Бытия 1:1, чтобы начать свое Евангелие: «В начале было Слово, и Слово было у Бога, и Слово было Бог» (см. пересказ вступления Иоанна на стр. 135-136).

ИМЯ ИИСУСА

Здесь возникает интересный вопрос, который поможет нам понять, что написал Иоанн. **Как вы назовете Иисуса до того, как Он родился?** Мы настолько привыкли говорить об «Иисусе», что забываем, что это было Его новое имя, данное Ему, когда Он сошел на Землю. Итак, Кем Он был прежде? Если Иоанн пишет о Том, Кто существовал с самого начала, как мы должны называть Его?

Иоанн выбирает уникальное имя – «Logos», переведенное в большинстве версий Библии как «Слово». Он выбрал это имя, потому что оно настолько верно передает, Кем был Иисус, что становится понятным для читателей. Обычно мы думаем о «слове», как о выражении мысли, которое исходит из уст и достигает слуха. Слово произносится одним человеком и касается другого. В этом смысле Иисус – **сообщение** – слово от Бога к нам.

ПРОИСХОЖДЕНИЕ «LOGOS»

Небольшая предыстория поможет нам объяснить, почему Иоанн решил называть Иисуса Logos. Это понятие имело особое значение в Ефесе, где писалось Евангелие от Иоанна. За 600 лет до того в Ефесе жил человек по имени Гераклит, признанный основателем естествознания. Он верил в необходимость **научного исследования**, изучая естественный мир, спрашивая, как и почему все идет, как идет. Являлось ли это простой случайностью? Находимся ли мы в хаотичной Вселенной или существует закономерный порядок?

Он искал системы или «законы», чтобы увидеть, сможет ли он проследить логику за процессами в естественном мире. Он использовал слово *Logos* в смысле «первопричины» – причины того, что происходило. Когда он смотрел на жизнь (*bios*), он искал *logos*; когда изучал погоду (*meteor*), он видел *logos*. Это понятие теперь появляется в наших словах для изучения разных областей в науке: биология, метеорология, геология, психология, социология и т.д.

Итак, Гераклит сказал, что *logos* – это «первопричина». Любая область науки ищет *logos* – причину, почему все есть, как есть. Иоанн, понимая, что **Иисус – первоначальная причина того, «почему» все произошло**, взял эту идею и назвал Иисуса Logos, «Слово». Для Него была сотворена вся Вселенная. Он был Logos до того, как появился еще кто-то, с кем можно было бы общаться. Вот причина, почему мы здесь. Все сходится в Нем. Он – «первопричина».

В истории этого слова была еще одна фаза на противоположном от Ефеса берегу Средиземного моря, в Александрии, в Египте. В Александрии была школа, которая объединяла греческое и еврейское мировоззрения частично потому, что в городе проживало много евреев в рассеянии. Эта школа, или университет, была местом перевода Ветхого Завета на греческий язык 70 учеными, известного как «Септуагинта» или «IXX». Одним из участвовавших иудеев был профессор по имени Филон. В поиске перевода еврейского понятия на греческий профессор Филон воспользовался словом *Logos* и сказал, чтобы Logos произносили не как «оно», а как «он». Он **«персонифицировал»** Logos, скорее, как в Притчах мудрость олицетворяется с женщиной.

ЖИВОЕ СЛОВО

Иоанн объединяет точки зрения Гераклита и Филона. Объединяющим принципом является «первопричина» в корне всего, и Logos не просто персонифицирован: Он – личность, и Его имя – Иисус. Он – Слово с большой буквы «С», единственное живое Слово.

На первой странице своего Евангелия Иоанн приводит четыре очень важных момента о Logos.

1. **Его вечность.** В начале Logos *уже* был. Мы не можем вернуться дальше в нашем воображении, чем к началу Вселенной. Он не был создан, но имеет тот же статус, что и Бог, как Творец мира.

2. **Его личность.** «Logos» был *лицом к лицу* с Богом». Таким является буквальный перевод. Это слово используется для описания двух людей, смотрящих друг другу в глаза и любящих друг друга. Христиане – единственные люди на земле, которые могут сказать, что Бог есть любовь, потому что они единственные люди, которые верят, что Бог Триедин. Иудеи и мусульмане не могут сказать, что Он *есть* любовь, потому что они верят, что Он всего лишь одна личность, а любовь невозможна, если есть только одна личность. Бог больше, чем одна личность, и если Он Отец и Сын, любящие друг друга, вы можете сказать, что Он есть любовь и всегда был любовью.

3. **Его Божественность.** В начале Logos уже был лицом к лицу с Богом в личных взаимоотношениях, и Он «*был Бог*». Logos не был создан, не был Он и меньше Бога, Он был абсолютно равен Богу. Когда Фома воскликнул: «Господь мой и Бог мой!», он подтвердил истину об Иисусе. Он с самого начала участвовал в творении. Ученые сегодня говорят, что земная кора была сделана из «тектонических плит». Это понятие происходит от греческого слова *tecton*, что значит «плотник». Иисус, плотник из Назарета, создал нашу планету. Он – источник света и жизни. Все существует по Его воле.

4. **Его человеческая сущность.** Немного позже в первой главе мы читаем удивительные слова: «Слово *стало плотию* и обитало с нами, полное благодати и истины; и мы видели славу Его, славу как единородного от Отца». Бога возможно знать лично. Иисус – Бог с лицом. Бог есть Иисус везде.

В потрясающей первой главе Иоанн с самого начала заявляет, что существуют важные причины верить.

- Поскольку Иисус вечен, Он может дать нам вечную жизнь.

- Благодаря Его личности, мы можем иметь личные отношения с Ним.

- В Своей Божественности Он, и только Он может прощать грехи.

- В Своей человеческой сущности Он может искупить нас.

3. Жизнь

Если тема Logos начинает Евангелие, «жизнь» – важная тема, которая проходит через всю книгу и упоминается 34 раза. Как мы видели ранее, Евангелие написано так, чтобы христиане могли продолжать верить и продолжать иметь жизнь во Христе. Мы также отметили, что эта жизнь *изобилующая* и *существующая в настоящее время* так же, как и *вечная*. Иоанн рисует серию противопоставлений о том, что эта жизнь может значить для верующего.

ЖИЗНЬ/СМЕРТЬ

Иоанн объясняет, что обладание такой жизнью говорит о том, что **верующие не увидят смерти**. Жизнь будет просто продолжаться после смерти. Смерть не может коснуться ее. Итак, он противопоставляет тех, кто точно умрет, тем, кто не умрет никогда. «Воля Пославшего Меня есть та, чтобы всякий, видящий Сына и верующий в Него, имел жизнь вечную; и Я воскрешу его в последний день».

СВЕТ/ТЬМА

Иоанн использует противопоставление света и тьмы. Когда Иисус говорит о том, чтобы «не ходить во тьме», Он имеет в виду **моральную тьму**. Иисус говорит, что, если мы ходим с Ним, нам нечего будет прятать, потому что мы ходим во свете, где все честно и нет секретов. Тьма, однако, это метафора для описания смерти и отсутствия Бога. Иисус говорит: «Я свет миру; кто последует за Мною, тот не будет ходить во тьме, но будет иметь свет жизни».

ИСТИНА/ЛОЖЬ

Мы отметили, что Иоанн подчеркивает три стадии: принимать истину, поступать по истине и держаться истины, чтобы вера была искренней. Но он также противопоставляет истину лжи и включает целый раздел в 8-ой главе, где эта тема доминирует в беседе Иисуса с Его противниками. Слово «истина» и слово «настоящий» являются одним и тем же словом в еврейском и греческом языках. **Если мы живем в истине, мы также живем в реальности**. Иисус говорит: «Если пребудете в слове Моем, то вы истинно Мои ученики, и познаете истину, и истина сделает вас свободными».

СВОБОДА/РАБСТВО

Эта тема была предметом обсуждения между Иисусом и фарисеями, которые утверждали, что никогда никому не были рабами, но они, безусловно, забыли рабство в Египте! Иисус говорил, что всякий, кто грешит, является рабом греха, потому что каждый раз, когда ты грешишь, помогаешь укреплять цепь привычки, которая станет твоей госпожой. Иисус пришел, чтобы освободить их. Поэтому истинная жизнь означала **свободу от духовного рабства**. «Итак, если Сын освободит вас, то истинно свободны будете».

ЛЮБОВЬ/ГНЕВ

Иоанн уверен в своем понимании двух противоположных аспектов Божьей деятельности. Человек находится либо в Божьей любви, либо под Его гневом. Середины не существует. Очень четко представлено то, что вечные последствия одного противоположны другому. Иисус говорит: «Верующий в Сына имеет жизнь вечную; а не верующий в Сына не увидит жизни, но гнев Божий пребывает на нем».

НАСТОЯЩАЯ ЖИЗНЬ

Таким образом, настоящая жизнь – это **личные отношения с Иисусом и Его Отцом**. Это жизнь в свете и истине, в свободе и любви. Молясь Своему Отцу, Иисус говорит: «Сия же есть жизнь вечная, да знают Тебя, единого истинного Бога, и посланного Тобою Иисуса Христа».

4. Дух Святой

Ни одно Евангелие не говорит нам так много о Духе Святом, как Евангелие от Иоанна. По существу, ему отлично подходит место перед Деяниями, несмотря на то, что Деяния имеют очень тесные связи с Евангелием от Луки. Только благодаря Духу Святому мы можем наслаждаться жизнью, которую описывает Иоанн. Поэтому учение о Духе Святом занимает видное место в Евангелии от Иоанна.

- В первой главе Иоанн Креститель свидетельствует о том, что Иисус получил Духа Святого, и что Он будет **крестить** других Духом Святым.

- В 3-й главе Иисус говорит о необходимости **родиться от воды и Духа** прежде, чем мы сможем войти в Царство.

- В 4-й главе Иисус говорит о Духе, как о **живой воде,** и говорит, что мы должны поклоняться Богу **в Духе и истине**.

- В 7-й главе Иисус идет на праздник Кущей в Иерусалим, – праздник, который отмечали в сентябре или октябре в конце сезона засухи. В последний день праздника иудеи установили церемонию, в которой священники наполняли большой кувшин водой из купальни Силоам, несли ее в храм и выливали эту воду на жертвенник, молясь о дождях ранней осенью. По этому поводу Иисус встал и воскликнул: «Кто жаждет, иди ко Мне и пей; кто верует в Меня, у того, как сказано в Писании, из чрева потекут **реки воды живой**». Текст говорит нам, что Иисус говорил о Духе Святом, Которого получат позже те, кто уже уверовал в Него.

- Главы с 14-й по 16-ю много говорят о новом **«Утешителе»**, Который вскоре придет, Духе истины. Греческое имя для Духа Святого – *paraclete* (*para* значит «рядом», *cletus* значит «призванный»), тот, кто стоит рядом с тобой, или тот, кто призван быть рядом. Дух Святой описывается так же, как Тот, Который такой же, как Иисус. Он будет продолжать труд Иисуса после Его ухода, обличая мир о грехе, о правде и о суде, помогая верующим и напоминая им обо всем, что сказал Иисус.

- В главе 20 Иисус готовит Своих последователей ко дню Пятидесятницы, давая им знамение и повеление. Когда Иисус дунул на каждого из них, это было знамением, повелением было: «Примите Духа Святого». В тот момент они ничего не получили, но это было репетицией Пятидесятницы несколькими неделями позже. Тот день, когда, находясь в храме, они услышали шум несущегося ветра – это напомнило им о том, что сделал Иисус. Тогда они повиновались Его повелению и получили Духа Святого, Которого обещал Иисус.

Пересказ вступления Иоанна

Вступительные утверждения Иоанна очень важны для достижения цели в написании Евангелия. Вместе с тем, они настолько глубоки, что даже верующие могут чувствовать себя неуверенно. Это еще одно подтверждение того, что это не самое лучшее Евангелие, которое можно распространять среди неверующих. Дальнейший пересказ – попытка сделать этот отрывок более удобным для использования, переводя слово *Logos* как первопричина.

С самого первого момента своего существования первопричина для нашей Вселенной уже была, и была там от вечности. Цель и средства для нее должны были быть найдены в человеке, в Ком-то, Кто мог смотреть Богу в лицо, потому что Он также был Богом. С начала того, что мы называем «временем», Он работал вместе с Творцом. Все остальное стало существовать в результате этого сотрудничества. Фактически ничего не было создано без Его личного участия. Даже сама жизнь взяла свое начало в Нем, и Его собственная жизнь проливает свет на значение жизни для каждого члена человеческой расы. Его свет продолжает сиять сквозь все мрачные времена человеческой истории, потому что никакая темнота не в силах погасить его.

С течением времени появился человек с поручением от Самого Бога. Его звали Иоанн, и он пришел провозгласить предстоящее появление этого света жизни, чтобы каждый смог поверить в Бога, познакомившись с Этим Человеком. Сам Иоанн не мог никого просветить, но Бог послал его указать на Того, Кто сможет это сделать. В то же время настоящий свет уже вошел в мир и собирался явить себя каждому человеку, сияя среди людей. Он пришел прямо в этот мир, в мир, который Он Сам сотворил, и все же мир не узнал, Кем Он был! Он прибыл в Свое собственное место, но Его собственный народ не принял Его. Тем не менее, некоторые приняли Его, используя Его имя с полным доверием, и эти люди получили Его власть считать себя новой Божьей семьей, частью которой они стали благодаря рождению, не в результате их физического начала (было ли оно результатом внезапного побуждения или взвешенного выбора), но непосредственного действия Бога.

Итак, эта Божественная Личность, Которая была первопричиной всей нашей Вселенной, воплотилась в человека и разбила Свою палатку среди нас. Мы были свидетелями Его ослепительного сияния, которое могло исходить только от собственного Сына Бога, исполненного великодушия и чистоты.

Иоанн был надежным свидетелем и кричал толпам народа: «Вот Человек, о Котором я говорил вам. Я говорил вам, что Тот, Кто следует за мною, превзойдет меня, потому что Он был еще до моего рождения».

И мы также чрезвычайно обогатились тем, что было в Нем в полной мере, получая одно незаслуженное благословение за другим. Все, что мы получили от Моисея, были строгие правила, которые нам нужно было попытаться исполнить; но помощь и честность, в которых мы нуждались, чтобы жить правильно, пришли через Иисуса, настоящего Мессию. Никто прежде не мог видеть Бога, Каким Он есть на самом деле; теперь собственный Божий Сын, Который был ближе к Своему Отцу, чем кто-либо другой, показал нам все, что мы должны были знать о Нем.

Заключение

Евангелие от Иоанна – потрясающая книга, совершенно отличающаяся от остальных трех. Оно отражает уникальные наблюдения человека, который был очень близок к Иисусу, пока Он был на Земле, и считал Своей задачей, чтобы мы не просто знали, что сделал Иисус, но также поняли, Кем Он был. Евангелие также отражает желание Иоанна, чтобы верующие в Иисуса не отвлеклись ложным учением, касающимся либо Его личности, либо достоверности Его заявлений. Он хотел, чтобы верующие были абсолютно уверены, что очевидцы, собственные слова Иисуса и Его потрясающие дела указывали на Того, Кто был истинным Богом, пришедшим во плоти, живым Словом, славой Божьей среди людей. Собранные Иоанном доказательства и примеры обеспечили самое убедительное свидетельство о праве Иисуса требовать от нас постоянного доверия и повиновения.

ТРИНАДЦАТЫЙ АПОСТОЛ

43.	Апостол Павел и его послания	139
44.	1 и 2 послание Фессалоникийцам	153
45.	1 и 2 послание Коринфянам	171
46.	Послание Галатам	191
47.	Послание Римлянам	225
48.	Послание Колоссянам	243
49.	Послание Ефесянам	255
50.	Послание Филиппийцам	267
51.	Послание Филимону	283
52.	1 и 2 послание Тимофею и послание Титу	287

43. АПОСТОЛ ПАВЕЛ и ЕГО ПОСЛАНИЯ

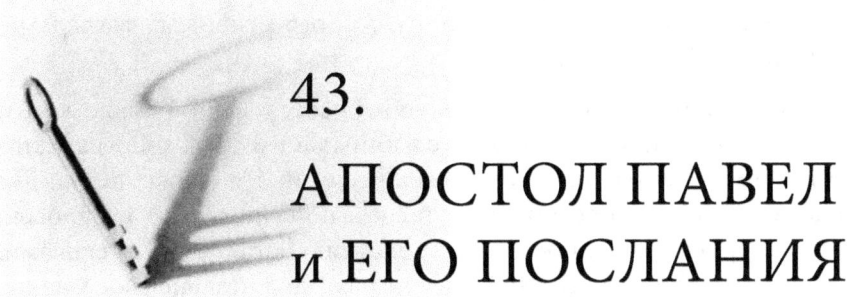

Об апостоле Павле нам известно больше, чем о каком-либо другом апостоле. Треть книг Нового Завета написана им или о нём. К ним относятся вторая половина книги Деяний святых апостолов и 13 писем или посланий, которые он адресовал церквям и отдельным личностям. Кроме Самого Иисуса, апостол Павел больше, чем кто-либо другой, оказывает влияние на церковь на протяжении её двухтысячелетней истории. Лишь несколько людей оказали на историю Европы большее влияние, чем Павел. Если мы хотим понять суть посланий Павла, важно изучить его биографию и каким образом он достиг этих вершин.

Ранние годы апостола Павла

Настоящее имя апостола Павла – Савл, или Саул, в честь первого царя Израиля. Паулус или Павел – это его латинское имя, которое он получил после своего обращения. Мы же будем называть его Павел. Апостол родился в Тарсе – городе, что располагался в северо-восточной части Средиземноморья, на побережье юго-восточной части современной Турции. После Афин и Александрии университет в Тарсе был третьим по своей известности в Средиземноморье.

На воспитание и становление Павла повлияло три вещи. Первая: его родители были евреями и с первых дней жизни воспитывали его в духе требований Торы. Павел происходил из колена Вениаминова, известного тем, что из него вышел первый царь Израиля – Саул, и которое было почти истреблено во время ужасных событий, описанных в книге Судей. Похоже, что семья переехала в Галилею в то время, когда Павел был ещё ребёнком, позже родители отдали его на обучение в Иерусалим к раввину с прогрессивными взглядами, знаменитому Гамалиилу.

Об этом иудейском учителе упоминается в 5-ой главе книги Деяний святых апостолов в связи с набирающим силы христианским движением в Иерусалиме. Он сказал, что если это движение инициировано людьми, то вскоре оно угаснет, но если оно от Бога, было бы глупо синедриону противиться действию Бога. Другими словами, он твёрдо стоял на своём. Но Павел не разделял независимое мнение своего преподавателя, веря, что от христиан исходила величайшая угроза иудаизму. Он был полон решимости сражаться за иудейскую веру, и, если возможно, стереть в порошок эту новоявленную секту.

Проповедь Стефана перед синедрионом (см. Деяния святых апостолов гл. 7) закончилась для проповедника смертью через избиение камнями за «богохульные» взгляды, и Павел одобрил такую экзекуцию. Он даже сторожил плащ человека, который забрасывал несчастного Стефана, ставшего первым мучеником и умершего за веру в Иисуса.

Смерть Стефана произвела на Павла неизгладимое впечатление, так как в 7-й главе книги Деяний святых апостолов мы находим повествование о том, что лицо мученика сияло славой, и он провозгласил, что видит Иисуса по правую руку Бога. Однако тогда мученическая смерть еще больше укрепила Павла в намерении быть первым антихристианским миссионером; Павел даже готов был оставить свою страну и преследовать христиан по всему миру.

Вторым, что повлияло на жизнь Павла, оказалось изучение греческого языка. Проживая в Тарсе, он разговаривал на греческом, на языке международного делового общения в древнем мире, подобно суахили – языке на восточном побережье Африки. В связи с этим Павел, откликнувшись на зов стать миссионером, мог проповедовать везде, поскольку был уверен, что его поймут.

Третьим существенным фактором оказалось Римское право. Его отец был гражданином Римской империи, и Павел получил это гражданство по наследству, а с ним и привилегии, которыми он иногда пользовался во время своей миссионерской деятельности. Однажды наличие такого гражданства помогло избежать досудебных телесных наказаний, и когда его обвинили в нарушении иудейских законов поведения в храме, Павел, как все граждане Римской империи, имел право и воспользовался им, требуя суда кесаря. Когда его казнили, он не был распят, подобно Петру; он был обезглавлен – это быстрый способ казни для граждан империи. Наличие римского гражданства не избавило апостола от страданий. Отнюдь, оно являлось важным фактором в некоторых моментах его служения. Такое удивительное сочетание факторов: иудейство, греческий язык, римское гражданство – обеспечили апостолу идеальные условия для служения миссионером, и он понёс языческому миру Благую весть о Христе. Это подтверждает истину, что Бог зачастую готовит людей для служения задолго до того, как они уверуют в Иисуса.

Обращение в веру апостола Павла

Интересно отметить, что обращение Павла произошло недалеко от маленького города Кунейтра на Голанских высотах, в нескольких километрах от Дамаска. Этот человек весьма гордился своим иудейским происхождением, сражался за чистоту иудейской веры. Но однажды во время путешествия за пределы Израиля он встретил Воскресшего Иисуса из Назарета, Который сказал, что пошлёт его к язычникам. Между прочим, это случилось под горой, на которой произошло преображение Иисуса перед Петром, Иаковом и Иоанном. Однако в этот раз сияние исходило от Иисуса намного ярче, потому что Он уже взошёл на небеса и открыл ту славу, которой обладал.

Само обращение было волнующим. Павел начал осознавать, что Иисус – это настоящий Мессия, и что покаяние и вера – единственный ответ, который от него ожидается. Этот процесс нового рождения затянулся на три дня и не был завершён, пока местный верующий Анания не совершил над ним молитву. Анания прекрасно был осведомлён о дурной славе Павла как гонителя и истязателя христиан, но он послушался Божьего повеления и пошёл к Павлу. Когда Анания завершил молитву, Павел исполнился Святого Духа и был крещён. В своей книге «Нормальное рождение христианина» я объясняю, почему верю, что четыре элемента: покаяние, вера, крещение и принятие Святого Духа являются неотъемлемой частью «рождения свыше» или духовного возрождения для Божьего Царства. Они как раз присутствовали здесь, на «старте», или в самом начале христианской веры Павла.

После его обращения

Следует отметить, что Павел не сразу начал свою миссионерскую деятельность. Он начал проповедовать там, где находился, однако вскоре почувствовал враждебность к себе со стороны евреев. Пришлось спасаться бегством и, чтобы сохранить жизнь, апостола посадили в корзину и спустили из окна по городской стене.

По крайней мере, прошло тринадцать лет, прежде чем Павел начал исполнять то, к чему после обращения его призвал Бог. Он уехал в Аравию и провёл три года наедине с Богом, обдумывая свои богословские взгляды в свете встречи с Иисусом. Он был последним человеком, которого уполномочил Воскресший Господь, и последним тринадцатым апостолом. Некоторые спорят, что Павел должен считаться двенадцатым апостолом, вместо Иуды Искариота, но Павел всегда признавал двенадцать апостолов и никогда не причислял себя к их числу. Тем не менее, он позволял себе утверждать, что так же являлся своего рода апостолом, и его особенный призыв давал Павлу право написать столько писем, которые вошли в Новый Завет.

Мы можем лишь догадываться, каким образом он пришёл к таким глубокомысленным богословским взглядам за три года, проведённые на Аравийском полуострове. Но вполне ясно, что осмысление факта, что именно Иисус был обещанным иудеям Мессией, оказало колоссальное влияние на его понимание Ветхого Завета. Иисус также задавал Павлу вопрос «Почему ты гонишь Меня?» ещё тогда, когда тот преследовал христиан, а не Самого Иисуса. По этой причине он понял, что действия, совершаемые по отношению к христианам, приравниваются к поступкам, совершаемым по отношению ко Христу. Такое понимание, без сомнения, послужило основанием для восприятия Церкви как тела Христа на Земле.

Прибытие Павла в Иерусалим для встречи с апостолами заставило последних ужаснуться – они знали, что он делал с арестованными членами семей, которых посещал. Однако Варнава был готов пойти на риск и подружиться с Павлом, проверив его «на вшивость» до того, как представить перед церковью в Иерусалиме. Иудеи в Иерусалиме считали Павла предателем: он был одним из лучших ученых раввинов, а теперь присоединился к группке ненавистных христиан. Поэтому его отослали назад в Тарс на десять лет. На эти страницы его жизни часто смотрят сквозь пальцы. Когда мы думаем о Павле, то представляем, что его миссионерские поездки начались непосредственно после его обращения. Однако в действительности он провёл три года в Аравии, обдумывая, произошедшее с ним, и десять лет дома, в ожидании подтверждения своего призвания. Только когда Варнава пригласил его помочь церкви в Антиохии и община признала его миссионерский дар, Павел приступил к исполнению своего служения. Это можно сравнить с восемнадцатилетней работой Иисуса в качестве плотника.

Начало миссионерского служения Павла

Городу Антиохии, что в Сирии, уделяется особое внимание в Новом Завете. Возможно, именно этот город имел в виду Иисус, когда рассказывал о путешествии блудного сына в «дальнюю страну». Антиохия была для иудеев «дальней страной» (что-то вроде Монте-Карло в эпоху Древнего мира), но несмотря на дурную славу, именно в этом городе организовалась первая церковная община из язычников. Именно жители Антиохии стали впервые называть верующих той церкви «христианами».

Подтверждение призвания Павла к миссионерскому служению пришло во время молитвенного собрания в Антиохии (см. Деяния святых апостолов гл.13). Прозвучало пророчество, в котором говорилось, что пришло время для Павла и Варнавы оставить церковную общину и начать тот труд, на который их призвал Бог. Таким образом Павел услышал из уст Иисуса призыв к служению в момент своего обращения, и этот же призыв был подтверждён через пророчество в церкви. Ныне такая модель поведения не практикуется. Слишком много людей верит, что услышали призыв от Господа, но не ждут его подтверждения со стороны церковной общины.

Варнава и Павел уже участвовали в задании, которое сегодня мы можем считать ниже призвания миссионеров. Был сильный голод в Иудее, и церковь в Антиохии собрала деньги и попросила Павла и Варнаву передать их по назначению. И это был не единственный случай, когда Павел участвовал в сборе денег.

Карта на следующей странице показывает, как сначала Иерусалим, а затем Антиохия стали базами для миссионерской деятельности. Теперь Антиохия превратилась в эпицентр, активность которого докатилась до самого Рима. Первым амбициозным планом Павла было стремление провозгласить христианство по всей северо-восточной части Средиземноморья, до самой столицы империи. Таким образом, они отправились сначала на Кипр, а затем вернулись

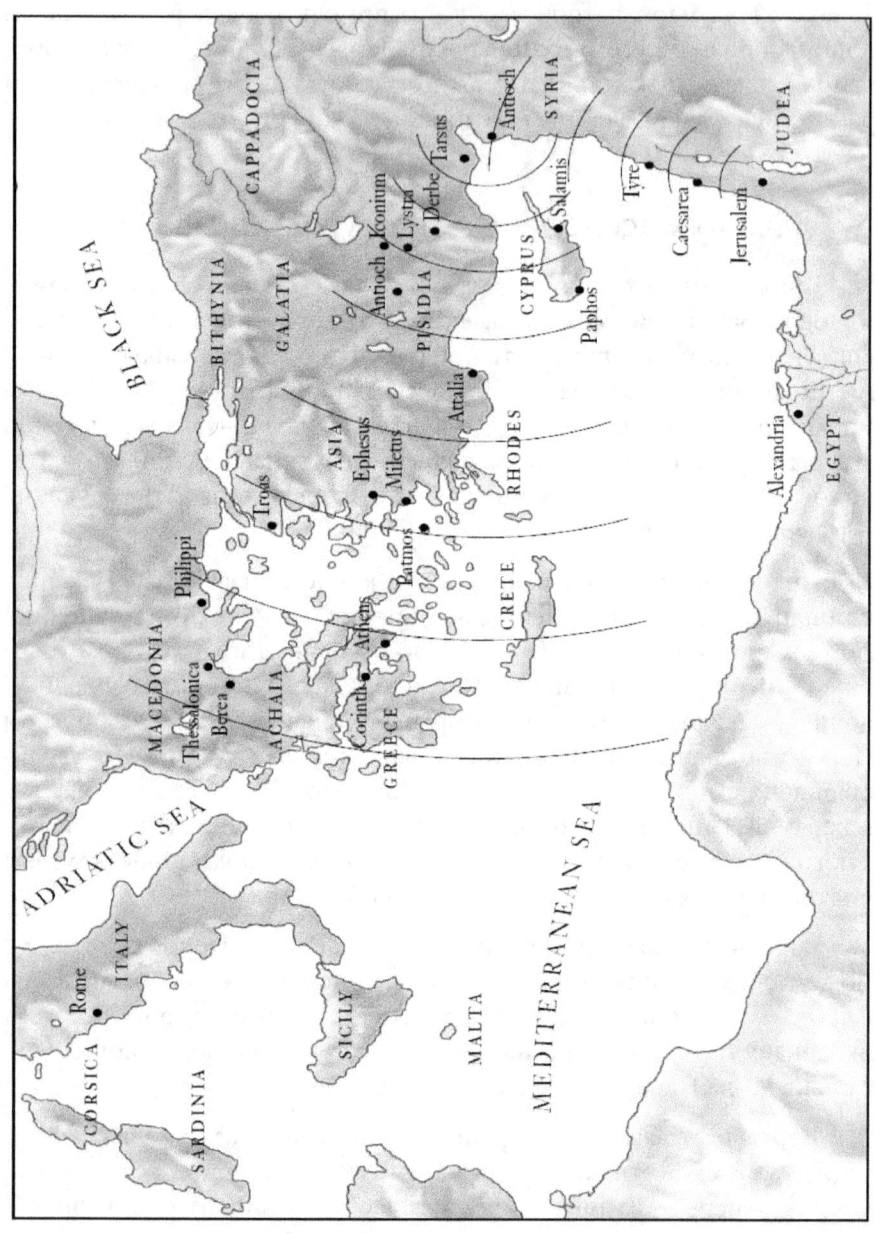

на материк. Они основали церкви в Антиохии, Листре и Дервии, и после вернулись «на базу» отчитаться перед общиной в Антиохии. Названия мест сегодня нам хорошо известны, поскольку большинство посланий Павла были написаны церквям, расположенным на побережье Эгейского моря. В своём третьем и последнем путешествии он оставил Крит, попал в кораблекрушение на Мальте и в итоге прибыл в Рим в качестве заключённого.

Миссионерская стратегия Павла

Стратегия Павла – в каждом ключевом городе основать общину, живущую по законам Божьего Царства, и как можно скорее идти далее в другую местность. Иногда он оставался в селении не более трех недель, в других случаях – дольше. Например, в Коринфе провёл восемнадцать месяцев. Порой ему нужно было уходить, в другом случае принимал решение покинуть город, но при любых обстоятельствах за его спиной оставалась церковная община, которая проповедовала Благую Весть всей округе. Павел не старался заглянуть в каждый город, каждое селение, а предпочитал сосредоточиться на ключевых центрах в каждой провинции. Как у истинного апостола (слово «апостол» означает «посланник»), его жизнь была всецело мобильна, он постоянно исследовал нетронутые Словом Божьим территории, прокладывал «первые борозды» под пашню.

Однако такая стратегия доставалась дорогой ценой – Павел постоянно сталкивался со смертельной опасностью: трижды попадал в кораблекрушение, был близок к смерти, однажды до полусмерти побит камнями, голодал и был изможден. Более того, как он сам пишет в своих письмах, его самым большим бременем была забота о церквях.

Итак, его стратегия – это постоянные переезды, но это не означало, что Павел забывал о новообразованных общинах, которые возникли благодаря его служению и заботе. Его последующее попечение о них гарантировало рост церквей количественно и качественно. Прослеживается два способа, которыми он заботился о новообращённых верующих: первый – посетить церковь, и второй – написать им письмо.

Когда Павел повторно приезжал в церковь, он часто назначал старейшин для выполнения церковного руководства. Однако одного посещения обычно оказывалось недостаточно, поскольку времени для личного участия во всех возникших проблемах было в обрез, а желание охватить проповедью Евангелия северное побережье Средиземноморья до самой Испании не покидало его.

Поэтому письма Павла носили характер наставления в вере, а проповедническая деятельность от этого не страдала. Его труды не были богословскими трактатами, написанными исследователем в тиши библиотек, скорее, они отражали заботу апостола, жаждущего видеть в своих новообращённых укрепление веры.

В конечном счёте, он прибыл в Рим, но не так, как хотелось, а под арестом в качестве узника, что дало возможность проповедовать Благую Весть охранявшим его римским солдатам. Павел был подсудным за тот образ жизни, который вёл, и его друг, врач Лука, написал в его защиту своеобразное письмо судье (или адвокату) Феофилу, – как мы знаем, это Евангелие от Луки и книга Деяний святых апостолов. Павел получил оправдательный приговор и был освобождён. Сохранились неоспоримые доказательства, что он продолжил свою миссионерскую деятельность (возможно, путешествовал до самой Испании). Проповедник повторно посетил Крит и Некаполис и проповедовал в нескольких других местах, где раньше ему не доводилось бывать. Затем, когда его предал кузнец Александр, Павел был повторно арестован во время правления Нерона. Это произошло так быстро, что он не успел даже захватить с собой ни свои тетради с записями, ни плащ.

Каким человеком был Павел?

У нас имеется лишь одно возможное описание внешнего вида Павла, которое не очень впечатляет. Он был низкого роста (Павел означает «маленький»), кривоногий, с орлиным носом и немного лысый. Его брови сходились на переносице, необычный взгляд и загрубевшие от труда руки. Представьте себе церковный совет, решающий избрать Павла своим пастором! Какую реакцию можно было ожидать после такого описания кандидата? К тому же добавьте к описанию внешности тот факт, что данный кандидат долго не задерживается на одном месте, часто расстраивает людей, имеет приводы в полицию, знаком с тюремными порядками.

Вдобавок к этому букету, он ещё и весьма категоричный проповедник. Кроме этого, не женат, подрабатывает шитьём палаток, вносит разделение в общины и говорит иными языками. Однако Бог почему-то избирает людей, которые, на наш взгляд, не должны быть в этом списке!

У Павла было много положительных качеств. Это и посвящение, и энтузиазм, и целеустремлённость, и неимоверная сосредоточенность. Павел был убеждён, что его статус холостяка давал ему возможность сосредоточиться исключительно на одном деле – своём призвании. Опасности он встречал с великой отвагой, и врагам противопоставлял адекватный гнев. Некоторые из его писем-посланий воистину накалены докрасна, как печь. Он мог быть груб, свиреп и одновременно проявлять колоссальную заботу, чуткость и сострадание.

Ключевые темы Павла

Хотелось бы отметить, что секрет успеха Павла заключается не в его человеческих способностях, хотя они восхитительны, а в трёх фундаментальных темах, которые насквозь пропитывают его письма.

Во Христе

Вне всяких сомнений, этот человек жил абсолютно ради Христа. В своём письме филиппийцам он пишет: «Моя жизнь – Христос». С того момента, когда по дороге в Дамаск Павел встретил Христа, он всецело был поглощён Иисусом. По этой причине для него «смерть – приобретение». Павел пишет: «Желаю оставить мир и быть со Христом, потому что это – несравненно лучше».

Себя Павел называет «раб Христов». В древнем мире раб находился в презрении, был чьей-то собственностью, у него не было ни личного времени, ни денег. Тем не менее, во Втором послании Коринфянам Павел также называет себя послом Христа – вот такой «имидж» создает гораздо более весомое впечатление. Однако Павел гордился тем, что одновременно был и послом, и рабом Христа.

Фраза «во Христе» противопоставляется манере, с какой сегодня многие христиане говорят о своих взаимоотношениях с Иисусом. Павел крайне редко употребляет фразу, которую ныне использует большинство современных верующих: «Христос во мне». Когда мы говорим: «Христос во мне», то ставим себя в очень опасное положение: уменьшаем Иисуса до маленького «христосика» внутри нашего сердца, однако меньший находится в большем. Павел бы сказал: «Святой Дух во мне», а когда он говорит о Христе, то пишет: «Я во Христе». Во Христе мы благословлены всяким благословением, в Нём всё принадлежит нам. Итак, где бы Павел ни находился в Римской империи, его истинным посланием было «во Христе».

Ради Евангелия

Павел жил ради Евангелия, он сделал бы всё для распространения Благой Вести. Поэтому, находясь в тюрьме, он обнаружил, что Евангелие являлось тем, в чём можно находить утешение. И когда Павел был прикован цепью к римскому солдату на восемь часов его вахты, он радовался, что в течение суток у него было три компаньона! В послании Филиппийцам он утверждает, что видел, как некоторые из его охранников стали верующими. Услышав, что некоторые люди проповедуют о Христе из побуждений соперничества или зависти, он сказал, что радуется распространению проповеди о Христе, независимо от мотивов тех проповедников. Он готов был пойти на край света с целью рассказать о том, что Бог сделал во Христе.

Существует два слова, которые квалифицируют его евангельское послание. Первое – эсхатологическое Евангелие, так сказать, хорошие новости о конце света. Слово «эсхатология» происходит от греческого слова «эсхатон», что означает «последние положения дел». Павел верил, что будущее овладело настоящим. Если мы забываем о составном компоненте Евангелия, которое устремлено в будущее, мы забываем само Евангелие. Евангелие – это не просто хорошие новости о жизни здесь и сейчас, это благая новость о новом грядущем мире, о новых телах, которые мы получим, увидев Христа.

Второе – это этическое Евангелие. Павла не интересовало «спасение душ», образ жизни которых оставался прежним. Евангелие подразумевает этический подтекст для жизни в целом, и он заботился воплотить его в жизни новообращенных.

По благодати

Павла всегда изумлял тот факт, что Иисус нашел его, когда он шёл хватать христиан и бросать их в тюрьмы. Он не мог свыкнуться с мыслью, что его спасение было абсолютно незаслуженным, и если бы Иисус воздал ему по заслугам, то он точно закончил бы свою жизнь в аду. Таким образом, слово «благодать», означающее получить то, чего не заслуживаешь, выражает чувства Павла. В послании Римлянам он пишет: «Христос умер за нас, когда мы были ещё грешниками». Такая благодать вызывает у Павла признательность, и эта признательность мотивирует апостола совершать подвиг веры.

Письма Павла

Павел является самым иззветным в истории автором писем; следует отметить, что написание посланий было весьма редким явлением среди евреев. Иудеи в древнем мире редко писали письма, поскольку жили в маленькой стране, легче было навестить родственников и друзей.

К тому же написание писем было дорогим удовольствием и использовалось лишь в случае крайней необходимости. В Римской империи письма писали довольно часто, но обычно это были официальные лица или богатые люди, которые в состоянии были оплатить доставку письма адресату. При отсутствии почтовой службы должны быть весьма веские причины для написания письма, такие как кризис или серьёзные проблемы.

В древности письма были краткими, не более 20 слов, обычно их писали на листе папируса. Для большего текста требовалось уже несколько скреплённых вместе листов. Послания Павла – самые длинные письма, дошедшие до нас с тех времён. Их средний объём – около 1300 слов, а послание Римлянам составляет 7114 слов, возможно, это было самое большое письмо, написанное в тот период!

В каждом послании Павел следовал одному образцу: вначале указывалось его имя, так что получатель, раскручивая свиток, мог сразу узнать отправителя; затем Павел указывал адрес, чтобы курьер мог знать, где искать адресата, затем следовало приветствие читателей. Таким был типичный вид большинства писем в те далёкие времена, Павел применял его с целью ободрить церковную общину или отдельных людей, которым адресовалось послание. (В семи письмах церквам в Азии в книге Откровение, кстати, используется такой же образец написания: так вознесшийся на небеса Иисус обращается к церкви, прежде чем провозгласить критику в ее адрес).

Дальше в письме озвучивалась тема, которую Павел намеревался обсудить. В конце каждого письма следовало краткое подведение итогов: повторялся каждый обсуждаемый в данном письме основной пункт. И в самом конце следовали приветствия и подпись.

В древности большинство людей писали свои письма с помощью писаря, и Павел тоже не был исключением. Сила, его компаньон в миссионерских путешествиях, был одним из тех, кому Павел диктовал свои послания. Таким образом, Павел не писал свои письма за письменным столом с гусиным пером и чернильницей; скорее всего, он диктовал текст, расхаживая по комнате или сидя прикованным к римскому солдату. Письма имели стиль разговора и, как и Евангелия, перед записью сначала проговаривались. Павел из вежливости в конце письма добавлял свою подпись ещё и потому, что некоторые из циркулируемых по общинам писем ложно подписывались его именем. По этой причине в конце Второго послания Фессалоникийцам Павел осторожно подтверждает своё авторство. Вполне возможно, что само написание письма для Павла было физически трудным. В конце послания Галатам он объясняет, что большие буквы в его подписи – из-за плохого зрения.

Три вида письма

У Павла мы встречаем три разновидности писем. Одна из них – это четыре личных письма отдельным людям. Он написал письмо Филимону, дважды – Тимофею и Титу. Вторая разновидность – восемь писем к церквям, они были конкретно посвящены решению определённых вопросов.

Ещё существует послание Ефесянам – это единственное письмо Павла *общего* назначения. Оно не имеет конкретной связи с каким-либо человеком либо церковью, и не было написано в связи со специфической нуждой или кризисом, связанным с получателем. Некоторые люди ошибочно думают, что послание Римлянам – тоже письмо общего характера, но тщательное изучение показывает, что ситуация в римской церкви побудила Павла взяться за перо. Уроки послания Ефесянам сравнительно легко применить в жизни; в этом смысле личные послания Павла или же письма «по поводу» бросают более серьезный вызов. Это как случайно подслушать телефонный разговор: слышится лишь одна сторона, и нужно сложить этот «пазл» в единое целое, чтобы точно понять собеседников. К примеру, один говорит: «Привет... Уже появился? Поздравляю!... И сколько весит?... А какого цвета?.. Не позволяй своей жене прикасаться!... Ты увидишь, что захочется пить.. Для гусеницы, передвигается достаточно быстро... Конечно, ты, не так ли?... Наверное, и себе нужно заиметь... Ну, пока!» Думаю, немногие поняли, что разговор шёл о доставке нового трактора.

Иногда нам необходимо работать как детективам, чтобы понять человека «на том конце телефонной линии». Например, Павел написал два письма, адресованных христианам в Фессалониках. Первое письмо излучает тепло, а от второго веет холодом. Должно быть, что-то изменило его тон, и поэтому нам следует читать два письма весьма осторожно, чтобы понять суть происходящего.

Вдобавок ко всему у нас имеется лишь одна сторона переписки, к тому же между нами лежит огромная пропасть в культуре – 2000 километров и 2000 лет со времени написания этих писем. Нам следует отыскать принципы, лежащие в основе практических советов, и применить их к своей жизни. Например, наставление Павла коринфян о покрытии головы женщинами значит ли то, что сегодня женщины должны ходить на церковную службу в косынках?

Благодарность Богу, что новозаветные церковные общины не были идеальными! Это может придать нам силы и вдохновить, когда мы узнаем, что эти церкви также испытывали проблемы. Следует заметить, что если бы не было проблем, не увидели бы свет послания-поучения, вышедшие из-под пера апостола Павла. Например, лишь благодаря христианской общине в Коринфе, её харизматическому и плотскому образу поведения, мы можем наслаждаться таким глубоким объяснением смысла любви, записанного в 13 главе Первого послания Коринфянам. Лишь по причине того, что некоторые из людей из церкви в Коринфе упивались вином во время поклонения Богу, мы получили наставление о порядке проведения Вечери Господней, то есть Евхаристии. По причине того, что Павел старался решить в письме множество накопленных проблем, у нас появилась возможность лучше понять, что на самом деле означает следовать за Христом.

Письма вместо лекций!

Хотелось бы отметить, что ни в одной другой религии не используются письма для сообщения Божьего откровения. Не только потому, что в Древнем мире письма являлись нераспространённым способом общения, было неслыханно, чтобы через переписку говорил Бог. Также Павел знал, что свои письма он писал, как апостол, и понятия не имел, что они будут считаться частью Священного Писания. Но очень скоро их начали активно распространять среди церквей по всей Римской империи. В итоге их собрали воедино и рассортировали скорее по размеру, чем по характеру пророческих книг в конце

Ветхого Завета. Девять писем церквям стоят перед четырьмя, которые адресованы отдельным людям. Даже до того, как был сформирован канон Нового Завета или реестр новозаветных книг, апостол Пётр уже называл послания Павла «Писаниями». Павел считался специальным апостолом, и его письма быстро получили признание как часть Божьего откровения.

Характер писем означает, что они не являются систематическими положениями о вере или поведении. Они включают только то, что уместно в конкретной ситуации. Например, в послании Колоссянам не упоминается термин «оправдание», хотя это характерный элемент во многих других посланиях апостола.

Мы можем назвать две причины, почему Бог избрал письма как средство передачи Своей воли. Во-первых, Божье Слово становится личным. Письма адресованы обычным людям. Они содержат персональную информацию и личные эмоции, которые мы ожидаем увидеть при таком способе общения. Итак, хотя между нами и ними лежит огромная культурная пропасть, человеколюбие, которое мы видим в письмах, делает их близкими и понятными.

Во-вторых, письма показывают практичность Божьего Слова. Они относятся к реальной жизни, реальным проблемам, к супружеству, рабству, детям в доме, ежедневной работе. Бог хотел, чтобы Его слово наполняло практическую и личную жизнь, а не было предметом философского или эзотерического размышления. Бог избрал путь общения с нами в виде переписки, а не лекции!

Заключение

Этот обзор написан с целью пополнить знания о биографии апостола Павла и его посланиях, однако прочтение этого обзора не может заменить прочтение самих посланий Павла. Рекомендую читать каждое послание в один присест. Когда мы читаем письмо от друга, то не разделяем его на отдельные части, а читаем полностью, с начала до конца, чтобы разобраться с позицией и намерением его автора. Подобно этому, читая письма Павла, старайтесь охватить его полностью, если хотите понять детали. В последующих главах вы встретите обзоры каждого письма, которые составлены вам для помощи.

44. 1 и 2 ПОСЛАНИЕ ФЕССАЛОНИ-КИЙЦАМ

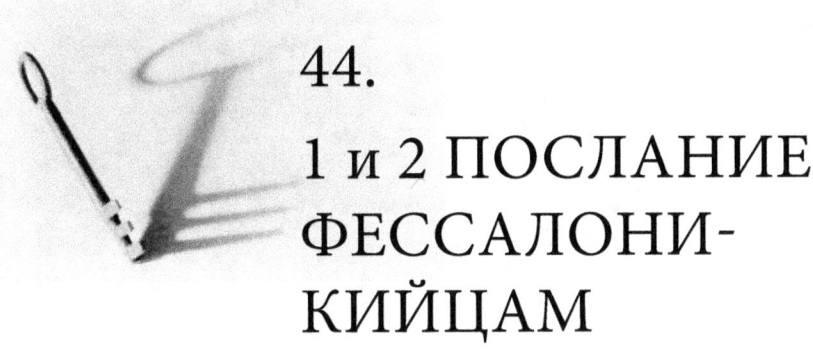

Введение

Два письма апостола Павла к верующим в Фессалониках были написаны в промежутке нескольких месяцев, и понимать их намного легче, чем другие писания Павла. Письма посылали Павел, Силуан и Тимофей – команда проповедников, которая посетила Фессалоники, хотя автором, несомненно, является Павел. Несмотря на то, что они адресованы одним и тем же людям при одних и тех же обстоятельствах и в небольшом промежутке времени, тем не менее, два письма абсолютно разнятся по духу, насыщенности и тону. В них – попытка разобраться в одном и том же, но абсолютно разными способами. Первое письмо весьма личное и переполнено теплотой, в нём отражена забота Павла о церкви в Фессалониках, зато от второго письма веет холодом, резкостью и отстранённостью.

Понять письма нам поможет изучение культурно-исторического фона каждого письма: когда оно было написано, местонахождение адресатов.

Карта на следующей странице показывает расположение города Фессалоники вверху Эгейского моря. Тогда это был главный порт, но залив ныне занесён илом, и город теперь не так близко к морю.

Фессалоники были ключевым городом в регионе, находящимся на тропе Игнатия, основной римской дороге, ведущей из Рима в Азию. Этот порт был своего рода узловой станцией торгового пути, соединяющего север и юг. В этом городе чеканилось монет

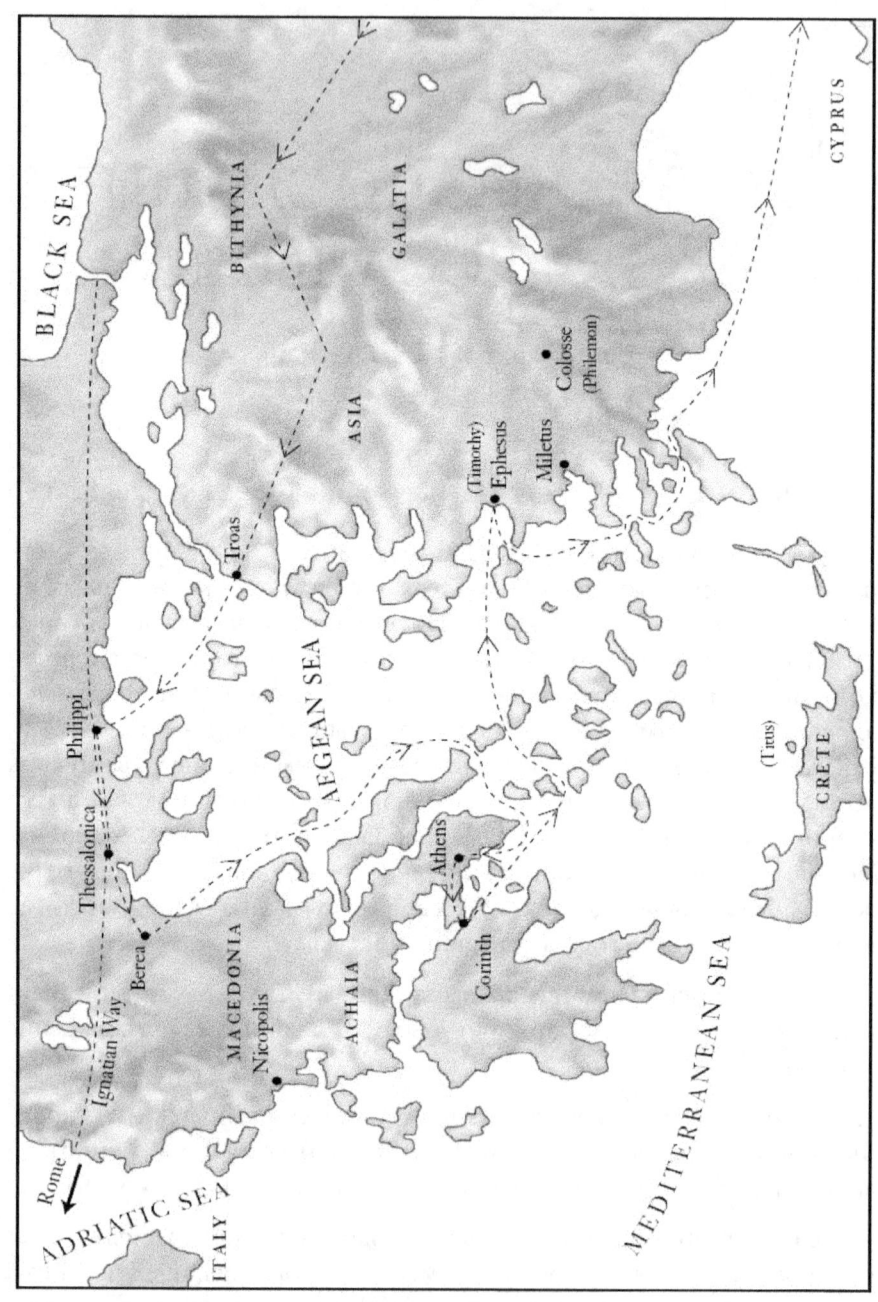

больше, чем в любом другом городе на Эгейском море, поэтому он был важным финансовым центром и, благодаря расположению, идеальным местом для бизнеса. Несомненно, Павел видел стратегическую важность этого города для распространения Евангелия.

В городе было большое смешанное население, включая торговцев-евреев. Археологические исследования пролили свет на город Фессалоники во времена апостола Павла. Раскопки обнаружили место для дискуссий римлян, спортивный ипподром, эллинистический рынок и самаритянскую синагогу. Более того, недавние открытия подтверждают описание Лукой местных лидеров, как «политархов», что-то наподобие нынешних мэров и губернаторов. Ранее полагали, что Лука ошибался, так как титул не был известен в других городах, но археологи откопали вокруг Фессалоник того периода 41 артефакт с надписью самого титула.

Павел в Фессалониках и Верии

Павел прибывает в Фессалоники во время своей второй миссионерской поездки, приблизительно 49 год н.э. Он пытается охватить проповедью о Христе сначала Азию и затем Вифинию, но каждый раз чувствует, что Святой Дух удерживает его от посещения этих мест. Когда они находились в Трое, Павел видит видение о человеке, который манит его посетить Македонию и помочь находящимся там людям. Они пересекают Эгейское море и приплывают в порт Неаполя. Павел проповедует в Филиппах, но его изгоняют из города, в итоге он прибывает в Фессалоники.

По обыкновению, Павел начинает проведывать евреям в синагоге. Хотя он и был апостолом для язычников, но на него была возложена особая ответственность и за евреев. Он верил, что после того, как иудеи уверуют во Христа, они создадут церковную общину, которая будет для соседей-язычников «лучом света в тёмном царстве».

Однако самая плодотворная группа в синагоге оказалась не из иудеев, а из сочувствующих, так сказать, «чтущих Бога» людей. Они не стали иудеями и не были обрезаны, а просто интересовались иудаизмом, так как были уверены, что Бог евреев – это истинный Бог.

Но такая политика посещения синагоги привела к острому несогласию в Фессалониках. И некоторые из иудеев постарались, чтобы работа Павла стала невозможной. Особенно их разозлило заявление Павла о богобоязненных, что те могут принадлежать Богу, и им нет необходимости становиться иудеями. Эти евреи произвели в Фессалониках мятеж, и Павел после проведённых там трёх недель, не теряя бодрости духа, добровольно убыл в Верию. По этой причине он провёл в Фессалониках очень ограниченный период времени, но оставил после себя сплочённую церковную общину, среди членов которой были женщины из высшего общества.

Павел в Афинах и Коринфе

В Верии апостол снова вынужден был покинуть пределы города и путешествовать на юг в Афины, оставив там Силу и Тимофея, чтобы они могли продолжить там служение. В Афинах оппозиция подкралась к учению Павла с другой стороны. Греческая философия учила, что дух человека победоносно высвобождается из тела в момент смерти, по этой причине верования Павла о воскресении мёртвых были встречены смехом. Нашлось, конечно, несколько новообращённых, но их было недостаточно для создания церкви.

Из Афин Павел отправился в Коринф. Очевидно, что на данном этапе он был сильно обескуражен, деморализован.

Его изгнали из Филипп, затем – из Фессалоник, и после – из Верии. В Афинах он был высмеян, ко всему остальному покаявшихся было совсем немного. Прибыв в Коринф, его охватило отчаяние. Читая его первое письмо коринфской церкви, мы видим, что он «был в немощи и в страхе и великом трепете». Казалось, он утратил контроль над самим собой. Мы привыкли думать о Павле, как о самом успешном во все времена миссионере, но при этом забываем, что очень немногие способны перенести такие жизненные испытания, как он.

Представьте, что Павел должен был чувствовать, когда Тимофей и Силуан догнали его в Коринфе и сообщили, что церковь в Фессалониках довольно таки успешно развивается. Эта новость окрылила его. Ему нельзя было бросить свою деятельность в Коринфе, поэтому он пишет письмо фессалоникийцам.

Кроме того, Тимофей и Силуан принесли немного денег из Филипп. Павел прибыл в Коринф без копейки в кармане и вынужден был вернуться к старому ремеслу по изготовлению палаток. Он также познакомился с еврейской парой, Акилой и Прискиллой, которая недавно бежала из Рима и занималась этим же ремеслом. Павел был воодушевлён, диктуя своё послание верующим в Фессалониках.

Их восприимчивость (1-е послание Фессалоникийцам 1)

Приподнятое настроение Павла отражено во вступительной главе Первого послания Фессалоникийцам, в которой он сообщает о той радости, которая овладела им, когда услышал о твёрдой вере членов общины. Много раз он использует слово «принимать». Павел пришёл в восторг из-за того, что они не просто услышали слово Бога, но также приняли его. Давайте же проанализируем содержание Первого послания Фессалоникийцам, взглянув на четыре группы из трёх слов.

Слово, дело, знамение

Павел говорит, что принёс им Евангелие тремя способами: словом, делами и знамениями. Многие христиане, похоже, думают, что если ты делишься с людьми словами Евангелия, ты делишься с ними самим Евангелием. Но люди, слышавшие эти слова, еще не получили никаких подтверждений истинности слов. Им необходимо увидеть, а не только услышать. Слово, дело и знамение – два способа передачи Евангелия для глаз, и только один – для ушей. Если такой баланс коммуникации выдерживался во времена апостола и был эффективным, то почему в век визуализации это будет безуспешным?!

Павел не предполагал, что люди сидели и ожидали, когда им кто-то расскажет о Евангелии, но он предполагал, что они ожидали увидеть его в действии. Поступки были человеческим доказательством, что слова истинны. Слишком часто мы сосредоточиваемся исключительно на словесном провозглашении Благой Вести. Проповедь Божьего Слова жизненно необходима, но следует не забывать, что проповедь должна подтверждаться образом жизни с нашей стороны, и знамениями и чудесами – с Божьей.

Когда Иисус посылал Своих последователей по двое, Он говорил им (перефразирую): «На самом деле все просто! Всё, что необходимо сделать, – идти в селение, воскрешать мёртвых, исцелять больных, изгонять демонов, и затем рассказывать о том, что приблизилось к ним Царство. Другими словами, показать Евангелие, прежде чем вы начнете о нём говорить».

Вера, надежда и любовь

Следующая тройка слов часто использовалась Павлом. Самое известное его применение находится в конце 13-ой главы 1-го послания Коринфянам, но встречается также в 1-ом послании Фессалоникийцам. Очевидно, фессалоникийцы были более сильны в вере и любви, чем в надежде. Вера показала им, что Бог совершил в прошлом, любовь – что Он делает в настоящем, но у верующих Фессалоник было слабое представление о том, что именно Бог приготовил для них в будущем.

Следует отметить, что вера, надежда и любовь не подразумеваются как обычные явления. Они подразумеваются как такие, которые направлены на конкретные поступки: вера действует, любовь превозмогает, и надежда старается понять.

Бог, Иисус и Дух

Павел говорит, что опыт переживания Бога фессалоникийцами был полностью тринитарный, то есть они открыли для себя Отца, Сына и Духа, а не сосредоточились на одном члене Троицы, исключая два других. Они покаялись перед Отцом, уверовали в Иисуса и приняли Духа.

Отвернуться, служить и ожидать

Финальная тройка даёт нам апостольское определение хорошего христианина. Он применяет три глагола для описания их веры: они отвернулись от идолов для служения живому Богу и ожидания с небес Его Сына. Христианский образ жизни включает покаяние за прошлое, служение в настоящем и ожидание возвращения Христа в будущем.

Его безупречность
(1-е послание Фессалоникийцам, главы 2-3)

Первая проблема, которой необходимо уделить внимание, озвучивается во 2-й главе 1-го послания Фессалоникийцам. Павел, куда бы ни шел, всюду сталкивался с противодействием: человеческим (в основном, со стороны евреев по происхождению) и сатанинским, которое стояло за человеческим фактором. Оба возникали по причине зависти, ибо и иудеи, и сатана беспокоились о потере своих последователей. Дьявол – отец лжи, и чтобы разрушить новые дела Бога, он либо пытается опорочить посланца, либо исказить само послание. В первом случае старается создать плохую репутацию человеку, который начал служение, и рассказывает о нём ложь.

Такое начало происходить в Фессалониках. Мы можем получить некоторое представление о природе дискредитации, посмотрев на то, как Павел защищает себя во 2-й и 3-й главах. Девять раз он защищает свою безупречность против лжи. Он это делает не для собственной выгоды, но потому, что знает: если разрушить его репутацию, тогда христиане в Фессалониках не будут иметь доверия к услышанному от него Евангелию.

Мы читаем о девяти выдвигаемых против Павла обвинениях.

1. *Павел – бракодел.* Он оставил ситуацию в Фессалониках неразрешённой, не способен её исправить так, чтобы удовлетворить всех и каждого.

2. *Павел – трус.* Он бросил Фессалоники, потому что он – беглый преступник. (Мы же знаем, что он ушёл, чтобы верующим в Фессалониках не надобно было предлагать ему залоговые деньги).

3. *Павел – фанатик.* Он настолько упрямый, что стал очень неуравновешенным.

4. *Павел – похотливый к женщинам.* Было много богатых женщин в его окружении, и ходили слухи, что он уделял им чрезмерное внимание.

5. *Павел – пройдоха.* Его обвиняли в жульничестве, в связях с христианами Фессалоник, якобы он мог их использовать для собственной выгоды.

6. *Павел – льстец.* Его обвиняли в наигранности, а на самом деле, мол, сказать-то ему нечего, и, по существу, он не заботился о церкви в Фессалониках.

7. *Павел – оппортунист, приспособленец.* Он проповедовал лишь с целью выудить деньги из общины.

8. *Павел – лентяй.* У него не было настоящего дела, и он вёл лёгкую жизнь.

9. *Павел – диктатор.* Он был груб и деспотичен по отношению к новообращённым.

Ни одно из этих обвинений не являлось истинным, но, без всякого сомнения, слухи быстро обрастают домыслами. Они укореняются в умах людей, вопреки самому убедительному опровержению.

Дьявол стоит за всеми этими кознями, и, в сущности, они относятся к нему самому. Враг также приписывал свои сатанинские мотивы Павлу.

Павел защищал себя 11 способами, взывая к фессалоникийцам и Богу, как к двум отдельным свидетелям того факта, что эти наговоры не несут истину о нём.

1. *Он указывает на эффективность своего служения.* Говорит им, что они – крепкая церковь, полная веры и любви, и они провозглашают Благую Весть другим. Разве это работа бракодела?

2. *Он подчёркивает свою смелость.* Он был брошен в темницу в Филиппах, и, тем не менее, когда пришёл в следующее селение, Фессалоники, снова продолжил проповедь. Это ли трусливое поведение? Трус бы убежал в другую страну.

3. *Он провозглашает, что в нём нет вероломства.* Он говорит, что думает, и никого не пытается обвести вокруг пальца.

4. *Он апеллирует к своему благочестию.* Бог одобрит его поступки, если даже никто другой это не сделает.

5. Он апеллирует к своему смирению. Он решил не настаивать на своих правах или достоинстве.

6. *Он апеллирует к своей нежности.* Напоминает фессалоникийцам, что носился с ними, как нянечка носится с младенцем. Никто о них не заботился больше, чем он.

7. *Он апеллирует к своей самоотверженности.* Напоминает, что он им отдал себя, своё время и свои финансы.

8. *Он апеллирует к своей занятости.* Будучи неленивым, ежедневно трудился от рассвета до заката.

9. *Он апеллирует к своей святости.* Говорит: «Вы свидетели и Бог, как свято и праведно, и безукоризненно поступали мы перед верующими». Истинно, он почти повторяет слова Иисуса в свою защиту: «Кто обвинит меня в грехе?»

10. *Он апеллирует к своей серьёзности.* Провозглашает, что был не просто матерью для них, но и отцом. Как мать, он жалел их при необходимости, и, как отец, дисциплинировал, когда в этом возникала потребность.

11. *В конце концов, он апеллирует к своей строгости.* Говорит, что никогда не шёл на компромисс с совестью и не пытался поставить подножку.

Ситуация, с которой столкнулся Павел в отношении церкви в Фессалониках, даёт нам целительное озарение в понимании того, как действует дьявол, как использует критику для дискриминации труда на христианской ниве. Он любит подсовывать христианам подозрительность в отношении их лидеров и пытается навязать им ложные мотивы.

Но Павел не удивляется такой оппозиции. Он говорит фессалоникийцам, что им тоже следует этого ожидать. Ибо христианин, страдающий за Христа, является доказательством избрания, отметкой чести и печатью веры. Люди, которым действительно стоит беспокоиться, – это те, кто никогда не испытывал гонения за Евангелие, у которых всё складывалось гладко, кто никогда не имел врагов и не платил цену за следование Иисусу. Для Павла страдания были нормой жизни. Он был готов перенести лишение свободы, избиение плетьми или камнями, и всегда бы сражался с теми, кто приписывал недостойные мотивы его служению с целью его дискредитации.

Их зрелость
(1-е послание Фессалоникийцам, глава 4-5)

В 4-й и 5-й главе 1-го послания Фессалоникийцам Павел пытается помочь верующим в духовном росте. Затрагиваются два вопроса, которые особенно его беспокоят: *святость и надежда*.

Святость

Святость является центром христианской жизни, так как это – Божья воля, чтобы каждый верующий был святым, т.е. отделённым от греха. Павлу известны две сферы, где фессалоникийцы испытывают некоторые трудности.

ЖЕНЩИНЫ

Первая сфера – женщины.

У греков был вседозволенный и вальяжный стиль жизни, как у богов, которым они поклонялись. Можно было менять жен, и пассии были распространённым явлением. Муж, называемый Демосфен, высказался о греческом образе жизни: «Проститутки у нас для удовольствия, пассии – для ежедневных нужд тела, а жёны – для рождения детей и верного хранения домашнего очага и уюта».

Сенека говорит: «Женщины выходят замуж для развода и разводятся для замужества». Христианство – неслыханное явление.

Против такой декорации жизни Павел говорит мужчинам в церкви Фессалоник, чтобы они оставили блудниц и пассий, чтобы сторонились распутных обществ.

Им следует беречь свой брак в чистоте, жён лелеять, а не относиться к ним как к блудницам и пассиям.

ТРУД

Второй слабой сферой фессалоникийцев была *труд*.

Труд зачастую рассматривали, как неприличное слово из четырёх букв! Мы крайне редко слышим проповеди на тему труда потому, что многие проповедники в церквях не работают на трёх-пяти работах. Они могут трудиться по 16 часов в день для нужд церковной общины, но у них нет «работы» в обычном смысле этого слова. Лишь несколько курсов о наставлении в вере и ученичестве упоминают работу. В курсах объясняется, каким следует быть христианину в свободное от работы время: как молиться, как читать Библию, как свидетельствовать другим об Иисусе, как служить нуждам церкви. Такой подход создаёт впечатление, что они служат Господу после работы, и у многих начинают чесаться руки, чтобы бросить работу и заняться настоящим делом на христианской ниве.

Они забывают, что христианин уже на все 100% служит Господу Иисусу. То, как мы выполняем нашу обычную работу, уже является частью нашей святости. Наша трудовая жизнь должна выражать нашу любовь к Господу и нашим соседям. Прославление Бога должно быть нам мотивацией в нашей работе. Наша трудовая жизнь потеряна для Господа, если не рассматривается как часть нашего святого образа жизни.

Некоторые из фессалоникийцев бросили постоянное место работы и праздно ожидали возвращения Христа. Такой взгляд не был атипичным для окружающей культуры. Греки, в целом, жили для праздной жизни. Они думали, что труд (особенно физический) имел злую природу и деградирующее воздействие. По этой причине, где возможно, использовались рабы вместо них. Еврейское мышление, основанное на Ветхом Завете, рассматривало труд как часть поклонения. Не было различия между ручным трудом и какой-либо иной деятельностью. Всякая работа имела одинаковое положение в глазах Бога и должна была славить Творца.

По этой причине Павел говорит этим людям, что нужно работать для удовлетворения собственных потребностей, а не зависеть от других. Трудоспособные христиане не должны существовать на пожертвования других, а зарабатывать для поддержания собственных семей и выделения помощи тем, кто по-настоящему нуждается. Павел не пишет о тех, кто не может работать, а о тех, кто не хочет.

Надежда

Павел также решил преподать учение о надежде. Это – ключевая тема Нового Завета: возвращение Христа упоминается более 300 раз. Итак, Павел считал надежду фундаментальным учением для христиан. Хотя фессалоникийцы были тверды в вере и любви, они были слабы в надежде, частично из-за отношения греков к смерти.

Исцилус произнёс: «Когда умирает человек, воскресения нет». Теократ писал: «Надежда – для живых, умершие – без надежды». Иной философ говорил: «Когда заканчивается наша мимолётная жизнь, уснувших окутывает бесконечная ночь». На могильной плите в Древней Греции написано: «Меня не было, я появился, меня нет, всё безразлично».

Итак, христиане Фессалоник предполагали, что когда члены их церкви умрут, они «проспят» возвращение Христа. Мы не уверены, было ли так потому, что они не верили в воскресенье мёртвых вообще, либо потому, что верили, что умершие не воскреснут до более отдалённых времён. По этой причине Павел заверяет их, что верующим не следует печалиться, как другим, не имеющим надежды, ибо при возвращении Иисуса усопшие, восставши из гробниц, на самом деле первые встретят Его, а потом оставшиеся в живых присоединятся к ним.

Несомненно, это означает, что христиане вернутся на землю после своей смерти. Встретив Иисуса в небе, они сойдут на землю в новых телах. Небеса являются комнатой ожидания – временной пристанью для умерших и ожидавших возвращения Христа на Землю, и тогда они будут с Ним вечно.

Вполне понятно, что церковь в Фессалониках также неправильно поняла учение о возвращении Иисуса. Павел цитирует сказанную Иисусом фразу о пришествии, что это будет «как вор среди ночи», то есть это будет абсолютно неожиданно, эдакий сюрприз с предупреждением. Многие предполагали, что Иисус вернется в любую минуту. Но Павел скорректировал их понимание, объяснив, что Господь придёт нежданно для тех, кто к этому не готовится. Выражение «как вор в ночи» касается не христиан, а тех, кто не готов. В противовес, фессалоникийцы не жили во тьме ночи, они жили во свете дня. Если они продолжат бодрствовать, то не будут застигнуты врасплох. На самом деле это понятно и из других посланий Павла и частей Нового Завета, что Второму Пришествию будут предшествовать определённые события. К этой теме мы вернёмся во 2-ом послании Фессалоникийцам.

Заключительные увещевания (1-е послание Фессаликийцам 5:12-28)

Рассматриваемая тема в конце письма становится более насыщенной, как будто Павел хочет раскрыть своим читателям ещё с десяток тем. 5-я глава упакована несколькими не относящимися к теме вопросами.

Лидеры и члены

Город Фессалоники имел демократическую форму руководства. Одним из позитивных результатов такого управления являлась эмансипированность женщни, что в других городах Греции не одобряли. Негативный результат такой демократической системы заключался в том, что церковное руководство пользовалось малым, можно сказать, ничтожным уважением. По этой причине Павел увещевает оказывать уважение своим лидерам, ибо без уважения они не могут вести за собой людей. Церковь – не демократия, а теократия, ею правит Святой Дух. Такое управление проявляется через руководство исполненных Духом лидеров и рядовых членов. Лидеры – не диктаторы, так же как рядовые члены – не часть демократического сообщества.

Павел рассказывает рядовым членам о трёх обстоятельствах, которыми они не должны быть, и пяти положениях, которых следует придерживаться: не быть бездельниками, робкими или слабыми; практиковать терпение, прощение, радость, молитву и благодарность.

Троица

Павел заканчивает письмо, говоря о каждой личности Троицы.

Святой Дух. Церковь не должна угашать Святой Дух или презирать пророчества, но всё надо подвергать проверке. Следует держаться доброго и отворачиваться от зла.

Бог. Павел молится, чтобы Бог освятил их посреди окружающей враждебной по отношению к Богу культуре.

Иисус. Павел молится, чтобы Иисус сохранил их непорочными до дня Своего возвращения. Второе Пришествие должно быть мотивацией к благочестивой жизни.

Их твёрдая воля
(2-е послание Фессалоникийцам, глава 1)

2-е послание Фессалоникийцам написано спустя всего лишь несколько месяцев, однако оно значительно отличается от первого по тону написания. В нём апостол разочарован, холоден, держит дистанцию со своей аудиторией. Похоже, он услышал некоторые плохие новости о верующих и считает необходимым взяться за перо, чтобы ещё раз коснуться тем, уже затронутых в первом письме.

Он начинает с похвалы их твёрдой веры, несмотря на усилившиеся гонения. Ненависть, что раньше была направлена на него, теперь направляется на них. Он пишет, что их страдания следует рассматривать как часть жизни во имя Евангелия.

Хотя верующие переживают великую несправедливость, он уверяет своих слушателей, что в будущем справедливый Бог разберётся с теми, кто строил им козни. Апостол использует шесть слов для описания того, что Бог сделает с притеснителями христиан: «разрушение», «изгнание», «суд», «скорбь», «возмездие» и «беспрестанно».

По этой причине, когда мы слышим о людях, подвергающих христиан гонениям, стоит опасаться за их судьбы. Нам следует помнить, что для людей существуют только две конечные остановки: одна – вечно с Богом, другая – в вечных муках ада.

Их непоколебимость
(2-е послание Фессалоникийцам, глава 2-3)

Во 2-м послании Фессалоникийцам Павел обеспокоен двумя основными вопросами, которые он уже затрагивал в своем первом письме: их святость и их надежда, но в этот раз он рассматривает их в обратном порядке.

Надежда

Несмотря на подробное учение Павла о возвращении Иисуса, церковь по-прежнему сбита с толку в этом вопросе. Их надежда изменилась от слишком слабой до чересчур сильной. Некоторые из верующих верят, что возвращение Господа уже произошло, или приближается; по этой причине нет смысла чем-либо заниматься, кроме как ожидать Его. Неудивительно, что некоторые бросили работу.

Похоже, что такое неправильное мышление было вызвано поддельным письмом, которое они получили. Письмо, которое провозглашает автором Павла, заявляет, что Второе Пришествие – при дверях. В 1-м послании мы видели, как дьявол атаковал Павла, посланника Божьего. Теперь дьявол атакует саму Евангельскую Весть. Он знает, что христианина легко сбить с толку в вопросе Второго Пришествия, если он невежественен в этом вопросе или же фанатичен.

Павел даёт активный отпор на такое извращение Евангельской Вести. Он говорит, что возвращение Христа во второй раз не может быть близким, потому что должно произойти, по крайней мере, еще одно событие перед приходом Иисуса. Он пишет о пришествии «человека беззакония», который не будет почитать закон и себя утвердит богом. В других местах Писания его называют «зверем» или «антихристом». Поскольку человек беззакония ещё не объявился, идея, что Второе Пришествие при дверях, является ложной.

Перспектива Павла помогает нам ощутить различие между взглядом Нового Завета на историю и другими философскими системами.

Греческая философская система представляла историю, которая движется по спирали: империи появляются и исчезают, но это никуда не приводит. Распространённый вариант развития событий сегодня – история движется вперёд, но циклы развития идут то вверх, то вниз. Хорошие времена сменяют плохие; война сменяется миром, инфляция – дефляцией. Опять-таки, нет положительного прогресса.

Прогрессивный взгляд истории был широко распространён в начале двадцатого столетия. Люди думали, что жизнь улучшится, будущее станет светлее настоящего. На мой взгляд, в начале двадцать первого века преобладает противоположный взгляд на историю. Многие люди чувствуют, что события становятся хуже, теперь ключевое слово – выживание, а не прогресс.

Взгляд на историю, который разделяют иудеи, христиане и коммунисты называется *апокалиптическим*. В соответствии с этим взглядом мир будет становится все хуже и хуже до тех пор, пока не будет достигнуто дно, после чего внезапно станет лучше, и так останется. В Библии мы находим подтверждение этому в еврейских пророчествах, например, у Даниила.

Взгляды иудаизма, христианства и коммунизма на историю различаются относительно того, кто будет *причиной* изменений. Коммунисты верят, что причиной будет человек, хотя такие мечтания быстро улетучиваются. Иудеи говорят, что это произойдёт благодаря Богу. Христиане заявляют, что причиной станет Иисус, и это произойдёт во время Его Второго Пришествия. Новозаветный взгляд на историю детально раскрыт в книге Откровение и прослеживается за словами апостола Павла в его письме фессалоникийцам.

Павел утверждает, что, хотя возвращение Господа не является вопросом пары дней, влияние «человека беззакония» уже ощутимо в мире. Беззаконие существует, но пока ещё сдерживается. Однажды Бог удалит сдерживающий фактор, но Сам Иисус заверил, что это будет лишь на короткий промежуток времени (в книге Откровение указывается 3,5 года), после которого Иисус вернётся. А пока фессалоникийцам следует терпеливо ожидать и заниматься делом.

Святость

Учение Павла о труде звучит довольно резко. Он говорит: «Кто не работает, пусть не ест». Согласно Павлу, христианам не следует кормить тех, кто бросает работу и бездельничает. Павел не решает здесь вопрос безработицы, как социального зла, которому мы должны объявить бой; он говорит не о тек, кто не в состоянии работать, а о нежелающих работать.

Когда придёт Господь, Он хочет застать нас верно выполняющими свои трудовые обязанности и трудящимися для Его славы. Все притчи о Втором Пришествии акцентируют внимание на этом. Иисус рассказывал притчи о господах, которые задержались со своим возвращением. Задержка испытывает посвящение тех, кто служит Иисусу. Богу неважно какую именно работу вы выполняете. Его волнует, как вы выполняете свои обязанности. Для него лучше иметь добросовестного таксиста, чем нерадивого миссионера, потому что Он больше заинтересован в характере, чем достижениях. Слишком часто у нас существует иерархия значимости деятельности, начиная с миссионеров, священников и пасторов вверху, затем докторов и медсестёр, потом школьных учителей, воспитателей и так далее. Но это далеко от истины. В Библии физический труд на пьедестале! Иисус был плотником, Павел изготавливал палатки, Пётр и Иоанн были рыбаками. Эта деятельность была частью их работы для Бога.

Люди, просидевшие в одном кресле 40 лет и желавшие вместо этого посвятить свою жизнь служению Богу, не поняли сути служения. Когда Иисус вернётся, Он будет править миром посредством нас; Он будет искать людей, которым Он может доверить управление судами, банками и всем остальным. Павел упрекает христиан в Коринфе за то, что он и судились друг с другом, объясняя, что однажды мы будем судить мир. Христианам следует жить и работать сейчас таким образом, чтобы подготовить себя для работы, которая им будет доверена при возвращении Иисуса.

Молитва

Молитва – это тема, которая является отличительной чертой в обоих письмах Павла к верующим в Фессалониках. Он сообщает им, что молится о них, и просит их молиться о нём. Он даже говорит, что его молитвы за них могут послужить им великой помощью в проповеди. Апостол благодарит Бога за них, и просит Его усовершенствовать их в благодати и великодушии, защитить от сатаны и направлять в любви и преданности.

Он также ценит их молитвы о нём. Несмотря на то, что он является великим миссионером и тринадцатым апостолом, он признаёт, что нуждается в их молитвах. Он просит их молиться о скором распространении Благой Вести, поскольку знает, что каждая секунда дорога. Он также просит их молиться за его личную безопасность, поскольку знает, что как проповедник Евангелия, он вступает в битву на территории врага.

Заключение

Два письма Павла церкви в Фессалониках напоминают нам о двух ключевых аспектах христианской жизни:

1. *Жизнь.* Когда мы приходим ко Христу – это начало нашего путешествия с Ним. Нам следует удостовериться, что мы продолжаем жить в святости с Ним. Спасение – это процесс, мы спасены от ада для небес. Стремление к святости – существенная часть нашей жизни.

2. *Ожидание.* В конце каждой главы этих двух писем встречается ссылка на Второе Пришествие. Сегодня в проповедях и богослужениях эта тема хорошо освещена. Когда Иисус вернется в этот мир, тогда и мы окажемся на Земле. Он ищет народ, который будет править с Ним.

Для Павла жить во свете Второго Пришествия являлось фундаментальной частью христианского ученичества, и эти два письма подчёркивают опасность неправильного мышления в этом важном вопросе.

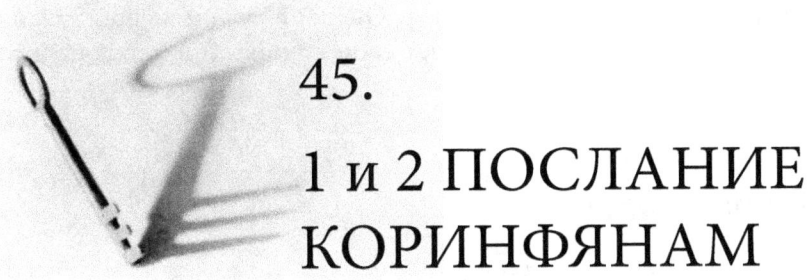

45.
1 и 2 ПОСЛАНИЕ КОРИНФЯНАМ

Введение

Многие христиане полагают, что жизнь христианина была бы намного проще, если бы только мы могли вернуть условия прошлых времен. Мы наивно размышляем об Уэльском пробуждении 1904 года, другие смотрят ещё глубже, до методистского пробуждения XVIII столетия, и даже пуританская эра в последние годы становится любимой. Возможно, самым популярным выбором будут дни времен Нового Завета. Считают, что если бы было возможно вернуться в те дальние времена, всё было бы великолепно. Естественно, люди забывают, что Церковь новозаветных времён также переживала проблемы. Существовало внешнее давление со стороны иудеев и язычников, которые относились враждебно к Благой Вести, были также раздоры внутри церкви.

Когда мы обращаемся к письмам Павла, адресованным церкви в Коринфе, мы видим церковь с проблемами, угрожающими расколоть её жизнь и служение. Ни одна церковь, основанная Павлом, не имела столько проблем, как коринфская. Но будем благодарны Богу, что в результате наличия сложностей среди верующих, свет увидели эти два неповторимых письма. Они содержат непревзойдённое описание любви в 13 главе 1-го послания Коринфянам, а в 15 главе мы имеем самое раннее описание воскресения Господа в Новом Завете.

Без сомнений, проблемы были крайне серьёзными. Церковь была разделена на группы, каждая из которых следовала за своим лидером. Аморальность процветала в худшем её проявлении: мужчина жил в грехе со своей матерью (или, возможно, мачехой), что осуждали даже язычники. Некоторые допьяна напивались во время Причастия.

Кроме этого, они неправильно понимали основные христианские доктрины. Вероятно, было искушение списать со счетов такую церковь, но Павел этого не сделал. Он написал им и посетил их, надеясь на то, что община осознает свои ошибки и встанет на путь исправления.

Город Коринф

Исследование местоположения церкви поможет нам понять, почему община столкнулась с такими большими трудностями.

Город Коринф располагался на узком перешейке земли, что соединял материковую часть Греции с Пелопоннесом. Перешеек стал важным пунктом для ремесленников, желающих избежать более опасный южный маршрут между южным побережьем Ахии и Критом. Груз с больших кораблей переносился по перешейку и перегружался на другие суда. Меньшие корабли перетаскивались через сушу на роликах и продолжали дальнейшее путешествие.

Сам Коринф располагался на расстоянии четырёх километров от моря, но имел свой порт – Лехей. Двойной город растянулся вдоль дороги от города к порту. Сразу за пределами Коринфа находится гора Акрокоринф, высотой 600 метров с видом на Афины, что находились на расстоянии 64 километров. Коринф и Афины – это как сегодня Эдинбург и Глазго. Афины были городом науки, в нём жили философы, проходили фестивали искусств, а Коринф был бурлящим суетой портом. Соперничество между ними не прекращалось.

Первый город

Археологи обнаружили большую часть Коринфа, особенно после землетрясения в 1858 году, которое обнажило некоторые его руины. Было обнаружено судебное место, где допрашивали Павла, и еврейскую синагогу. Все находки совпадают с описанием Луки в книге Деяний святых апостолов. В нынешние времена глубокая ложбина, известная как Коринфский канал, была высечена в перешейке так, что большой лайнер может пройти сквозь нее. Нерон пытался вырубить канал во времена Павла, но потерпел фиаско. Первый город был разрушен римлянами в 146 году до н.э., перестроен и перезаселён, как римская колония в 44 году до н.э. Юлием Цезарем. С 29 года до н.э. Коринф был столицей провинции Ахии. Город имел свободное от национальных предрассудков население, включая евреев, которые возвели синагогу, и греков, оказывающих влияние на архитектуру и философский облик. Но он был основан на римском законе, и здесь в большей степени практиковалась римская религия. В нём не было землевладельческой аристократии, в связи с чем любые классовые различия заключались исключительно в богатстве, накопленном благодаря торговле и порту. Вскоре на улицы города возвратилась аморальность с присущим снобизмом, берущим свои начала в роскоши, и интеллектуальном невежестве.

Второй город

Во времена посещения Павла город был очень богатым и крайне языческим. Его жители поклонялись богам Греции и Рима, включая Посейдона, бога морей, и Афродиту, богиню любви. Огромный храм Афродиты вмещал 2000 жриц любви, все они были проститутками, так как поклонение подразумевало вступление в сексуальные отношения со жрицей. Более того, слово «скоринфиться» стало означать на греческом языке «заниматься беспорядочным сексом». Такая общая картина отчасти объясняет, почему Павел сконцентрировался в своих письмах коринфской общине на отношениях между мужчиной и женщиной.

Церковь

Социальный контекст

В основном, этот город был населён освобождёнными людьми, бывшими рабами, которые либо выкупили свою свободу, либо зарабатывали ее каким-то образом. Отсюда и ремарка Павла о том, что немногие из вас благородного происхождения. Это были обычные люди, но в то же время достаточно состоятельные, пролагавшие свой путь вверх по социальной лестнице своим трудом. В эту картину хорошо вписывается явление предпочитать одного церковного лидера другому. Работавшие день и ночь, чтобы разбогатеть, эти люди привыкли делать собственный выбор, – это касалось и вопросов церковной политики.

Моральный контекст

В 1-м послании Коринфянам 6:9-10 Павел перечисляет виды грехов, которые были частью прошлого образа жизни коринфских верующих. В прошлой жизни среди них бытовала «сексуальная распущенность, идолопоклонство, блуд, мужская проституция, гомосексуальное насилие, воровство, жадность, пьянство, сплетни, мошенничество». Вполне понятно, что такое поведение было «нормой» для жителей Коринфа. И среди членов церкви некоторые продолжали вести подобный образ жизни.

Духовный контекст

Идолопоклонство было частью коринфской культуры, однако в то же самое время церковь являла доказательства проявления работы Святого Духа. Её члены были крещены Святым Духом и проявляли дары Духа во время поклонения.

Влияние культуры

Любая церковь борется с двумя проблемами: как сохранить церковь в мире (то есть достигать мир Евангелием) и как сохранить церковь от влияния мира (то есть сохранить ее в святости). Большинство проблем, которые возникают у любого пастора, можно разместить под одним из этих двух заглавий, и это как нельзя больше относилось к коринфской церкви. В частности, существовало несколько исходных проблем, которые влияли на верующих.

Языческая аморальность

Говоря о сексуальной распущенности, Коринф был типичным портовым городом. Почти всё было дозволено в Коринфе, и церковь не имела в этом вопросе иммунитета от портового влияния.

Римский закон

Хотя Коринф располагался на территории Греции, город находился под значительным влиянием Рима. В частности, там приветствовали римское право и порядок. Само по себе это было неплохо, Павел лично прибегал к привилегиям римского гражданства во время своего церковного служения, но церковная община в этом плане зашла слишком далеко. Они судились по любому пустяку, вместо того, чтобы полюбовно решать вопросы, не доводя их до суда. Павел чувствовал необходимость изменить такой порядок дел.

Греческая философия

Греческая философия была одной из предпосылок коринфского «внешнего вида», и этим объясняются многие проблемы этого народа. Поскольку западная цивилизация зиждется на греческом образе мышления, это также проливает свет на церковную жизнь и сегодня. Давайте рассмотрим этот вопрос более детально.

К примеру, слово «демократия» происходит от греческого. Демократия была греческой политической идеей. Хотя в Библии не встречается слово «демократия», многие христиане полагают, что именно она должна управлять церковной жизнью. Возьмём другой пример: спорт был важен для греков, но не считая некоторые примеры, приведенные Павлом, спорт в Библии не упоминается. Однако спорт является религией для мужчин этой страны и часто доминирует над христианской жизнью.

Тело и душа

Как бы там ни было, наихудший аспект греческого мышления – отделение физического от духовного. Для греков тело и душа являлись двумя разными элементами. Это, зачастую, относится и к христианскому мышлению. Евреи думали о «душе» как дыхании тела. Сигнал SOS (спасите наши души) происходит из еврейского мышления и в реальности означает «спасите наши тела», хотя вместо «тело» используется слово «душа».

Греки верили, что тело не являлось интегральной частью души. Они полагали, что, когда тело умирает, душа освобождается. Они говорили о бессмертной душе в смертном теле, веря, что важным является лишь то, что происходит с душой.

В этом вопросе мышление евреев противоположно греческому. Евреи смотрели на порядок вещей иным образом: смертным душам необходимы бессмертные тела. Тело очень важно. Таким образом, христианам следует занимать сторону еврейского мышления, как написано в Ветхом Завете, отвергая греческие верования о бессмертии души и веря вместе с иудеями в воскресение тел.

Различие в верованиях объясняет, почему коринфяне имели проблемы с пониманием того, каким должно быть поведение христиан. Греки придерживались одного из трех: они либо потворствовали желаниям тела, поскольку это никак не влияет на душу, либо игнорировали тело, стараясь жить аскетически в свободе от физических желаний, либо возводили тело в ранг идола, создавая скульптуры идеального тела. По этой причине спортом занимались обнаженными.

По этому поводу Павел напоминает коринфянам, что их тела являются храмом Святого Духа. И то, что мы делаем с телами, влияет на наши души. Он пишет, что злоупотребление вином во время Вечери Господней влияет на духовную жизнь человека, и если они ходят к проституткам, то объединяют Христа с этой блудницей, поскольку их тела в реальности являются частью Христа.

Неправильное отношение к телу сегодня также создаёт проблемы, потому что некоторые проповедники мыслят, как греки. Многие не желают задействовать свои тела во время богослужений, полагая, что поклонение должно быть внутренним. Поэтому поклонение с задействованием тела (например, поднятие рук к небу) рассматривается неуместным, хотя в Писании такой обычай упоминается не один раз. Единственная часть тела, которую можно задействовать, – это рот, а в послании Римлянам написано, чтобы «представили наши тела [Богу] в жертву живую».

Переписка

В действительности Павел написал церкви в Коринфе четыре письма, хотя до нас дошли лишь два из них. Первое послание Коринфянам в действительности является вторым письмом, а Второе послание – четвёртым. Одно было слишком опрометчивым письмом, о котором, возможно, Павел впоследствии сожалел, а второе было слишком острым, и он признаёт его строгость.

Краткий обзор передвижений Павла, описание которых мы находим в книге Деяний и посланиях Коринфянам, поможет нам понять каким образом были написаны послания.

В первый раз Павел прибыл в Коринф один, сразу после того как столкнулся с противодействием в Фессалониках, Верии и Афинах. Он вернулся к своему прежнему ремеслу – изготовлению палаток, работая с еврейской супружеской парой Акилой и Прискиллой, изгнанных из Рима вместе с другими евреями во времена правления Клавдия. Он проповедовал в синагоге; позднее для помощи в служении к нему присоединились Тимофей и Сила, прибывшие с финансовой поддержкой из Филипп. Деньги и братская поддержка помогли посвятить больше времени для проповеди Благой Вести. В конце концов, апостол был изгнан из синагоги, в связи с чем он перенёс свою деятельность в дом по соседству с Иустом. В видении Бог заверил его, что много людей в городе уверует, так что это ободрило Павла, и он продолжил свою деятельность. Среди многих других руководитель синагоги, Крисп и его семья, обратились в христианство. Спустя восемнадцать месяцев с момента появления Павла, в Коринфе была организовала церковь.

Из Коринфа Павел отправился в Ефес, затем в Иерусалим, после чего вернулся в свою домашнюю церковь в Антиохии. По прибытии в Ефес он был огорчен новостью о членах коринфской церкви, которые вели себя сексуально распущенно внутри своих семей.

По этой причине он пишет своё первое письмо, в резких тонах требуя изменить их образ жизни, после чего приходит устный отчет от семьи Хлои, возможно, от Стефана, Фортуната и Ахаика, которые навестили Павла в Ефесе. Они рассказали ему, что первое письмо произвело негативную реакцию. Некоторые полагают, что 6 и 7 главы 2-го послания Коринфянам и есть то самое письмо, поскольку подход к проблеме звучит как если Павел говорит о тех самых проблемах. Семья Хлои также доставила письмо, в котором задаётся ряд вопросов о духовных дарах, браке и разводе, хотя оно игнорирует беспокоящие Павла темы. Итак, когда мы читаем Первое послание Коринфянам, нам следует определиться с тем, каждый ли отрывок текста является ответом на устный отчёт от Хлоиных или на заданные вопросы в письме.

Павел посылает Тимофея вручить его письмо коринфянам, намереваясь пересечь море для прибытия в Македонию после того, как провёл некоторое время в Ефесе, где служение было весьма плодотворным. Он намеревался отправиться на юг и провести зиму в Коринфе, но изменил планы после получения отчёта от Тимофея, в котором сообщалось, что в Коринфе дела стали ещё хуже, чем были, в связи с чем Павел срочно отправился в Коринф.

Второе посещение Павла было безуспешным и вскоре ему пришлось покинуть город. Позднее он описывает этот опыт как неутешительную конфронтацию. Самопровозглашённые церковные лидеры, называющие себя апостолами, не хотели присутствия Павла в Коринфе и оскорбляли его.

По этой причине он посылает резкое, полное слёз третье письмо с требованием к церкви разобраться с зачинщиками. Полагают, что письмо было утеряно, хотя, возможно, это были 10-13 главы Второго послания Коринфянам. По крайней мере, тон письма в этих главах отлично подходит описанным обстоятельствам.

Тит занимался сбором пожертвований среди церквей в Македонии и Ахии, и поэтому взял письмо с собой. Он был способен разобраться в сложившейся ситуации и по-видимому оказал весомую устную поддержку требованиям, выдвигаемым Павлом.

Между тем, Павел столкнулся с трудностями в Ефесе: скорее всего речь идет о мятеже, описанном в главе 19 книги Деяний. Он путешествовал в Троаду, надеясь услышать от Тита хорошие вести о Коринфе, но пришёл в уныние, не найдя там Тита. В конце концов, Павел встретил его в Македонии и обрадовался, узнав об окончании кризиса. Павел радовался, что отправил с Титом четыре письма коринфянам. Третий и последний визит коринфской церкви был одним из приятных.

Контраст между содержанием двух писем отмечен курсивом:

1-е послание	2-е послание
Практические вопросы	Личные инсинуации
То, что он думал, было неправильно для них	*То, что они думали, было неправильно для него*
Члены церкви	Служители церкви

Первое послание Коринфянам – «начинка»

Первое послание подобно бутерброду с большим количеством начинки. Два слоя «хлеба» – это проблемы коринфян, связанные с верованиями о кресте и воскресении. «Начинка» – это проблемы, связанные с их поведением.

Давайте сначала посмотрим на «начинку». В первую очередь Павел решает вопросы, связанные с семьей Хлои, после чего обращается к проблемам, затронутым в письме, принесенным позднее семьей Хлои. По этой причине большая часть 1-го послания является смесью этих двух тем. Это были проблемы, которые осаждали церковь в Коринфе:

1. *Разделения.* Группировки возникли вокруг отдельных лидеров. Некоторые были последователями Павла, иные – Петра, кто-то – Аполлоса. Так и сегодня некоторые христиане демонстрируют свою приверженность церковным лидерам настоящего или прошлого.

2. *Аморальность.* Среди верующих проявлялись случаи инцеста и проституции без всякого осуждения со стороны общины.

3. *Судебные разбирательства.* Члены церкви выясняли свои отношения в суде, вместо того чтобы мирно разобраться между собой.

4. *Идолопоклонство.* Некоторые христиане в Коринфе смешивали поклонение Богу с языческими традициями.

5. *Мужчины и женщины.* «Феминистские» верования привели некоторых к выводам о необходимости отмены гендерных различий.

6. *Приносимая идолам пища.* Верующие сомневались в целесообразности покупки идоложертвенного мяса на рынке, то есть такого, что до этого использовалось как жертвоприношение идолам.

7. *Вечеря Господня.* В те дни Вечерю Господню отмечали как трапезу: хлеб и вино являлись частью основного меню. Но в коринфской церкви Вечерей злоупотребляли: некоторые переедали, иные напивались допьяна. Вечеря любви, в

которой подразумевалось воспоминание об Иисусе, становилась фарсом.

8. *Духовные дары.* Применение духовных даров во время богослужения приводило к хаосу. Апостол говорил, что если кто-то из неверующих войдёт на одно из их собраний и услышит людей, одновременно говорящих на иных языках, он непременно сделает вывод, что люди в церкви обезумели.

При рассмотрении проблем коринфской церкви полезно проводить различие между теми, о ком Павлу сообщили в письме, и теми, о ком поведали на словах. В некоторых случаях Павел четко выделяет вопрос: «Теперь относительно...». Но в других случаях не совсем понятно, цитирует ли Павел коринфян, либо говорит от себя. Например, в Первом послании Коринфянам 7:1 Павел действительно говорит, что «хорошо человеку не касаться женщины», или же он цитирует их понимание вопроса? В главе 14:34 он пишет, что женщины пусть молчат, – это его взгляд или их? По этой причине важно изучить контекст, а не только сам текст.

Некоторые вопросы понятны. Коринфяне спрашивают об идоложертвенном мясе, потому что большая часть мяса, продававшегося на рынке сначала использовалась в языческих религиозных церемониях. Скотобойня была религиозным местом, и мясо приносилось в жертву идолам, прежде чем попадало на прилавок лавочника, что и создавало проблему в сознании христиан. Также они задают вопросы о браке, разводе и о духовных дарах. Павел благодарит Бога, что они были такой харизматической церковью, но вместе с тем называет их плотской церковью. Они обладали всеми духовными дарами, но им не хватало характера для правильного применения даров.

Применить Первое и Второе послание Коринфянам в жизни не так просто. Некоторые христиане пытаются применять их буквально или формально, так, как они поступают с другими частями Библии. Изумляет, как много христиан полагает, что Иисус хотел, чтобы мы практиковали церемонию омовения ног в церкви лишь потому, что Он однажды омыл ноги Своим последователям. Это чистой воды формальный подход к Писанию. Иисус омыл ноги ученикам лишь потому, что они были грязными – всё просто! Как вы думаете, какими будут ноги, если ходить по пыльной дороге в сандалиях? Грязными, вонючими, липкими.

Косынки в церкви?

Позвольте рассмотреть вопрос, затронутый в Первом послании Коринфянам 11:2-15. Должны ли женщины покрывать голову в церкви? Многие верующие настаивают, что должны на основании этих стихов.

Но во всем отрывке ни разу не употребляется слово «косынка». Слово для покрытия головы, которое использует Павел, – «вуаль». И это слово появляется лишь один раз во всей главе; речь идет о том, что женщине даны длинные волосы вместо покрывала. Итак, нет ни единого предложения, которое говорит, что женщины должны носить вуаль, а тем более косынки!

Этот раздел в действительности о волосах мужчин, которые становились короче женских волос. Проще говоря, принцип следующий: человек, сидящий за вами в церкви, должен понимать, за кем он сидит – за мужчиной или женщиной. Более глубокий принцип: мужчина и женщина отличаются, и настоящий смысл не в косынках, вуалях или волосах, а в голове. Итак, когда мы смотрим на мужчину, следует думать о его голове, а когда смотрим на женщину, следует думать о её волосах. Это говорит нам о существующем различии между мужчиной и женщиной и напоминает, что Бог является Главой Христа, Христос – Главой каждого мужчины, и мужчина – главой женщины. В связи с этим в отрывке оспаривается положение вещей, что мужчина должен иметь короткие волосы, чтобы его голова была видимой, а женщина – длинные, чтобы ее голова могла быть невидимой.

Основной принцип в том, что во Христе мы всё ещё мужчина и женщина, мы не стали нейтральными, а продолжаем быть теми, кем нас Бог создал, поэтому когда поклоняемся Богу, то делаем это не просто как люди, а как мужчины и женщины, принимая Божий замысел в нас. По этой причине трансвестизм осуждается в Библии, потому что когда мужчина хочет быть похожим на женщину, а женщина – быть похожей на мужчину, это является бунтом против Бога, сотворившего нас определенного пола. Когда мы поклоняемся Богу как Творцу, мы приходим к Нему, как Его творение, и должны позволить различиям между мужчиной и женщиной быть чётко видимыми.

Западная культура, в основном, говорит абсолютно противоположное. Она борется за удаление многих различий между мужчиной и женщиной, и такая позиция прокрадывается в Церковь. Но мужчина и женщина отличаются друг от друга. В глазах Бога мы дополняем друг друга и являемся равными по ценности, достоинству, статусу, но имеем различные функции и играем разные роли перед Богом.

Существует два неправильных способа применения данного учения в Первом послании Коринфянам 11:2-15:

1. *Применять отрывок по отношению к телу, а не к духу.* Вот женщина носит косынку, но она также «носит брюки». Я встречал женщин смиренно носящих косынки в церкви – это явное послушание Писанию в их понимании, однако они доминируют над своими мужьями, что означает, что они вовсе не поняли смысл идеи! Они применили отрывок по отношениютк телу, а не к духу.

2. *Применять отрывок по отношению к духу, а не к телу.* Некоторые говорят, что, поскольку их дух признаёт главенство мужчины, то необязательно это проявлять во внешнем убранстве. Поскольку тело является частью нас, и мы поклоняемся Богу и нашими телами, такая позиция тоже не понимает сути послания. Для женщин будет правильным вести себя как подобает женщинам и в выборе одежды и прическе.

Важность любви
(1-е послание Коринфянам глава 13)

Не только гендерные отличия являлись проблемой, коринфяне также не поняли, чему Писание учит о любви. Слово «любовь» легко понять неверно, поскольку это слово имеет множество значений, и сегодня мы испытываем те же трудности в понимании сущности любви.

Знаменитая глава о любви на самом деле является частью большого раздела, фокусирующегося на духовных дарах (главы 12-14). Глава 12 повествует о самих духовных дарах, глава 13 – о духовных дарах без любви, и глава 14 – об истинном, наилучшем пути – духовных дарах *с* любовью. Таким образом, глава 13 не является настоящей поэмой о любви для чтения на свадебных церемониях, хотя и кажется вполне подходящей!

В Новом Завете встречается три разных слова, которые переводятся на русский язык как «любовь»:

Эрос	Филео	Агапэ
Похоть	Нравится	Любовь
Привлекательность	Симпатия	Внимание
Тело	Душа	Дух
Эмоциональная	Интеллектуальная	Волевая
Реагирующая	Обоюдная	Не взирая ни на что
Обусловленная	Взаимосвязанная	Независимая

Эрос – слово, которым описывали сексуальную привлекательность. Близко по значению к *эрос*, но менее распространённое слово – *эпитумия*, означающее распутную привлекательность, похоть. Эрос – необязательно плохое слово, в то время как эпитумия имеет негативную окраску, обозначающее беспорядочные связи между полами или однополыми людьми. Эрос – это главным образом дело плоти, эмоциональная любовь, зависящая любовь. Она зависит от объекта вашего почитания, который вызывает в вас похоть. Как только это прекращается, взаимоотношения начинают терпеть урон.

Филадельфия – слово, состоящее из двух слов: «филео», что значит «любить», и «адельфос», что значит «брат». Такое словосочетание означает любить кого-то. Это слово скорее о симпатии, чем о привлекательности, оно имеет смысл единомыслия. Друзья по обыкновению разделяют похожие вкусы и точки зрения, имеют симпатию и сопереживание друг к другу, и такие связи укрепляются. Это слово касается интеллектуальной сферы, в противовес эмоциональным связям подразумевается взаимозависимость.

Греки очень редко употребляли слово *агапе* для описания любви, возможно, по той причине, что редко видели её проявление в реальной жизни. Такая любовь проявляет внимание к людям. Это не любовь, которую привлекли поведением, и не обоюдное, взаимозависимое душевное расположение. *Агапе* является действием воли.

Когда человек любит такой любовью, это потому, что он/она видит чью-то нужду. Другими словами, *агапе* – это любовь, которой можно давать повеление. Невозможно приказать кому-нибудь влюбиться или проявить симпатию к кому-либо, но вполне возможно предложить человеку любить другого любовью *агапе*.

Агапе-любовь – это любовь Бога. Бог любит нас не потому, что мы привлекательны или милы. Библия говорит, что Он любит нас, потому что любит. В Ветхом Завете мы находим, что Бог любил иудеев не потому, что они были великой нацией, но потому, что Он есть любовь и Он избрал заботиться о группке рабов, о которых никто не заботился. Такой вид любви является жертвенным – любовь, которая желает заплатить любую цену в заботе о другом. Это именно такая любовь, которой Бог возлюбил нас, пока мы были ещё грешниками.

Причина, почему так много церквей разделилось в вопросах харизматических даров, проста – недостаток любви *агапе*. Этот вид любви может воссоединить людей с полярными взглядами. Они могут решить любить друг друга, несмотря на различные точки зрения.

«Хлеб» нашего «бутерброда»

В начале и в конце 1-го послания Коринфянам Павел разбирается с двумя весьма фундаментальными вопросами веры.

Распятие

Слово о кресте является оскорблением для греков, и это частично потому, что они отвергали какую-либо ценность тела. Они глумились над идеей, что тело на кресте может принести духовное спасение. В большей степени такое происходило потому, что они не смогли осознать важность креста. Павел должен напомнить им, что ни одного из их церковных лидеров не распинали ради них, а только Иисуса. Итак, почему же они следовали за лидерами-людьми?

Воскресение

В конце 1-го послания Коринфянам Павел развеивает их сомнения о воскресении. Как греки, они верили в бессмертие души и не видели никакой ценности в воскресении тела. Павлу приходилось корректировать их в их мышлении и осознании будущего, которое неразрывно от тела. Как Иисус обрёл новое тело после воскресения, которое позволяло Ему есть рыбу и готовить завтрак, так и христиане получат телесное существование в будущем. Слова Павла в 15-й главе 1-го послания Коринфянам записаны около 56 года н.э., и являются самым первым записанным свидетельством телесного воскресения Иисуса.

2-е послание Коринфянам – личное письмо

Это наименее систематическое письмо из всех писем Павла, но зато самое личное. Большую его часть можно назвать автобиографией, поскольку Павел говорит почти исключительно о себе и своём служении. Если первое послание – для членов церкви, то второе – для церковных лидеров и служителей. Если первое письмо о том, что думает Павел о коринфянах, то второе письмо о том, что они думают о нем, учитывая то, что в тот период взаимоотношения между ними были плохими.

Мы можем разделить их поведение на две фазы.

Первая фаза относилась к двум лидерам – Аполлосу и Петру, – оба из них были на хорошем счету. Люди стали сравнивать одного лидера с другим, из-за чего произошло разделение среди людей. Мы уже говорили об этом в первом послании.

Вторая фаза началась с появления плохих лидеров. Они пришли в Коринф и провозгласили себя особыми апостолами. Эти люди критиковали своих предшественников, возвеличивая себя и унижая Павла. Стоит остерегаться таких лидеров. Многое, сказанное ими о Павле, было ложью.

Во 2-м послании Коринфянам Павел отвечает тем, кто критиковал его благовестие и служение. Их всесторонняя критика выглядела как тщательно спланированный подрыв его деятельности:

- они обвиняли его в непостоянстве, говоря что он постоянно меняет планы;
- они говорили, что он был труслив, предпочитает писать письма, вместо того, чтобы посещать лично;

- они обвиняли его в робости, когда он находился с ними лично;

- они критиковали его за то, что он был без рекомендаций. Лжеапостолы же пришли с «дипломами», которые можно было поместить в рамочку и прибить на видном месте в церкви. Вот по этой причине во 2-м послании Коринфянам Павел говорит, что ему не нужны ничьи рекомендации, поскольку сами коринфяне являются его «визитной карточкой». Лакмусовая бумажка служения человека – не его академические квалификации и достижения, а те люди, что за ним следуют;

- они обвиняли его в скрытности и неискренности;

- говорили, что он держался на расстоянии, был отчуждённым, бесчувственным и равнодушным;

- обвиняли его за косноязычие;

- они критиковали его за то, что он не брал плату. В Греции развлечения предлагали путешествующие философы, и чем больше была плата, тем выше ценилась репутация оратора.

Слишком много критики. Как же Павел защищался?

Защита Павла
(2-е послание Коринфянам, главы 1-9)

В начале письма Павел предоставляет искренний ответ на обвинения. Он не требовал платы, потому что хотел передать Евангельскую Весть коринфянам без какого-либо вознаграждения. Он говорит, что дело каждого человека будет испытано, и все, последовавшие за ним, должны смотреть, на каком фундаменте они строят. Он отвергает обвинение в робости, напоминая о своём втором посещении.

Это письмо – просто излияние души. Некоторые из его великих утверждений находятся во втором письме:

мы отовсюду притесняемы, но не стеснены; мы в отчаянных обстоятельствах, но не отчаиваемся; мы гонимы, но не оставлены; низлагаемы, но не погибаем. Мы никому ни в чём не полагаем претыкания, чтобы не было порицаемо служение, но во всём являем себя, как служители Божии, в великом терпении, в бедствиях, в нуждах, в тесных обстоятельствах, под ударами, в темницах, в изгнаниях, в трудах, в бдениях, в постах, в чистоте, в благоразумии, в великодушии, в благости, в Духе Святом, в нелицемерной любви, в слове истины, в силе Божией, с оружием правды в правой и левой руке, в чести и бесчестии, при порицаниях и похвалах: нас почитают обманщиками, но мы верны; мы неизвестны, но нас узнают; нас почитают умершими, но вот, мы живы; нас наказывают, но мы не умираем; нас огорчают, а мы всегда радуемся; мы нищи, но многих обогащаем; мы ничего не имеем, но всем обладаем.

(2-е послание Коринфянам 4:8,9 и 6:3-10)

Нападение Павла
(2-е послание Коринфянам, главы 10-13)

Главы 10-13 очень отличаются от предыдущей части письма. Самозащита сменяется нападением. Апостол прибегает к иронии и сарказму в отношении лжеапостолов, которые проникли в церковь.

Чтобы увидеть всю страстность этой части послания, ее нужно читать вслух. Давайте прочитаем один особенно красочный отрывок:

О, если бы вы несколько были снисходительны к моему неразумию! Но вы и снисходите ко мне. Ибо я ревную о вас ревностью Божиею; потому что я обручил вас единому мужу, чтобы представить Христу чистою девою. Но боюсь, чтобы, как змей хитростью своею прельстил Еву, так и ваши умы не повредились, уклонившись от простоты во Христе. Ибо, если бы кто, придя, начал проповедовать другого Иисуса, которого мы не проповедовали, или если бы вы получили иного Духа, которого не получили, или иное благовестие, которого не принимали,- то вы были бы очень снисходительны к такому человеку. Но я думаю, что у меня ни в чем нет недостатка против высших Апостолов:

Хотя я и невежда в слове, но не в познании. Впрочем, мы во всем совершенно известны вам. Согрешил ли я тем, что унижал себя, чтобы возвысить вас, потому что безвозмездно проповедовал вам Евангелие Божие? Другим церквам я причинял издержки, получая от них содержание для служения вам; и, будучи у вас, хотя терпел недостаток, никому не докучал, ибо недостаток мой восполнили братия, пришедшие из Македонии; да и во всем я старался и постараюсь не быть вам в тягость. По истине Христовой во мне скажу, что похвала сия не отнимется у меня в странах Ахаии. Почему же так поступаю? Потому ли, что не люблю вас? Богу известно! Но как поступаю, так и буду поступать, чтобы не дать повода ищущим повода, дабы они, чем хвалятся, в том оказались такими же, как и мы.

Ибо таковые лжеапостолы, лукавые делатели, принимают вид Апостолов Христовых. И неудивительно, потому что сам сатана принимает вид Ангела света, а потому не великое дело, если и служители его принимают вид служителей правды; но конец их будет по делам их. Еще скажу: не почти кто-нибудь меня неразумным; а если не так, то примите меня, хотя как неразумного, чтобы и мне сколько-нибудь похвалиться. Что скажу, то скажу не в Господе, но как бы в неразумии при такой отважности на похвалу. Как многие хвалятся по плоти, то и я буду хвалиться.

Ибо вы, люди разумные, охотно терпите неразумных: Вы терпите, когда кто вас порабощает, когда кто объедает, когда кто обирает, когда кто превозносится, когда кто бьет вас в лицо. К стыду говорю, что на это у нас недоставало сил. А если кто смеет хвалиться чем-либо, то (скажу по неразумию) смею и я. Они Евреи? и я. Израильтяне? и я. Семя Авраамово? и я. Христовы служители? (в безумии говорю:) я больше. Я гораздо более был в трудах, безмерно в ранах, более в темницах и многократно при смерти. От Иудеев пять раз дано мне было по сорока ударов без одного; три раза меня били палками, однажды камнями побивали, три раза я терпел кораблекрушение, ночь и день пробыл во глубине морской; много раз был в путешествиях, в опасностях на реках, в опасностях от разбойников, в опасностях от единоплеменников, в опасностях от язычников, в опасностях в городе, в опасностях в пустыне, в опасностях на море, в опасностях между лжебратиями;

В труде и в изнурении, часто в бдении, в голоде и жажде, часто в посте, на стуже и в наготе. Кроме посторонних приключений, у меня ежедневно стечение людей, забота о всех церквах. Кто изнемогает, с кем бы и я не изнемогал? Кто соблазняется, за кого бы я не воспламенялся? Если должно мне хвалиться, то буду хвалиться немощью моею. Бог и Отец Господа нашего Иисуса Христа, благословенный во веки, знает, что я не лгу.

(2-е послание Коринфянам 11:1-31)

Павел верит, что такая защита необходима не потому, что он переживает о личной репутации, а потому, что заботится о репутации Евангелия. Он ревностно оберегает коринфян, не хочет, чтобы они сошли с верного пути, уклонились от истины; боится, что, если они прельстятся и поверят лжеучителям, то собьются с верного пути, который в Иисусе.

Сегодня нет апостолов, подобных Павлу, и мы можем думать, что данный отрывок не имеет к нам почти никакого отношения. Однако провести параллели можно и для нас, так как и ныне служителя Бога (пасторы, евангелисты, пророки), подобно Павлу, подвергаются нападкам. Они должны приучить себя твёрдо стоять в Евангелии и, как Павел, проверять правильность своих мотивов.

Облегчение во время голода (2-е Коринфянам, главы 8-9)

В заключение следует отметить, что в главах, которые находятся в середине 2-го послания, рассматривается еще один вопрос. Павел сильно переживал о голодающих и старался направить сознание членов общины на рассмотрение участия в помощи нуждающимся, полагая, что таким образом их собственные проблемы отойдут на задний план. В главах 8-9 он преподаёт прекрасный урок христианской жертвенности, побуждая коринфян познавать Божье благословение через щедрую помощь другим. Это шедевр в переписке, открывающий пасторское сердце апостола и силу его убеждений относительно правильного использования денег.

Заключение

Итак, несмотря на тот факт, что коринфяне были церковью со множеством проблем, эти два послания остаются весьма назидательными для церкви и сегодня. Они дают практические наставления о том, как жить во враждебном окружении, и как церковь должна дисциплинировать своих членов и направлять их деятельность. Послания также дают нам глубокое понимание того, через что Павлу приходилось проходить, встречая на своем пути оппозицию; они являют прекрасный пример служителя в любой ситуации, куда бы он ни шел и кто бы ни был его оппонентом.

46. ПОСЛАНИЕ ГАЛАТАМ

Введение

В письме галатам Павел делит людей на две категории: те, кто думает о высоких материях, и те, кто не утруждает себя такими размышлениями.

Некоторые известные христианские деятели прошлого отзывались весьма положительно о галатах. Лютер говорил, что послание Галатам является наилучшей книгой в Библии. Он сказал: «Это моё послание. Я влюбился в него». Джон Буньян, автор книги «Путешествие пилигрима», говорил: «Предпочитаю комментарий Лютера по Галатам, за исключением святой Библии, по сравнению со всеми другими книгами, которые мне доводилось читать для израненного сознания». Очевидно, что послание Галатам произвело неизгладимое впечатление на Буньяна. Письмо оставило глубокий след в истории христианства, и многие христиане любят эту книгу.

Однако есть и такие, которые ненавидят послание, называя его «посланием распятия» или «терновыми джунглями». Некоторые утверждают, что каждое предложение в нем как будто насыщено ударами молнии. Приведём пять причин, почему люди так не одобряют его:

«Слишком эмоциональное»

Это одно из самых наэлектризованных писем, доведённое до белого каления! Письмо переполнено эмоциями, что некоторым читателям не по душе. Многие люди (в частности, в Британии) пытались отделять эмоции от религии, но когда они начинают читать послание Галатам, то пред ними предстает человек, исторгающий огненный гнев, и это их беспокоит.

«Слишком личное»

Некоторые заявляют, что послание – излишне личное. Естественно, Павел здесь рассказал о себе больше, чем это позволял себе это делать в других своих письмах. Он говорит о своих физических недостатках; упоминает о публичных спорах с Петром, когда ему пришлось выступить перед общиной и упрекнуть Петра в неправильном поведении (это служит напоминанием, что даже в Ранней церкви у апостолов были свои различия во взглядах). Иногда мы слишком переживаем, чтобы не обидеть других; слишком озабочены тем, чтобы избегать конфронтации. Между тем, когда вопрос касался истины, тогда даже Пётр и Павел сталкивались лбами, отстаивая истину.

«Слишком интеллектуальное»

В послании Павел применяет все свои знания и раввинскую подготовку (а они весьма высокого интеллектуального уровня) для построения четкой аргументации. Ни один перевод, который я когда-либо читал, не смог передать всю нить рассуждений Павла, поэтому, признаюсь, я не смог удержаться от того, чтобы не сделать свой собственный перевод этого письма (мой перевод прилагается в конце главы). Аргументация весьма искусная, имеющая весьма тонкие нюансы, которые требуют глубоких размышлений. Пусть это вас не смущает. Мы должны любить Бога всем нашим разумением. Один из самых частых комментариев, который я слышу после проповеди, звучит в виде мягкого упрека: «Да, теперь есть над чем поразмыслить!». Часто это произносится тоном: «Вы знаете, я в церковь пришел не для того, чтобы мозги напрягать». Я не прошу прощения за то, что кому-то моя проповедь вышибает мозги, да и Павел не слишком жалел чужой мозг. Нам следует очень осторожно изучать послание Галатам и возвращаться к нему снова и снова, чтобы понять то, о чём говорит апостол.

«Слишком духовное»

Послание разоблачает фальшивый «духовный» налет и бросает вызов гордыне. Если в вас есть гордыня, тогда не читайте послание Галатам, потому что у вас ее не останется после прочтения этого послания. Глубоко внутрь, в корень вопроса проберётся это письмо, за пределы вашего разума и вашего сердца, до самого мозга костей. Ведь Слово Божье острее обоюдоострого меча и проникает до глубины костей.

«Слишком противоречивое»

Чаще всего люди считают послание слишком дискуссионным. Современное настроение людей показывает, что они не горят желанием вступать в дискуссии о религии. Мы не хотим пререканий, а наоборот, желаем иметь добрососедские отношения со всеми. На самом деле послание не является таковым. Павел ведет дискуссию с христианами, а не с неверующими, споры возникли как реакция на послание.

Споры могут быть хорошими. Если бы Лютер не захотел вступить в спор, Реформации бы не произошло. Дискуссии в этом плане сослужили нам великую пользу. Причина, почему ныне это непопулярно, кроется в том, что мы боимся различий, которые ведут к разделению. Две великие добродетели сегодня – толерантность и такт, хотя Библия их в список добродетелей не ставит. Иисус не был ни толерантным, ни тактичным.

Хорошо это или плохо – не желать сталкиваться с различиями? Я думаю, это зависит от того, является ли рассматриваемая проблема крайне серьезной или же не столь серьезной. Беда в том, что мы имеем тенденцию накаляться в спорах по второстепенным вопросам, так что не остаётся сил спорить о первостепенных вещах. К примеру, разве жизненно важно спорить о том, каким должно быть вино для Евхаристии? Между тем, людей это просто выводит из себя.

Или возьмём к примеру вопросы о субботе, дне покоя. Не думаю, что христианам следует тратить свою энергию в спорах на эту тему. Павел говорит, что каждый делает так, как подсказывает собственный разум. Если кто-то хочет почитать субботу, пусть так и делает; если кто-то хочет совершать хлебопреломление ежедневно – это его выбор. У нас нет права навязывать друг другу, а особенно нехристианам, почитание субботы.

Когда мы открываем послание Галатам, то имеем дело с более важными вопросами. Существуют фундаментальные вопросы, без которых мы утрачиваем христианское Евангелие, и, боюсь, без боя здесь не обойтись. Многие самые большие битвы, с которыми христиане должны столкнуться, находятся внутри церкви, а не за ее пределами. И это болезненно. Кому понравится спорящая семья?! Когда бы дьявол ни атаковал церковь снаружи, церковь от этого становится сильнее и больше. Нападки же становятся более успешными, если происходят изнутри, и один из самых быстрых способов в этом плане – исказить Евангелие. Если ему удаётся исказить истину, то ему удаётся разрушить церковь изнутри.

В послании мы видим, как два лидера, Пётр и Павел, вовлечены в публичную конфронтацию по фундаментальным вопросам. Я верю, что Бог дал христианским мужам ответственность сражаться и защищать доктрины церкви. И это трагедия, когда у нас нет более сильных в убеждении мужей, которые будут сражаться за защиту Евангелия. Есть много женщин, которые желают и пытаются это делать, но я думаю, что недостаточно мужчин, которые готовы расправить спины и противостать заблуждениям.

Павел и Пётр были из числа тех мужчин, которые сражались, защищая Евангелие. Пётр ошибался, а Павел был прав, и Библия достаточно честно об этом нам повествует. Абсолютно определённо, что Бог хочет, чтобы мы знали об этой конфронтации.

Чтение посланий Нового Завета

Очень важно читать послания Нового Завета в один присест, особенно если они посвящены конкретному вопросу, как в случае с посланием Филимону и с посланием Евреям. Только читая послание полностью, можно понять смысл того, что автор намеревался сказать. Следует помнить, что вы слышите лишь одну сторону разговора. Это как в комнате, в которой зазвонил телефон и кто-то поднял трубку: вы не слышите говорящего на другом конце провода. В такой ситуации довольно просто ложно истолковать смысл разговора. Когда вы читаете послание, следует воссоздать ситуацию, о которой идёт речь, и научиться читать между строк. Необходимо задавать себе вопрос: «Что же происходило, что побудило Павла взяться за перо?» Уверен, такой совет будет полезным при изучении писем апостола.

Вот метод, которым мы будет пользоваться при рассмотрении послания Галатам. Мы будем задавать следующие вопросы:

Почему это было написано?

На какой вопрос давался ответ?

Какую проблему это решало?

При этом речь может идти об одной проблеме, как в случае с Филимоном, или же о ряде проблем, как в случае с коринфянами в первом письме. В любом случае, если вы хотите прояснить для себя смысл письма, задайте эти вопросы.

Павел – еврей-энтузиаст

Нет сомнения, что автором послания Галатам был Павел. Возможно, это было самое первое письмо, которое он написал церкви. В любом случае, Павел был одним из величайших людей, когда-либо живших на Земле. Он родился в Тарсе (в настоящее время южная часть Турции). Здесь находился третий по популярности (после Афин и Александрии) в Римской империи университет. Павел был евреем, римским гражданином, владевшим греческим языком, – идеальные условия для выполнения задач, которые Бог планировал через него совершить. Бог готовит почву для нашего служения ещё до нашего рождения, точно так же как Он готовит нас через наш опыт, задолго до того, как мы уверуем. Он вкладывает в нас то, что будет позже использовать.

Как любой еврейский мальчик, Павел был обучен ремеслу. Его ремеслом было изготовление палаток. Однако в греческом обществе, если ты работал своими руками, тебя рассматривали как человека более низкого уровня, чем тех, кто работал головой (скажем, писарем). К сожалению, мы также унаследовали такое отношение к людям. Но в Библии труд плотника, изготовителя палаток или рыбака, был в почете. Павел говорит в одном из своих писем фессалоникийцам, что верующие должны работать своими руками, и он показал им личный пример. По этой причине Библия возвеличивает ручной труд. Да и сам Спаситель Иисус работал руками, – Он был плотником.

Скорее всего Павел изготавливал палатки для римской армии, после чего учился в университете Иерусалима под руководством Гамалиила. Он стал ультра-ортодоксом, фанатиком-иудеем – «евреем из евреев», «фарисеем из фарисеев», как он писал о себе. Его лозунг был следующим: «Если ты собираешься соблюдать Закон, исполни его до последней буквы». Исполнения лишь Десяти Заповедей недостаточно. Он признаёт, что воевал с десятой заповедью «не возжелай!» (Интересно, что это – одна из заповедей, относящаяся к внутренней мотивации, другие относятся к внешнему поведению). Однако Павел верил, что он был успешен в соблюдении всего Закона. Он был безупречен. Не много иудеев могли сказать подобное о себе.

Он достиг великих вершин в самоправедности и нападал на каждого, кто атаковал иудаизм, особенно христиан, которые говорили, что Иисус – это Бог. Павел думал, что такое заявление являлось в высшей степени богохульством. Он решил стереть с лица земли новую секту. Он был одним из тех, кто наблюдал, как Стефана побивали камнями. Но с этого момента в его сознании начали прорастать ростки истины. В момент смерти Стефан провозгласил: «Вижу Иисуса по правую руку от Бога. В Твои руки предаю дух свой». Это ещё больше разгневало Павла – теперь ему приходилось бороться с собственным голосом совести. В итоге, по дороге в Дамаск, Павел встретил Иисуса и сложил оружие.

Павел – пламенный миссионер

Человек, который написал послание Галатам, стал одним из самых рьяных последователей Иисуса, страстным распространителем веры, которую он однажды пытался уничтожить. Он знал и иудаизм, и христианство изнутри, перейдя из одной веры в другую. Во время своих миссионерских путешествий он организовывал церкви по всему миру, постоянно продвигаясь на новые территории. Он называл это «колонизацией для Христа».

Читатели

Существовало два географических места, называемых Галатия, и учёные потратили бочку чернил, обсуждая, какое из них имел в виду Павел. То, что сейчас называется Турцией, было группой городов на севере, называемых Северная Галатия;также существовала группа городов на юге, называемая Южная Галатия. Северная Галатия особенно интересна для Британии, потому что она была первоначально колонизирована людьми из Галлии (Франция), которые имели отношение к кельтам на Британских островах. Однако я думаю, что письмо Павла было написано скорее христианам Южной Галатии, нежели Северной. Южная Галатия состояла из группы городов – Листра, Дербия, Антиохия и Икония, которые Павел уже посетил. Это объясняет факт написания письма, поскольку он сам насадил эту церковь, которую впоследствии доверил молодым старейшинам, главою которых являлся Христос.

Альтернативное учение

К сожалению, то, что произошло с ними, происходит со многими молодыми церквями. Новые люди захватили управление работой. Нам следует остерегаться тех, кто приходит и ищет пути захвата власти, присваивая плоды чужого труда и пытаясь построить на чужом основании свои империи.

Часто подобные лидеры ведут новые церкви по неправильному пути, и Павел столкнулся с этим явлением у галатов. Эти люди были верующими из иудеев, всюду следующие за Павлом. Они были его головной болью. Они говорили язычникам, чтобы те не слушали Павла, так как он якобы рассказал им лишь половину истории – он привел их к вере, но не во всей полноте; полнота заключалась в исполнении Закона Моисея, помимо принятия Христа как Спасителя.

Многие и сегодня продолжают делать ударение на исполнении Закона. Я удивлён, как часто, приходя в церкви, вижу Десять Заповедей, прикреплённых на стену здания. Первая церковь в Англии, в которой я стал пастором в 1964 году, имела Десятисловие на стене позади кафедры, за спиной проповедника, из букв шоколадного цвета в готическом стиле. Моим первым решением в роли пастора было закрасить эту надпись. Вы не представляете, какой поднялся вопль, когда прихожане обнаружили свежевыкрашенную стену вместо Десяти Заповедей! Кто-то жаловался, что теперь нечего читать во время проповеди! Некоторые настаивали, что это место нужно занять чем-то, и я прикрепил на то место крест.

Везде, куда ходил Павел и приносил полное Евангелие Христа, иудейские верующие следовали за ним и говорили: «Он не сказал вам всего, у истории есть продолжение!» Именно так начинают разговор некоторые лидеры сегодня, пытаясь перехватить управление церковью. Они заявляют, что учение пастора хорошее, но они сами имеют больше мудрости.

Плохие вести

До Павла доходили плохие новости о молодых неокрепших церквях, насаждённых им. Работа приостановилась по двум причинам:

Дополнения к учению Павла

Как и во многих современных культах, новые лидеры добавляли к Евангелию отсебятину. Ныне секты и культы прибавляют к Благой Вести ещё что-то, обычно, другую книгу к Библии, такую как «Наука и здоровье» Мэри Бейкер Эдди (Mary Baker Eddy) или «Книга Мормона» Джозефа Смита (Joseph Smith). Остерегайтесь любого, настаивающего на необходимости чтения (кроме Библии) дополнительной литературы,- эдакого комплекта «Евангелие с дополнением». Что-то добавляется, и ваша шлюпка в итоге переворачивается от перегруза. А вот другая аналогия: гниль начинается с кафедры проповедника. Очень важно быть бдительным и остерегаться неправильного учения.

Нападки на проповедника

Эти учителя не только добавляли к словам Павла своё, но также придирались и к самому Павлу. Они заявляли, что Павел не проповедовал полное Евангелие, что он – не истинный апостол, его версия Благой Вести – обноски, второй сорт и церковь его не утверждала. Подрывая авторитет Павла, они пытались утвердить свой.

В чём же проблема?

Читая письмо в первый раз, вы можете подумать, что он ведет разговор об обрезании, по крайней мере, кажется, что именно на этом сосредоточился Павел. Возникает вопрос: может Павел сделал из мухи слона? Зачем так беспокоится по пустякам? Если люди хотят проводить обряд обрезания, в чём проблема? Стоит ли поднимать столько шума по поводу невинной еврейской традиции обрезания?

Обрезание – незначительная операция, удаление крайней плоти (части кожи) на половом органе у мужчин. Для женщин в иудаизме такое не практикуется, хотя в некоторых африканских племенах эта традиция ещё жива. В семитском мире обрезание распространено из соображений гигиены в их климатических условиях. Но для евреев данный обряд имел религиозный смысл. Это означало принадлежность: ты – еврей. Обрезались только мужчины, потому что в иудейском мире мужчины являлись наследниками, и обетования передавались по мужской линии. Обрезание было знаком наличия законных прав наследовать благословения, которые были обещаны Аврааму. Бог сам заповедал Аврааму обрезать всякого человека мужеского пола, в противном случае он должен был быть изгнан из народа Божьего, поскольку нарушил завет. Иметь эту отличительную метку было частью завета Бога с Авраамом.

По этой причине для иудея обрезание крайне важно. Существуют вещи, которые для иудея означают всё: Песах, кошерная еда, шаббат и обрезание. Будь они либеральными или практикующими иудаизм, – эти вещи распространяются на всех.

Очень важно понять аргументы Павла относительно обещания Бога, данного Аврааму. В 3-й главе послания Галатам он отстаивает мысль, что обещание, данное Аврааму, было только для одного мужчины, потомка Авраама. Слово, которое Бог использовал для «потомок, семя», употреблено в единственном числе, в связи с чем, когда Бог говорил «Аврааму и его семени», Он не подразумевал всех потомков мужского пола, но одного из них. Павел оспаривает, что, когда это семя мужского пола пришло в мир (а это был Иисус), обрезание изжило себя, потому что ныне обещание передано в наследство. Тот, Кому это было обещано, получил наследство, по этой причине нет смысла теперь кого-либо обрезать. Итак, обрезание было признаком наследства, и Иисус имел этот признак. Он был обрезан, и Он был тем, Кто унаследовал обещание.

Конечно, Павел как еврейский мальчик, был обрезан, и кажется странным во свете его аргументов, что он проводит обряд обрезания над Тимофеем, который пришёл в Галатию. Такой поворот событий может казаться противоречивым, но это случилось лишь потому, что Тимофей собирался сопровождать Павла в его миссионерских поездках, а Павел всегда сначала посещал синагоги и проповедовал иудеям. Тимофей бы никогда не смог войти в синагогу, будь он необрезанным. Павел это сделал лишь из уважения к традиции ради целей проведения евангелизационной работы. Таким же образом Стадд (C.T.Studd) и другие миссионеры в Китае отращивали косички, чтобы китайский народ не видел в них иностранцев. Но Павел, который обрезал Тимофея по этой же причине, теперь возмущённо говорил галатам: «Как вы смеете так поступать!?» Обрезание действительно было важным, но за этим кое-что стояло.

Резкие высказывания Павла в послании ещё раз напоминают мне, что Библия – не книга для детей; это книга для взрослых. (Трагедия в том, что люди, повзрослев, перестают её читать). Он говорит: «Пусть лучше те, кто ввёл вас в заблуждение, не просто обрезаются, а кастрируют себя» (Галатам 5:12). Тогда бы они не смогли плодить себе подобных. Резко сказано, не так ли?

Почему Павел против обрезания?

Ответ на этот вопрос находится в иудаизме. Иудаизм может с лёгкостью стать религией дел. Это – религия, где спасение обретается посредством соблюдения Заповедей. Несмотря на то, что Закон исполнить невозможно, многие все же пытаются это сделать. В этом суть опасности расположения Десяти Заповедей на самом видном месте. Это приводит к мысли, что достаточно только исполнять эти заповеди, чтобы задобрить Бога. Когда в церковь входит незнакомец, а ему в лоб стреляют вывешенные нами Десять Заповедей «НЕЛЬЗЯ...», то навязывается ложная идея, что мы против всего, что мы негативно настроены, что если ты приблизишься к Богу, то Он лишит твою жизнь какого-либо удовольствия.

Иудаизм

Христианство уходит своими корнями в иудаизм, который зиждется на Ветхом Завете. Но сколько Ветхого Завета проходит через Новый? Сколько из 613 законов и повелений в действительности применимо к нам? Это основной вопрос, который вы задаете при изучении Ветхого и Нового Заветов?

Приведу пример. Я не призываю христиан жертвовать десятину, так как это относится к временам Ветхого Завета и Закона Моисея, и десятина никогда не упоминалась в Новом Завете по отношению к язычникам. Евреи соблюдали такое установление, но верующим из язычников о десятине никогда не говорилось. Тем не менее, нам говорят *жертвовать*.

Однажды я слушал молодого проповедника, говорящего о десятине. Вполне понятно, он использовал свой компьютер для поиска слова «десятина» и нашёл все библейские ссылки. Он сказал, что с десятиной связано благословение, и привёл все ссылки. Бог говорит в книге пророка Малахии: «Испытайте меня, не открою ли я окна и не изолью ли свои благословения на вас». Затем он сказал, что к десятине привязаны также и проклятия, и продолжил рассказывать о проклятии в Ветхом Завете, что наши внуки и правнуки с праправнуками будут страдать от проклятия, если мы не будем приносить десятины. Я посмотрел на лица прихожан и увидел страх за своих правнуков, которые будут страдать из-за них. Не сомневаюсь, что в это воскресное богослужение собрали огромное подаяние! Я был в ужасе. В Новом Завете принесение пожертвований действует по абсолютно другому принципу. Господь любит доброхотно дающего. Вы жертвуете не потому, что вас заставляют, как в приведённом случае через страх за правнуков. Вы даёте, потому что *хотите* жертвовать, а не потому, что над вашими правнуками может нависнуть проклятие.

Другой пример – день покоя, закон шаббата (субботнего покоя). Стоит хорошенько подумать, прежде чем применять к христианам ветхозаветные установления, потому что, если мы применяем некоторые из них, то в таком случае должны применять все без исключения, и если применяем благословения, то должны применять и проклятия. После вышесказанного готовы ли вы по-прежнему применять их? Лично я – нет. Так же Павел говорит: «Если ты применяешь обряд обрезания, то это лишь вершина айсберга. Если ты применяешь обрезание по причине, о которых тебе рассказывают эти учителя, тогда исполняй остальные 613 заповедей».

Вот почему Павел был так озабочен этим вопросом. Проблема не в самом обрезании, но в том пути, который открывает дорогу к иудаизму. Он испытал иудаизм на себе, и когда рассмотрел заповеди, которые соблюдал (не просто те, которые нравилось соблюдать), он возблагодарил Бога за то, что тот избавил апостола от них. Таким же образом, если мы говорим людям соблюдать Закон Моисея, мы предаём их аду, поскольку те не в состоянии исполнить его.

Очень важно направить людей под действие благодати, а не под действие Закона. Есть Закон, под которым мы находимся, но это –

Закон Христа, не Закон Моисея. Тот Закон изжил себя, с ним покончено. Но одна из самых больших проблем для нынешней церкви – это то, что мы даём людям смесь Закона Христа и Закона Моисея. Как вы думаете, почему в церквях сегодня имеются священники, носят облачения, стоят алтари и воскуряется фимиам? Нам ни одно из перечисленных не нужно, всё это относится к Закону Моисея, но его атрибуты прокрались в нашу жизнь.

Через всю книгу Деяний мы видим ослабление связей между иудаизмом и христианством. Первый мученик церкви Стефан был забит именно за это. Когда Филипп крестил эфиопского евнуха, он сделал немного больше, и затем Пётр был послан Богом к Корнилию, язычнику в Кесарии. Позже в Иерусалиме верующие во Христа иудеи стали подозрительны к новой вере, которую принесли язычникам. Евреям казалось недостаточно всего этого, и в итоге Павел идёт в Иерусалим, чтобы оспорить саму суть церкви, которая посылала этих антимиссионеров, говорящих о недостаточности одной веры: мол, ещё необходимо соблюдать обряд обрезания. Реальный вопрос был связан не с обрезанием, а с сомнениями о том, действительно ли язычники становились иудеями, когда они обращались в христианство.

Спасение

Серьезным вопросом стал вопрос спасения и каким образом его можно получить. Люди предлагают несколько различных ответов на этот вопрос, и все считают себя христианами.

Лишь через добрые дела

Большинство религий мира придерживаются взгляда о спасении через дела. Ты должен молиться, должен поститься, должен давать милостыню и так далее, и, в конце концов, Бог это всё учтёт. Ты спасаешь себя, благодаря своим собственным усилиям. Религия «спаси себя сам» привлекает людей, так как она затрагивает их чувство собственного достоинства, гордость, ибо они чувствуют, что достигли, заслужили спасения. Это – самоправедность, и её Бог ненавидит. Он будет иметь дело скорее с грешником, чем с праведником в своих глазах. Он был другом грешников, но с самоправедниками, такими как фарисеи, не хотел иметь дела.

Дела плюс вера

Мнение о необходимости добрых дел весьма распространено. Когда-то я служил капелланом в Королевских военно-воздушных силах Великобритании. Когда прибывала новая группка армейцев, англиканский капеллан забирал под свою опеку 70% вновь прибывших, затем капеллан-католик забирал в свою группу всех, у кого был ирландский акцент, и мне для духовного кормления оставались остальные – баптисты и методисты, Армия спасения, буддисты, мусульмане, агностики и атеисты. Быть капелланом для атеистов – одно удовольствие.

Когда солдаты рассаживались передо мной, я спрашивал, сколько среди них методистов, сколько баптистов и так далее. Люди поднимали руки, и у меня вырисовывалась общая картина. Затем я спрашивал, а сколько среди них христиан. Мёртвая тишина! Изредка какой-нибудь паренёк поднимал руку с улыбкой на лице, но обычно аудитория оглядывалась по сторонам, чтобы увидеть, кто ещё поднял руку.

– Да ладно, – говорил я. – Смелее, ребята! Вы же сказали, что среди вас есть методисты и баптисты. Так сколько же среди вас христиан?

– Христиан? Что вы имеете в виду, падре? – уточняли они.

– А как вы думаете, что я имею ввиду? – не сдавался я.

– Ну, тот, кто соблюдает Десять Заповедей, – чаще всего можно было услышать.

– Хорошо, я соглашусь, что тот христианин, кто соблюдает Десять Заповедей. Так сколько же здесь христиан?

Аудитория приходила в замешательство и кто-то обычно говорил: «Но святой отец, их невозможно все исполнить!»

– Ну, хорошо, а сколько нужно исполнить, чтобы быть христианином?

– Шесть из десяти.

–Ладно, пусть будет так, христианин – тот, кто соблюдает шесть из Десяти Заповедей. Итак, сколько же среди нас христиан?

Такое общение приводило к изумительному обсуждению, что значит быть христианином. Вы видите: дела плюс вера подразумевают, что мы соблюдаем столько заповедей, сколько можем, и затем просим Бога простить нас за заповеди, которые не смогли исполнить. Мы можем называть это «христианство, делающее благо».

Вера плюс дела

Некоторые верят, что вы начинаете с веры и продолжаете добрыми делами. После того, как вы уверовали в Иисуса, вам следует исполнять Закон. Именно это говорили во времена Павла так называемые «жидовствующие».

Одна лишь вера

Павел писал галатам: «Вы начали Духом, а сейчас хотите достичь цели человеческими усилиями? Закон относится к плоти – это ваши усилия, это не Дух, действующий в вас». Павел сражался за чистую веру, веру от самого начала до конца. Он говорил: «Я не стыжусь Евангелия. Оно – сила Бога, которая спасает каждого, кто продолжает верить». Вера от начала и до конца.

Другими словами, мы не можем идти на компромисс – мы должны жить верой. В этом суть веры. Неправильно сначала уверовать, а потом продолжать пытаться делами заработать благосклонность Бога. Существует большая разница между призывом веровать и призывом соблюдать Закон. Павел сражался за христианскую свободу. Ввести требование исполнять Закон на какой-нибудь из стадий христианской жизни – это поставить людей под проклятие, потому что единственным оправданием может служить в таком случае стопроцентное исполнение Закона. Вы либо соблюдаете Закон на все 100%, либо нарушаете его.

То же самое относится и к человеческим законам. Если бы я проехал на красный свет светофора, был остановлен полицейским и сказал «Но, понимаете, я останавливался на каждом светофоре», он бы ответил: «Меня не интересует, что вы останавливались на каждом светофоре, – вы нарушили закон!» Именно так скажет Бог. Закон – это не нить с нанизанными на неё отдельными жемчужинами, Закон – это ожерелье, все жемчужины вместе, а не отдельно одна от другой. Если вы разорвёте нить в одном месте, то всё ожерелье рассыплется. Вы нарушили Закон, вне зависимости от того, одна заповедь не соблюдена, или все.

Представьте три человека, стоящих на скале, отделённой от берега водой шириной в 3 метра. Начинается прилив. Для спасения им лишь нужно перепрыгнуть трехметровое пространство. Первый прыгнул на один метр и утонул. Второй прыгнул на два метра, и тоже утонул. Третий, если не допрыгнет лишь полметра, участь та же – погибель.

Божье слово говорит: «Проклят каждый, кто не соблюдает всего, написанного в Законе». Вы находитесь под этим проклятием, если пытаетесь исполнить все повеления, чтобы влететь на небеса на собственной тучке. Но Евангелие говорит об абсолютно другом виде праведности.

Возникает логичный вопрос: «Почему Бог дал эти Десять Заповедей? Почему Он вообще дал Моисею Закон?» Ответ находится в послании Галатам.

Во-первых, Бог дал Закон, чтобы *показать наличие греха*. Намерение Закона – открыть нам глаза на то, что мы испорчены. Другими словами, только Закон может сказать нам, какие мы грешники. Вы не знали о том, какими плохими были, пока не стали изучать Закон Бога. Закон был дан, чтобы подготовить нас для Христа, показывая, что мы не в состоянии выполнить Закон. Вот почему проповедь о Десяти Заповедях может подвести человека к тому, что он осознает грех, так как невозможно на 100% все исполнить, особенно во свете того, как Иисус толковал эти Заповеди.

Ключевая тема

Свобода – ключевая тема послания. Жажда свободы универсальна, но возникает вопрос: свобода от чего? Библейская весть: Христос пришёл освободить нас, сделать из рабов сыновей и наследников. Как евреи были освобождены от египетского рабства, так мы освобождены через Христа от зависимости грешить. Но свобода с лёгкостью потеряна. Как высказывается Эдмонд Бёрк (Edmund Burke), «вечная бдительность – цена свободе». Проблема даже не в получении свободы, а в её *сохранении*. Свободу можно потерять.

Рисунок на обороте изображает всю концепцию послания Галатам. Рисунок довольно прост, но требует пояснения. Он показывает три концепции в послании Галатам: легализм, свобода и своеволие. Легализм – это враг свободы, но что люди не всегда осознают,

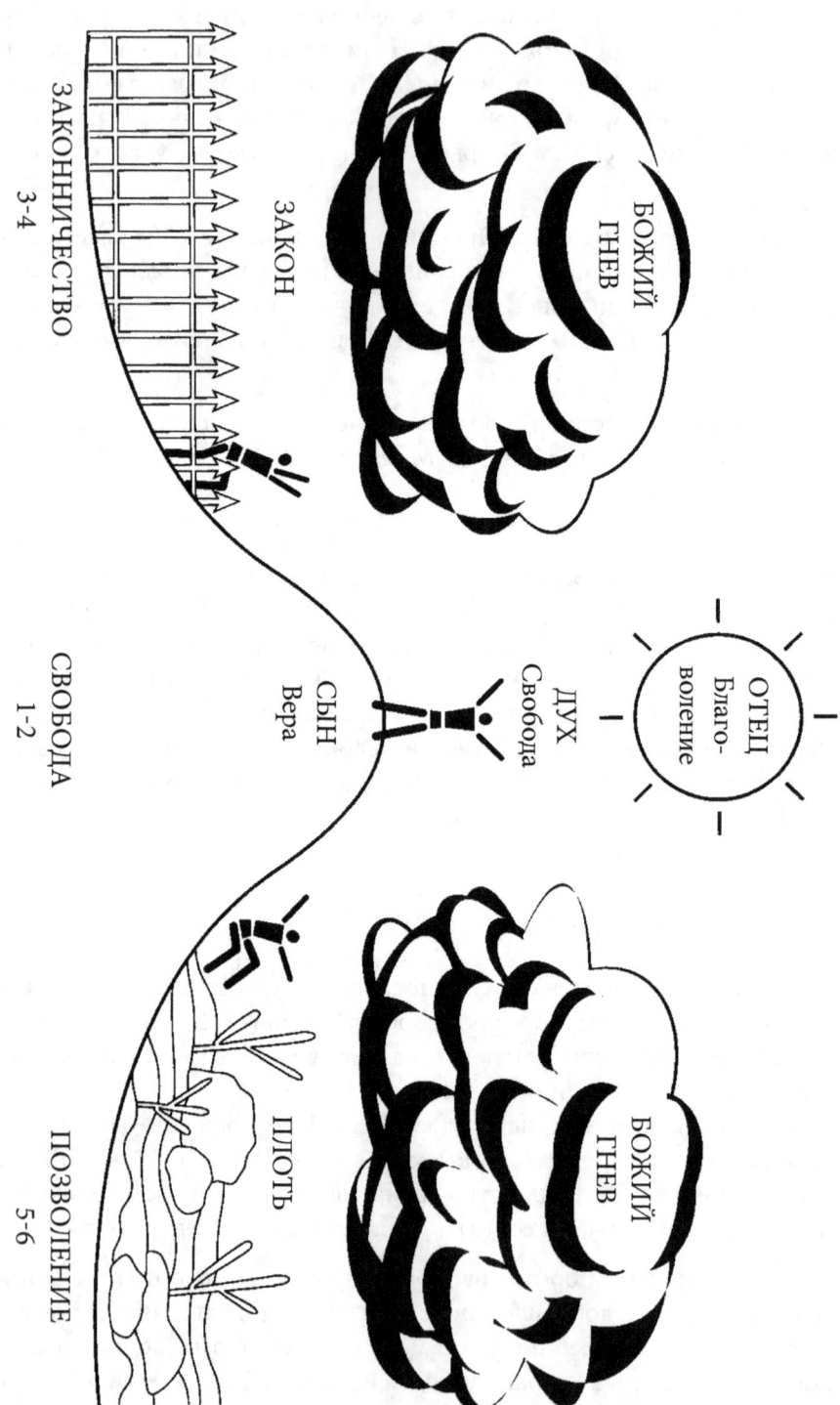

так это то, что своеволие – тоже враг свободы. Во 2-ой главе послания Галатам говорится о нашей свободе во Христе при одобрении Отца и сиянии Его любви. Мы находимся в свободе Духа, и основанием является вера в Сына. Итак, Отец, Сын и Дух дают нам свободу стоять на верху горы.

На рисунке видно два способа потери свободы. Один – скатиться назад к Закону, как показано в виде клетки-забора. Мы в неё попадаем, пытаемся выкарабкаться, но не можем. Если вы возвращаетесь назад под Закон, то снова находитесь под гневом Бога, потому что не в состоянии исполнить весь Закон. Но есть другой путь потери вашей свободы, это скатывание в болото плоти. Это также является кабалой, но это рабство ваших собственных желаний, и вы снова оказываетесь под гневом Бога. Вы потеряли свою свободу.

Пешая тропа к горе Гелвелин (Helvellyn), что в Англии, является идеальной иллюстрацией, потому что это очень узкая тропа вдоль горного кряжа. С обеих сторон тропы находятся две огромные впадины. В последний ледниковый период они были образованы огромными льдинами, скатившимися вниз и оставившими лишь узкую тропинку между собой. Гора Маттернхорн в Швейцарии возникла в результате схождения трех больших льдин, образовав вершину с тремя пиками.

Ходить в Духе – значит ходить по краю ущелья, это требует повышенной осторожности, поскольку легко оступиться, сделав всего лишь один неверный шаг. Я бы сказал, что наибольшая опасность для христиан в их свободе – легализм. Это может удивить вас. Своеволие весьма очевидно, но когда церкви начинают придумывать дополнительные правила и установления, вы легко попадаете в лапы легализма, и он убивает свободу. Легалистские отношения можно с лёгкостью выявить: поджатые губы, одинаковые выражения лиц. Попытка исполнять Закон делает людей черствыми. Легализм превращает христианскую веру в набор правил, а не взаимоотношений. Люди думают, что они христиане на основании того, что соблюдают правила: не курю, не играю в карты, не выпиваю, не делаю этого, не встреваю в то, а тем временем взаимоотношения с Богом испарились.

Свобода в Духе не означает делать то, что вам *заблагорассудится*, и это не означает делать то, что *говорят* другие, это *позволить Духу направлять вас*. Как пишет Павел галатам, это не свободное поведение, чтобы грешить, это – свобода *не* грешить. Это – реальная свобода. Ни один неверующий не обладает такой свободой; это свобода, которую Бог хочет, чтобы мы имели. Но так легко попытаться остановить людей от греховных поступков, если их просто загнать под Закон, и к сожалению так поступают во многих церквях. В них пытаются защитить людей, удержать их от выполнения того или иного, абсолютно не осознавая, что легализм является таким же врагом свободы, как и своеволие.

Именно это является совокупным доводом послания. Главы 1-2 говорят об этой свободе, главы 3-4 рассматривают легализм, который может её дискредитировать, и главы 5-6 говорят о противоположной опасности – своеволии. Итак, Павел вёл борьбу на двух фронтах, и это – настоящая проблема. Оставаться в свободе и избегать как легализма, так и своеволия – таки деликатная задача.

Рассмотрим же более детально легализм, своеволие и свободу.

Легализм

Обрезание является первым звеном цепи, которую набросили на галат. С него начиналось законничество. Это не часть Благой Вести, в этом случае они должны были соблюдать все положения Закона.

Некоторые говорят: «Но ведь люди станут злоупотреблять свободой, если вы скажете им, что они не под действием Закона? Не станут ли они неуправляемыми? Если не установить правила, люди могут зайти слишком далеко в потакании своим желаниям.»

Когда я был служителем методистской церкви, у нас была книга толщиной с палец под названием *Установленные обряды и порядки методистской церкви*. Теперь эта книжечка в пять раз толще! Каждый год страницы добавляются и добавляются. Итак, если бы правила и порядки могли принести возрождение, методисты бы пришли к финишу ещё до выстрела стартового пистолета! Но этого не происходит. Легко придумывать правила и давать бесчисленные инструкции, ложно полагая, что они могут привнести жизнь. Свобода приносит жизнь, и Бог освободил нас для свободы. К законничеству нужно относиться, как к коршуну. Если вы скатитесь в легализм, то станете черствыми и лицемерными, потому что не сможете признаться другим людям в том, что сами нарушили Закон.

Своеволие

Существует реальная опасность в том, что Павел называет «дела плоти». Остерегайтесь их. Это не что иное, как ещё один вид рабства. Это – всепоглощающая топь. Дела плоти перечислены Павлом в послании Галатам. Некоторые весьма очевидны – беспорядочный секс и оккультизм. Но есть и менее приметные: споры, соперничество, зависть, злоба и предрассудки.

«И что происходит, – спрашивает Павел, – когда кто-то скатывается в эту сторону?» Это, как кожура банана на дороге у христианина. Апостол пишет, что, если кто-то впадает в подобное прегрешение, то таких быстро поднимайте, восстанавливайте взаимоотношения, чтобы они могли исцелиться. Но если кто-то умышленно и по доброй воле идёт и погрязает в грехе, Павел твердо заявляет, что такие не наследуют Царства. Они могут говорить, мол, «всё в порядке, у меня есть пропуск на небеса», но Павел утверждает: «Ты неправ, ты не наследуешь Царство». Это серьёзное предупреждение.

Вы можете соскользнуть в законничество, вы можете скатиться в своеволие, важно быстро из него вырваться. Если же вы намеренно и добровольно выбираете либо клетку, либо топь, тогда не наследуете Царство.

Свобода

Свобода – это свобода не грешить. Разве это не прекрасная свобода? Вы теперь свободны во Христе не грешить. Нет необходимости говорить этому «да». Как Павел в своём письме Титу пишет: «Дана нам благодать сказать «нет». Не прекрасно ли это? Вернёмся же к рисунку и посмотрим, что происходит. Вообразите тропинку на вершине горы, уходящую вдаль. Нам нужно ходить в Духе, шагая по краю, чтобы избежать ям самоволия или легализма. Когда вы ходите в Духе, происходит что-то невероятное. Существует лишь один плод Духа с девятью ароматами, тогда как дел плоти – множество.

На Средиземноморье есть плод, называемый *Mysterio Deliciosus* – мистический деликатес. Если вы откусите один раз, чувствуется вкус апельсина; кусая второй раз, чувствуете лимон! Фрукт содержит множество различных ароматов. В христианах вы обнаружите различные ароматы одного плода Духа. Вы можете видеть некоторые ароматы и в неверующих, не так ли? Нехристиане тоже могут радоваться, быть мирными, но вы никогда не увидите все девять ароматов одновременно, кроме как во Христе, и в тех, кто исполнен Духом и поступает по Духу. Девять ароматов связывают вас с Богом, другими людьми и с самим собой. Трое из ароматов – любовь, радость и мир – вводят в идеальную гармонию с Богом. Следующие три – долготерпение, благость и милосердие – вводят вас в гармонию с другими людьми. Затем вера, кротость и воздержание вводят в гармонические взаимоотношения с самим собой. Какой же это великолепный плод!

Плод Духа, конечно, ограничен без даров Духа, как и дары неполноценны без плода. Если я пойду в больницу навестить больного, я могу проявить все плоды Духа: проявить любовь, посещая человека, радость, ободряя больного, и мир, успокаивая страждущего; терпение, выслушав о всех деталях перенесённой операции, доброту, принеся фрукты и благость, предложив заботу о домашних, верность, посещая регулярно, кротость, уйдя, когда медсестра попросила об этом, или самоконтроль, не съев принесенные фрукты. Я перечислил все проявления плода Духа в одном визите, но я не исцелил больного, потому что это – дар Духа. Мы нуждаемся в обоих: плоде и дарах. И никогда не надо противопоставлять одно другому, слышите, никогда!

Павел говорит, что, когда мы живём по Духу, плод умножается. Здесь он использует слово «живём/ходим» двумя различными способами, применяя различные греческие слова. Наш английский перевод приводит одно значение «жить или ходить» в обоих случаях. В конце 5-ой и 6-ой главы он говорит: «жить по Духу». В греческом тексте 5-ой главы «жить» означает странствовать, бродить, так австралийцы говорят о пешем туризме, о прогулке в одиночку. Но в 6-ой главе слово «жить» означает «маршировать в Духе в ногу с другими». Итак, мы имеет два вида «поступать по Духу»: ходить в Духе самостоятельно и ходить в Духе в ногу с другими христианами, братьями и сёстрами, и мы нуждаемся в обоих видах «жизни хождения» перед Богом. Истинная свобода – идти по этой вершине с братьями и сёстрами, живя в Духе с ними вместе.

Таково послание человечеству в письме Павла галатам. Это – одно из самых своевременных писем, хотя и не слишком приятное для слуха, и я разделяю мнение тех, кто говорит, что данное письмо является Magna Carta – великой хартией христианской свободы. Я по-настоящему убеждён, что это подходящее название для послания. Многие люди выступают за другой вид свободы, но свобода, за которую мы стоим, является свободой не грешить; это свобода беречь себя от клетки под названием легализм и от топи под названием своеволие, и свобода стоять на вершине, наслаждаясь благословением Божьей благосклонности.

Законничество до сих пор с нами

Легализм, он же законничество, всё ещё присутствует в нашей жизни. Люди пытаются попасть на небеса посредством собственных усилий. Или, начав с веры, они продолжают пытаться задобрить Бога хорошими делами. Это печально!

Доктор Сэнгстер (W.E. Sangster) пошёл навестить умирающую женщину в больнице. Он спросил ее: «Вы готовы встретиться с Богом? Что скажете Ему, когда предстанете перед Его лицом?»

Воздев к небу натруженные руки, она промолвила: «Я – вдова. Вырастила пятерых детей, у меня не было времени для церкви и Библии, или для другой религиозной деятельности. Но я отдала моим детям всю себя, и когда я увижу Бога, я просто покажу свои руки, и Он, посмотрев на них, поймёт».

Что бы вы сказали этой женщине? Д-р Сэнгстер сказал ей: «Вы опоздали, моя милая. Слишком поздно».

«Что Вы имеете в виду?» – спросила вдова.

Он ответил: «Знаете, есть Некто, Кто уже сделал это до вас, и Он держит Свои руки перед Богом, и Бог на другие руки уже не смотрит».

«Я вас не понимаю», – смутилась женщина.

Он сказал: «Не возлагайте надежду на свои руки, возлагайте надежду на Его руки».

Легализм всё ещё с нами и весьма распространён. Обычные британцы думают, что быть христианином значит быть наподобие их бабушек с кошкой. Они думают: «Я – хороший христианин, как все, кто ходит в церковь». Говоря так, они попадают в ловушку законничества. Нам следует сказать таким, что только 100% послушания является пропуском на небеса, и если они могут так делать, то для других разрушают такую возможность!

В церквях мы также обнаруживаем легализм. Они склонны добавлять свои собственные правила как условие членства. Существует четыре ступеньки до церковной двери, чтобы войти в неё: покаяние, вера, водное крещение и получение Святого Духа. Никаких других дополнительных условий. Лестница – внутри. И там есть много ступенек, чтоб взобраться внутрь, об этом мы читаем в 1-ом и 2-ом посланиях Петра. Но снаружи есть только четыре ступени. К сожалению, в церквах имеют привычку говорить: «Вы должны быть преданным», или «Вы должны взять на себя руководство» и так далее. Эти ступени находятся внутри церкви, но не снаружи.

Своеволие до сих пор с нами

До сих пор имеются люди, полагающие, что супружеская измена, совершённая неверующим, приведёт его в ад, а верующим человеком – ничего, мол, страшного нет. До сих пор есть такие, кто верит, что определённый вид грехов для верующих простителен, что можно потерять лишь немного благословения или награды, но не невозможно потерять свой билет на небеса. В послании Галатам по этому поводу сказано однозначно: нельзя унаследовать Царство Божье, если умышленно возвращаешься назад к греху.

Свобода до сих пор с нами

Мы должны оставаться и идти вместе с другими по узкой тропе, дуновение Духа опоясывает нас, и благословения Божьей благодати – на нас. Мы свободны, чтобы жить, не согрешая, и быть храбрыми, если только живём по Духу.

Послание Галатам – одно из влиятельных писем, которые вы когда-либо прочитаете. Кроме всего, прочитайте письмо и обратите внимание на его идею. Вот как я перефразирую её:

> От кого: Павел, посланник Господа (не назначенный какой-либо группой официальных представителей или даже божественным водительством через людей, но лично посланный Иисусом, Мессией и Его Отцом – Богом, Который вернул Его к жизни после погребения). Все христиане-братья прочитали и одобрили моё письмо.
>
> Кому: общине Божьего народа в провинции Галатии.

Наслаждайтесь же незаслуженной щедростью и абсолютной гармонией Бога, нашего Отца и Его Сына Иисуса Христа, нашего Господа и Мессии! Наши плохие поступки стоили Ему жизни, но Он отдал её добровольно, чтобы спасти нас от аморальности нашей сегодняшней обстановки. План спасения был утверждён нашим Богом-Отцом, Который никогда не теряет признания. Да будет так!

Я надломлен, обнаружив, что вы все оставили Бога, Который подобрал вас для Его специального предложения – бесплатного дара Христа, и переключились на иное евангелие, которое не является Благой Вестью. Вы одурманены некоторыми людьми, чья цель – перевернуть Евангелие с ног на голову. Но послушайте, если лично мы, или какой-либо иной сверхъестественный посланец из другого мира придёт и принесёт новость, что противоречит нашей, да будет проклят! Мы говорили вам это раньше, и я должен повторить снова: если кто-либо будет провозглашать Евангелие, отличающееся от того, в которое вы уверовали, да горит он в аду!

Итак, это звучит так, будто кто-то пытается стать с правильной стороны от человека или от Бога? Меня обвиняют в том, что я ищу популярности? Если бы я ещё хотел задобрить людей, последнее, что бы сделал, – стал Христовым служителем.

Мои дорогие братья, я должен прояснить для всех вас, что Благая Весть, о которой я рассказываю, не является человеческой басней. Я не слышал её ни от кого, и никто мне её не рассказывал. Я напрямую узнал её от Иисуса-Мессии, и это доказывает моя жизнь.

Вы, должно быть, слышали о моей ранней карьере в иудейской религии. В моём экстремальном фанатизме я охотился за Божьей компанией верующих христиан и разорял их. Как ярый сторонник иудаизма, я обскакал многих друзей-националистов моего возраста, потому что находился в эйфории от установленных моими предками традиций.

Затем Бог приложил Свою руку. Он отметил меня Своей меткой ещё до того, как я, оставив чрево матери, увидел свет. Он избрал меня из всех людей, чтобы показать другим, каким на самом деле является его Сын, особенно тем, кого я называл иностранцами. Сразу я решил не спрашивать ни у кого совета. Итак, я не пошёл в Иерусалим консультироваться с теми, кто работал эмиссарами Господа. Напротив, я один пошёл в аравийскую пустыню обдумать ситуацию, после чего вернулся в Дамаск.

Только через три года я, наконец-то, познакомился с Петром в Иерусалиме. Даже тогда я остановился на две недели, и других апостолов не видел, хотя встретил Иакова, брата нашего божественного лидера (Бог Свидетель, я это не придумываю). После этого я пошёл в различные места в Сирии и Киликии, так что христианские общины в Иудее так и не знали моего лица. Всё, что они знали обо мне, было молвой, что их злейший враг теперь распространяет верование, в которое они верят, и которое он так сильно жаждал разрушить. Они возблагодарили Бога за такую трансформацию.

Прошло ещё четырнадцать лет, после которых я снова очутился в Иерусалиме. К этому времени Варнава и Тит пошли со мной. Это был Бог, Который побудил меня пойти и поговорить наедине с уважаемыми лидерами евреев-христиан. Я хотел сверить с ними Евангелие, которое распространял среди других наций, чтобы мои усилия не были напрасными. Я взял Тита для контроля, так как он был греком-христианином. Но они никогда не настаивали, чтобы он прошёл обряд посвящения – обряд обрезания. На самом деле, вопрос бы никогда не возник, если бы некоторые, которые везде суют свой нос, не находились на заседании. Они просочились пошпионить за свободой, которой мы наслаждаемся в наших взаимоотношениях со Христом; эти некоторые искали способ затянуть нас назад под контроль их системы. Но ни на одну пядь мы не уступили им свои позиции, и вы не потеряли то, что называется Благой Вестью. Что касается других лидеров (их настоящие регалии меня не волнуют, Богу нет дела до званий и титулов, я имею в виду тех, на которых смотрели, задрав головы и открыв рты), то они ничего не добавили к учению, которое было провозглашено. Напротив, могли убедиться, что я имел достаточную квалификацию, чтобы нести Благую Весть необрезанным людям, как делал Пётр для обрезанных. Ибо Тот же Бог, Который так эффективно действовал среди евреев через труд Петра, очевидно, свершал такие же великие дела у язычников через меня. Иаков, Иоанн и Кифа (Пётр использовал его еврейское имя), похоже, были тремя опорами, и когда они осознали, каким благословением является мой труд, то пожали мне руку с Варнавой, что стало свидетельством абсолютного партнерства и понимания того, что они сконцентрируются в своих усилиях на иудеях, а мы – на неевреях. Единственное, о чем просили, чтобы мы не забывали посылать финансовую помощь бедным евреям-христианам, и я с радостью согласился это исполнить.

Но серьёзный кризис возник тогда, когда Пётр после нашего визита пришёл в Антиохию. Я вынужден был лично высказать ему в лицо, что он неправ. Когда он впервые пришёл, то был счастлив разделять трапезу с обращёнными из язычников. Затем, когда прибыли некоторые из коллег Петра, и Пётр переживал о том, что они могут о нём подумать, он перестал обедать совместно с язычниками. Другие верующие из евреев соглашались с ним, и даже мой друг Варнава впал в лицемерие. Когда я увидел, что такое поведение не соответствует Евангелию, я сказал об этом Петру при свидетелях: «Ты еврей по национальности, но оставил свои сомнения и принял образ жизни язычников-иностранцев. Почему теперь ты пытаешься заставить их принять еврейские традиции?»

Мы родились в Божьем избранном народе, а не среди беззаконников-аутсайдеров других наций. Тем не менее, мы отлично знаем, что человек не может быть невинным в глазах Бога через попытку исполнять заповеди, но только лишь через доверие к Иисусу Христу, Который забрал вину за грехи. Итак, даже мы, иудеи, должны выстраивать правильные отношения с Богом, полагаясь на заслуги Иисуса-Мессии, а не на наши собственные попытки достичь Божьих стандартов. Священные Писания признают, что в суде Его «не оправдается ни один из живущих» (Псалтирь 142:2). Предположите, что мы стремимся угодить Богу через Христа, но живём за пределами иудейского Закона. Такое делает Христа анархистом, умышленно оправдывающего беззаконие? Ни в коем случае!

То, что делает из меня нарушителя Закона, должно снова создать целую законническую систему, которую я разрушил. Я уже давно обнаружил, что попытки исполнить Божий Закон – смертельное занятие. Неудача истребила моё эго, но это дало мне смысл, я должен жить так, как Бог того от меня хочет. Ибо, когда я осознал, что Иисус умер на кресте вместо меня, личность, которой я когда-то был, умерла также. Я знаю, что я ещё здесь, но это уже не я, это Христос, живущий во мне. По этой причине настоящая жизнь, которой я нынче живу в этом смертном теле, берёт своё начало из постоянного доверия к Божьему Сыну, Который возлюбил меня так сильно, что пожертвовал Своей жизнью ради меня. Пусть другие делают, что угодно, но я не собираюсь пренебрегать Божьей щедростью, ведь если бы я мог попасть на небеса через соблюдение заповедей, тогда смерть Христа абсолютно не имела бы смысла.

О вы, бестолковые галаты! Кто же объегорил вас, что вы больше не поступаете так, как истинно? Перед вашими глазами находилось наше живописное описание смерти Иисуса Христа на кресте. Просто дайте мне ответ на один вопрос: когда вы впервые получили опыт личного переживания Духа Божьего, это произошло по причине исполнения вами требований Закона, или потому, что вы уверовали после услышанного от нас?

Правильно! Тогда неужели вы выжили из ума? Начав с помощью внеземной силы Божьего Духа, вы полагаете, что сможете прийти к финишу посредством естественной энергии ваших личных упражнений?

Вы так ничего и не выучили из всего, что преподавалось вам? Вне сомнений, вы не избавитесь от всего сейчас. Когда Бог раздавал вам свободный Дух Свой так, что среди вас происходили настоящие чудеса, скажите мне, такое случилось по причине того, что вы исполняли Его Закон, или потому что слушали Его слова с абсолютным доверием?

Ваш опыт идентичен тому, что пережил Авраам, так как он «поверил, что Бог способен сдержать обещание, и через это доверие Бог отозвался о нём, как благом человеке» (Бытие, гл.15:6). Тогда вы осознаёте, что настоящие потомки Авраама – те, кто имеет такое же доверие к Богу. И Библия, в ожидании тех дней, когда Бог будет принимать другие расы на таком же основании веры, хранит провозглашение Благой Вести, данной Аврааму: «Через тебя все народы мира получат Божьи благословения с этим человеком, Авраамом, который был преисполнен веры».

Но те, кто полагается на соблюдение заповедей, в реальности находятся под Божьим проклятием, а не благословением, так как Закон Моисея абсолютно ясно утверждает, что «всякий, нарушивший эти правила, записанные в книге на все времена, будет проклят» (Второзаконие 27:26). Вне всяких сомнений, очевидно, что никто не может выполнить такой стандарт, если именно через него на нас смотрит Бог. Даже в Ветхом Завете указывается другой путь, чтобы войти в правильные взаимоотношения с Богом: «... праведный человек будет жить доверием» (Аввакум 2:4). Закон никогда не упоминает такой способ проявления веры, он делает акцент на достижениях: «Человек, исполнивший эти повеления, будет жить» (Левит 18:5).

Христос выкупил нас от этого связывающего по рукам и ногам проклятия Закона, и цена проклятия заплачена. Буквально, Он заплатил высшую меру наказания Закона, «тело человека под проклятием Бога должно висеть на суку дерева» (Второзаконие 21:23). Удалив таким способом проклятие, Иисус-Мессия высвободил благословение Авраама для неевреев. По этой причине мы теперь можем, просто веруя, получать обещанную силу Духа.

Братья, ничего особенного в этом нет. Я могу привести иллюстрацию из происходящего в ежедневной жизненной ситуации. После того, как завещание человека было подписано и скреплено печатью, его нельзя отменить или внести поправку. Теперь Бог сделал Свой завет ради Авраама и «его семени» (Бытие 22:18). Примите во внимание, что слово – в единственном числе, а не множественном, и показывает на одного потомка, а не множество. В действительности это относится ко Христу. Но моя основная идея в том, что соглашение уже ратифицировано Богом и не может быть отменено легальным сводом правил, который был предоставлен через четыреста тридцать лет, или обещание было бесполезным. Эти два нюанса – обещание и свод правил – не могут сосуществовать. Если благословение наследуется посредством соблюдения заповедей, оно больше недоступно на первоначальных условиях. Но Бог по щедрости дал это первое обещание Аврааму, и всегда будет так.

Тогда в чём заключался смысл Закона? Он был временным дополнением для укрощения беззакония рода человеческого. Пока не пришло в мир семя Авраама, чтобы наследовать обещанное благословение, противозаконные действия должны были подвергаться разоблачению и подлежать определённому контролю.

В отличие от обещания, Закон не был дан напрямую человеку. Бог передавал его через Своих небесных посланников, и земные посредники передавали его дальше народу. Как правило, посредник используется для проведения переговоров между двумя сторонами; и в этом смысле Закон был обоюдным контрактом, и люди должны были принять условия. Но наше верование в том, что Богу равных нет. С Ним нельзя торговаться, Он действует по Своим правилам так, как Он поступал напрямую в предоставлении обещания.

Означают ли эти различия, что Бог ввёл две соперничающие религиозные системы: Закон против обещания? Ни в коем случае! Если бы исполнение Закона могло сделать человека способным жить праведной жизнью, тогда Законодательство было бы оправданным. Но закон Библии просто закрывает такую возможность, доказывая, что каждый поступает неправильно, и остаётся лишь один путь – веровать Божьему обещанию, доверившись Иисусу-Мессии.

Пока возможность веры не пришла, мы находились в заточении и удерживались под неусыпной охраной Закона, ожидая дня, когда нам покажут, как верить. Другими словами, мы были, как дети, и Закон был строгим охранником, удерживая нас в строгой дисциплинированности, пока не придёт Христос забрать и сделать нас праведными через наше доверие к Нему. Вера в Иисуса Христа даёт полный статус и свободу, которая принадлежит взрослым сыновьям Бога.

Все те, кто начал жить христианской жизнью через водное крещение, теперь окутаны Христом. Вы больше не отдельные личности: один – еврей, другой – грек; один – раб, другой – свободный; один – мужчина, другой – женщина. Вы теперь одна личность внутри Иисуса. Как части Христа, вы принадлежите Ему, что делает вас единственным потомком Авраама, Которому дано право на благословение, обещанное Его «семени».

Посмотрите на это таким образом: ребёнок может наследовать бизнес, но, пока он ещё несовершеннолетний, он ничем не богаче, чем нанятые работники, даже если он владеет всем. Он находится под покровительством попечителей, и его имуществом управляют опекуны до установленной его отцом даты. Подобным образом, когда мы были духовными младенцами, наше поведение управлялось мирскими детскими суевериями, предрассудками.

Но Бог назначил время для нашего взросления, и когда оно подоспело, Он послал Своего Сына в наш мир. Он пришёл в этот мир, как и мы, родившись от женщины. Она была еврейка, по этой причине Он родился под Законом. Это позволило Ему купить свободу тем, кто жил под тиранией Закона, и дать нам полный статус взрослых сыновей.

На основании того, что вы тоже были признаны Богом за сыновей, Он послал Дух Своего Сына на нашу самую сокровенную внутреннюю суть, которая неустанно взывает: «Отец, Отец!» (именно так Иисус обращался к Своему Небесному Отцу). Это доказывает, что каждый из вас является сыном Бога, больше не слугой; и если вы Его сыновья, вы также и Его наследники, и Он позаботится, чтобы вы получили наследство.

Было время, когда у вас не было взаимоотношений с Богом. Но ваша религия вынуждала вас что-то делать для богов, которые не были настоящими! А теперь вы знаете Бога, как Он есть (или, вернее, как Он Себя вам представил), как же вы можете возвращаться назад к тем ничтожным предрассудкам? Вы на самом деле желаете снова быть в их плену? Вы уже соблюдаете календарь так называемых «священных» дней, и месяцев, и сезонов, и годов. Начинаю бояться, что все мои усилия помочь вам были пустой тратой времени.

Мои братья, я умоляю вас, оставайтесь со мной. В конце концов, я желаю быть с вами. Вы никогда не причиняли мне боль. Вы знаете, что такое случилось по причине физической болезни, что я первый пришёл рассказать вам Благую Весть. Моё состояние, должно быть, стало настоящим для вас испытанием, но вы никогда не смеялись надо мной и не презирали. Вы на самом деле приняли меня с теплотой, как небесного посланника, или даже как Самого Иисуса-Мессию. Куда же испарились эти чувства? Я вспоминаю, что вы хотели, если бы было возможно, отдать мне свои глаза для их трансплантации. А теперь смотрите на меня как на врага. Это по причине моей искренности?

Я знаю: это другие желают развести суету вокруг вас, но их мотивы неправильны. Они хотят склонить вас к себе, чтобы вы суетились вокруг них.

Не поймите меня превратно. Особое внимание всегда хорошо, если намерения правильные. Вы – моя особая забота, даже когда я не могу быть с вами. Мои личные дети, я чувствую себя матерью, которая терпит боли мук рождения до тех пор, пока Христос не исправит ваши жизни. Я бы хотел быть с вами сейчас, чтобы вы могли слышать изменения тона моего голоса. Я на самом деле уже мозг иссушил, думая о вас и о том, и что с вами делать.

Кажется, у вас имеется такое сильное желание жить по Закону Моисея, но разве всё вы исполняете? Вот послушайте повествование об одном происшествии.

Авраам был отцом двух сыновей от двух женщин: один – от рабыни, другой – от свободной. Сын от рабыни был результатом естественных половых отношений, но ребёнок от свободной женщины появился только как результат божественного обещания. Этот контраст дан, чтобы показать духовные реальности, так как два сына представляют два разных вида взаимоотношений с Богом.

Одно племя – от горы Синай, и её дети рождены в кабале. Их символическая мать – девочка-рабыня Агарь, ее связь – с Аравией, где находится гора Синай. Она соответствует нынешней еврейской столице Иерусалиму, чьи лидеры и объекты находятся под притеснением. Но существует другой Иерусалим – небесного происхождения, представленный свободной женщиной, и она – мать всех нас, кто верует. Библия говорит о ней: «Возвеселись, неплодная, нерождающая; воскликни и возгласи, немучившаяся родами; потому что у оставленной гораздо более детей, нежели у имеющей мужа» (Исаия 54:1).

Мои братья подобны Исааку, так как на нашу жизнь распространяется действие Божьего обещания. Как и в его дни, ребёнок, рождённый естественным образом, стращал того, кто был рождён благодаря силе Божьего Духа, – так и сегодня. Но посмотрите, что Библия говорит о последствиях этого: «Выгони эту рабыню и сына ее, ибо не наследует сын рабыни сей с сыном от свободной женщины» (книга Бытие 21:10). Итак, братья, зарубите себе на носу, что мы дети не от рабыни, а от свободной женщины.

Когда Христос освободил нас, какая это была настоящая свобода! Вот и оставайтесь в ней, и не попадайтесь снова в оковы рабства. Послушайте! Я, Павел, еврей-христианин, вполне серьёзно заявляю: если вы придерживаетесь обрезания, то Христос для вас не имеет никакой ценности. Позвольте повторить ещё. Заверяю, кто соблюдает внешние церемонии обрезания, тот ставит себя под обязательство выполнять каждое положение иудейского Закона. Операция отрезает не только часть кожи на теле, она отрезает вас от Христа! Любой из вас, кто пытается установить правильные отношения с Богом посредством соблюдения заповедей, обнаружит, что отдалился от незаслуженной Божьей милости.

Мы, христиане, строим нашу надежду на абсолютно другом основании. При помощи Духа Божьего мы ожидаем правильного положения и состояния в глазах Бога, которое имеем через доверие к Иисусу-Мессии. Став частью Его, уже неважно, обрезаны мы или нет. Единственно, что является важным, это способ выражения веры, которая проявляется в любви.

Вы бежали впереди всех в вашей христианской жизни. Кто остановил вас в продолжении проявлять ваше доверие? Такой вид благовидного убеждения никогда не исходит от Бога, Который всегда призывает вас продолжать идти вперёд. Они говорят: «Не нужно много дрожжей, чтобы всё тесто взбродило». Тем не менее, Господь каким-то образом даёт мне уверенность, что вы не измените свой внешний вид. Относительно человека, смущающего вас своими речами, то в один день он получит своё наказание, независимо от того, какое у него сейчас положение.

Что касается меня, братья, предполагается, что я должен проповедовать необходимость обрезания даже после всего этого. Если бы это было правдой, тогда объясните ту жестокую оппозицию, которая исходит от евреев? Если бы я защищал их законы, они бы не обижали меня, когда я говорю о кресте. Я просто желаю, чтобы те, кто агитирует вас обрезать себе часть кожи, просто себя кастрировали!

Итак, мои братья, Бог хотел вас видеть свободными. С одной стороны, не используйте эту свободу для оправдания ублажения своей старой природы. Используйте её, чтобы показать вашу любовь к другим, оказывая им услугу и содействие, так как весь Закон можно объяснить просто одним принципом, а именно: «Заботься о других, как заботишься о себе» (Левит 19:18). Но если вы ссоритесь друг с другом и рвёте друг другу волосы, смотрите, чтобы вы не истребили друг друга!

Подход, который я защищаю – это позволить Божьему Духу управлять каждым шагом, что вы делаете. Тогда вам не придётся исполнять желания вашего старого «я», чьи страсти диаметрально противоположны желаниям Божьего Духа, и наоборот. Эти двое несовместимы, вот по этой причине вы убедились, что не можете всегда делать то, что желаете. Если Дух руководит вашей жизнью, нет повода бояться Закона.

Когда же преобладает старое «я», то результаты очевидны. «Я» ведёт к беспорядочным отношениям, грязным помыслам или непотребству. Оно стоит позади оккультизма или наркотической зависимости. Проявление можно видеть в ненависти, перепалках, зависти, неуравновешенности, соперничестве, предрассудках и злобе. Это приводит к запою, оргиям и подобным вещам. Я предупредил вас заранее: люди, которые поступают таким образом, не будут иметь части в грядущем правлении Бога.

Когда действует Божий Дух, плоды проявляются в характере. Каждая доля включает любящую заботу, глубокое счастье и тихую умиротворённость, нескончаемое терпение, практическую доброту и безграничную щедрость, постоянную надёжность, мягкое смирение и твёрдый самоконтроль. Ни один закон не запрещал такие моральные принципы! И для их практики достаточно места, потому что те, кто принадлежит Христу, пригвоздили старое «я» ко кресту вместе со всеми страстями и инстинктами.

Если Дух Божий ведёт ваши жизни, позвольте этому же Духу хранить вас в мире друг с другом. Мы теряем такой мир, когда в сердце проникает пустая гордость, и другие принимаются за врагов-конкурентов.

Братья, если кто-то скатывается в прегрешения, те из вас, кто духовно зрелый, должен помочь такому подняться на ноги. Но делайте это в духе смирения и с кротостью, наблюдая за собой, так как внезапное искушение может с лёгкостью настигнуть и вас.

Когда напряжение усиливается до максимума, помогайте друг другу нести тяжести, это – простое исполнение наставлений Христа. Если из вас кто-то думает, что слишком важный для такого унижения, то такой человек ничего не стоит и обманывает лишь самого себя.

Пусть каждый оценивает свой вклад, чтобы видеть, достаточно ли им сделано. Затем может гордиться своей работой, не проводя одиозных сравнений с делами других, так как каждый должен нести свой груз ответственности.

Человеку, которого учат понимать Божье Слово, следует делиться материальными ценностями со своим учителем.

Не оставайтесь в иллюзии: никто не может задрать свой нос перед Богом и так ходить. Это – универсальный закон, что каждый пожинает то, что посеял. Если человек культивирует своё старое «я», он и пожнёт испорченный характер. Если он возделывает Божий Дух, этот Дух произведёт жизнь постоянного высокого качества.

Так давайте же никогда не унывать, делая добро! Однажды будет великая жатва, если мы не сдадимся. Итак, при любой возможности давайте помогать каждому, и особенно близким по вере. Посмотрите, какое пространное письмо я написал своей рукой!

Это те, кто беспокоится о внешнем виде, и любят производить впечатление; которые давят на вас, чтобы вы обрезались. Их настоящая цель – избежать непопулярности, связанной с крестом Мессии. И хотя они соблюдают обряд обрезания, похоже, не волнуются об исполнении остальной части Закона. Они лишь хотят принудить вас обрезаться, чтобы можно было похвастаться количеством последователей их ритуала.

Никогда не позволяйте мне хвастаться чем-либо или кем-либо, кроме как крестом Иисуса-Мессии, нашего Господа. Через эту казнь я умер для общества и общество мертво для меня. Нашему положению во Христе никак обрезание не поможет, и необрезание не навредит. То, что на самом деле имеет вес и значение, – это стать новым человеком внутри. Все, живущие по этому простому принципу, получат ненарушенную гармонию и незаслуженное содействие Бога, независимо от того, язычники они или евреи.

Теперь пусть никто не препятствует снова моей работе. У меня на теле есть метки, которых я не стыжусь. У меня есть клеймо из шрамов за мою службу Иисусу.

Пусть щедрая любовь Иисуса, нашего Божественного Господина и помазанного Спасителя, наполнит ваш внутренний мир, мои братья. Да будет так.

47. ПОСЛАНИЕ РИМЛЯНАМ

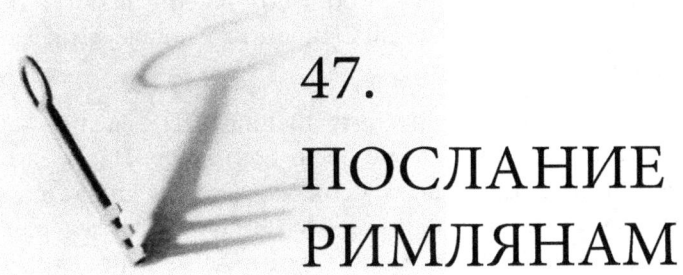

Введение

Наилучший способ изучения Библии – изучение книги за книгой. Библия – это библиотека книг, и каждая книга в библиотеке должна рассматриваться как отдельная часть, которая имеет своего автора, свой литературный жанр, охватывает определенный промежуток времени и воспринимается как книга, написанная для определённой аудитории. Эти факторы, если обратить на них внимание, помогут многим людям, которые открывают страницы послания Римлянам, забывая, что это письмо, и, таким образом, не задают тех вопросов, что помогают раскрыть смысл и цель текста.

Хотя письма были достаточно дорогими и их было трудно посылать в те далёкие римские времена, все же археологи обнаружили около 14 000 писем того периода. Письмо обычно имело от 20 до 200 слов; учитывая тот факт, что письмо обычно доставлялось одним человеком на протяжении всего пути, вес письма имел значение. Более длинные письма встречались редко. Самое длинное письмо – Цицерона – содержит 2 500 слов, Сенеки – 4 000 слов. Средний размер писем Павла примерно 1 300 слов, но его письмо римлянам содержит более 7 000 слов, и оно действительно самое длинное письмо, дошедшее к нам из Древнего мира.

Необычное письмо

Послание Римлянам является необычным и по другим причинам: например, приветствия в начале и конце – чрезмерно длинные. На самом деле, последняя глава является длинным списком людей, посылающих приветы. Это весьма необычно уделять так много места в письме передаче приветствий друг другу. Далее, послание читается скорее как лекция, а не письмо. Это не просто сообщение в Твиттере, оно больше напоминает лекцию с эпизодическими диалогами, как будто бы автор отвечает критикану.

Письмо также не связано с другими письмами Павла, так как он пишет церкви, с которой у него не было контактов. Павел даёт понять, что очень заботится о своих церквях и не вмешивается в дела других, поэтому кажется странным, что он должен писать своё самое длинное письмо церковной общине, которую не основывал и никогда ни посещал. Тем не менее, по его тону понятно, что он, хотя и не имел личных взаимоотношений с этой общиной, все же желает с ней встретиться и познакомиться.

Далее, это письмо более интеллектуальное, чем другие, без конкретных упоминаний какого-либо кризиса или противоречия, которое требовало бы его вмешательства (однако далее мы увидим, что проблемы таки имелись и требовали исправления). Большинство его писем содержит привкус битвы, но в этом письме это не ощущается.

Библейские комментаторы различными способами пытаются объяснить цель написания этого уникального послания. Мы можем разграничить эти способы на три группы.

Некоторые исследователи начинают с Павла и говорят, что причина для написания должна быть найдена в нём. Другие твердят, что причину нужно искать и в авторе, и в адресатах, и во взаимоотношениях между ними. Третьи утверждают, что причина для написания кроется только в адресате.

Автор

Первое объяснение примерно следующее: шёл 55-й год нашей эры, и на тот момент Павел проповедовал уже в течение 20 лет. Его стратегией было насаждать самоуправляемые, самораспространяющиеся церкви, которые содержали бы себя самостоятельно, своего рода территория Царства Божия в каждом густонаселенном районе. Во многих крупных городах Средиземноморья эта цель уже была достигнута.

Заключительным предприятием Павла на востоке был сбор пожертвований для бедных в Иерусалиме. Иерусалимская церковь сражалась с голодом и была крайне бедной, поэтому Павел учил организованные им церкви делиться своим имуществом и собирал деньги для бедных верующих в Иерусалиме. Прежде чем доставить деньги в Иерусалим, Павел провёл три месяца в Греции, ожидая хорошей погоды для плавания. Располагая временем в течение той зимы, он написал это длинное письмо в стиле хроники – регулярных записей о проповедуемом им Евангелии. Существует две версии этой теории:

Декларация

Некоторые доказывают, что послание Римлянам является декларацией Евангелия, которое он проповедовал, его последней волей и заветом. Он не знал, как долго он сможет продолжать путешествовать и проповедовать, – он был предупреждён о грядущих гонениях и тюрьме. Итак, послание Римлянам является завершающим письмом Павла, подводящим итоги его учения. Те, кто придерживается этой теории, в качестве доказательства указывают на слова Павла: «Я не стыжусь Евангелия».

Довод

Другие пытаются доказать, что Павел в письменной форме отвечает на те возражения Евангелию, с которыми он столкнулся. Это можно сравнить с книгами Джоша МакДауэлла, в которых он дает ответы на вопросы людей, впервые услышавших Благую весть. Павел имел большой опыт в спорах и диспутах и извлекал из них пользу для Евангелия, в частности в лекционном зале Ефеса. Он знал основные вопросы и замечания по Евангелию и решил составить своего рода учебник по вопросам Евангелия.

Проблемы

В этих двух подходах имеются весьма серьёзные проблемы.

Во-первых, если это краткое изложение его Евангелия, почему он посылает его лишь одной церкви? Почему бы не разослать его всем? И разве не логичнее бы было отправить это послание церкви в Иерусалиме, или любой другой, которые он сам насадил.

Во-вторых, послание Римлянам не включает всех элементов его Евангелия. Например, ни разу не говорится о Царстве, а мы знаем, что Павел проповедовал о Божьем Царстве. Бросаются в глаза и другие упущения: очень мало говорится о воскресении Иисуса или Его вознесении на небеса, почти ничего не сказано о церкви, не упоминается Вечеря Господня, нет чёткого объяснения небес или ада. Почти ничего не сказано о покаянии, пропущена концепция о духовном возрождении свыше. Бросается в глаза отсутствие упоминания Бога как Отца.

Таким образом, имеющиеся пробелы говорят нам, что это не подведение итогов проповедей Павла, так как это не целое Евангелие, о котором мы читаем в других письмах, вышедших из-под его пера, и какие мы слышим в проповедях, записанных в Деянии святых апостолов. Те, кто строит свои проповеди Евангелия на письме Павла римлянам, будут иметь недочёты в нескольких сферах. Также некоторые из них будут несколько ярче, нежели являются на самом деле. Почему так много времени уделяется теме оправдания и действий Авраама?

Третьей причиной, почему мы не может считать послание Римлянам кратким изложением Евангелия, является содержание глав 9-11 – они не вписываются в это определение. В этих главах Павел выражает искреннюю озабоченность о еврейском народе, говоря, что готов даже пойти в ад, ради того, чтобы они пошли на небеса. Если бы послание было кратким изложением Евангелия, тогда включение этих глав выглядело бы по крайней мере необычно. Исследователи говорят нам, что главы 9-11 являются вводными предложениями, а не частью общего произведения. Я изучал послание Римлянам в Кембридже под руководством великого учёного-библеиста Джона Робинсона (John A.T. Robinson), епископа Вулвич (Woolwich). Несмотря на его прекрасное знание послания Римлянам, он преподавал лишь главы 1-8, заявляя, что главы 9-11 не относились непосредственно к цели написания Павлом этого письма.

Но теория, которая не учитывает главы 9-11, не может быть правильной по той простой причине, что Павел не разделял свои письма на главы, как это делаем мы. Его мысли плавно следуют от главы 8-ой к главе 9-ой, и от 11-ой к 12-ой беспрерывно. Эти главы не являются вводными. Так, в конце 8-ой главы он говорит, что ничто не может отделить нас от любви Бога во Христе Иисусе, и продолжает перечислять детали, которые не могут отделить верующего от

Бога. Затем мысль продолжается в 9-ой главе, когда он отвечает на возможное отрицание такого взгляда: если это так, что же скажем об иудеях? Неужели для Бога они – отрезанный ломоть? Также имеется постоянная последовательность мысли от конца 11-ой к началу 12-ой главы. Глава 11-ая заканчивается описанием хвалы Божьей милости, после чего в начале 12-ой главы следует: «Умоляю вас милостью Божьей...»

Автор и читатели

Вторая теория исследует взаимоотношения между Павлом и римлянами, пытаясь в них найти причину написания послания.

Столица империи

Вполне естественно было желание Павла достичь Рим Евангелием. Стратегически этот город, будучи столицей империи, был бы идеальным местом для распространения Евангелия, поскольку все дороги на самом деле вели в Рим.

В этом присутствует элемент истины. Он пишет вступление самостоятельно, вместо того, чтобы просить кого-нибудь написать римлянам от его имени с той целью, чтобы показать им, что он не какой-то сомнительный проповедник, а несет ту Благую Весть, которую они уже слышали.

Выход на запад

Следующая теория является измененной версией теории, описанной выше, впрочем несколько более убедительной. Она гласит, что Павел рассматривал Рим как выход на запад, в частности в Испанию. Теперь когда он возвестил Благую Весть восточной части Средиземноморья, он решил пойти на запад, где ему была необходима база сравнительно недалеко от миссионерского поля. Иерусалим был его первой базой, Антиохия – второй, однако Антиохия находилась далеко от Испании, и в этом смысле Рим – третья база – для миссионерской деятельности был идеален.

В обеих теориях могут содержаться элементы истины, но это не вся правда.

1. Эти две теории предполагают, что Павел пытается что-то заполучить от читателей лично для себя. Однако, тон письма абсолютно противоположен. На самом деле он говорит, что хочет послужить им.

2. Теории также не объясняют 9-11 главы. Почему он так часто упоминает Израиль, если просто ищет поддержки израильтян для своей миссионерской работы на западе? На самом деле, эти сбивающие с толку главы, являющиеся настоящей проблемой для многих теорий, являются самой важной частью письма.

3. Эти теории не в состоянии объяснить 12-16 главы, которые фокусируются на некоторых отдельных сферах, где римляне должны проявить свою веру. Почему Павел не ведёт общие разговоры о христианской этике и поведении? Почему он просто вычленяет несколько практических проблем?

Читатели

Взглянем же на теории, которые рассматривают письмо с точки зрения Рима. Зададимся вопросом: «Нужно ли церкви в Риме это письмо, и почему?»

Внешняя необходимость – город

ПОЛИТИЧЕСКАЯ

Павел сразу же подтверждает ценность правительства, которое, как он говорит, Бог поставил над церковью. В 13-й главе он советует уважать политических лидеров и платить налоги. На самом деле, лидер имеет в своём распоряжении меч, как слуга самого Бога. Итак, если христиане гонимы как церковь, то им стоит удостовериться, что это происходит незаслуженно, а не по причине неправильных беззаконных действий.

СОЦИАЛЬНАЯ

Рим был огромным мегаполисом, и поведение людей в городе затрагивается и в письме. Первая глава похожа на воскресную газету, опубликованную в Риме. В частности, Рим был рассадником гомосексуализма. Четырнадцать из первых пятнадцати императоров Рима практиковали гомосексуализм. Если императоры такое себе позволяли, можете вообразить, что творилось в судах? Павел перечисляет грехи, типичные для римлян тех времен: массовые волнения, непослушание детей родителям, неподчинение закону, неконтролируемое насилие и криминал. Замечательная картина для описания столицы империи, в которой легко найти параллели с нашим временем. Проблема со сбором налогов стояла остро из-за повсеместного уклонения от налогов и черных доходов. В связи с этим Павел выражает озабоченность тем, чтобы церковь не стала такой же испорченной, как окружающее её общество. Спасательная лодка функционирует лучше, когда находится в море, но не когда море находится в ней!

Внутренняя необходимость – церковь

Итак, некоторые будут доказывать, что письмо является служением Павла перед прибытием в Рим, потому что он был неуверен, что попадет туда. Павлу было открыто Святым Духом, что его в любой момент могут арестовать и удерживать под следствием. Он не знает, сможет ли осуществить такие амбициозные планы, как проповедовать в Риме. По этой причине он проповедует им посредством письма, преже своего прибытия в Рим, чтобы римляне не сомневались в том, что Евангелие имеет ответ на их ситуацию. Через всё письмо нитью проходит идея послужить христианам, которые живут в городе, где господствует порок, преступление и насилие.

О жизни церкви в Риме нам известно не очень много. Мы знаем лишь то, что Пётр и Павел посетили город, но эти визиты произошли после появления там церковной общины. Мы знаем, что в день Пятидесятницы в Иерусалиме были люди из Рима, и, без сомнений, некоторые из них уверовали в этот день в Иисуса. Скорее всего некоторые из них понесли Евангелие обратно в Рим – в то время еврейская диаспора в Риме насчитывала 40 000 человек.

Значит, первая церковь в Риме была иудейской и зародилась в гетто среди верующих евреев, которые были наполнены Духом

Святым. Она росла и, без сомнения, распространяла весть об Иисусе среди евреев-ремесленников и торговцев, приходивших в город.

Римский император Клавдий был антисемитом и изгнал из города все 40 тысяч евреев. В 18-й главе книги Деяний идет речь о том, как супруги Акила и Прискилла встретили Павла во время своего бегства. Отсюда можно сделать вывод, что христианская церковь к этому времени состояла полностью из язычников.

В 54 году Клавдий умер, и евреи вернулись, поскольку следующий император – Нерон – осознал, что евреи были хорошими бизнесменами и предложил им вернуться. Вернувшись, евреи-христиане обнаружили, что церквями управляют язычники. Евреям это не очень нравилось, в связи с чем возникли трения между верующими.

Понимание этого подтекста помогает понять послание Римлянам. Читая письмо, мы находим, что почти каждая его часть связана с этой ситуацией. Как иудей, который был призван нести Благую Весть среди язычников, Павел имел все качества, необходимые для примирения двух сторон.

Главы 1-8

Грех

Он начинает письмо с рассмотрения греха в Риме и напоминает обеим группам, что они грешники. Евреи ничем не лучше язычников, и наоборот. Он говорит, что, поскольку смерть Христа несёт благословения и для евреев, и для язычников, мы должны жить по закону Духа.

Оправдание

Он показывает способ, благодаря которому виновные грешники могут быть провозглашены перед Богом невинными святыми. Затем он переходит к рассмотрению того, как иудеи и язычники могут исправить своё положение перед Богом, и объясняет, что обе группы «оправданы» одним и тем же способом – через веру. Одна и та же кровь спасает их, и нет необходимости спорить о том, кто более важен.

Своеволие и законничество

В 6-й и 7-й главах Павел рассматривает две конкретные проблемы, с которыми иудеи и язычники сталкиваются в Евангелии. Язычники имели склонность скатываться в своеволие, тогда как иудеи – в легализм. Своеволие возникает, когда христиане ошибочно верят, что их свобода во Христе позволяет им игнорировать Божий Закон, тогда как законничество склоняет христиан веровать в то, что соблюдение Закона создаёт заслуги перед Богом. Итак, в 6-й главе Павел разбирается со своеволием и напоминает им, что, когда язычники проходили обряд крещения, они признали, что грех не имеет над ними больше никакой власти. В 7-й главе Павел разбирается с законничеством, приводя в пример свои личные трудности при соблюдении Закона, в особенности заповеди «Не пожелай».

Затем в 8-й главе Павел пишет о свободе Духа и объясняет, как Дух объединяет иудеев и язычников.

Главы 9-11

Дискуссия о месте иудеев в 9-11 главах является ключевой для всего письма. Язычники склонялись к мысли, что они – новый Израиль, заменив еврейский народ, который теперь не был в Божьих планах. В главах 9-11 решается вопрос возникших трений между евреями и язычниками.

В Британии во многих церквях верят в то, что известно как «богословие замещения». На самом деле, название «Израиль» никогда не давалось Церкви в Новом Завете, и Павел вынужден напомнить своим слушателям, что Бог не закончил Своих дел с евреями лишь потому, что они отвергли его. Он говорит язычникам не слишком-то и радоваться тому, что евреи были отсечены, а они – привиты, так как тоже могут быть отсечены, если не будут жить в соответствии с Божьей милостью. Далее он объясняет, что однажды весь Израиль будет спасён. На самом деле, на протяжении последних 2000 лет среди евреев всегда были те, кто верил в Иисуса.

Бездна между евреями и язычниками появилась частично потому, что храм в Иерусалиме имел большой барьер между двором язычников и другими дворами. На табличке было написано «кроме язычников», и Павел был арестован по причине ложного обвинения, что он якобы ввёл язычника на запретную территорию. Теперь, когда обе группы, евреи и язычники, верили в Иисуса, некоторая напряжённость всё равно продолжала существовать.

Павел старался разрешить любую проблему, говоря им, что они грешники, но оправданы по вере, в независимости от того евреи они или язычники. Действительно, он описывает язычников как сыновей Авраама по вере, используя термин, который раньше применялся для иудейского народа.

Главы 12-16

Тема противоречий между евреями и язычниками продолжается в 12-16 главах. Решая конкретные проблемы, возникавшие среди верующих, он все же ставит ударение на вопросах, которые могут стать причиной натянутости в отношениях между язычниками и иудеями. Самой очевидной проблемой была еда: язычники считали приемлемым употребление некошерной пищи, предварительно принесённой в жертву идолам. Затем он разбирается со специальными днями недели, так как для язычников понятие субботнего покоя не существовало. Павел объясняет, что соблюдение воскресенья как особенного дня – дело каждого.

И на самом деле, воскресенье – не суббота. Нам следует поклоняться Богу в воскресенье потому, что это восьмой день творения, а не потому, что он заменяет еврейскую субботу. Это первый день второй недели по сотворению и первый «рабочий день» Бога. Если мы празднуем Его покой, нам следует поклоняться в субботу, но мы празднуем факт того, что Он приступил к работе, – именно то, что Он сделал в Пасхальное воскресенье, когда начал творить заново всю Вселенную. Однако, несмотря на то, что в первые шесть дней творения Он первыми сотворил небеса и землю, а людей – в последнюю очередь, теперь Он создаёт новых людей первыми, а новую землю и новое небо – в последнюю очередь.

Воскресенье – самый напряжённый день для Бога. Гораздо больше людей становятся новым творением во Христе в воскресенье, чем в какой-либо другой день недели. Дух был излит в воскресенье, таким образом, воскресенье – день празднования для христиан. Но он никогда не был днем покоя в Ранней церкви. В течение 300 лет христиане не имели возможности проводить богослужения в 11:00 или в 18:30, но должны были поклоняться либо ранним утром, либо глубокой ночью, потому что верующие имели лишь один выходной день – субботу. У верующих из язычников был римский выходной, который припадал на каждый десятый день, а рабы вообще не имели выходных. Поскольку большинство ранних христиан состояло из рабов, они не могли соблюдать воскресенья в течение 300 лет.

Но в церкви, где верующими были и евреи, и язычники, противоречия относительно соблюдения дней стояли остро. Евреи соблюдали шаббат (субботу), как особенный день, а язычники вообще не волновались по поводу календаря. Апостол Павел объясняет, что такое отношение – это право выбора.

Когда сегодня мы сталкиваемся с похожими вопросами, необходимо проявлять такую же гибкость. Господь может направлять нас к определённым поступкам, но это не значит, что мы должны всем указывать, как следует поступать.

Из краткого плана послания, данного ниже (стр. 239) становится понятно, что послание Римлянам в первую очередь не доктринальный трактат. Скорее Павел использует доктрины для практических целей.

Рассмотрев причины написания послания, перейдем к рассмотрению его основных тем. Я не преследую цели дать комментарий на послание Римлянам, но скорее снабдить некоторыми подсказками, чтобы вы, читая послание, могли ориентироваться в нем.

Ключевые слова в послании Римлянам

Анализ ключевых слов выявляет важные темы послания.

Бог

Слово «Бог» упоминается 153 раза, больше, чем какое-либо другое слово. Павел подчёркивает, что верующие в Риме являются Божьим народом (евреи и язычники). Бог является центром их церкви. «Христос» и «Господь» используются 65 и 43 раза соответственно.

Закон

Слово «закон» в послании Римлянам встречается 72 раза. Мы уже отмечали, что Павлу необходимо было сосредоточиться на законнических тенденциях евреев.

Грех

«Грех» – весьма частое слово на страницах послания, употребляемое 48 раз. Павел даёт ответ на проблему греха в Риме, а также греха среди верующих. Он говорит, что не важно, в ком этот грех, так как Бог против греха и в верующих, и в неверующих. Христиане оправданы по вере, по будут судимы по их делам, потому что поступки являются плодом веры. Грех в жизни христианина имеет негативное значение.

Вера

«Вера» упоминается 40 раз. Это вера, которая объединяет евреев и язычников. До этого их объединял грех, но теперь они объединены в вере, так как все они – дети Авраама через веру.

Праведность

Ключевая идея, которая следует из слов Павла о вере – это праведность, и, в частности, праведность Божья. Человек, который в большей степени ответственен за Реформацию, Мартин Лютер, пришёл к пониманию жизненной важности оправдания по вере благодаря этому письму. Его приводила в ужас фраза «праведность Божья»; позже он обнаружил, что это нечто такое, что Бог даёт нам по вере. Не следует забывать, что крест был двойным замещением. Иисус не только взял наши грехи, но также передал нам Свою праведность. Это не просто сделка, при помощи которой нам удаётся избежать ада.

Праведность от Бога может оказаться сложной для понимания. Когда большинство людей слышат слово «покаяние», они думают обо всех плохих поступках, в которых следует раскаяться, но более трудное дело – это раскаяться в добрых поступках. Павел сказал, что когда-то считал себя праведником, а потом понял, что это просто фекалий (в Синодальном переводе «почитаю за сор», – прим. пер.).

Пророк Исаия высказывался в такой же грубой манере. Он сказал, что праведность Израиля была как использованные женские гигиенические прокладки (в Синодальном переводе – «запятнанные одежды», –прим. пер.), которые не спешат выставлять напоказ. Павел говорит, что *наша* праведность может стать «Китайской стеной» во взаимоотношениях между нами и Богом. Когда мы об этом проповедуем, «хорошие» люди испытывают больше трудностей с правильным пониманием Писания. Те же, кто считают себя недостойными, отвечают на призыв Бога без промедлений.

Редко услышишь проповедника, призывающего общину раскаяться в добрых поступках, но именно хорошие дела больше всего удерживают людей от Царства Небесного. Точно так же не часто можно услышать, чтобы кто-то молился, умоляя о милости, что очень печально, потому что Бог полон милости, и каждый, просящий её, получает.

Концепция Павла о праведности намного глубже, чем просто забота о безопасности его слушателей, чтобы они попадали в рай после смерти. Самое близкое значение к слову «спасение» – это «избавление», а не «безопасность». Очень много людей хотят просто быть в безопасности, иметь билет на небеса, но процесс требует времени. Слово «спасён» используется в Новом Завете в трёх временах: мы были спасены, мы спасены, и мы будем спасены. Павел применяет богословские термины для описания процесса, который соответствует различным временам, – оправдание, освящение и восхваление или прославление. Рассмотрим значение этих концепций.

Оправдание

В Новой Гвинее используют Библию на упрощенном английском языке. Вместо слова «оправдание» термин переведён как «Бог говорит: "Я прав", что является великолепным переводом. Оправдание обозначает «быть у Бога в хорошей книге». Это невероятное благословение, но лишь начало спасения. При оправдании Бог освобождает нас от наказания за грех, что является результатом наших нарушенных отношений с Богом. Бог провозглашает, что мы правы. Большинство религий утверждает, что нам необходимо представить себя праведными перед Богом, чтобы Бог посчитал нас правыми. Но христианство заявляет, что Бог должен первым расценить нас правыми.

Многие люди думают, что на этом все и заканчивается. Они полагают, что прибыли в конечный пункт назначения, быв оправданы, когда на самом деле они только лишь отправились в путь с правильной платформы.

Освящение

Это вторая составляющая спасения. Будучи освобождёнными от наказания за грех восстановленными во взаимоотношениях с Богом, которые до этого были разрушены, мы теперь свободны от силы греха. Власть греха разрушена. Освящение так же, как и оправдание, приходит по вере. Мы оправданы по вере и освящаемся (практикуем в себе угодный Богу характер), благодаря вере. Нам не надо самим пытаться быть святыми, а наоборот, стоит ежедневно доверять Богу каждый момент жизни.

Прославление

«Прославление» описывает завершение всего процесса, когда все мы будем освобождены от присутствия греха, когда мы будем жить в мире без греха и искушений. В этот момент мы наконец-то с уверенностью скажем: «Однажды спасён, спасён навсегда».

Вменённая и переданная

Данные рассуждения касаются различий между вменённой праведностью и переданной праведностью. Мы оправданы на основании веры во Христа, так что эта праведность покрывает нашу неправедность. Иллюстрация, используемая Павлом в данном случае, – «облечься» во Христа, как в новую одежду, в момент нашего крещения в Него. Мы одеты в Него, таким образом, Бог, взирая на нас, видит лишь Его. Мы спрятаны во Христе. Его праведность вменена нам. Бог хочет передать нам Свою праведность, а не только оправдать своею. В этом заключается процесс освящения.

В тот момент, когда мы начинаем верить, мы становимся оправданными, но Бог также желает, чтобы мы стали праведными (в этом заключается освящение). Этот процесс будет завершен, когда мы будем стоять во славе и видеть Его, как Он есть (прославление).

Стоит отметить, что, несмотря на то, что Павел начинает письмо, сосредоточившись на «своем» послании, в конце письма он уже не ведёт беседу о «своих» взглядах, а говорит о методе евангелизма. Он говорит: «Вы слышали моё послание, вы выдели, как я жил, и вы были свидетелями знамений и чудес, производимых Святым Духом, так что я верно передавал вам Евангельскую Весть». Урок для нас прост: мы должны жить по Евангелию так, как говорим о нём.

Краткий план письма

Когда речь заходит об анализе этого послания, мой совет один: читать и перечитывать. Существуют разные способы подразделения послания Римлянам. Самый простой – на разделы «вера», «надежда» и «любовь». 1-4 главы говорят о вере. Затем в 5-й главе Павел начинает говорить о надежде. Вера смотрит на прошлое и на то, что Бог сделал во Христе. Надежда смотрит в будущее на то, что Бог собирается сделать не только с язычниками, но также и с Израилем.

Затем в главах 12-16 появляется третье слово – любовь. Павел озабочен настоящим и тем, как верующие воплощают свою веру в жизни, обществе и церкви.

Кратко изложив план книги, проанализируем его более подробно.

Пролог – послание Павла евреям и язычникам

Одинаково спасены

1. Праведность от Бога

    а) суд для грешников;

    б) оправдание для святых чрез веру.

2. Примирение через Христа

    а) смерть – наказание за грех – Он умер за грешников;

    б) власть греха – мы умерли для греха.

3. Обновление в Святом Духе

    а) оковы Закона в плоти – поражение и отчаяние;

    б) свобода жизни в Духе – завоевание и уверенность.

Принадлежат Одному и Тому же Богу

1. В прошлом Израиль был избран.

2. В настоящем Израиль упрямится.

3. В будущем Израиль будет спасён.

Живут в одном и том же мире

1. Их личное терпение – в служении и страданиях.

2. Их публичное поведение – в стране и обществе.

3. Их практическое братство – в моральных принципах и песне.

Эпилог

Метод Павла – слово, знамение, дело.

Личные приветствия

Израиль

Хотя я не имею намерения давать комментарий на послание Римлянам, главы 9-11 вызывают особое смущение среди читателей, по этой причине позвольте сказать несколько слов об учении Павла об Израиле.

Прошлое избрание Израиля (глава 9)

Павел выражает свою глубокую печаль о своём народе. Он даже пишет, что готов попасть в ад, если бы это помогло его народу попасть в рай. Павел объясняет, что, хотя всё было сделано для них, они всё же отвергли Того, Кого послал Бог. Он не ожидал, что все они будут доверять Иисусу, потому что Он избрал не всех из них. Павел использует примеры из истории Израиля для объяснения своей точки зрения.

1. *Измаил и Исаак*. Исаак был избран вместо старшего брата Измаила. Авраам пытался упорядочить своё будущее через

свою связь с Агарь, но Божье обещание о сыне продолжало иметь силу.

2. *Иаков и Исав.* Снова меньший наследовал благословение, а не старший, несмотря на тот факт, что он был большим проходимцем.

3. *Моисей и фараон.* Павел объясняет действие Божьей руки в ожесточении сердца фараона, подразумевая, что Бог избрал такой путь в ответ на упорство фараона следовать Божьим путём.

4. *Язычники и евреи.* Таким же образом Бог избирает одних, а не других, как показано на примерах времён Ветхого Завета; таким образом Бог избрал также язычников и до времени «отверг» иудеев. Он не «разочарован» нынешним состоянием дел, это было Его волей.

Учение Павла о предопределении подразумевается в его доводах и может быть выражено в следующем:

1. Бог никому не обещал милосердия.

2. Бог избирает с определённой целью для того, чтобы явить Свой гнев и Свой суд.

3. Избранные для правосудия, его заслуживают (например, фараон мог изменить свое решение). Избранные для милости её не заслуживают.

Нынешнее упрямство Израиля (глава 10)

По человеческому рассуждению Павел учит, что мы несём ответственность за то, чтобы иметь правильные взаимоотношения с Богом. Но у нас есть два выбора:

1. Дела (Закон) – доверять по Закону. Этим способом мы пытаемся проявить собственную праведность. И, естественно, терпим фиаско, это общий подход еврейского народа.

2. Слово (Евангелие) – доверяем Господу. При помощи этого способа мы имеем Божью праведность. Мы признаём нашу неспособность исполнить повеления Закона и смотрим на Того, Кто был способен исполнить его полностью.

Будущее спасение Израиля (глава 11)

Павел старается ответить на вопрос, действительно ли Бог отверг Свой народ, указывая на то, что всегда имелся остаток. Действительно, некоторые из евреев ожесточились, но это не значит, что народ, как целая группа, отпал от возможности восстановления. Поэтому язычникам не стоит щеголять тем, что их принял Бог как народ Завета, так как по примеру «отломленного Израиля» они тоже могут быть отвергнуты, а Израиль – восстановлен. И однажды такое восстановление произойдёт. Это великая «мистерия, тайна», которая в Писании означает лишь одно: «Секрет, который нельзя раскрыть».

Заключение

В то время как многие считают, что послание Римлянам является богословским трудом, далеко отстающим от миссионерской активности Павла, наш анализ показывает, что письмо носит практический характер. Отвечая на волнующие проблемы, которые касаются единства церкви, он даёт проницательные решения, как церковь должна развиваться от её иудейских корней, одновременно предоставляя ясность по ключевым вопросам веры для Божьих людей в каждом поколении. Послание является шедевром ясного логического мышления, и многие считают, что оно является наилучшим из работ Павла. Многие христиане заучили наизусть послание, такова репутация письма. Это – ключевая книга для любого верующего. Я призываю читать её и перечитывать до тех пор, пока не станет понятна её идея.

48. ПОСЛАНИЕ КОЛОССЯНАМ

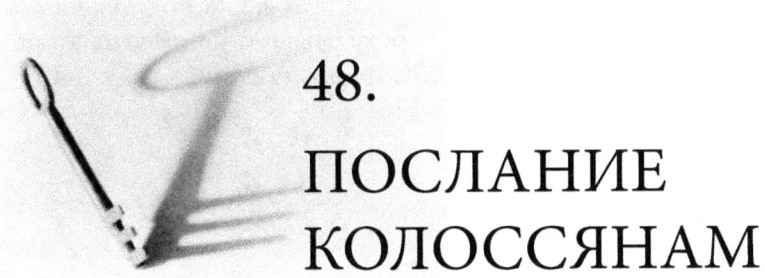

Введение

Когда апостол Павел не мог посетить церковь лично, он обычно писал письмо. Время от времени ему докладывали о ситуации, которая сложилась в церкви, но он не мог бросить дела, чтобы помочь общине решить возникшие проблемы. В конце его служения написание писем стало единственным средством коммуникации, поскольку он провел много времени в заключении: два года – в Кесарии в ожидании суда, и потом два года – в Риме. В Риме Павел находился под домашним арестом, был прикован к римскому солдату, но мог принимать посетителей. И благодаря визиту Эпафраса, послание Колоссянам вышло из-под пера апостола.

Павел писал три вида писем:

– личные, известные в Библии под названием имени адресата;

– по случаю, адресованные конкретной ситуации в церкви;

– общего характера, предназначенные для обмена мнениями среди общин. Такие письма не относились к конкретной проблеме. Когда Павел писал колоссянам письмо по случаю, он также написал личное письмо Филимону, и письмо общего характера в Ефес, хотя оно предназначалось для чтения в нескольких церквях. Эти письма были отосланы в одно и то же время одним посланником – Тихиком, приблизительно в одну и ту же местность.

Как мы видим, письма Павла следуют определенной схеме, общепринятой в греческом мире того времени. Они начинаются с имени автора, затем упоминается адрес получателя, потом – приветствие, комплимент, затем – суть самого письма, итоги, заключительное приветствие и в конце – подпись. Но, несмотря на наличие выводов, «повод» письма не всегда очевидна. Это похоже на подслушивание телефонного разговора без возможности слышать аргументы второй стороны. Нам следует научиться читать между строк, чтобы понять, что же там на самом деле происходило.

Колоссы

Географический фон письма дает нам первый намёк к разгадке цели написания. Колоссы находились в западной части Турции, раскинувшись в долине, по соседству с городами Иераполь и Лаодикия. Во времена Павла престиж города упал по сравнению с двумя соседями, однако долина, в которой располагался город, имела огромное значение. В окружающих город горах били горячие минеральные источники. Сегодня они называются лазурными соляными спа-ваннами «Хлопковый замок» (Cotton Castle Spa Waters). Туристы приезжают принять горячие ванны в солёной воде на белых утёсах, хотя самого города давно уже нет.

Колоссы находились на южном берегу реки Лик (Lycus), притока реки Меандр, чья извилистость послужила названию из-за географической особенности русла реки. Город располагался на основном торговом пути между Ефесом и Евратом; население было смешанным. Через город проходили путешественники со всей Европы. Местные жители Колосс назывались фригийцами и объединялись с греками, которые поселились здесь во времена императора Александра Великого. Евреи здесь появились, чтобы заниматься коммерцией, и, конечно, с ростом империи росло влияние римлян. В седьмом веке сарацины сделали Колоссы сарацинским городом, но кто бы не находился у власти, город всегда имел интернациональный привкус.

Смешанное население означало, что в городе практиковалось много религий. Сегодня мы бы назвали такой город плюралистическим, без какой-либо доминирующей веры. Эта религиозная культура объясняет, почему Павел избрал именно такую форму рассуждений в своем письме. Можно сказать, что в Колоссах присутствовало шесть основных религиозных верований.

Анимизм и предрассудки

Местные фригийцы верили в силу примитивных духов, которые проявляли свою силу в обычном мире и через природу. Духи якобы могли контролировать реки, деревья, обитать в горах, – белые соляные горы благоприятствовали такому верованию.Это приводило к суеверным страха, поскольку люди, которые исповедовали анимизм, пытались задобрить духов, сделать так, чтобы жизнь протекала гладко. Сегодня похожие верования мы можем наблюдать среди диких племён, живущих в джунглях. Некоторые разделы современного «движения зелёных» имеют похожие утверждения.

Астрология

В городе преобладало верование, что звёзды и планеты влияют на жизнь людей. Возможно, путешественники с востока занесли свой вирус местным жителям, которые не знали, чем бы ещё себя занять. Опять-таки прослеживается много параллелей с современной жизнью. Шесть из десяти мужчин и семь из десяти женщин в Британии ежедневно читают гороскопы. Некоторые даже принимают решения в бизнесе на основании предсказаний в гороскопах.

Греческие и римские боги

Все боги и богини Греции и Рима находили своих поклонников в Колоссах вместе с сопутствующими языческими традициями. Некоторые люди верили, что боги одобряли суровое воздержание от телесных желаний, таких как пища и секс; другие думали, что боги одобряют свободное сексуальное поведение, которое стало отличительной чертой жизни римлян.

Религии-мистерии

Корни этих верований уходят на восток и часто описываются как гностические религии, что по-гречески (*гнозис*) означает «знать», противоположный смысл – «агностик». Агностик – человек, который не знает, а гностик – человек, который имеет эти тайные знания; такие люди верят, что обладают специальными знаниями, полученными через духовный опыт. Иногда практиковались ритуалы посвящения для входа в их группы; существовало поверье, что добиться успеха можно через специальные ритуалы духовных практик. Гностицизм должен был сбить с толку Церковь в первые века; он и сейчас присутствует, но под другими названиями.

Иудаизм

Стиль иудаизма в Колоссах сильно отличался от того, который практиковался на Святой Земле. Он был более философским, менее моральным и более мистическим, чем иудаизм в Израиле, частично благодаря влиянию гностицизма. В этом иудаизме присутствовало много домыслов, которые интриговали людей. Много места уделялось теме ангелов, как связных при сотворении и провозглашении Закона. Люди полагали, что ангелы отвечали за связь между Богом и людьми. Но также имелось более традиционное почитание основ иудаизма, выражавшееся в соблюдении иудейского календаря и правил употребления пищи.

Христианство

Христианская вера не была принесена в Колоссы апостолом Павлом. Нет никаких доказательств, что он когда-либо проходил через этот город. Человек по имени Епафрас, посетивший Павла в тюрьме, основал церковь в Колоссах. В книге Деяния святых апостолов повествуется, что Павел провёл два года в Ефесе, проповедуя и ежедневно обсуждая духовные истины в лекционном холле Тирана. Лука записал, что Слово Божье стало известным через всю Азию. Епафрас обратился ко Христу благодаря проповеди Павла и принёс Благую Весть домой в Колоссы. Павел написал церкви в Колоссах на основании отчета, полученного от Епафраса, что также является одной из причин наличия такого множества приветствий в письме. Он упоминает Аристарха, Марка, Димаса, Луку и самого Епафраса, говоря о нём как о труженике и неустанном молитвеннике. Не быв знаком лично с церковью в Колоссах, Павел не имел власти над ними, таким образо его тон сохраняется степенным и мягким на протяжении всего письма.

Ложные учения

Ученые-библеисты бесконечно спорят о том, что происходило в Колоссах. Понятно одно – ложные учения влияли на церковь, однако ученые не могут прийти к единому мнению, глядя на контраргументы Павла – они не выявляют какой-то конкретный культ.

Вполне ясно, что он не столкнулся со строгим иудейским учением, с которым имел честь столкнуться в других церквях. Также очевидно, что речь не идет о мистицизме или астрологии. Однако его доводы, похоже, дают ответ на смесь религиозных и философских взглядов, и Павел спорит со всеми идеологиями той культуры, в которой жили Колоссы. Много общего можно увидеть с нынешним движением «Нью-эйдж» (Новый век), в котором также наблюдается смесь идей и философских взглядов без конкретного свода доктрин. Как и в «Нью-эйдж», в этих идеологиях было больше настроения, чем конкретной веры, этакая смесь христианства с другими идеями, известная как синкретизм, и Павел знал, что он способен разрушить различные верования Церкви, ведь когда христианская вера смешана с другими верованиями, послание Христа уже не является актуальным.

Итак, Павел отвергает пустые и прельщающие философии, которые якобы предлагали полноту и свободу, так как стремились победить зло только при помощи поста. Он сказал, что церковь была одурачена и поверила в то, что Христа недостаточно. В этой связи следует заметить, что послание Колоссянам является важным для Церкви сегодня на стыке тысячелетий, поскольку оно говорит об опасности внедрения новых религиозных практик в Церковь, будь то с библейскими или языческими корнями. Христианство для многих людей в Великобритании – это религия. Я называю её «церквианство», так как оно стало ритуалом, в котором Иисусу из Библии места почти не осталось. С другой стороны, практикуемые в языческой религии ритуалы, также проникают в церковь. К примеру, некоторые христиане пропагандируют рефлексологию и йогу.

Результаты синкретизма

Поскольку реакция Павла на синкретизм является главной особенностью письма, нам следует рассмотреть два вида влияния, которое синкретизм оказывал на церковную общину в Колоссах.

Имманентность Бога

Верующие утратили своё ощущение имманентности Бога. Христиане верят, что Бог трансцендентный и имманентный, что означает, что он далеко от нас и в то же время близко. Такая истина – парадокс. Если вы забываете одну из сторон этого парадокса, вы теряете христианский взгляд на Бога. Бог больше всей Вселенной и одновременно Он ближе к нам, чем мы можем себе представить. Христиане в Колоссах рассматривали Бога, удалённым от них, без возможности приблизиться к Нему. Итак, они заполнили пустоту между собой и Богом верованием в ангелов и духов, полагая, что наличие посредника для общения с Богом – необходимое условие. Таким образом, они преувеличили своё верование в Божью трансцендентность и, как результат, оказались в опасности упустить великолепную возможность наслаждаться Его присутствием.

Превосходство Христа

Верование в необходимость посредников частично появилось по причине контраста во взгляде на Бога: по их мнению, Иисус, Который на высоте, одновременно находился на низших ступенях. Итак, хотя Павел мог похвалить церковь за их веру, он не пришёл в восторг, услышав рассказ Епафраса об их учении. Они не смогли осознать Его как Господа всего сотворённого и как Главу Церкви, подобно тому, как сегодня свидетели Иеговы считают Иисуса сотворённым существом, а не Самим Богом.

Предписанный вид поведения

Павел упоминает две существенные нехристианские практики, которые стали частью жизни колоссян.

Соблюдение календаря

Колоссяне начали соблюдать годовые, месячные и недельные праздники, несмотря на тот факт, что в Новом Завете нет упоминания о том, чтобы христиане соблюдали особые дни в календаре. На самом деле соблюдение календаря по большей мере языческая традиция, проникшая в Церковь.

Празднование Рождества – яркий пример такого синкретизма, другими словами привнесения традиции из нежелательных источников. Большинство христиан враждебно относятся к идее, что христианам не стоит праздновать Рождество, хотя нигде в Новом Завете не упоминается, что христианам следует делать что-то особенное на Рождество. На самом деле, рождественский сезон зиждется на языческом фестивале зимы, когда 25 декабря праздновали так называемое «повторное рождение» солнца. Этот ритуал обрёл «христианский облик», когда папа Григорий послал Августина из Рима обратить в христианство Британию в 597 году, и тот понял, что местные жители не смогут отказаться от своих праздников, которые включали новогодние ёлки, колядки и оргии. В каждом селе на 12 дней выбирался «властелин беспорядков», который имел право выбрать себе для сексуальных утех на это время любую приглянувшуюся молодую девицу. В связи с этим, папа посоветовал «христианизировать» праздник. Последствием такого решения является Христос, «умалённый до размеров крошечного младенца» во всех смыслах, которому и внимания уделяется соответственно – ноль.

Нет специальных инструкций и по поводу того, как праздновать Пасху. Христос воскресает «каждый день», и Его жизни стоит радоваться ежедневно, и Пасха также должна праздноваться ежедневно. Кстати, повеление о соблюдении воскресенья никогда не упоминалось в Новом Завете. Мы имеем полное право почитать воскресенье особым днём, но также имеем полное право, если хотим, считать каждый день особым днём, как День Господень. Мы не находимся под законом, обязывающим праздновать воскресенье, Рождество или Пасху, хотя многие христиане считают, что обязаны это делать.

Воздержание

Традиция греков воздерживаться даже от приемлемых телесных удовольствий также была распространена в Колоссах. Некоторые запрещали брак, доказывая, что более предпочтительным является целибат. У других был перечень вещей, к которым нельзя прикасаться или пробовать на вкус. Павел вынужден был заявить, что Бог свободно даёт нам всё для наслаждения. Христианин свободен и может соблюдать пост, или наслаждаться праздником, согласно своему собственному желанию и совести.

Вполне очевидно из посланий Павла, и в особенности из посланий Галатам и Римлянам, что христианство не предназначено для того, чтобы в пасхальный пост воздерживаться от употребления сладостей и мясного, но чтобы воздерживаться от отношений и поступков, которые разочаровывают Бога, а именно гордости, похоти и зависти. Это означает постоянно жить во Христе, изо дня в день. В этом смысле каждый день является особенным.

Тема телесного воздержания особенным образом продемонстрирована в жизни Мартина Лютера. В дни своего монашества он пытался спасти себя соблюдением специфического образа жизни, который считал правильным. Мартин Лютер ежедневно молился трём святым и сёк себя кнутом до тех пор, пока в обмороке не валился на пол. Он совершил паломничество в Рим и на коленях взошел по святым ступеням – но мира так и не обрел. Его настоятель спросил: «Если ты откажешься от реликвий и паломничеств, от молитв святым и остальных религиозных ритуалов, чем ты их заменишь?» Мартин Лютер ответил: «Христом, человеку нужен лишь Иисус Христос!» Так началась протестантская Реформация. Она смела все ненужные религиозные практики и вернула Христа на пьедестал.

Вся божественная полнота – в вечном Христе

Павел обыгрывает лжеучителей по их же правилам. Они сосредотачивались на том, как «полноту» можно найти через религиозные упражнения, таким образом, Павел использует это же слово для описания Христа. Он говорит им, что «вся полнота Божества обитала в Нём». Чарльз Уэсли отобразил это мнение в гимне: «Наш Бог перекинул мост! Невероятно, Он создал человека!» Павел объясняет: когда мы с Иисусом, то мы – с Богом.

А именно Он есть:

Творец Вселенной

Согласно Павлу, силы природы, перед которыми мы благоговеем, находятся под контролем Иисуса. Именно поэтому на кресте Иисус отменил наши долги и обезоружил наших кредиторов. Итак, крест был больше, чем образцом жертвенной жизни, он был средством реальной и вечной победы.

Победитель над духовными силами

Он является победителем над духовными силами, так как все княжества и силы во Вселенной находятся в подчинении Иисусу. И действительно, все богатства мудрости и знания сосредоточены в Нём. Он – всё во всём.

Глава Церкви

Он подчинил Себе все начальства и власти и является Главой Церкви. У Церкви – одна Глава, а не несколько. У неё нет главы-человека, Он – одна Божественная Глава. Глава Церкви – это Иисус, и Его главенство никому не делегировано. Если поместная церковь неправильно связана с Главой, она начинает страдать параличом, так как каналы связи между Главой в небесах и телом на земле нарушаются.

Все люди ориентируются на превознесённого Христа

Во свете возвеличивания Христа, наш фокус должен быть направлен только на Него. Павел описывает, как верующие, отождествляясь со Христом испытывают внутреннее обновление. Внешние практики, поступки, которые игнорируют это внутреннее преображение, бессмысленны.

Чистота в поведении

Жизнь верующего во Христа человека должна быть упорядочена во многих практических сферах. Павел учит церковь, что естественное стремление ко злу необходимо отложить, облечься во Христа и жить по Его воле. Похоть, жадность, гнев и злость не должны проявляться в жизни христиан. Павел советует умертвить такое поведение.

Благотворительность в церкви

Кроме этого, сосредоточиться на Христе для христианина означает изменения во взаимоотношениях с Ним. Нам следует быть подобными Богу, вести себя, подобно Ему, в отношениях друг с другом: в смирении, сострадании, доброте, прощении и любви. Христианин живёт так, как человек, чей взор направлен к небесам, отображая совершенный характер Бога.

Гармония с домашними

Павел касается вопроса христианского образа жизни внутри семьи. Он описывает, какими должны быть взаимоотношения между мужем и женой, между детьми и родителями, между господами и слугами (так как рабы были частью семьи). Во взаимоотношениях должно быть обоюдное согласие, каждому следует исполнять свою роль по совести. Апостол использует слово «подчинение», чтобы описать то, как люди должны себя вести: жёны повинуются мужьям, дети – родителям, и слуги – своим господам. Но в то же самое время ответственность лежит на мужьях, родителях и господах, которые должны проявлять жертвенную любовь к тем, кто им подчиняется.

Заключение

Из послания Колоссянам мы можем сделать два вывода:

Негативный вывод

Во-первых, Павел в послании заявляет, что некоторые, начав идти по пути спасения, никогда не дойдут до пункта назначения. Такой вывод не является эксклюзивным ни для этого письма, ни для Павла – подтверждение этой мысли можно найти в послании Евреям и в других местах Нового Завета. Говоря о надежде людей на небеса, Павел утверждает, что действительно произойдет, если они «пребудут в вере». Он предупреждает, что, если же его читатели, оступившись, перестанут быть отражением Христа, они рискуют в Судный день вкусить гнев Божий. Павел беспокоится о состоянии верующих, чтобы никто не увёл их с истинного пути, предлагая множество идей и атакуя сознание. В одном случае апостол использует слово «похищение», описывая, что, утратив свою свободу во Христе, верующие возвращаются назад к религии и теряют всё.

Позитивный вывод

Положительная сторона письма в том, что те, кто пришел однажды к вере во Христа, должны продолжать доверять Ему. Письмо содержит множество увещеваний продолжать жить в доверии Ему. Как Иисус обещал, что если мы пребудем на виноградной лозе, то принесём много плода, так же и Павел увещевает колоссян продолжать смотреть на Иисуса, если хотят своей жизнью радовать Бога. Во 2-й главе он умоляет, чтобы они продолжали жить во Христе, как и начали, с тех пор, когда приняли верой Его.

Недостаточно лишь прийти ко Христу. Нам необходимо верой укореняться и утверждаться в Нём. Нам следует продолжать жить во Христе в любых обстоятельствах жизни. Учение Павла созвучно словам Иисуса, когда Он говорил: «Я – истинная виноградная лоза. Пребудьте во Мне, оставайтесь во Мне. Ветви, что пребывают на лозе, приносят много плода. Ветви, что не пребывают на лозе, отсекаются и сжигаются» (Иоанна, 15). Хотя Павел не знал лично членов церковной общины, тем не менее, он беспокоился о них, чтобы они не утратили то, что первоначально имели во Христе.

49. ПОСЛАНИЕ ЕФЕСЯНАМ

Введение

Почти наверняка можно сказать, что письмо Павла в Ефес было написано одновременно с письмом к верующим в Колоссах. Существует несколько причин так думать.

Во-первых, темы послания Ефесянам близки тем, что затронуты в письме к верующим в Колоссах. Послание Колоссянам написано как защита против синкретизма, оно даёт ясное объяснение смысла христианской веры и поведения. Послание Ефесянам также отталкивается от этого берега. В обоих письмах Церковь показана как Тело, семейные взаимоотношения объясняются подобными словами, и рассматривается тема рабства. (Эти темы мы также находим в письме к Филимону, которое, возможно, тоже было написано в этот период).

Во-вторых, Павел сказал, что желает, чтобы письмо колоссянам читалось не только у них, а также в Лаодикии и Иераполисе, двух других церквях в долине Лик, так как полагал, что и там существуют подобные проблемы. Поскольку Ефес находился на расстоянии около 200 километров, будет несправедливым считать, что там не было подобных проблем, влияющих на церковную общину, особенно потому что послание Ефесянам написано как общее письмо, а не лично верующим в Ефесе. Слово «ефесяне» в ранних манускриптах не встречается.

В послании удивляет недостаток личных приветствий. Если письмо было адресовано именно церкви в Ефесе (а Павел провёл в этом городе два года), то, скорее всего, он упомянул бы по крайней мере некоторых из ее членов, как это делает в других письмах.

Отметив схожесть с посланием Колоссянам, нужно сказать, что послание Ефесянам стоит особняком от всех других посланий Павла в плане обращения к проблемам получателей. В общих письмах, подобных этому, Павел не пытается разобраться с появившимся лжеучением или решить другие возникшие проблемы.

Город Ефес

Город Ефес располагался на перекрёстке основных дорог, соединяющих запад с востоком и север с югом. Ефес был дверью в Азию, здесь можно было встретить путешественников из Персии, Египта, Греции и Рима. Это был большой порт в дни Павла, теперь же он занесён илом; древний город стоит в руинах, а современное расположение Ефеса – где-то в глубине страны с названием Аясоук (Ayasohuk). Один из двенадцати в Ионической лиге, он был коммерческим и финансовым центром с театром, вмещающим 24 000 людей, и с огромнейшим языческим храмом, размерами 128 на 73 метра. Храм был посвящён чёрному метеориту, который упал на Ефес. Это был большой, чёрный, переливающийся камень, покрытый выпоклостями, по форме напоминающими женскую грудь. Метеорит считался знамением богини Дианы (по-гречески Артемида), в связи с чем в Ефесе укоренился культ женской груди. Этот, покрытый множеством грудей, метеорит, был установлен на алтарь, а его маленькие серебряные репродукции продавались у входа. Туристы, приходившие в храм, уносили с собой память о храме и метеорите, репродукцию которого ставили у себя дома на каминной полке.

Церковь

О церкви в Ефесе мы знаем больше, чем о какой-либо другой общине в Новом Завете. Впервые мы о ней читаем в Деяниях 18-20, когда Павел посетил этот город. На самом деле, с этой церковью связано несколько посланий – помимо послания Ефесянам, 1 и 2 послания Тимофею адресованы Тимофею, находившемуся в Ефесе и касаются вопросов Ефесской церкви. Помимо этого, в книге Откровение мы находим послание Ефесской церкви, а также три послания Иоанна и Евангелие от Иоанна были написаны в Ефесе, так как апостол Иоанн поселился там с Марией, матерью Иисуса.

Из других источников мы также знаем, что церковь была хорошо организована. Ефес был важным городом в истории Ранней церкви с советом Ефеса, который там проводился в 431 году. Сегодня туристы могут созерцать руины церкви святого Иоанна и его могилу. С уверенностью можно говорить, что это именно то место, где умер престарелый апостол.

Павел дважды посещал город, проведя там в общей сложности 2 года, во время которых церковь возрастала. Вера во Христа становилась популярной, народ невероятно быстро откликался на призыв Иисуса, так что торговля безделушками при храме Дианы от этого сильно страдала. Многие прихожане храма переключались на истинного Бога, так что Павел столкнулся с угрозами со стороны ювелиров. Торговля серебряными статуэтками метеорита практически замерла.

Структура письма

Павел понимал, что для того, чтобы предотвратить проникновение азиатской ереси в церкви, ему следует написать письмо церквям с наставлением в христианском учении и поведении. Послание является самой точной формулировкой его Благой Вести, а не послание Римлянам, как многие привыкли думать. Послание Ефесянам более систематично, чем какое-либо другое письмо, и многие полагают, что оно самое лучшее, называя его «Царицей посланий».

Структура письма проста. Попросту говоря, первая его половина – о наших взаимоотношениях с Богом во Христе, а вторая половина – о наших взаимоотношениях с другими в Господе. Когда Павел пишет о наших взаимоотношениях с Богом, он использует слово «Христос», но когда пишет о наших взаимоотношениях друг с другом, то применяет слово «Господь». Это Христос, через Которого у нас строятся взаимоотношения с Богом, и Он является Господом, Который управляет нашими взаимоотношениями друг с другом.

В первой части письма Павел подчёркивает, каким образом спасение приходит к верующим, а во второй половине показывает, как им следует поступать после того, как они стали верующими. Важно отметить, что мы спасены не *через* добрые дела, мы спасены *для* добрых дел.

Часть 1	Часть 2
Его намерения и власть	Наша жизнь и борьба
Взаимоотношения с Богом (во Христе)	Взаимоотношения с другими (в Господе)
Спасение совершено	Спасение выражается на практике
Доктрина	Обязанность
То, чем мы спасены	То, для чего мы спасены
Благоговение	Исполнение
Прощение	Святость
Оправдание	Освящение
Наше освобождение	Наш ответ
Божественная верховная власть, суверенитет	Ответственность человека
Внутри церкви	Вне церкви

Люди думают, что порядочный образ жизни даёт нам спасение. На самом же деле в Евангелии говорится, что мы получаем спасение для того, чтобы вести порядочный образ жизни, чтобы быть хорошими. Это два абсолютно разных взгляда!

Два ключевых слова в первой части — это *цель* и *власть*. Мы видим, что конкретно Бог намеревается сделать. Мы знаем, что Он обладает необходимой для этого властью, чтобы достигнуть цели. Ключевые слова для второй части письма — *жизнь* и *борьба*. Мы должны жить во свете и любви, жить как сыны света и противостоять в духовной битве.

Первая часть послания по большей мере сконцентрирована на внутренней жизни церкви, а вторая описывает внешнее проявление ее жизни. Первая часть текста рассматривает вертикальную составляющую Евангелия, а вторая — горизонтальную.

Жизненно важно хранить оба элемента вместе. Если мы полагаем, что веруя, мы уже спасены и имеем билет на небеса, в независимости от нашего образа жизни, тогда мы не поняли смысл Евангелия.

Структура послания открывает нам нечто важное о спасении. Некоторые люди думают, что быть христианином — значит просто «быть хорошим». Это такое же превратное суждение, как и заявлять, что христианство – просто «быть спасённым». Мы должны иметь обе части, и в правильном порядке. Большинство религий мира ставят процесс освящения перед оправданием, они требуют от людей достижения совершенства (что бы оно не подразумевало) перед тем, как Бог сможет их принять. Христианство уникально, так как Бог первый принимает нас такими, как мы есть, чтобы сделать нас такими, какими Он хочет нас видеть. Оправдание должно предшествовать освящению, так как мы не в состоянии жить праведной христианской жизнью до того, как упорядочим наши взаимоотношения с Богом. Поведение христиан строится на христианских верованиях. Христианское моральное обязательство берёт своё начало в христианской доктрине.

Исследование 1-3 глав показывает, что Павел объясняет доктрину спасения в контексте служения поклонения. «Порядок» таков: прославление, молитва, проповедь, молитва и прославление, и тема всего богослужения – сила и цель Бога.

Прославление: цель – свести все ко Христу.

Молитва – знать цель и власть.

Проповедь – власть и цель.

1. *Христос*: воскрешён, чтобы править.

2. *Язычники*: воздвигнуты, чтобы присоединиться.

3. *Павел*: воздвигнут, чтобы обнародовать, провозглашать.

Молитва: чтобы знать силу и цель.

Восхваление – власть: делать несравненно больше.

Апостол уделяет большое внимание единству евреев с язычниками. Павел стремился подчеркнуть, что Бог разрушил барьер между иудеями и язычниками, что так ясно демонстрировалось стеной, находившейся в храме и угрожавшей смертью всякому язычнику, проникшему во внутренний двор. Наследие такого острого разделения досаждало Ранней церкви, и Павел хорошо понимал последствия, ведь он писал из тюрьмы, где находился по ложному обвинению в том, что привёл язычника по имени Трофим (из Ефеса) во двор храма, куда могли входить исключительно евреи.

Но акцент Павла на церкви как «новом здании», что замещает храм, не должен вводить в заблуждение, будто бы Бог уже покончил со старым Израилем. Так называемое «богословие замещения» является неправильным прочтением. В главах 9-11 послания Римлянам Павел объясняет, что у Бога имеется цель для Его народа.

Хождение в Духе

Главы 4-6 рассматривают вопрос нашей реакции на то, что Бог совершил. В одном английском переводе Библии (RSV) в этих главах используется слово «ходить». Это хороший глагол, который описывает способ, как мы должны ответить на Божье действие. Мы можем прыгать в Духе и скакать в Духе, но Бог хочет, чтобы люди ходили в Духе. Хождение не является настолько театрально зрелищным, как скакание, это лишь движение шаг за шагом в правильном направлении.

Павел перечисляет восемь сфер, в которых он ожидает, что верующие проявят своё «хождение» перед Богом.

Смирение

Мы ходим в смирении, потому что оно является секретом единства. Мы не можем иметь христианского единства, если у нас нет смирения. Там, где господствует гордость, единства нет. Не стоит сильно расстраиваться, когда люди говорят о нас плохое – в конце концов, они говорили бы гораздо хуже, если бы они узнали о нас всю правду!

Одно из моих любимых стихотворений очень хорошо описывает смирение:
Однажды в ужасе, в порыве отчаяния, воскликнул я:
«Господь! Ведь сердце чернее смоли, и грешников возглавил я!»
Тогда мой ангел мне ответил, и прошептал из-за плеча:
«Всё суета, мой грешник милый, и не казнись так сгоряча!»

Ложная скромность не есть смирение. Настоящее смирение осознаёт, что мы являемся теми, кто мы есть лишь по милости Божьей, и если бы не Его благодать, нас бы не было.

Единство

Мы призваны ходить в единстве. Павел напоминает нам, что *одно* тело, *один* Дух, *одна* вера и *одно* крещение. Существует лишь *один* Бог и Отец всех нас. Итак, мы ходим в единстве, потому что мы все были спасены кровью Иисуса, какими бы ни были наши разногласия. Сохранять единство в Духе – означает быть активным; нельзя полагать, что если мы посещаем одну церковь, тогда всё в порядке. Этого порядка необходимо добиваться.

Зрелость

Павел ободряет церковь стремиться к зрелости. Он говорит, что мы движемся от единства в полный возраст Христа, и объясняет причину, почему Бог дал нам апостолов, пророков, проповедников и учителей, чтобы мы могли духовно расти и становиться зрелыми. Христианское братство начинается с единства Духа и заканчивается единством веры. Единство Духа поддерживается до тех пор, пока не достигнем единства веры. Очень много евангельских христиан определили рамки своего единства с другими братьями по вере, поэтому они критикуют некоторых из нас, которые общаются, скажем, с католиками-харизматами. Но основа единства – это один Дух. Если мы встречаем кого-нибудь, кто крещен тем же Духом, что и мы, тогда мы можем иметь общение с ними. Естественно, что единства веры пока не достигнуто, но этого состояния достигают при достижении зрелости. Цель – это верить в одно и то же, но начало этому кроется в единстве Духа. Итак, когда мы встречаемся с кем-либо, в ком пребывает Святой Дух, этот человек является частью Тела Христа. Мы ведь также не достигли совершенства, не так ли?

Добропорядочность

В 5-й главе добропорядочность ставится на первый план. Нас просят упорядочить жизнь так, чтобы поступки соответствовали нашим словам, а слова подтверждали, что мы являемся детьми Божьими. Нас предупреждают не заниматься пустословием, это весьма практичный совет.

Благотворительность

Мы призваны помогать друг другу и взаимно прощать, как Христос простил нас. Христиане должны быть терпимы друг ко другу, но при этом оставаться нетерпимыми к заблуждениям и греху. Непросто выдерживать в этом баланс и отличать одно от другого.

Чистота

Апостол призывает нас исполняться Святым Духом. Форма глагола подразумевает постоянное действие, то есть постоянно наполняться Духом. Мы должны ходить с чистыми мотивами сердца, если хотим угодить Богу, Который нас призвал в чудный Свой свет.

Покорность

Многие термины апостола несут негативный оттенок при переводе на современные языки. Но покорность или подчинение друг другу во Христе являются прекрасным знаком духовной зрелости.

Он упоминает три области:

Жёны должны быть покорными своим мужьям;

Дети должны подчиняться своим родителям;

Рабы должны быть послушными своим хозяевам или работодателям.

В каждом случае первый должен «подчинить себя» последнему по причине глубокого уважения, благоговения перед Христом. Такой акт подчинения послужит примером их послушания Христу.

Ответственность

Те, которые находятся в подчинении, несут ответственность за выполнение своих функций, что, неудивительно, бывает сложно. Мужья обязаны любить своих жён не меньше, чем Иисус возлюбил Церковь. Моя жена не один раз повторяла мне, что тогда, когда я отдал свою жизнь в подчинение Христу, она с радостью пожелала подчинить себя мне. Итак, мужья, родители и работодатели несут ответственность перед теми, кто доверил им свои жизни. Ни в коем случае учение о подчинении не оправдывает властвование и доминирование.

Духовная война

Раздел о духовной войне является очень популярной частью письма. Нам советуют облечься во всеоружие Божье, поскольку наша брань не против людей. Намного легче сражаться с людьми, и некоторые христиане предпочитают именно такой вид борьбы, но Павел объясняет, что мы сражаемся не против крови и плоти, а против духов и правителей поднебесных. Действительно, мы сражаемся именно там, куда нас поместил Христос. В 1-й главе говорится, что мы посажены с Ним на небесах.

Существует одна вещь, которую нам не следует никогда делать – это отступать. В приведённом Павлом описании оружия нет защиты для спины. Возможно, вы не всегда можете идти вперёд, но зато должны стоять, и никогда не делать шаг назад. Ссылка на щит веры, который гасит стрелы, это ссылка на щит из мягкого дерева, что был у римского солдата. Горящие стрелы, попадая в щит, гасли. Так и горящие стрелы, выпущенные лукавым (он же дьявол) могут быть поглощены нашей верой.

Предопределение

Изучение послания Ефесянам не будет полным, если не рассмотреть тему предопределения, которая особенно ярко отражена в 1-й главе. Предопределение – это предмет, который часто неправильно понимают. Некоторые говорят, что мы просто роботы или куклы, которые не могут противостоять тому, что Бог намеревается сделать.

Частично такое понимание берет свое начало в 18-ой главе книги пророка Иеремии, где народ сравнивается с глиной в руках горшечника. Многие доказывают, что Бог является Горшечником, Который из глины лепит то, что пожелает. У глины нет выбора. Вполне возможно, что в 18-ой главе Иеремия говорит прямо противоположное. Так как в притче указывается, что горшечник собирается сделать красивую вазу, но глина не слушается его рук, по этой причине он опять всё смешивает в кусок и снова бросает его на гончарное колесо и делает неуклюжий, толстый горшок для похлёбки. Таким образом, Бог учит Иеремию, что нам следует научиться кооперироваться с Божьими руками и позволить Горшечнику вылепить из нас нечто красивое. Применение этой идеи во времена Иеремии заключалось в том, что Бог хотел сделать народ Израиля прекрасным сосудом Божьей милости, но вместо этого вышел ужасный горшок, наполненный праведным судом.

Эта притча помогает нам понять, что мы не можем противостоять Богу. Она показывает, что, если мы покоримся Богу, то Он воплотит в нашей жизни то, что запланировал от основания мира.

Но нет основания предполагать, что, если Он предопределил нас быть кем-то, мы не можем противостоять Его воле.

Приведу иллюстрацию из личной жизни. Мой отец знал, что я хотел быть фермером. Я проводил все выходные на ферме, и когда в 16 лет окончил школу, то пошёл работать к нему на ферму; каждое утро поднимался в 4 часа, чтобы доить 90 коров. Я любил фермерство, но не знал, что отец планировал отдать свою ферму в Шотландии мне в распоряжение, когда мне исполнится 21 год. Ферма принадлежала семье, и он мог так распорядиться. Но, когда мой отец сказал мне, что ферма готова для меня, я вынужден был сообщить, что Бог ведёт меня в другом направлении. Если бы я принял эту ферму, то всегда мог бы сказать, что отец предопределил меня быть на его ферме, что он запланировал это раньше, чем я узнал об этом. Точно так же слово «предопределить» буквально означает решить будущую судьбу заранее. Но идея, что Бог обращается с нами, как с куклами, и заставляет делать всё, что Он предрешил, является ошибочной, как и мой отец не принуждал меня делать то, что он предопределил для меня. Бог предопределил нас для славы. Мы можем противостоять Ему и отказаться от предопределённого пути, или же принять предначертанное. Если мы принимаем Его, то впоследствии можем сказать, что Он спланировал это для нас еще до сотворения мира.

Два взгляда на предопределение

Общий взгляд таков: предопределить означает то, что отдельные люди избраны для спасения Богом, тогда как другие избраны не быть спасёнными. При таком толковании Бог решает ещё до нашего рождения, будем ли мы спасены. Говорят, что Божья благодать всепобеждающая, и если Бог решил нас спасти, то ничто не может Ему помешать. Таким образом, это исключительно выбор Бога, окажется ли человек в конце концов на небесах или в аду. Без действия Его благодати в нашей жизни мы не можем откликнуться на Его призыв верой и покаянием. Так как мы избраны, то нам обеспечено место на небесах. Такой вид предопределения часто ассоциируется с французским богословом Джоном Кальвином, хотя Кальвин учил об избирательной благодати. В своём трактате «Наставление в христианской вере» он утверждает, что верующие могут утратить спасение.

Однако такой подход подвергся критике. Во-первых, если мы изучим отрывки, говорящие о предопределении, то увидим, что верующие избраны скорее не для спасения, а для служения. Во-вторых, акцент ставится на выбор не человека, а народа: выбранный или избранный народ. В-третьих, Библия не утверждает, что Божьей благодати невозможно противостоять. Она может быть отвергнута. В своей проповеди Стефан (книга Деяний) критикует синедрион за то, что они всегда противились Духу Святому. Благодать обусловлена верой, и если мы продолжаем верить, то пребываем в вере.

Кроме этого, наша судьба, наше прибежище зависят не от Божьего выбора, а от нашего, от того, решимся мы ответить на Его благодать или же будем ей упрямиться. Очевидно, мы получаем духовное рождение после того, как раскаиваемся и начинаем верить, но никак не до этого. Лишь потому, что мы раскаялись и поверили, Бог может дать нам новую жизнь во Христе.

В заключение следует отметить, что от нас требуется стойкость в вере, вера не гарантируется нам автоматически. Библия говорит о стойкости, пребывании на виноградной лозе, преодолении, пребывании во Христе, в необходимости продолжать верить. Все эти понятия указывают, что мы должны продолжать верить, и это важно отметить. Точку зрения на предопределение, противоположную взгляду Кальвина, часто называют «арминианством» в честь голландского богослова Арминия.

Итак, я верю в предопределение. Я верю, что Бог предопределил меня быть тем, кто я есть. Я верю, что Он решил, что хочет видеть меня на небесах ещё до того, как я узнал о Его существовании. Он полюбил меня еще до того, как я полюбил Его, и Он скорее избрал меня, чем избрал Его я. Исходя из этого, я верю, что это случилось потому, что я не противился Его благодати, принял её и продолжаю верить, что окончу свой путь в небесном граде.

Таблица показывает различные подходы к предопределению:

Кальвин	Арминий
Ко спасению	К служению
Индивидуально	Массово
Отдельные личности, люди	Народ
Непреодолимая	Условная

Благодать	Вера
Судьба определена Божьим выбором	Судьба зависит от нашего выбора
Погибшие – значит не избранные	Погибшие – по причине неправильного выбора
Рождённый духовно перед покаянием и верой	Рождённый духовно после покаяния и веры
Стойкость, упорство гарантировано	Стойкость, упорство требуется

Однажды спасён, спасён навсегда?

Наше обсуждение предопределения имеет отношение к клише, которое широко используется. Люди говорят: «Однажды спасён, спасён навсегда», однако самой большой трудностью является неясность слова «спасён». Что значит «однажды спасён»? Я уже спасён, хотя есть ещё много такого, от чего меня надо спасать. Спасение – это процесс, а не мгновенное чудо, и поэтому, как и другие, я ожидаю Второго Пришествия Иисуса, когда Он принесёт спасение тем, кто ожидает Его. Именно в этот момент я буду «однажды спасён», потому что буду спасён весь, включая и душу, и тело.

Я твердо убеждён, что дискуссия о предопределении не должна вносить горечь во взаимоотношения между христианами. Несмотря на наши точки зрения, мы можем объединяться вокруг Христа.

Заключение

Послание Ефесянам по-видимому является лучшей презентацией христианской доктрины, ее обязанностей, верований и поведения, богословия и этических взглядов. Неудивительно, что послание нравится многим верующим и пользуется почётом среди разных христианских деноминаций. Возможно, поставленный на единстве акцент является основным фактором такой популярности в наш век экуменизма. Однако важно отметить и заботу об истине и порядочности.

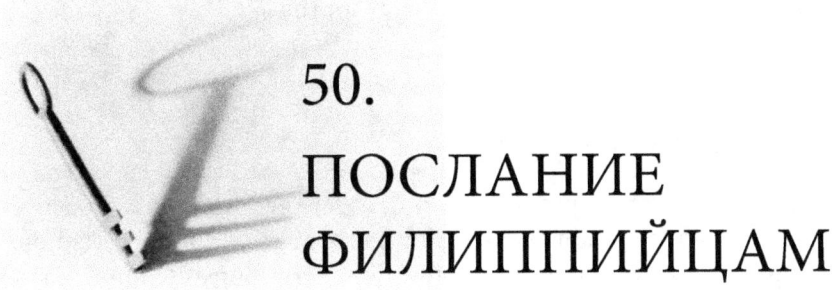

50. ПОСЛАНИЕ ФИЛИППИЙЦАМ

Письмо Павла филиппийцам было написано во время его первого заключения в Риме, когда он находился под домашним арестом. Филиппы был первым городом, который он посетил в континентальной Европе и где основал первую церковную общину. Этот город был особенным для апостола, и церковь в Филиппах занимала особое место в его сердце.

Во времена Павла Филиппы был большим процветающим городом благодаря своему географическому расположению на крупном торговом пути под названием Путь Игнатия, соединяющем восток с западом. Город расположился в промежутке между горными хребтами, растянувшимися от Черного моря до Адриатики. Залежи золота и серебра в горах приносили дополнительную прибыль в бюджет города. Приблизительно в 1990-х годах археологи обнаружили в Филиппах гробницу, полную золотых драгоценностей, вторую по ценности после гробницы Тутанхамона в Египте. Это была гробница Филиппа, правителя Македонии (северная часть Греции), в чью честь и назван город. Самый знаменитый сын Филиппа – Александр Великий или Александр Македонский – построил целую империю незадолго до своей смерти в возрасте 31 года.

В этом районе произошли несколько крупных битв древности. В 168 году до Р.Х. римляне пришли и завоевали народ. В 42 году до Р.Х. Антоний побил Брута и Кассия в Филиппах. В 31 году до Р.Х. Антоний и Клеопатра были побеждены и убиты. Поскольку город был центральным районом боевых действий, римляне сделали из него колонию. Император Август дал ему помпезное название – «колония Юлия Августа Филиппа», но люди называли кратко – Филиппы. Это был мини-мегаполис, который имел такие же права, как и города на римской земле. Таким образом, многие римляне чувствовали здесь себя комфортно и селились в этой местности.

Небесная колония

Расположение Филипп играло стратегическую роль в распространении Евангельской Вести. Это были врата в Европу. Из повествования Луки о распространении церкви в книге Деяния святых апостолов становится ясным, что Бог намеревался сделать город «колонией небес». В главе 16 книги Деяний мы читаем, как Павла удерживал Святой Дух от похода в Вифинию в Азии. Павел со своими спутниками путешествовал на запад, не будучи уверенным в своём конечном пункте назначения, пока не увидел в видении человека в одежде македонянина, который умолял придти к ним. Итак, Павел со своими соратниками отплывает в порт Неаполя, и затем идет в Филиппы. Его проповедь записана в Деяниях святых апостолов, она является первой чёткой записью о прибытии Евангелия на материк Европы. Возможно, Благую Весть принесли ранее местные жители, которые были в Иерусалиме и уверовали в день Пятидесятницы через действие Святого Духа, но достоверных доказательств тому нет.

Церковь в Филиппах

Истоки церкви берут начало от группы людей приблизительно в 52 году. Стратегия Павла относительно проповеди Евангелия в определённой местности начиналась с еврейской синагоги, которую он посещал. Но в Филиппах не было синагоги, так как город не насчитывал и десяти иудеев, требуемых для открытия синагоги. Вместо этого Павел встретился с женщинами-еврейками на молитвенном собрании. Среди женщин была одна, которая сыграла важную роль в работе церкви в Филиппах – это деловая женщина по имени Лидия. Уроженка Азии, она торговала пурпурной тканью, таким образом зарабатывая себе на жизнь. Из Деяний святых апостолов мы узнаём, что у неё были рабы и домочадцы, и весь дом был крещён. Приверженцы крещения младенцев будут разочарованы, узнав, что слово «домочадцы» не означает только «семью», а включает рабов и других родственников. Таким образом, не существует предположения, что малые дети были включены в число крещаемых.

Не все были рады приходу Павла, и вскоре проповедник столкнулся с противостоянием. Противостояние неожиданно возникло через женщину, следовавшую за Павлом и его командой повсюду и говорившей развесившей уши толпе: «Слушайте этих людей! Они посланы Всевышним! Они говорят истину!» (Деяния 16). Но то, что казалось хорошей рекламой, обернулось совсем иначе, так как женщина была ясновидящей, и торговцы использовали ее для собственной наживы. Павел изгнал беса из женщины, после чего она перстала возмущать их собрания. Но хозяева девицы были шокированы таким поворотом событий и натравили на Павла толпы негодующих. Это случилось незадолго до того, как он оказался в тюремной камере, обвинённый в подстрекательстве к нарушению законов Рима, обычно такие обвинения против апостола выдвигали евреи.

В Деяниях святых апостолов есть свидетельство того, как Павел и его спутники превратили камеру временного содержания в место для проведения богослужения. Они пребывали в камере в полночь и всё же воспевали даже в такое время суток хвалу Богу! В ответ на их молитвы Бог посылает землетрясение, вследствие чего стены темницы разрушились и двери открылись. Тюремный стражник, зная, что за бегство заключённых ему грозит смертная казнь на кресте, возопил: «Что я должен сделать, чтобы спастись?» Ответ Павла прост: «Веруй в Иисуса!» Нам следует полагать, что Павел проповедовал ему и его домашним несколько часов среди ночи, так как к утру все они приняли водное крещение. Итак, тюремный стражник с Лидией и своими домочадцами, а также, возможно, с другими еврейскими женщинами из молитвенной группы, образовали церковную общину в Филиппах.

Но Павел всё ещё находился в тюрьме; он знал, что обладает правами римского гражданина в городе Филиппы, являвшегося римской колонией. Он доложил властям, что с ним поступили несправедливо. Власти, осознав, что могут получить даже не нагоняй, а арест, если будет доказано незаконное обращение с Павлом, просили апостола уйти из города. Тот ответил: «Хорошо, если вы меня освободите и проведёте за пределы города, я уйду!» Таким образом, городские лидеры освободили его и сопровождали до городских ворот. По этой причине Павел был в Филиппах короткий промежуток времени

– несколько дней, или максимум неделю; тем не менее, уходя, он оставил за своей спиной первую «небесную колонию» в Европе.

Письмо было написано много лет спустя. Павел продолжал свой труд на миссионерском поприще много лет до того, как был арестован в Иерусалиме. Обвинение было несправедливым, его ложно обвинили в том, что он привёл язычника на запрещённую для них территорию в храме. Он подал аппеляцию кесарю, в результате чего был выслан в Рим в оковах и два года ожидал суда. Это происходило в те два года, которые врач Лука описал в Евангелии от Луки и Деяниях святых апостолов – двух томах, которые могли быть защитой Павла во время следствия и послужить к его оправданию.

Причины для написания послания

Желание Павла взяться за перо продиктовано двумя вещами, которые он узнал о Филиппах.

Финансовая поддержка

Первой причиной стали деньги, подаренные Павлу. Церковь была настолько благодарна ему за то, что он пришёл и передал им Благую Весть, что решила поддержать Павла финансово, несмотря на тот факт, что апостол никогда их об этом не просил. Они были той церковной общиной, которая хотела таким образом проявить свою заботу о служении Павла.

Физическая поддержка

Второй подарок был ещё более приятен. Прибыл человек, который не только привез деньги, но и был способен оказать Павлу помощь, пока тот находился под домашним арестом. Очевидно, люди в церкви задавали себе вопрос: «А каким образом мы можем помочь?» и решили, что наилучшим вкладом будет физическое содействие. Они послали мужчину по имени Епафродит, которого называли «апостолом». Слово буквально означает «посланный» (от греческого слова «*апостело*» – посылать), то есть человек, которого послали из пункта А в пункт Б.

Пять способов употребления слова «апостол»

Термин «апостол» многих приводит в замешательство. На самом деле есть пять способов употребления слова «апостол» в Новом Завете.

1. Иисуса называли апостолом, потому что Бог послал Его с небес на землю, чтобы спасти нас; таким образом, Он – Главный Апостол.

2. Второй способ употребления слова относится к Двенадцати, которые были свидетелями воскресения Иисуса и которых Он послал в мир. Их опыт заключался в том, что они лично знали Иисуса до и после воскресения из мёртвых.

3. Павел сам является особенным апостолом. Он не был одним из Двенадцати, так как не знал лично Христа до его смерти. Но, тем не менее, он был призван воскресшим Иисусом, когда шёл по дороге в Дамаск. Таким образом, это третий вариант употребления слова «апостол».

4. Четвёртая категория – это Павел, как миссионер-первопроходец, посланный открывать новые церкви на новых территориях. На самом деле, слово «посланный» на латыни – «*митто, (mitto)*», от него происходит «миссионер» и «снаряд». Миссионер – это как баллистическая ракета, наполненная динамитом Евангелия! В наши дни существуют такие апостолы-миссионеры, чьё служение сфокусировано на открытии новых церквей.

5. Епафродит – пример пятой категории апостолов, то есть человек, которого послали куда-то для выполнения какой-то работы, задания. Это очень широкая группа людей, и она не означает наличие особого высокого статуса, который можно было бы ожидать.

Болезнь Епафродита

Павел очень обрадовался визиту Епафродита, однако из письма мы узнаем, что вскоре после его прихода, Епафродит заболел, что очень огорчило апостола. Следует отметить, что даже молитва Павла не помогла исцелить. Это не должно нас удивлять. Исцеление в Новом Завете обычно связано с евангелизмом, проповедью Евангелия, а не с исцелением христиан. Группа соратников Павла также имела проблемы со здоровьем, и они не были исцелены. Тимофею советуют принимать немного вина по причине больного желудка, Трофима оставили, когда он болел. Служение исцеления в Новом Завете проводилось не для того, чтобы «поставить на ноги» христиан, но чтобы продемонстрировать в проповеди (евангелизме) Благую Весть (Евангелие).

Но слухи донеслись до города Филиппы, что их посланец сильно заболел и лежит при смерти. Итак, Павел решил, что лучше всего отправить Епафродита назад в Филиппы с письмом и поблагодарить церковь за деньги.

Письмо

Письмо несколько отличается от других, написанных Павлом. В нём апостол концентрирует внимание не на проблеме или кризисе, но на взаимоотношениях между Павлом и филиппийцами, и приоткрывает нам картину того, как чувствовал Павел относительно церкви, которую он насадил. Мы узнаём Павла как человека и друга, а не как проповедника или миссионера, и ощущаем вкус тех глубоких взаимоотношений, которые были между ним и обращёнными им в веру людьми.

Одной из интригующих особенностей письма является то, что он, кажется, не знает, как закончить письмо. Павел продолжает говорить: «Итак, итак, наконец», что не должно удивлять нас, так как это обычный стиль письма. Он продолжает вспоминать ещё что-то, как и мы в обычной переписке с другом говорим: «О, забыл сказать, что... Ах, да, ещё один случай...» Письмо содержит спонтанные чувства, которые возникали во время диктовки текста.

Койнония – единение, совместное участие

Прежде чем мы перейдём к рассмотрению основного учения послания, давайте обратим внимание на две ключевые темы.

Одно слово, которое часто появляется в письме – *койнония*, оно переводится как общение. Смысл слова гораздо глубже, чем его перевод. Мы говорим об «общении за чашкой кофе в холле между антрактами», если, конечно, эта чашка создаёт такое общение! Чашка чая или кофе в какой-то мере создаёт дружественную атмосферу, но настоящее общение – нечто больше, чем просто чашка кофе.

На самом деле *койнония* было словом, которое могли употреблять партнёры в бизнесе, но его значение лучше всего проявляется в том виде, в каком это слово используется в новозаветные времена. В Древнем мире говорили, что сиамские близнецы имеют общение (*койнонию*) в крови: если один умирает, то погибает и другой. Таким же образом и наше общение друг с другом должно быть такого же качества: что касается одного, то касается и другого. В этом – настоящий смысл *кайнонии* (общения).

Церковь в Филиппах была свободна от основных проблем, подобных тем, с которыми Павел разбирался в других церковных общинах. Однако существовали некоторые вопросы, которым следовало уделить внимание. Влияние на *койнонию* в церкви в Филиппах оказывали две женщины: Еводия и Синтихия. Они работали с Павлом, но их несогласие создавало проблемы. Их поведение указывало на отсутствие единства. Разобщённость не дошла до такого уровня, как это проявлялось в коринфской церкви, где верующие разделились на группки, и каждая следовала за своим лидером. Эта разобщённость проявлялась в том, что люди становились гордыми, больше переживали о себе, чем заботились друг о друге. Павел вынужден был сказать, «чтобы каждый заботился больше о других, нежели о себе».

Радость

Другое слово, которое характеризует это письмо – «радость». Несмотря на ситуацию, Павла переполняет радость, о чём он и пишет в письме. В будущем его ждёт одиночество и судебные разбирательства, что может привести к казни, и люди, которые против него, проповедуют, тогда как он чахнет в казематах; однако его любимое слово в письме – это «радость». Бенгель говорит: «Основная идея письма – я радуюсь, и вы должны радоваться». Хьюгел назвал письмо «сиянием среди жизненных бурь и стресса».

Павел перечисляет источники радости: молитва, проповедь о Христе, вера, страдания, новости от любимых людей, гостеприимство, возможность получать и отдавать. Но ещё глубже лежат две причины такой радости:

То, ради чего он жил

Перспектива радости была возможна лишь потому, что он жил ради распространения Евангелия, что истинно по двум причинам. Вся охрана дворца слышала Евангелие предположительно потому, что им некуда было деваться. И хотя некоторые проповедовали из-за духа соперничества, пока он находился в узах, Павел радовался, что люди могли узнать о Христе.

Способность познать счастье в Боге хорошо проиллюстрирована во Второй мировой войне. Павел Шнайдер был пастором церкви в Берлине, и Гитлер посадил его в тюрьму, потому что тот высказался против фашизма. Как результат, он никогда больше не смог увидеть свою жену и двухлетнего сына. Несмотря на избиения и пытки, и последовавшую казнь, написанное жене письмо из концлагеря Дахау было исполнено радости. Снова и снова он писал: «Я так счастлив, так счастлив, я так благодарен Господу». Он жил для Христа, и поэтому ему нечего было терять.

Если вы живёте для Христа, тогда смерть – приобретение! Павел желал оставить этот мир, но желал также и остаться в нем. Он пишет филиппийцам: «Вы переживаете обо мне. А на самом деле всё наоборот, я переживаю о вас. О себе ни капельки не беспокоюсь». Он говорит: «Я бы хотел освободиться и продолжить своё служение, но также жажду уйти [из этого мира]».

Когда диагноз Дэвида Ватсона стал известен (это было онкозаболевание), я написал ему письмо, которое он позже цитирует в своей книге «Не бойся зла». Я сказал ему, что существует разница между «желать уйти и быть со Христом, но жаждать остаться» и «жаждать быть с Господом, но желать остаться». Слова говорят вместо него, и он молился до тех пор, пока «возжаждал уйти, но пожелал остаться». Это идеальное состояние для верующего, преподнесённое нам на примере Павла, который мог сказать, что он «хочет остаться несколько дольше, если необходимо, но очень жаждет уйти».

Этот акцент на Евангелии Павел делает еще более четким, когда сосредоточивает внимание на Иисусе. В письме насчитывается 38 случаев, где он говорит об Иисусе. Мы склонны говорить о том, что Христос – в нас. Но в своём письме Павел пишет о состоянии, когда пребывает во Христе. Христос – Самый великий, Павел же находится «в Нём».

То, на что он жил

Финансовая поддержка филиппийцев была единственной, которую получал Павел. Даже церковь в Антиохии, которая благословила его на миссионерское служение, не предоставляла ему поддержку. Поэтому в конце своего письма Павел благодарит филиппийцев за деньги, но при этом говорит: «Я не нуждался в них, но вам необходимо было отдать, поэтому я потрясён даром, предназначенным не для моей, а для вашей пользы, так как то, что вы делаете, обогащает вас». Он охотнее поздравляет их за то, что они отдают ему свои деньги, чем радуется, что наконец-то пришла помощь.

Когда я читаю лекции по гомилетике, то проверяю докладчиков на цитирование текстов, вырванных из контекста, используя текст «всё могу в укрепляющем меня Иисусе Христе». Я спрашиваю: «Итак, что этот текст значит? Какие вещи, по-твоему, ты можешь делать через Христа, Который даёт тебе силы?» Можно услышать разные ответы, и хотя никто не упоминает о деньгах, в контексте это выражение именно о деньгах. Он говорит: «Я могу решать свои дела, независимо от размера дохода, от того, большая у меня сумма или малая. Если большая, я могу управлять через Христа, Который меня укрепляет».

В Писании существуют две противоположности, когда разговор заходит о деньгах: «завидовать» – одна крайность, и противоположное состояние – «быть довольным». В другом месте Павел пишет: «Великое приобретение быть благочестивым и довольным» и «я научился быть довольным». В главе 7 послания Римлянам он говорит, что одну из десяти заповедей не может выполнить: «Не пожелай». Павел был обычным фарисеем, а слабость фарисеев заключалась в том, что они любили на всём наживаться. Они были религиозными и одновременно богатыми. Иисус им говорил: «Не можете делать одно и другое, жить для денег и для Бога, поклоняться Богу и мамоне». Фарисеи смеялись над ним, говоря: «Так говоришь из-за бедности!» Но Иисус знал, о чём Он говорил. Поэтому удивительно, что такой алчный человек как Павел, который раньше любил как фарисей, получать, теперь говорит: «Научился быть довольным».

Противоречивый отрывок

При любом изучении этого письма необходимо уделить внимание хорошо известному отрывку Филиппийцам 2:5-11.

Несмотря на то, что это – великолепный отрывок, он служил также источником большого противоречия. Самый большой вопрос: почему этот отрывок находится в послании и почему он отличается от остальной части письма?

Ответ прост: в нём находится двойная тема: опустошён/превознесён, или вниз/вверх. Это великолепный баланс со сходящим Иисусом на крест и восходящим вверх в небеса. Он опустошает Себя, и Бог превозносит Его.

Литургический

Некоторые люди предполагают, что Павел цитирует гимн, который пела Ранняя церковь, и который лучше всего служил иллюстрацией его идеи. Но у нас нет доказательств для подтверждения такого предположения. Возможно, Павел сам сочинил этот гимн. В конце концов, когда что-то трогало сердце Павла, он часто клал это в основу своих стихов. В Библии проза используется, чтобы передать Божьи мысли, но поэзия – для передачи Его чувств.

Теологический

Хотя вполне возможно, что Павел цитирует гимн, или даже пишет поэзию, самое большое противоречие об этом отрывке возникает тогда, когда люди используют его как богословский отрывок, как будто в нём обсуждается природа личности Христа.

Некоторые используют этот отрывок в поддержку так называемой теории кенозиса Христа. Кенозис – греческое слово, означающее «опустошил». Приверженцы теории спорят о том, до какой степени Христос опустошил Себя как Бог, когда стал человеком. Что из божественного Он оставил в Себе?

При таком направлении размышлений можно прийти к опасным богословским предположениям: Иисус не был на 100% Богом, когда был на Земле, но опустошил себя частично, оставив часть своей божественности, чтобы стать человеком.

Конечно, Он оставил позади Свою славу. Как поётся в одной рождественской песне:

Он оставил небеса,

Чтобы жить нам без конца.

Он также оставил Свою вездесущность и не мог уже присутствовать повсюду. Иисус мог быть одновременно только в одном месте и это в самом деле было ограничение.

Также понятно, что Он всего не знал, так как говорил о таких вещах, которые Ему неведомы. Он не знал дату своего возвращения, ее знал только Отец. Иногда Он удивлялся, и это означало, что Он не был в курсе событий. Иисус также оставил Своё всемогущество, и поэтому мог творить чудеса только после того, как сила Духа Святого снизошла на Него. Он не совершал чудес как Сын Бога, но как Сын человеческий, объятый (крещённый) Духом Святым.

Итак, нет сомнений, что Иисус опустошил Себя, отказавшись от многих Своих привилегий и Своей силы. Но секрет в том, что Он никоим образом не переставал быть Богом, Он оставался на 100% Богом и на 100% человеком – две природы в одном.

Очень важно осознать, что вещи, которые Он оставил, были не Его природой, но Его привилегиями. «Полнота Божества пребывала в Нём телесно», хотя Иисус оставил Свои привилегии. Если я брошу дом, в котором мы живём, и машину, на которой ездим семьёй, а также другие привилегии, которые есть у нас, тем не менее, на 100% я останусь Дэвидом Посоном. Точно так же, хотя Он и опустошил Себя в Своём равенстве Богу, но не перестал быть Богом.

Этический

На самом деле весь отрывок не является ни литургическим, ни богословским, но из контекста письма можно сделать вывод, что это *этический* отрывок. Он об отношении, что было у Христа, и о выборе, который Он сделал. О характере человека можно сказать по его поступкам, и мы видим необычайность тех решений, которые принимал Иисус.

Выбор, который сделал Иисус

Стал человеком

Первый выбор, который сделал Иисус, – стал человеком. Полагаю, иллюстрация, которую я привожу детям, поможет вам лучше понять, о чём я веду речь. Я говорю: «Посмотрите на эти тропические рыбки в аквариуме. Предположим, вы увидели, как они дерутся и убивают друг друга, и вы знаете, что могли бы их спасти, если бы стали рыбкой и нырнули в аквариум, но также знаете, что, вероятней всего, рыбки убьют вас. Что бы вы сделали?»

Они не совсем знают, о чём надо думать на данном этапе. И я продолжаю: «Не волнуйтесь, мы вытянем ваше тело из аквариума, а поцелуй любви вас воскресит, и вы снова будете жить. Но есть один нюанс. Мы не можем вернуть вас в то состояние, в котором вы были первоначально: придётся остаться рыбкой на всю жизнь!»

Бог-Сын был равен Богу, имея всю славу в небесах. Он сделал выбор стать человеком, зная, что будет убит, когда придёт на Землю. Он также знал, что даже после того, как Бог поднимет его из мёртвых, Ему придётся остаться человеком в вечности. Итак, Он до сих пор «Один из Нас», и всегда таким будет – одна личность Троицы всегда пребудет такой, как мы – человеком.

Его социальный статус

Второй выбор, который пришлось сделать Иисусу, – это рождение. Если бы вы могли выбирать уровень и условия жизни, какой бы выбрали? Представьте, вы можете выбрать родителей, семью, в которой решили родиться, общество или страну, в которой будете жить и возрастать, на чём остановился бы ваш выбор? Иисус избрал низший слой общества, родился в бедной семье. Более того, Он избрал роль слуги.

Его ранняя смерть

Но самый трудный выбор, который пришлось делать в возрасте 33 лет, – это выбор смерти: ужасной, мучительной, опустошающей казни на кресте – распятии. Павел пишет о разуме Христа и объясняет, что наш разум должен быть, как у Него. Этот «ум» не имеет ничего общего с интеллектом, но относится к нашему характеру. Павел говорит, что эти выборы, на которых остановился Иисус, дают власть и силу, потому что Бог ищет людей, которым может доверять. Он может доверять лишь тем, кого не интересует собственная сила, статус или богатство. Мы читаем: «Поэтому Бог превознёс Его и дал Ему имя, которое выше всяких имён» (гл. 2:9). Он мог доверить Иисусу контролировать Вселенную, потому что знал, что Он не проявит собственнический шкурный интерес.

Весьма важно чётко понимать, что подразумевает Павел под словами «пусть такой же ум будет у вас». Он не говорит: «Подражайте Христу», а «Пусть этот ум будет у вас, который вы уже имеете во Христе». Итак, он не говорит: «Такой разум Христа, поэтому будьте как Христос». Он же говорит: «У вас уже разум Христов, если вы во Христе. Поэтому пусть этот разум Христа будет проявлен в ваших взаимоотношениях между собой». Такая мысль намного глубже, чем просто сказать: «Подражайте позиции Христа».

Как всегда, контекст отрывка раскрывает нам значение. Павел умоляет своих слушателей не искать своих собственных интересов, но иметь такую же позицию, такое же отношение, какое имел Иисус. Перед ними стоит выбор: скатываться вниз или возноситься вверх. Только после этого Бог может доверять им Свою власть.

Итак, этот отрывок не о богословии, литургии или гимн для песнопения, но об этике и единстве. Павел говорит: «Если у нас разум Христа, тогда у нас будет единство в наших взаимоотношениях». Он объясняет, что они должны иметь единство, чтобы оказаться способными продемонстрировать Евангелие тем, кто находится за церковным забором. Он говорит: «Желаю слышать, что вы в единстве стоите в вере». Разобщённость в церкви – самый простой способ остановить влияние церкви на общество, но единство в церкви – непревзойдённая по силе демонстрация одного Бога и одного Христа.

Воплощённая в жизнь вера

Основное учение письма следует после этого отрывка-поэмы об Иисусе. Павел говорит филиппийцам, каким образом веру воплотить на практике.

Искупление – жизненный опыт для применения

а. Бог совершил;

б. вы применяете.

Павел объясняет, что, если они на личном опыте пережили искупление во Христе, то должны продемонстрировать то, во что верят. Спасение никогда не было тем, что мы переживаем пассивно, сложа руки, оно должно стать реальностью во всех наших начинаниях.

Праведность – конец погони

а. Не наша;

б. но Его.

Мы жизнью достигаем нашего спасения, ища праведности, однако имеется два вида праведности: наша личная и Христова. Несмотря на то, что Павел был очень консервативным евреем, который безукоризненно соблюдал Закон, он знал, что его добрые дела не гарантируют ему спасения. Большинство людей с трудом понимают, что нам необходимо раскаяться в наших добрых делах так же, как и в плохих. При таком положении дел намного легче наставить грешников на правильный путь, чем религиозных и уважаемых людей, которые думают о себе, что они не настолько плохи, что нуждаются в «спасении».

Павел пишет: «Когда я смотрю на свою праведность, я похож на дитя, что сходило на горшок и, подняв его, заявляет: «Смотри, получилось, боженька!» Скажете, слишком грубо! Да! Но использованное в греческом оригинале слово – это фекалий. Итак, Павел заявляет: «Я хочу праведность Христа, а не свою».

Воскресение – желанное событие

а. Из мёртвых;

б. с новыми телами.

Павел говорит: «Я стремлюсь вперёд, я разделяю Его страдания и Его воскресенье, чтобы я мог достичь воскресенья из мёртвых». На самом деле он использует слово «из» дважды. В греческом оригинале читаем: «Чтобы я мог достичь из воскресенья из мёртвых». Звучит как нонсенс, но в книге Откровение находим объяснение, что в конце истории будет два воскресенья: первое – воскресение праведников, и второе – воскресение всех для суда, с большим промежутком между двумя.

Первое воскресение – это воскресение одних среди умерших, второе – воскресение остальных умерших, и Павел говорит, что хочет попасть в первое воскресение. Его цель – быть воскрешённым из мёртвых, когда Иисус возвратится – воскресенье из умерших.

Ответственность – усилие, что необходимо сделать

а. Забывая прошлое;

б. устремляться вперёд к будущему.

Христианская жизнь требует усилий, что для некоторых людей звучит как новость. Это не просто насвистывать хоралы в ожидании автобуса, доставляющего на небеса, но постоянное стремление к святости. Апостол говорит церкви забыть всё старое, что позади, и устремиться вперёд к цели, для которой они и призваны.

Павел говорит, что не считает себя уже приехавшим в пункт назначения, но устремляется по жизни вперёд, чтобы выполнить всё, что Бог запланировал для него.

Воспроизведение, репродукция – пример для подражания

а. Плохо – думаем о земном;

б. хорошо – думаем о небесном.

У меня целая полка книг о святости, однако люди, ходящие с Господом близко, научили меня святости больше, чем книги. Это люди, которые показывали Христа, просто находясь с нами. Они побуждали нас становиться лучшими людьми. Таким же образом и Павел был обеспокоен, чтобы верующие Филипп следовали за правильными людьми. Он сказал, что в церкви можно встретить два вида людей: тех, чей «бог – это чрево», которые копают себе могилу ножом и вилкой, и других, которые сфокусировали свой разум на небесных вещах. Так что убедитесь, что следуете за правильной моделью.

Итак, это цель, к которой он продолжал стремиться. Он не говорит, что заслужил быть на небесах, а что хочет быть при первом воскресении.

Мир Христов

В конце письма Павел даёт церкви обещание относительно беспокойства. Он говорит, что мир Христов будет хранить их сердца и разум (гл. 4:7), однако существует одно условие, а именно: им нужно контролировать свои мысли и мыслить лишь о том, что честно и благо, чисто и истинно. Таким образом, обещание и условие должны осуществляться совместно.

Заключение

Мы увидели, что основной темой письма является не то, что Господь делает в верующем человеке, а то, каким должен быть ответ верующего. Многие обещания для второго имеют условие, и понятно, что мы призваны выполнять лишь нашу роль в этом.

Отсутствие конфликта и тёплые взаимоотношения придают посланию Филиппийцам особый статус среди писем Павла; за исключением некоторых отрывков, это одно из самых легких для понимания посланий. Из всех писем это послание даёт самое ясное представление об уровне партнёрства, которое произвело служение Павла, партнёрство, что должно быть не только убедительным свидетелем миру, но также поддерживать самого Павла во времена его нужды. Одновременно понятно, что есть апостол, который, несмотря на свои обстоятельства, абсолютно всем доволен. Он удовлетворён всем, кроме самого себя! Он знает, что может получить силу через Бога, и по этой причине умоляет своих читателей делать то же самое. Он жаждет, чтобы они ликовали вместе.

51. ПОСЛАНИЕ ФИЛИМОНУ

Письма Павла были упорядочены по такому же принципу, как и письмена пророков в Ветхом Завете: чем больше книга, тем ближе она к началу Библии. Таким образом письма Павла упорядочены в две секции: его письма церквям и его письма лично людям; и самые объёмные стоят первыми, а самые короткие – последними. Они не следуют в хронологическом порядке. Письмо к Филимону стоит в перечне последним, поскольку оно – самое короткое (прим. пер. Речь идет о порядке книг в английской Библии, в русской Библии порядок иной). Это единственное письмо, имеющее отношение к одному человеку – беглому рабу. Понятно, что это письмо больше других пропитано атмосферой приватности из всей корреспонденции Нового Завета.

Два вопроса требуют ответа при рассмотрении этого письма: «Почему оно было написано?» и «Почему Бог сделал так, что письмо попало в Библию, если это частное письмо, предназначенное для одного человека?» Ответ на первый вопрос довольно таки прост, так как рассматриваемая в письме ситуация понятна даже младенцу. Это личная драма раба Онисима, который был замкнутым, ленивым, непослушным и злопамятным. Он убежал в Рим, полагая найти счастье в большом мегаполисе. Неясно, как он встретил Павла, особенно по причине того, что Павел находился под домашним арестом, будучи прикованным к римскому солдату.

В те дни обычным наказанием для убежавших рабов был крест, но, если его властелин был мягкого нрава, то рабу выжигали на лбу клеймо «БР», что означало «беглый раб». С таким клеймом приходилось оставаться всю свою жалкую жизнь, тем не менее это было лучшей участью, чем быть распятым.

Павел говорит Онисиму возвратиться к своему господину Филимону, которого Павел знал как христианина из Колосс. Он пишет письмо, чтобы сгладить встречу. Поскольку наказание за побег было жёстким, то тон и содержание письма было важным. Но Павел знал, что также было важно, чтобы Онисим не убежал от своего прошлого. Важная часть покаяния включает необходимость переосмыслить своё прошлое.

Павел сказал Онисиму: «Ты пойми, я должен послать тебя назад». Но Бог, похоже, приложил Свою руку к этой ситуации, так как его господин был христианином в Колоссах, знакомый апостолу Павлу. Итак, Павел сказал: «Я пошлю тебя назад с письмом к нему и всё ему объясню».

Мы можем лишь восхищаться тоном Павла, смотря на то, как он применяет шутку с именем Онисима, осторожно используя игру слов. Его имя означает «полезный», может быть, так его назвал рабовладелец. Но Павел написал Филимону: «Ты, может быть, в прошлом считал его бесполезным, но я посылаю тебе назад «полезного» раба». Более того, он посылал его как брата во Христе. Павел даже говорит, что он вернёт любые деньги, если Онисим что-то украл.

Стоит напомнить, что письма были редким явлением во времена Римской империи, особенно отосланные на большие расстояния, как в этом случае, из Рима в западную Турцию. По этой причине Павел, вероятней всего, одновременно с почтальоном по имени Тихик отсылал письма Филимону, в Колоссы и в Ефес.

Историю можно рассматривать под разными углами.

Под личным углом

Существует три основные характеристики:

1. *Павел*. Несмотря на то, что находился под стражей, он находил время для отдельных людей, как Онисим. Из его тона видно, что этот раб ему приглянулся, хотя уже говорилось, что в письме Павел несколько хватил через край. Он пишет: «Я уже стар и в камере». Несколько слезливая история, но показывает, что документ пропитан человечностью.

2. *Филимон*. У него были жена и сын, и он у себя дома проводил церковные встречи. Павел объяснил, что для всех троих это будет тяжело – тяжело для Павла позволить Онисиму уйти, так как он ему нужен; трудно для Онисима вернуться, так

как он беглый раб; трудно для Филимона принять беглеца и простить. «Тем не менее, – пишет Павел, – давайте делать то, что трудно!»

3. *Онисим*. Полезный слуга, который скоро вернётся назад к своему властелину и приступит к работе.

Из письма видно, что Павлу известны некоторые из людей, являющиеся членами церкви и собирающиеся на дому у Филимона. Апфий, Архип их также приветствует в письме вместе с Филимоном. Епафрас, Марк, Аристарх, Димас, Лука передают общине свои приветы.

Если мы спросим, а достигло ли письмо своей цели, ответ будет утвердительным. Мы бы не писали письмо, если б не надеялись на положительный результат. Филимон бы тогда его разорвал, и оно не попало бы в канон Нового Завета.

Под социальным углом

Письмо можно изучать с социальной точки зрения, рассматривая вопросы рабства. Некоторые шокированы отсутствием у Павла попытки упразднить рабство. Они доказывают, что, хотя апостол пишет об этом в своих письмах, он никогда не предлагал его отменить. Может ли обращение с людьми как с собственностью соответствовать учению Библии о том, что в каждом человеке Бог видит ценность?

Сторонники такого взгляда введены в заблуждение. На самом деле Павел осуждает работорговлю (вместе с убийством, блудом и ложью в 1-м послании Тимофею 1:10). Его нежелание добиваться запрета рабства можно объяснить тем фактом, что около 2/3 населения Римской империи были рабами, и выступать против рабства означало выступать за хаос в обществе. Павел предпочитал слыть проповедником Евангелия, нежели лидером социальных потрясений.

Вместо этого он просто разрушал рабство изнутри через изменение взаимоотношений между господином и слугой. Поэтому он умоляет Филимона смотреть на Онисима как на брата, а не как часть собственности. Он отзывается об Онисиме в следующих выражениях: «Мой сын», «Дорог для меня». В своих письмах колоссянам и ефесянам он также предлагает, чтобы рабовладельцы и рабы имели новые взаимоотношения друг с другом. Он знал, что в итоге такой подход подкопает фундамент, на котором зиждется рабство.

Под духовным углом

Однако есть и духовная сторона этого письма, на которую необходимо взглянуть. Я верю, что наличие письма в каноне Библии вызвано тем, что это идеальная картина для иллюстрации нашего спасения. Мы – рабы, которые убежали от Бога. Для Бога мы больше не пригодны, но Иисус пришёл, заплатил наши долги и просит Бога принять нас назад снова как полезных слуг. Итак, пример оправдания для нас – Онисим должен быть принят как сын, и пример освящения – теперь он полезный для своего властителя.

Под этическим углом

Павел просто выполнял для раба Онисима то, что сделал для него Иисус. Он говорит Онисиму: «Иисус заплатил за тебя и спас тебя, и восстановил тебя, и посылает назад служить Отцу. Теперь ты возвращайся и делай другим то же». Другими словами, наши взаимоотношения с другими обусловлены тем, что Иисус сделал нам. Мы должны восстанавливать людей и посылать их назад к Отцу. Нам следует быть готовыми заплатить за них цену, как Христос заплатил за нас.

Заключение

Итак, наше поведение по отношению к другим должно основываться на том примере, который показал Бог в отношении к нам самим.

Нам следует принимать других, поскольку и нас приняли; прощать, поскольку и нас простили; быть милостивыми, поскольку и нам оказали милость; любить, поскольку и нас возлюбили. Если мы этого не проявляем, тогда это означает, что мы так и не поняли смысл Божьей благодати (читайте притчу о немилостивом слуге).

Павел показал, что его личное спасение во Христе стало образом жизни, который он избрал. Всё, что Христос сделал для него, теперь он делает для других. Это – изумительный пример «воплощения нашего спасения в жизни».

52. 1 и 2 ПОСЛАНИЕ ТИМОФЕЮ и ПОСЛАНИЕ ТИТУ

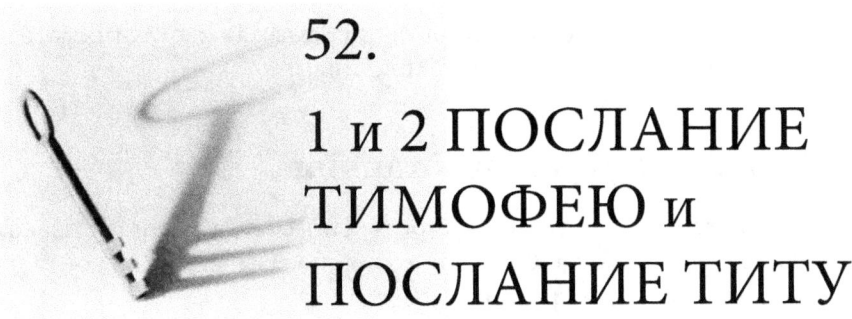

Вступление

Письма Павла Тимофею и Титу обычно рассматривают вместе по двум причинам. С одной стороны, они отличаются от других писем Павла, тогда как с другой стороны, сами три письма очень похожи между собой. Поэтому комментаторы их рассматривают одним блоком. Как мы увидим далее, в этом есть свой смысл, хотя выдвигаемые исследователями предположения не всегда правильные.

Не такие, как другие письма

Эти письма стоят отдельно, за исключением письма к Филимону, по причине того, что Павел адресовал свои послания церквям; хоть и не без богословских комментариев, письма, в основном, содержали практические рекомендации. Большинство из посланий в первой своей части фокусируются на доктринальных вопросах, а практические моменты рассматриваются во второй половине, тогда как в этих трёх письмах практические советы прослеживаются через всю цепочку рассуждений апостола. Павел даёт краткие комментарии по нескольким вопросам, удерживаясь от более детального анализа, как это он делал в своих других письмах.

Одно подобно другому

Исследователи давно признали, что эти письма следует соотнести к отдельной группе. Тот же автор пишет их в одно и то же время по одинаковым причинам, хотя их места назначения различны.

Авторство

Стоит отметить, что особенности писем заставляют сомневаться в авторстве Павла. И вот по каким причинам:

Стиль – внутренние отличия

Их содержание, стиль и словарный состав отличаются от остальных трудов Павла. Сравнение слов показывает мало соответствий с более ранними трудами апостола.

Содержание – внешние отличия

Другие исследователи Библии предполагают, что Павел описывает иной вид христианства в этих трёх письмах по сравнению с остальными его посланиями. Принимая во внимание, что Павел писал о вере, здесь автор добавляет определённое слово: *эта* вера. Кажется, что он описывает более структурированное служение, чем было до этого. Похоже, что его битва с ересью гностицизма более очевидна, организованна и в усовершенствовании постулатов своей веры он, очевидно, отдает предпочтение языческим, нежели христианским идеям, например, «умеренность во всём».

Маршрут путешествий

Некоторые высказывают предположение, что Павел не мог написать эти письма, так как они не совпадают с маршрутом его путешествий, о которых повествует Лука в книге Деяний.

Объяснение различий

На самом деле различия между этими письмами и другими работами Павла легко объяснить.

Во-первых, они написаны значительно позже. Любой автор меняет со временем свой стиль, что легко объясняет наблюдаемые изменения. Нет нужды подозревать, что авторство принадлежит другому человеку.

Во-вторых, не только Павел постарел, но и церкви повзрослели. Многие уже были христианами «во втором поколении», и структура церкви требовала изменений. О них и шла речь в письмах Павла.

В-третьих, неудивительно, что детали путешествий Павла не вписываются в повествование Луки, потому что книга Деяния святых апостолов не включает описание последних лет жизни Павла. Оно заканчивается, когда Павла заключают под домашний арест в Риме, но потом ещё много чего произошло после его освобождения, о чём мы узнаём из писем. Его оправдали, он смог продолжить своё служение, посетил Крит и, возможно, Испанию перед следующим арестом, когда его предал кузнец Александр. Второе послание Тимофею как раз написано во время второго ареста Павла.

Итак, я вполне убеждён, что эти три письма вышли из-под пера Павла. Они были написаны в последние месяцы его жизни. Он писал их своим молодым друзьям и коллегам, Тимофею и Титу, в надежде помочь им сохранить церкви от вымирания.

Пасторские послания?

Эти письма известны как «пасторские послания». Такое название придумал Бердот (D.N. Berdot) в 1703 году. Но, несмотря на популярность, такое описание сбивает с толку. Во-первых, эти письма не являются «более пасторскими», чем какие-либо другие. Каждое написанное письмо было пасторским, так как они имели дело с пасторскими проблемами, включая и послание Римлянам, которое по ошибке называют «богословским костюмом» Павла.

Во-вторых, эти письма не адресованы пасторам. Тимофей и Тит не были «пасторами» как таковыми, и письма не предназначались для постоянных, коренных церковных лидеров, каких мы видим сегодня. Нам следует быть осторожными, чтобы не вписывать в Новый Завет последние веяния времени.

Опасность называть эти письма «пасторскими» в том, что их начинают использовать как учебники для пасторов, как будто бы в них содержится подробная инструкция по «организации поместной церкви». Да, они содержат наставления, но речь идёт о необходимости не в пасторах, а в диаконах и старейшинах, и они ожидают назначения старейшинами нескольких человек. Эти письма не являются, как мы увидим, мандатом для установления модели церковного руководства, где всем заправляет один человек.

Более того, как учебное пособие для пасторов, письма весьма неадекватны, поскольку в них нет совета в сферах, касающихся пасторства. К примеру, нет упоминания, как избирать старейшин, каковы их обязанности, сколько их должно быть и сколько лет они должны находиться на этих должностях. В письмах упоминается проповедование, но опускается вид или стиль проведения богослужений, кроме небольших упоминаний о молитве. Хотя мы можем собрать по крупицам некоторые детали, очевидно, что предоставление совета пасторам не является их задачей. Мы предполагаем, что Тимофей и Тит уже знали всё, что необходимо знать по этим вопросам.

Евангельские послания?

Название «пасторские» подразумевает, что основной фокус направлен внутрь церкви, но забота Павла не привязана к поместной церкви. В мышлении апостола лидерство является важным фактором, поскольку оно оказывает влияние на членство, а членство важно, потому что духовное качество верующих определяет эффективность их свидетельства внешнему миру. На самом деле, Павел ставит ударение на наведении порядка в церкви, чтобы мир мог через неё, церковь, услышать Благую Весть о Христе. Поэтому некоторые не согласятся, что «евангельские послания» – это более точный термин для писем. По большому счёту, такая забота о провозглашении Благой Вести проходит через все письма. Павел пишет о важности добрых дел, которые «украшают Евангелие», таким образом делая Евангелие привлекательным для неверующих. Репутация, доброе имя среди неверующих – это решающий фактор и является мерой для определения соответствия человека на роль церковного старосты. Особенно говорится Тимофею, чтобы он занимался «делом благовестия».

В то же самое время, Павел умоляет своих коллег уделить внимание тем вопросам, которые делают Благую Весть отталкивающей. Лжеучителя наносили ущерб характеру церкви и создавали барьеры для проповеди Евангелия. Взаимоотношения между членами не придавали благоухания Евангелию, они скорее отталкивали людей от желания прийти и послушать, во что же верят христиане. Павел был убеждён, что важно навести порядок в церкви, если они хотели распространить Весть о спасении среди соседей. Он говорит Тимофею, что «Бог желает, чтобы все люди спаслись», по этой причине они должны сделать всё, чтобы Божьи люди стали верными, положительными свидетелями Его реальности.

Апостольские послания

Называть письма «благовестническими» было бы не совсем правильно. Лучшая характеристика для них – апостольские послания, потому что Тимофей и Тит были, и мы можем их так назвать, «делегатами апостолов». Если вчитаться между строк, то можно обнаружить, что их функция – не быть пасторами для церкви, в которые их послали, и не евангелистами. Скорее всего, Павел послал их, наделив своей властью как апостольских делегатов.

Когда Павел и его команда видели образовавшуюся в регионе группу верующих, их наставничество в вере включало более чем четыре вида. Павел возвращался в церковь, чтобы посмотреть, как у них дела; он писал им письма; некоторое время он посылал команду для работы в общине; он оставлял одного из команды, чтобы помочь в основании церкви. Именно таким образом он видел роль «апостольских делегатов».

Титул «апостол» требует некоторого пояснения, так как не всегда верно понимается. Буквально это слово означает «быть посланным» и используется в Новом Завете по отношению к нескольким группам.

«Апостол» – один из титулов по отношению к людям, задействованным в христианском служении в Новом Завете. Также применяется греческое слово *епископос*, от которого происходит слово «епископское» служение. *Епископ* – человек, который наблюдает за церковью. Слово *«старейшина»* тоже встречается в тексте, и в греческом оригинале это слово звучит как *«пресвитер»*. И на самом деле пресвитер и епископ были взаимозаменяемыми словами, они просто означали старше, более зрелый христианин, который наблюдает за делом. Одно слово описывает характер, другое – функцию.

Итак, в Новом Завете апостол организовывал церковь, убеждался, что община крепкая, и передавал её под управление старейшин и дьяконов.

Ключевой момент состоит в том, что такие функции в церковном устройстве всегда упоминались во множественном числе. В Новом Завете вы не найдёте служения, которое исполнялось одним человеком. Всегда была группа служителей, апостолов, старейшин и команда дьяконов. В те дни они имели несколько епископов в одной церкви, а не наоборот: несколько церковных общин под попечением одного епископа.

Лишь один человек в Новом Завете был апостолом, епископом и диаконом одновременно – его звали Иуда Искариот! Если внимательно читать 1-ю главу книги Деяния святых апостолов, мы найдем слова Петра: «Нам необходимо заменить Иуду, найти другого апостола/епископа/диакона вместо него». Не думаю, что совмещать три должности – хорошая идея!

Как правило, эти виды церковной ответственности разделены и различны. Апостол должен заниматься созданием, организацией церкви, достичь того момента, когда прихожане/верующие духовно подрастут и среди них появятся достойные старейшины и диаконы. После этого нужно оставить общину – его работа закончена. Например, Павел пишет в письме к Титу, что оставил его на Крите закончить дело, а именно назначить старейшин в каждом городе, и затем прийти в Рим к нему на встречу. К сожалению, роль апостолов и епископов, как это было в первом столетии, исказилась, и теперь мы наблюдаем наличие одного епископа над несколькими церквями, или одного человека в церкви, который называет себя апостолом. Такой подход в церковном управлении кардинально отличается от того, что мы наблюдаем в новозаветные времена.

Апостольская команда

Тимофей и Тит были в апостольской команде. Павел открывал новые церкви, а их задачей было решать возникающие позже проблемы. Тимофея послали в Ефес, Тита оставили на Крите, обоих на непродолжительное время в статусе апостольских делегатов – для «тушения пожаров». В обоих случаях Павел просил их быстро выполнить задание и присоединиться к нему в Риме.

Это был уже не первый случай, когда им отводилась подобная роль. Оба были посланы в Коринф в различное время и вернулись с различными результатами. Тимофей испытывал определённые трудности, а Тит, похоже, был успешен. Различные результаты в их работе можно объяснить частично тем, что они использовали разные подходы в решении конфликта. Тимофей был застенчив, нуждался в ободрении. Тит, напротив, использовал жёсткие методы. Титу нужно было просто сказать, что необходимо выполнить, тогда как Тимофея следовало подталкивать, чтобы он проявил тот духовный дар, которым обладал. Павел должен был ему напомнить, что Бог дал дар силы и любви, а также здравого рассудка.

Судя по манере обращения Павла к Тимофею в своих двух письмах, мы можем сделать вывод, что Тимофей был особенно любим апостолом. Он называет его «возлюбленным сыном». Кажется, что Тимофей был самым близким для него - больше, чем член семьи. С Тимофеем сложились особые взаимоотношения. Вот почему Павел видел в Тимофее своего заместителя, несмотря на различия в темпераменте и воспитании.

Не до конца понятно, сколько эти два мужа имели власти для выполнения своей миссии. Тимофею часто говорилось «приказать» церкви, но это было в соответствии с апостольским учением/ доктриной, которую преподавал Павел, а не его собственные идеи.

Что нам понятно, так это то, что власть не была иерархической, она также не была преемственной. Задача апостольских делегатов заканчивалась в тот момент, когда они передавали бразды правления церковью её старейшинам и диаконам, которые продолжали руководить общиной под водительством Христа. Они не «плодили» дальнейших апостолов.

В этих трёх письмах Павел хочет, чтобы два его друга удостоверились, что церкви в обоих местах обеспечены надёжным руководством и благоразумными прихожанами. Как всегда, Павел гнался не за количеством, а за качеством. Он жаждал видеть качественных лидеров и таких же членов церкви, потому что знал, что именно эти люди понесут знамя Христа в массы.

Интересно обратить внимание на то, о чём Павел не спрашивает. Он не ссылается на размер общины или её руководство, но более обеспокоен качеством подготовки лидеров и членов. Он оставил на Крите Тита, чтобы тот улучшил духовное качество членов церкви, но в Ефесе духовное состояние лидеров не было правильным. В письме к Титу он говорит о том, в каком духовном состоянии после него должны остаться местные верующие, а в письмах к Тимофею рассматривает, каким должен быть характер лидеров.

На письма можно посмотреть тремя способами: с точки зрения автора, с точки зрения адресатов, Тита и Тимофея, и под конец с их позиции рассматривать ситуации на Крите и в Ефесе, которые нуждались в подсказке со стороны этих апостольских делегатов.

Удивляет то, что авторство Павла в данном случае ставится некоторыми под сомнение. На самом деле мы можем воссоздать всю жизнь апостола на основании этих писем. В этих письмах больше личной информации о Павле, чем в каких-либо других его письмах, поэтому сложно представить, что авторство не принадлежит апостолу.

Образец жизни Павла

Прошлые изменения

Павел пишет об изменениях в своей жизни, размышляя о том, каким он был богохульником и жестоким человеком, гнавшим церковь Божью и создав оппозицию Христу. Он называет себя никчемным грешником; его сердце переполнено благодарности Богу, Который возлюбил его и поставил апостолом язычников. Когда Бог нас прощает, Он забывает всё наше прошлое, но мы никогда не забудем, что в своих размышлениях демонстрирует Павел.

Настоящие обстоятельства

Павел рассказывает своим молодым коллегам о тех трудностях, которые он переживал, и о своей недавней истории. В первом послании Тимофею мы читаем, что он посетил Ефес, Крит, Никополис, Коринф, Милит, Троаду и впервые – Испанию. Во 2-м послании Тимофею он размышляет над своей ситуацией в римской тюрьме. Он не имел такой же свободы, какая была под домашним арестом. Теперь он в камере смертников, его предал кузнец Александр, а во время быстрых сборов он забыл свой плащ и записи. В этом письме он просит Тимофея быстро прийти и принести до зимы эти вещи. Он знает, что некоторое время пробудет в Риме и что Нерон непредсказуем, и надеяться на справедливость и честность не приходится.

Планы на будущее

Вот на таком фоне событий Павел пишет Тимофею, своему молодому другу. Мы можем называть это его «лебединой песней». Ему уже за шестьдесят, и он осознаёт приближение кончины. Во время его первого заточения Лука написал книгу Деяний, в основном, в защиту Павла, чтобы доказать римским властям, что Павел не заслуживает смерти. Но это уже второе заключение, Павел знает, что этот адвокатский документ уже не поможет, и готовится к худшему. Письмо отражает его печаль, что Димас его оставил, а другие коварно отвернулись. Теперь пришёл час передать «дирижерскую палочку» Тимофею, который ещё достаточно молод и способен нести служение. О себе же он пишет, что его работа подошла к концу, свою дистанцию прошёл, веру сохранил.

Цель жизни Павла

Рассмотрев образец его жизни, мы также видим её цель. Из писем понятно, что Павел жил для Евангелия («ради истины» и «ради веры», если говорить словами посланий) и об этом же умолял своих молодых коллег. Это было убедительной мотивацией для всего, что он делал. Как результат, он хотел описать действия Бога и ответ человека, чтобы его молодые компаньоны и церкви могли иметь здравое учение. Павел использует здесь греческое слово «здоровый»; в здравом учении он видел противоядие ядовитым речам лжеучителей и нечестивых людей в общинах.

Божественные цели

БОГ

В каждом письме Павел частично фокусируется на том, что Бог совершил. Он пишет о личности Бога, Его любви и милости и называет «Спасителем». Бог больше известен как Судья и Иисус – как «Спаситель», но называть Бога Спасителем также возможно, так как мы знаем Бога-Отца, Который проявил инициативу, послал Сына и совершил все суды Судного дня на Своём Сыне.

Другой титул описывает величие Божьего характера. Он – Царь веков, бессмертный, невидимый, Которого никто не может видеть и Который пребывает в невидимом свете. Он – Бог мудрый, живой Бог, Царь царей и Господь господствующих.

ИИСУС

Иисус рассматривается как Судья и Спаситель. Его труд, что Он совершил на кресте, описан различными способами. Нам говорят, что «Иисус Христос пришёл в мир спасти грешников», что Он «разрушил смерть и дал бессметие», и что Его смерть была искуплением для каждого. Далее нам приводится краткий план его жизни: «Он явился во плоти, оправдал Себя в Духе, показал Себя Ангелам, проповедан в народах, принят верою в мире, вознесся во славе» (1 Тим.3:16)

СВЯТОЙ ДУХ

Павел также упоминает два аспекта Святого Духа. Во-первых, он пишет о личном жизненном опыте переживания Духа, напоминая Тимофею время, когда тот принял дар Духа, когда Павел и другие при совершении молитвы возложили на него свои руки. Ему напомнили, что Святой Дух является Духом любви, силы и самоконтроля.

Во-вторых, он побуждает Тимофея практиковать полученные через возложение на него рук духовные дары. Мы не знаем: получил он дар(ы) в этот момент, или два упоминания о «возложении рук» в 1 и 2 Тимофею относятся к его обращению или посвящению в сан, но в любом случае, Павел ободряет Тимофея использовать то, что тот получил.

Субъективные (человеческие) цели

Перейдём к рассмотрению того, какой должна быть реакция человека на Божью инициативу.

Через письма Павла красной нитью проходит идея, что для спасения верующего существует три параметра, и эти три письма не являются исключением. Спасение не является мгновенным или автоматическим, но речь идёт о трёх временных интервалах при описании процесса спасения.

ПРОШЛОЕ ВРЕМЯ (ОПРАВДАНИЕ) – ЭМПИРИЧЕСКИЙ ИНТЕРВАЛ, ОСНОВАННЫЙ НА ОПЫТЕ

Павел учит, что спасение случилось в прошлом, если мы посмотрим назад на начальную точку отсчёта, а именно, когда мы впервые доверились Христу. Спасение даётся по благодати, не за хорошие дела или «исполнение Закона». Верующие сначала спасаются от плохих поступков, не в первую очередь от ада, как некоторые любят спорить. В итоге, спасение даётся через Святого Духа.

В письме Титу Павел пишет о «водном возрождении», которое говорит о крещении водой и крещении в Святом Духе. Они оба необходимы для должного посвящения, приобщения к Царству Божьему.

НАСТОЯЩЕЕ ВРЕМЯ (ОСВЯЩЕНИЕ) – ЭТИЧЕСКИЙ ИНТЕРВАЛ

Настоящий аспект спасения является основной обеспокоенностью Павла, но не первоначальным фокусом. Павел ясно выражается, что доктрина должна быть понятна. У него нет времени для научных дебатов, интеллектуальной гимнастики или умозрительных аргументов, которые не изменяют жизни.

Евангелие ведёт к добрым поступкам. Оно ведёт к удалению от зла и даёт благодать сказать «нет» всякому нечестию и безбожию. В положительном смысле мы отделены для добра. Мы – как сосуды для благородного напитка, очищенные от грязи и непристойного употребления.

Добрые дела ведут к Евангелию. Письма напоминают нам, что порядочный образ жизни христиан может привлекать людей самим искать Бога.

БУДУЩЕЕ ВРЕМЯ (ПРОСЛАВЛЕНИЕ) – ЭСХАТОЛОГИЧЕСКИЙ ИНТЕРВАЛ

Но это не конец спасения, так как никто из нас пока не спасён окончательно. Мы пока просто на пути к спасению, шагаем по дороге под названием «Путь». На самом деле, меня беспокоит, когда кто-то говорит: «Семь человек спаслось во время воскресного богослужения». Мой стандартный ответ: «Вы подразумеваете, что семь человек *стало* на свой путь спасения воскресным днём?» Они пока ещё полностью не спасены.

И для Павла будущее спасение было первостепенным фокусом из трёх. Вечная жизнь – нечто, что мы наследуем, но в данный период нам необходимо хранить нашу веру. Павел пишет о тех, кто заблудились, отойдя от веры. Он предупреждает Тимофея, что тот должен наблюдать за своей жизнью и доктриной, так как таким образом спасёт себя и слушающих его.

В этих письмах Павел включает «пять постулатов веры», один из которых записан во 2-м послании Тимофею 2:11 и иллюстрирует эту точку зрения. Давайте рассмотрим предложение за предложением.

Положительный:

«Если мы отречёмся/открестимся от него, он также откажется от нас».

Но заключительная фраза изменяет порядок: «Если мы верные, Он останется верным, так как не может отказаться от Самого Себя». Некоторые доказывают, что это означает, что верующий никогда не погибнет. Но всё, что Бог обещает, так это то, что Он остаётся верным Самому Себе. Павел показывает контраст между стабильностью Бога и нашей нестабильностью. Это истинно так, что ни один верующий не погибнет, но тот, в ком нет веры, на самом деле перестаёт быть верующим. В этих письмах Павел пишет о тех, кто «блуждает» в вере, подразумевая, что они некогда верили, но отступили.

Часть понимания Павлом будущего спасения заключается в том, что мы получим венец. Мы должны продолжать стоять в вере, чтобы оказаться достойными всего того, что Бог приготовил для нас.

Джон Кальвин, влиятельный французский богослов, часто цитируется как теолог, якобы убеждённый, что человек, однажды доверившийся Христу, обезопасил своё будущее спасение. На самом же деле он писал следующее:

«И всё же, наше искупление не будет совершенным, если Он не поведёт нас вперёд к финальной цели нашего спасения. Соответственно миг, когда мы даже слегка отворачиваемся от Него, наше спасение, что зиждется исключительно на Нём, постепенно испаряется. Как результат, все те, кто не покоится в Нём по своей воле, лишают себя всей благодати».

Я редко использую слово «спасённый», предпочитаю вместо него понятие «утилизированный», то есть «повторно возвращённый в процесс». Если кто-то спрашивает меня, чем я занимаюсь, то отвечаю, что участвую в бизнесе по переработке. Их изумлённо одобрительный взгляд немного смешит. Когда я поясняю, что не занимаюсь переработкой макулатуры или металлолома, а что моим вторсырьём являются люди, изумлённая улыбка трансформируется в ужас. Но я полагаю, что это – библейская позиция. В конце концов, людям необходима переработка. Они должны быть восстановлены для выполнения первоначальной цели, для которой и были созданы. На самом деле, слово «геенна» в Новом Завете было позаимствовано от названия мусорной свалки в Иерусалиме.

Важным стихом для нашего понимания спасения является послание Титу 3:5, в котором напоминается, что Бог спас нас через водное крещение и крещение Духом. Слова очень похожи на те, что записаны в Евангелии от Иоанна 3:5, где говорится, что мы рождены свыше от воды и Духа. Как описано в моей книге «Нормальное рождение христианина», Павел рассматривал водное крещение и крещение Духом важным аспектом спасения. Считая, что быть спасенным значит иметь билет на небеса, мы попадаем в сети ложного мышления о том, что два крещения не являются жизненно необходимыми для спасения. Когда мы смотрим на спасение как процесс переработки, эти два вида крещения становятся основополагающими этапами спасения. Павел говорит, что Бог спас нас через баню возрождения и обновления Святого Духа, который Он щедро излил на нас. Итак, переработка начинается с нашего крещения и продолжается, когда мы омываемся Святым Духом.

Тимофей и Тит

Контраст между Тимофеем и Титом поражает. Тит был необрезанным язычником с языческим воспитанием. Тимофей родился в Листре, один из первых городов Галатии, которые Павел посетил с проповедью. В Листре Павлу порекомендовали Тимофея, как хорошего дублёра, и между ними завязалась дружба.

Мать и бабушка Тимофея были еврейками, которые учили его Писанию с самого детства. Он не был обрезан, потому что его отец не был иудеем. Но позже Павел совершил над Тимофеем обряд обрезания, но не потому, что думал, будто обрезание обеспечит Тимофею какие-то привилегии, но ради соблюдения традиций при посещении синагоги. Павел стремился не причинять своей группой никаких неудобств для других по второстепенным вопросам.

Новый Завет содержит ссылки на три специальных задания для Тимофея перед посещением Ефеса. Его послали в Фессалоники, в Коринф и в Филиппы как представителя Павла. Он также сотрудничал с Павлом при написании шести писем: два – в Фессалоники, два – в Коринф, к Филиппийцам и одно – к Филимону. Однако Тимофей не отличался отменным здоровьем. У него были проблемы с желудком, и Павел советовал для лечения употреблять немного вина. Действительно, Павел считал необходимым для Тимофеябыть подобно солдату или атлету, практикуя самодисциплину, без которой невозможно христианское служение. Мы не знаем, смог ли Тимофей прибыть в Рим до того, как казнили Павла, но из второго письма мы знаем, как Павел жаждал увидеть его.

В противоположность Тимофею, письма к Титу содержат всего лишь несколько личных ссылок. Вне всякого сомнения, Тит был прекрасным сотрудником и добился неплохих результатов в Коринфе, и Павел мог полностью на него положиться. Но из письма мы узнаем о нем совсем немного. По сравнению с Тимофеем, Павел более сдержан в похвале Тита.

Большинство писем Павла дают намёк на кризис или трудности, которые затрагиваются во вступлении. Письмо Титу не является исключением. Хотя на Крите в каждом городе были церкви, в них *не было старейшин*, которые бы управляли общинами. В связи с этим возникла срочная необходимость, чтобы кто-то назначил ответственных из местных прихожан. Задача Тита сводилась к тому, чтобы выявить таких людей для утверждения на эту роль.

Письма Тимофею были написаны по причине того, что в ефесской церкви было *неправильное руководство*. Перед Тимофеем стояла задача избавить церковь от таких старейшин и вместо них назначить подходящий состав. На самом деле, выполнение такой задачи больше подходило Титу, нежели Тимофею!

Павла волновало духовное качество прихожан на Крите. Из его комментариев мы узнаём, что языческое прошлое оказывало сильное влияние на них и, как результат, на жизнь церковной общины. Критяне слыли людьми с плохим поведением, и их влияние распространялось на церкви по всему острову. В Ефесе была противоположная ситуация: само руководство церкви требовало пристального внимания. В обоих случаях наблюдалось лжеучение. На Крите оно было второстепенное для жизни церкви, тогда как в Ефесе неправильное учение исходило от самих заблуждавшихся лидеров. Итак, ради здоровья церкви было крайне необходимо изменить ситуацию.

Мы можем описать работу Павла, которую он дал Тимофею и Титу, под тремя заглавиями.

Завершение перехода

Первой задачей для них было завершить переход церкви от апостольской зависимости к самостоятельному руководству, которое совершается местными лидерами. Им необходимо было стать независимыми в правильном смысле этого слова, чтобы их связь с основателями общин уменьшалась.

Качественные лидеры

СТАРЕЙШИНЫ

Павел даёт двоим помощникам наставление, каких лидеров следует подобрать. Он делает акцент на характере, особенно фокусируясь на том, что старейшины ведут себя как главы своих семейств. Это важно, поскольку церкви обычно проводили свои встречи по домам. Он упоминает оплату, доказывая, что проповедников следует поддерживать «по двойному тарифу».

Интересно отметить, что Павел упоминает необходимость для старейшин пользоваться хорошей репутацией среди соседей. Когда церковь выбирает себе руководителя, хорошо было бы послушать мнение о человеке от его соседей. Добрые отзывы – хороший знак.

Павел учит, что старейшины – это мужчины. Если меня спросят, может ли женщина быть старейшиной, я отвечу, что это возможно, если она «жената на одной женщине»! Это, тем не менее, одно из качеств старейшины. Сила других отрывков убедила меня, что руководство – это прерогатива мужчин, как и поддержание должной дисциплины в доме лежит на мужских плечах.

Лидеры часто ворчат, что их проблемы решались бы, если бы прихожане их слушали. Подозреваю, что настоящей проблемой является именно то, что они делают! Разумеется, подсознательно люди следуют за своими лидерами. Они, возможно, не делают то, что лидеры говорят, но повторяют то, что они делают. Одним из изумительных и пугающих видов ответственности – это быть церковным лидером. Вы можете видеть собственные сильные и слабые стороны, которые проявляются в церкви. И, конечно, это будет определённой опасностью при управлении общиной одним лидером, где его характер станет характером всех. При наличии нескольких лидеров слабые и сильные стороны одного лидера будут балансироваться другими членами руководства. Отчасти по этой причине качества церковных лидеров (старейшин и диаконов) фокусируются на характере, а не на дарах. Не столько способности что-то сделать делают человека руководителем, как то, каким образом лидер проявляет себя публично и в управлении семьёй. Единственное требование, которое выдвигается к способностям лидера, – это способность учить, чтобы он мог научить один на один или целую общину.

ДИАКОНЫ

Необходимые требования, выдвигаемые к диаконам, очень просты, хотя имеются предположения, что женщины также могут быть диаконами. Павел пишет о женщинах, но ведутся некоторые диспуты, кто же на самом деле диакониссы – жёны диаконов или женщины-диаконы. Любой человек, который служит церкви в определённой сфере, должен проявлять благочестие независимо от своих талантов. Важный момент заключается в том, что служить Господу в церкви – это взаимоотношения, а не способности.

Определённо понятно, что нет никакой иерархии. Назначение в качестве диакона не является первым шагом по служебной лестнице к верхушке церковного руководства, даже если иногда так и кажется. Диаконы решали проблемы сиюминутных потребностей общины, тогда как старейшины фокусировались на духовных нуждах.

Качественные прихожане

В письмах также ставится ударение на важности духовного качества членов церкви, как одного пункта из целого списка практических вопросов. Павел пишет о важности благопристойности в церкви и уважительном поведении в обществе, проявленном через их молитвы за политических лидеров. Апостол также беспокоится о должной поддержке семей, которые столкнулись с экономическими трудностями.

Он учит важности того, чтобы пожилые опытные женщины помогали молодым, чтобы оказывалось уважение престарелым, чтобы вдовы не чувствовали себя забытыми.

В письме Титу фокус делается на качество членов общины. Павел пишет, чтобы благочестивый характер проявлялся в церкви, в доме, на работе. На самом деле, это послание – отличный план для прекрасного семинара по церковному членству, показывающий, каким образом прихожанин может украсить Евангелие. Павел постоянно переживает о том, чтобы церковь выглядела безукоризненно перед миром. Интересно отметить, что каталог моральных принципов, которые Павел затрагивает в этом письме, является больше греческим, чем христианским. У греков был перечень того, что они считали признаками хорошего тона/человека, и Павел использует этот языческий список и побуждает христиан жить в соответствии с ним.

Я не говорю, чтобы церковь обезьянничала, принимая мирские моральные стандарты, но это означает, что мы, как минимум, должны делать то, что мир называет благом. Это лишь значит, что неверующие люди различают, что есть добро и зло. Зачастую именно они заставляют христиан держаться на должном уровне.

Роль женщин

Возможно, самое противоречивое учение в этих отрывках относится к женщинам. Судя по всему, Павел вводит строгие ограничения на служение женщин*. Феминистские богословы не любят эти письма. О них они заявляют следующее:

1. *Псевдоэпиграфические.* Некоторые говорят, что письма написаны не Павлом, но являются подделкой второго столетия. Они не должны быть частью канона.

---

* Расширенная дискуссия на эту тему в книге автора «Мужское руководство». (*Leadership is Male*)

2. *Раввинистические.* Другие заявляют, что если послания принадлежат перу Павла, то учение о женщинах является пережитком его раввинистического прошлого до его обращения ко Христу. Как старый человек, он впадает в предрассудки своего еврейского детства.

3. *Культурные.* Они спорят, что учение Павла о женщинах – это чистое отображение культуры. Если бы Иисус был сегодня жив, Он бы избрал в апостолы шесть мужчин и шесть женщин. Павел был обусловлен рамками своей культуры. Двенадцать мужчин, как выбор Иисуса, – это проявление тактичности, так как в те дни считалось оскорблением, чтобы женщина была апостолом. Такой довод никчемен, так как Иисус никогда не делал что-то чисто из дипломатических соображений! Одним из комплиментов, сказанных фарисеями в Его адрес, было высказывание: «Ты справедлив и не заботишься об угождении кому-либо, ибо не смотришь ни на какое лице».

4. *Еретические.* Другие заявляют, что женщинам запрещалось учить по причине их участия в различных культах. Церкви необходимо было дистанцироваться от этих практик, поэтому им запрещалось учить в церкви. Но доказательств в поддержку такой теории не найдено.

5. *Образовательные.* Следующие заявления предполагают, что из-за недостатка образования среди женщин во времена Павла было бы немудрым ставить их на роль лидеров-учителей. Но если бы это было правдой, тогда Павел никогда бы не позволил необразованному человеку руководить церковью. В Деяниях святых апостолов синедрион описывает 12 апостолов как неотёсанных мужиков, какими они и были на самом деле.

Ясно одно – Павел учит, что гендерные отличия между мужчиной и женщиной всё ещё применимы к церкви. Мы не являемся нейтральными во Христе, Бог хочет, чтобы мужчины были мужественными и женщины – женственными. Учение Павла противостоит современному скатыванию в «личностность» (personhood), где различия минимизированы или полностью изглажены.

Бог сотворил нас мужчинами и женщинами, и мы нуждаемся друг в друге. Он создал нас для различных ролей и целей. Когда мужчина ведёт себя, как женщина, и женщина ведёт себя, как мужчина, мы бесчестим творческую красоту Бога. Итак, мужчинам дана ответственность руководить, быть лидером. Хотя сегодня это непопулярное учение, но оно содержится в Писании, и нам не перепрыгнуть через него.

Противостоять смутьянам

Второй большой задачей было противостоять смутьянам. Когда в последний раз Павел оставил ефесских старейшин, он предупредил их, что после его ухода к ним придут лютые волки в овечьих шкурах. Итак, в дни Тимофея это пророчество стало истинным, по этой причине Павел посылает Тимофея прогнать волков.

Это ложное учение прослеживается в трёх посланиях. Оно упоминается в послании Титу и стоит на переднем плане в посланиях Тимофею. Именно по этой причине Павел пишет Тимофею. Если игнорировать проблему, она лишь больше обострится, но если решить ее, как только она появилась, тогда исцеление придет быстрее.

Ошибка, которую они распространяли

Довольно трудно обнаружить точную природу учения. Некоторые доказывают, что оно было близко гностицизму второго века.

1. *Греческие элементы*. Они верили, что тело было порочным и по этой причине учили, что секс – это плохо, человеку нужно придерживаться определённых правил питания, чтобы заручиться благосклонностью Бога. У них также было дуалистическое понимание мира и чрезмерно исполнившееся учение об эсхатологии (то есть они говорили, что воскресенье мёртвых уже произошло).

2. *Еврейские элементы*. Их верование в законы о еде и фокус на генеалогию наталкивает на еврейские корни воспитания. Комментарии Павла указывают, что у них было своё понимание Ветхого Завета.

Возможно, Павел сражался на двух фронтах: бился с эллинистическим иудаизмом, который соединял греческие и еврейские звенья в одну цепь для атаки на Евангелие.

Примеры поведения

Ранее мы говорили, что Павел говорил Тимофею о том, что хороший старейшина «достоин двойного почёта». Перевод оригинального текста не всегда точно передавал идею, но идея понятна. Старейшина, который проповедует и учит других, достоин двойного гонорара. Это подразумевает оплату за исполнение служения проповедника неверующим и учителя-наставника для членов церкви. В отличие от добрых старейшин, Тимофей не должен платить плохим старейшинам ни копейки, особенно, если они любят деньги.

Характер заблуждений в старейшинах можно понять из того, против чего выступает в письмах Павел. Он говорит, что у них вид благочестия, но его силы они отреклись. Внешне они выглядели прекрасно, но внутренние мотивы эгоистичны. Хотя выглядели законниками, на самом деле были распутны, горды в своих достижениях, жадны к деньгам, полагая, что деньги являлись наградой за их пиетизм.

Результат, который они производили

Результат этих лидеров для церкви был катастрофой. Их ложное учение схоже гангрене в теле. Они отстаивали странную смесь законничества со своеволием. И то, и другое убивало свободу Духа, и вместе составляло особую угрозу. Лидерство должно исходить из чистого сердца, доброй совести и искренней веры, а эти порочные лидеры не обладали ни одной из этих характеристик. Они не только пропагандировали заблуждение, но и подавали плохой пример.

Провозглашать истину

Третьей важной задачей при закладывании основы в церковной общине является передача истины. В конечном счёте, самым важным аспектом жизни церкви есть правильное согласованное учение Библии. Церкви, которые не получают постоянного систематического учения Божьего Слова, становятся уязвимыми для любых бед, но постоянное укрепление в Божьем Слове, передача истины Евангелия увеличит духовный рост тех, кто слушает наставления.

Тимофей должен был обличить смутьянов, обличить их в делах, быстро навести порядок, удалить от руководства и заменить на хороших старейшин. Церковь может выстоять против любой агрессии извне, но когда её атакуют изнутри, она может не устоять.

Обучение истинам включает словесные инструкции, наставление и увещевание. Это было обучением со властью, а не просто преподаванием или передачей информации. Но оно также включало визуальную демонстрацию истины: Тимофей и Тит должны были изложить истину и быть примерами истины.

Послание/идея провозглашено(-а)

Их послание должно основываться на том, что Павел называет «вера» и «истина». Для них существовало три источника для использования.

1. *Писание*. Ветхий Завет должен был читаться публично, а также его доктрины проповедовались и ему обучали.

2. *Апостольское учение*. Во 2-ой главе книги Деяний мы читаем о новообращённых, которые посвятили себя апостольскому учению. Павел был среди тех, чьи размышления о приходе Христа считались авторитетными для верующих в новозаветных церковных общинах.

3. *Высказывания, заслуживающие доверия*. Существовало некое количество вероучительных высказываний (символ/исповедание веры), которые были известны для отображения истины Писания. Пять из них упомянуты в письмах.

Чтобы быть верными пропагандистами, Тимофей и Тит должны были показать безупречность в проповеди истины и быть готовыми делать это «в сезон и не сезон». Павел описывает учение, которое должно преподаваться как «здравое», то есть здоровое, полезное. В противном случае отклонения от апостольского учения являются болезнями, подобно гангрене тела.

Это учение не должно ограничиваться членами церкви, но обязано смотреть шире. Тимофея просят «продолжать труд евангелиста».

Образец показан на деле

В этих письмах также поддержан визуальный аспект истины. Павел напоминает Тимофею, чтобы он был для него моделью в нескольких сферах. Он пишет: «Моё учение – образ жизни, цель, вера, терпение, любовь, стойкость», (то есть гонения и страдания) и готовность умереть. Он подчёркивает, что то, каков ты есть, говорит больше твоих слов. Мы должны жить так, как проповедуем.

Таким же образом он умоляет Тимофея быть образцом для тех, которых собирается поучать. Жизнь Тимофея в глазах прихожан церкви и внешних людей должна быть безупречной. Хоть это и звучит устрашающе, фокус – не «быть идеальным», но «делать прогресс».

Он просит бежать от зла и преследовать благочестие, и такой образ жизни, такая модель благоговейной жизни станет магнитом для окружающих людей.

Как применять эти послания сегодня?

1. *Непорочность/чистота является скорее внутренней, нежели внешней.* Любое законническое толкование веры по своей природе является внешним.

2. *Различия из-за возраста, половой и классовой принадлежности до сих пор применимы к христианскому обществу.* Для поддержки затушевывания этих различий некоторые приводят стих из послания Галатам 3:28, однако он применим лишь к нашим вертикальным взаимоотношениям с Богом; иными словами, такие различия не дают никакого преимущества и не являются препятствием для спасения.

3. *Праведность церкви должна соответствовать и превосходить мирское понимание этики, то есть чем является благо.* Это очень важный принцип, так как мир неглуп. Мир знает, каким должен быть хороший человек, и люди ожидают увидеть хороших людей в церкви. На нас лежит ответственность вести праведный образ жизни.

4. *Характер важнее способностей.* Церковное руководство должно быть хорошим примером, а также хорошими менеджерами, жизнь руководителей должна быть как на ладони.

5. *Пастыри отвечают за состояние стада, а не овцы.* Библия никогда не обвиняет овцу за состояние стада, – только пастыря. Я объясняю многим пастырям, которые обвиняют

своих людей за духовное состояние своих церквей, что Бог спросит только с пастырей за состояние паствы.

6. *Здравое учение научает, как нам следует жить и во что верить.* В Писании здравое учение означает воплощённые в жизнь верования.

7. *Церковь – это семья, но без отца на земле.* У неё – Божественный Отец. Все люди в церкви – лидеры и члены/прихожане – являются братьями. Это очень важно, мы никого не должны называть «отцом, батюшкой, падре».

8. *Благотворительность в самой церкви должна видеть различия.* Мы не должны брать ответственность за других. Нам объясняют, что, если семья вдовы может заботиться о себе, то общине не следует брать на себя такую ответственность. Существует ошибочная филантропия, которая проявляет чрезмерную заботу. Церковной общине следует заботиться о тех вдовах, у которых никого нет, кто бы смог позаботиться о них. Церковь должна быть чуткой и понимать, о ком следует проявить заботу.

9. *Характер церкви – отражение характера её лидеров.* Члены общины следуют за лидерами, независимо от того, нравятся они или нет.

10. *Если письма Тимофею и Титу нас чему-то учат, то самые большие битвы, с которыми мы сталкиваемся, происходят внутри самой церкви.* Нам необходимо отстаивать истину Евангелия, выступая против изощрённых искажений. Евангелие в опасности, и может стать:

    - *политизированным* – Царство Божье как социальная программа лишь для этого мира;
    - *феминизированным* – Бог, как души не чающая мать, а не как строгий отец;
    - *релятивистским* – без абсолютных различий между истиной и ложью, правым и левым;
    - *синкретизированным* – смешанным с другими верованиями во имя мировой религии.

Это требует двоякой задачи: объяснять истину и показывать заблуждение.

ЧЕРЕЗ СТРАДАНИЯ К СЛАВЕ

53.	Послание Евреям	313
54.	Послание Иакова	341
55.	1 и 2 Послание Петра	359
56.	Послание Иуды	385
57.	1, 2 и 3 Послание Иоанна	401
58.	Откровение	429
59.	Тысячелетнее Царство	519

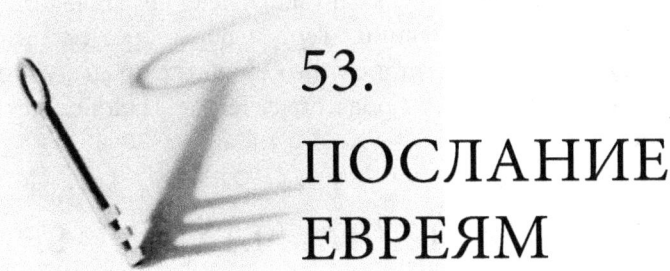

53. ПОСЛАНИЕ ЕВРЕЯМ

Введение

Сложное или приятное для чтения?

Среди современных читателей мнения о послании Евреям очень разделились. Некоторые считают его одним из самых сложных посланий Нового Завета. Это отчасти потому так, что для языческого глаза послание очень «еврейское», ведь оно довольно подробно описывает жертвы, алтари и вопросы священства. Правильное понимание послания Евреям требует хорошего знания Писаний Ветхого Завета, особенно книги Левит, а большинство язычников таких знаний не имеют. Кроме того, некоторые из аргументов в этом послании непонятны современному человеку. Кому есть дело до ангелов и родословных? Они вряд ли являются главной темой разговора даже среди христиан.

Кроме того, греческий язык в послании Евреям очень сложный, хотя многие считают его лучшим греческим в Новом Завете. Новый Завет был написан не на классическом греческом, но на греческом *koine*, на языке улицы, и он отличался от языка университета. Греческий язык в послании Евреям ближе к классическому языку, чем в любой другой части Нового Завета. Даже в английском переводе язык совершенен и сложен, и для некоторых это является препятствием к пониманию.

Послание Евреям имеет своих сторонников. Некоторые говорят, что это самая восхитительная книга во всей Библии. Такие читатели любят её и восхищаются ею, как правило, по одной из трех причин.

1. ВЕЛИЧЕСТВЕННАЯ ГЛАВА О ВЕРЕ

В этой главе, как во время прогулки по мавзолею, читатель оглядывается в прошлое на жизни великих героев веры. Для тех, кто находит подробную аргументацию в немного трудных предыдущих главах, 11-я глава является чем-то вроде облегчения. Наконец есть то, что им понятно.

2. ПРОЛИВАЕТСЯ СВЕТ НА ВЕТХИЙ ЗАВЕТ

Послание Евреям рассматривает вопрос о том, как взаимосвязан Ветхий Завет и Новый. Эта книга объясняет, как мы должны относиться к Закону Моисея, она раскрывает отношение нашей христианской веры к ритуалам храма и показывает, как народ Божий вступил в новую эру отношений с Богом. Таким образом, книга предоставляет множество моделей толкования для понимания Ветхого Завета нами как христианами.

3. В НЕЙ ГОВОРИТСЯ О ХРИСТЕ

Те, кто любят Иисуса, любят послание Евреям, потому что оно проливает свет на Него, как никакая другая часть Нового Завета. Любимое слово автора этого послания – слово «лучше». Иисус описывается как Тот, Кто «лучше», а не «лучший» (хотя это тоже верно), потому что Он здесь сравнивается с меньшими альтернативами, которые были привлекательны для изначальных читателей. Иисус превосходит ангелов, Он лучше, чем пророки, лучше всех других посредников.

Мнения, что эта книга сложная или восхитительная, на самом деле являются крайними позициями, они упускают основную суть послания. Реальный ключ к пониманию послания Евреям – это вопрос: почему оно было написано? Хотя немного сложно найти ответ на этот вопрос, но как только вы находите его, все послание раскрывается перед вами.

Кто автор послания?

Прежде чем мы рассмотрим, с какой целью было написано послание, мы должны узнать, кто его написал. Один ученый назвал это «загадкой Нового Завета», ибо это единственная книга Нового Завета, авторство которой точно неизвестно. Существуют разные догадки. Некоторые старые версии перевода Библии короля Иакова называют его «послание Павла Евреям», но это – лишь предположение. Я не думаю, что Павел написал его. Это не его стиль и не его язык. Другие предполагают, что оно, возможно, было написано Варнавой, в частности, из-за того, что на его страницах мы видим много слов утешения. Некоторые говорят, что оно написано Стефаном, другие являются приверженцами авторства Силы или Аполлоса. Есть предположения, что автором была Прискилла, и отсутствие имени должно было скрыть тот факт, что женщина написала его, хотя я думаю – это очень маловероятно. В конечном счете, должен сказать, (вместе с великим отцом церкви Оригеном Александрийским), что один Бог знает, кто его написал!

Куда было отправлено это послание?

Мы также точно не знаем, куда было отправлено письмо. Единственный адрес, указанный на нем – «Евреям», и его едва ли можно назвать конкретным! Опять же по этому поводу есть много предположений.

Некоторые говорят, что оно было послано в Александрию, другие – в Антиохию или Иерусалим, или Ефес. Мы не имеем твердой уверенности, хотя есть большая подсказка в самом конце послания. Писатель говорит: «Приветствуют вас Италийские». Поэтому, я думаю, разумно сделать вывод, что оно было послано в Италию, так как предполагаю, что изначально было предназначено для церкви в Риме.

Тем не менее, мы можем ясно видеть, что послание Евреям было написано немного позже послания Римлянам, потому что послание Евреям ссылается на те события, которые еще не произошли, когда Павел писал римлянам. Поэтому я предполагаю, что послание было написано христианам в Риме и, в связи с названием, той части церкви, которая была еврейской. Но при этом возникает вопрос: почему послание было необходимо для половины церкви?

Когда было написано послание?

Очевидно, первые лидеры церкви в Риме умерли, потому что в конце послания автор говорит: «Поминайте наставников ваших». Храм и его жертвы всё ещё действовали, так как писатель говорит о них в настоящем времени. Таким образом, оно, должно быть, было написано до 70 г. н.э., когда храм был разрушен, а жертвоприношения прекратились. Итак, послание Евреям было написано после того, как Павел писал послание Римлянам в 55 году нашей эры и до 70 г. н.э.

Нерон

Повод для написания письма становится ясен, когда мы рассматриваем то, что происходило в этот период. Ситуация значительно изменилась со времен послания Павла Римлянам, во многом это связано с тем, что Нерон занял императорский престол. Мы отметили в нашем исследовании послания Римлянам (см. гл. 47), что при Клавдии около 40 000 евреев были изгнаны из Рима в начале 50-х гг. н.э., перед тем, как Павел писал свое послание (именно в этот момент Прискилла и Акила бежали в Коринф, как упоминалось в книге Деяний святых апостолов). Церковь в Риме, как результат, становилась все более языческой, так что, когда евреи вернулись после смерти Клавдия в 54 году нашей эры, возникли трения между еврейскими верующими и уверовавшими из язычников, которые теперь доминировали в собрании. Мы видели в нашем исследовании послания Римлянам, что Павел писал его, чтобы помочь евреям ужиться со своими братьями из язычников.

Но правление Нерона было временем великих страданий для церкви. Нерон, как Гитлер, сделал несколько хороших вещей в самом начале. Если вы почитаете жизнеописание Гитлера, то увидите, что он спас Германию от безработицы и инфляции, построил прекрасные дороги и приказал наладить производство Volkswagen Beetle как «народного автомобиля». Таким же образом, когда читаете историю Нерона, вы обнаруживаете, что он сделал много хороших вещей для Рима в начале своего правления. Он слушал советы других людей и мог править мудро. Но настал момент, когда Нерон перестал слушать других и стал диктатором. Так же, как Гитлер хотел отстроить Берлин, Нерон хотел восстановить Рим. У него были грандиозные идеи: разрушить все и построить самые великолепные из когда-либо построенных зданий. Короче говоря, он начал страдать манией величия, и христиане страдали больше, чем кто-либо другой, многие из них были убиты Нероном.

В послании Римлянам нет упоминания о гонениях. Церковь должна была бороться с безнравственностью в Риме, но в то время не было какого-либо прямого преследования. В послании Евреям есть один отрывок, который рассказывает нам о том, от каких преследований они уже пострадали. Ни один из них еще не умер мученической смертью, а это значит, что мы находимся в середине периода правления Нерона. Были варварски разрушены их дома. Было конфисковано их имущество. Некоторые были в тюрьме, отсюда и упоминание в конце послания, что нужно «помнить узников». Тимофей описывается, как один из тех, кто был заключен в темницу и освобожден. Таким образом, становилось всё труднее быть христианином. Это пока не стоило им жизни, но, кроме нее, стоило очень многого.

Еврейские верующие

Конечно, это происходило со всеми верующими, независимо от того, были они язычниками или евреями, так почему же это послание написано только для верующих евреев? Ответ очень прост и объясняет все письмо. У евреев был путь спасения от страданий, который не был открыт для верующих из язычников. Еврейские верующие могли избавиться от неприятностей, вернувшись в синагогу. В это время христианство было незаконным, а иудаизм оставался еще законным, и синагоги были официально зарегистрированы. Церковь была подпольной, как в коммунистическую эпоху в России и Китае, а также в некоторых странах мусульманского мира сегодня.

Таким образом, верующие евреи могли вернуться в синагогу и этим избавить свои семьи от преследования. Они даже могли претендовать на возвращение к тому же Богу. Но цена, которую должны были заплатить за это, и единственный способ вернуться в иудейскую синагогу – публично отречься от своей веры в Иисуса. Это был трудный выбор. Они слышали об Иисусе и считали Его Мессией. Но, присоединившись к церкви, обнаружили теперь, что их детей преследуют в школе, их окна разбивают, а имущество конфискуют. Они знали, что если они вернут свои семьи обратно в синагогу, то будут в безопасности. Но при этом должны были сказать перед синагогой: «Я отрицаю, что Иисус – Мессия».

Таким образом, письмо написано в первую очередь для верующих евреев на фоне гонений. Писатель использует корабельные метафоры, чтобы призвать их твердо стоять: «не поднимать свои якоря, не отходить, не опускать паруса», из чего можно предположить, что он имел в прошлом опыт мореплавания.

Увещание и разъяснение

В конце он говорит: «Примите сие слово увещания; я же не много и написал вам». Это, конечно, послание увещания, но оно не очень короткое! Увещевание очень практично. Он не пытается научить их доктрине, но пытается отвратить от обращения назад к синагоге. Все, что он говорит, от начала до конца направлено на разрешение этой проблемы. Он использует любые средства: взывает к ним, предупреждает их, говорит нежно, или же сурово. Он использует любой возможный аргумент, потому что опасается, что они потеряют свое спасение, если вернутся в иудаизм.

Знание об этом страстном призыве поможет нам увидеть эту книгу не просто как сухое изложение доктрины. Многие проповедники, которых я слышал, толкуют это послание, как работу о Христе, но они упускают практический элемент. Согласно Оксфордскому словарю английского языка, слово «увещевать» означает «наставлять срочно, призывать кого-то к действию». Все письмо побуждает получателей к определенному действию. Призыв и положительный, и отрицательный: «Пожалуйста, не возвращайтесь, но идите вперёд».

Существует правдивая история о тех, кто умер в окопах Йоркшира. Вот что сказал коронер на дознании: «Если бы он просто продолжал двигаться, то был бы жив сегодня». Вместо этого он сел, остался в одном месте и переохлаждение победило.

Об этом же говорит послание Евреям: «Продолжайте двигаться».

Но это – не упрек. Автор присоединяется к своим читателям. Он говорит «пойдем вперёд», ставя себя рядом с ними. На самом деле, он называет себя заступником (что является также титулом, данным Святому Духу в Евангелии от Иоанна, и означает «тот, кто рядом, кто укрепляет»). Представьте, как альпинист возвращается за кем-то в конце веревки и делает восхождение с ним, чтобы помочь достичь вершины.

Стиль послания необычен для Нового Завета, так как автор постоянно чередует разъяснение и увещевание (большинство книг Нового Завета содержат сначала учение, а потом – применение). Он постоянно доказывает и призывает, и соотношение аргументации и призыва меняется от главы к главе.

В 1-й и 2-й главах находятся длинное разъяснение и короткий призыв. Но постепенно, по мере того, как вы читаете книгу, появляются короткие аргументы и более долгие увещевания, пока, наконец, 11-я глава не даёт краткое разъяснение, а затем долгое увещевание в 12-й и 13-й главах. Таким образом, автор представляет больше аргументов и меньше призывов в начале, но меньше аргументов и больше призывов в конце. Это – одна из причин, почему первая часть книги немного сложнее для понимания, чем вторая.

Отрывки-воззвания переполнены фразами, которые имеют значение «давайте...» Например: «Свергнем с себя всякое бремя и запинающий нас грех, и с терпением будем проходить надлежащее нам поприще, взирая на Начальника и Совершителя веры Иисуса», «будем хранить благодать», «выйдем к Нему за стан», «будем через Него непрестанно приносить Богу жертву хвалы». Такие призывы встречаются тринадцать раз во всём послании, и восемь раз – в этом последнем разделе. Это большой плюс к личному обращению, которое тронет всех, кроме самых жестокосердных.

Большинство аргументов взяты из Ветхого Завета, который на то время был единственным Писанием (кроме послания апостола Павла Римлянам). Таким образом, эти аргументы были легко приняты еврейскими верующими. Автор рассматривает Ветхий Завет двумя способами: с отрицательной стороны, противопоставляя неполноценную жизнь в Ветхом Завете с той, которой наслаждается верующий Нового Завета; и с положительной стороны, отмечая преемственность между Заветами и многие примеры, которым мы можем подражать. По словам Августина, «Новый Завет сокрыт в Старом, Старый – явлен в Новом».

Язык и структура

Многие находят язык и структуру послания Евреям сложным для понимания. Рисунок справа поможет нам. (вставить сюда, потому что этот файл не открывался). На нём изображён план первых двух глав, который показывает разделение между небом и землей. Бог на небе детально передал Свои слова через ангелов и пророков. Вы можете собрать воедино всю жизнь Иисуса из Ветхого Завета. Это как мозаика, когда коробка открывается впервые. Пророки передали Слово людям, но на самом деле это Слово принесло им смерть, ибо слово Закона приносило смерть.

Далее мы видим, как Бог «в последние дни сии говорил нам в Сыне». Сын говорил нам через апостолов. Мы слышим слова пророков в Ветхом Завете и слова апостолов – в Новом Завете.

Иисус стал Человеком, умер, а затем вернулся на небеса, как наш Первопроходец. Это – главный титул Иисуса в послании Евреям. Он означает «идти первым» – Тот, Кто пошёл вперед для того, чтобы нам последовать за Ним. Он сделал все это, чтобы мы могли также последовать за Ним в небеса. Также мы сказали, что Он – выше ангелов. Человек никогда не был выше ангелов, пока Иисус не вознесся. С этого возвышенного положения Он излил обещанного Святого Духа на нас, позволяя творить чудеса. Это значит, что люди могут следовать за Первопроходцем и оказаться выше ангелов, заняв свое место среди многих сыновей, которых Иисус приведёт к славе. Таким образом, верующие будут выше ангелов, и им будут служить ангелы.

Структура 4-10 глав несколько сложнее. Мы должны помнить, что еврейское мышление – горизонтальное в отношении времени, как линия между прошлым, настоящим и будущим, в то время как греческое мышление более пространственно ориентированное – вертикальная линия между небом и Землей. Послание Евреям объединяет эти две перспективы, и именно поэтому предложенный на картинке план может показаться трудным для понимания.

Итак, у нас есть вертикальная линия между небесным и земным, невидимым миром и видимым, и у нас есть горизонтальная линия времени между Ветхим Заветом и Новым. И пересекаются они на кресте. Вера ведет нас от земного и ветхого, к небесному и новому. Вера переносит нас из прошлого и земного, в небесное и будущее. Нижний правый квадрат напоминает, что существует возможность отпасть в другом направлении. Можно вернуться из Нового Завета в Ветхий, можно вернуться от небесного снова к земному.

ПОСЛАНИЕ ЕВРЕЯМ

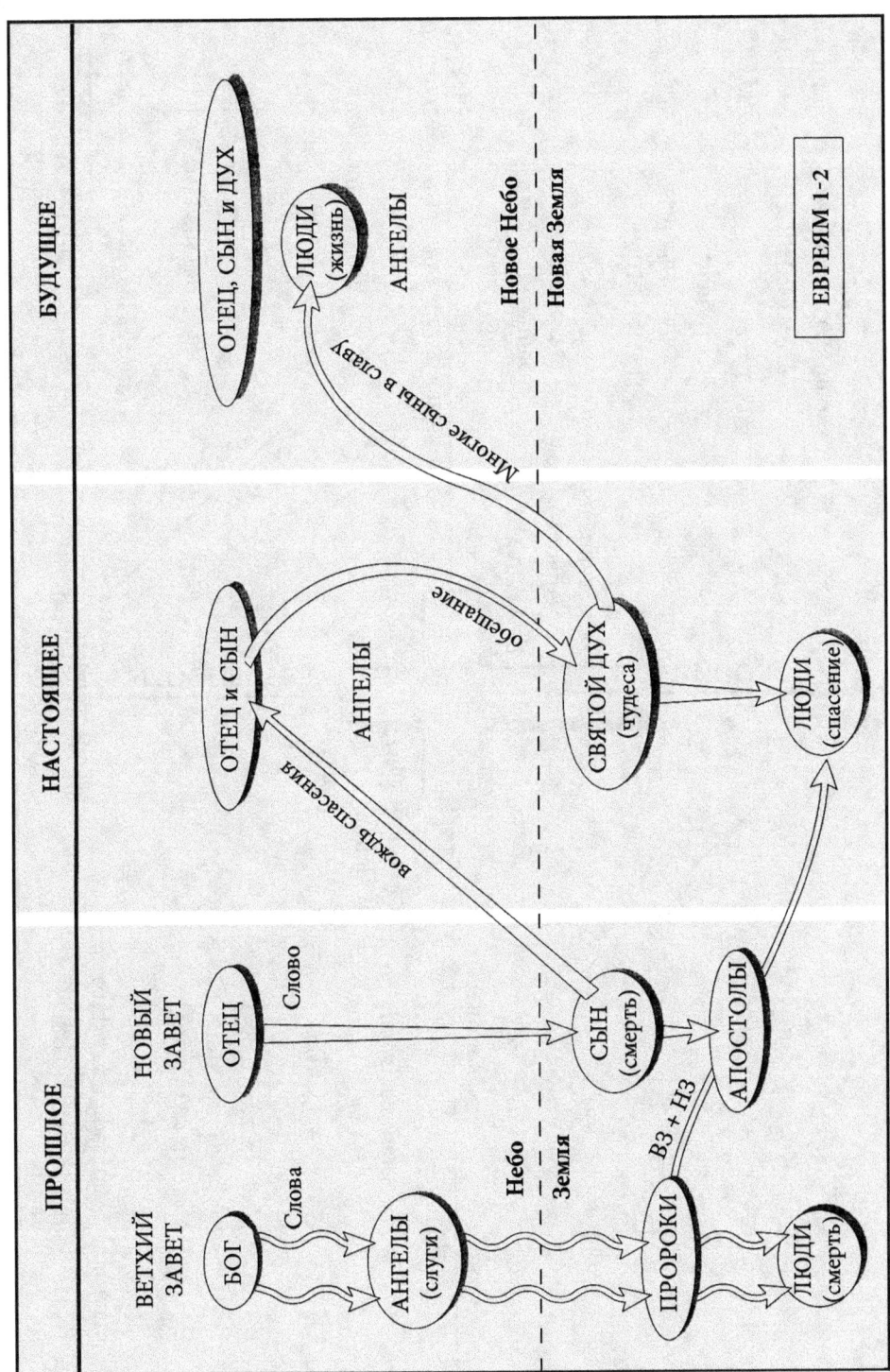

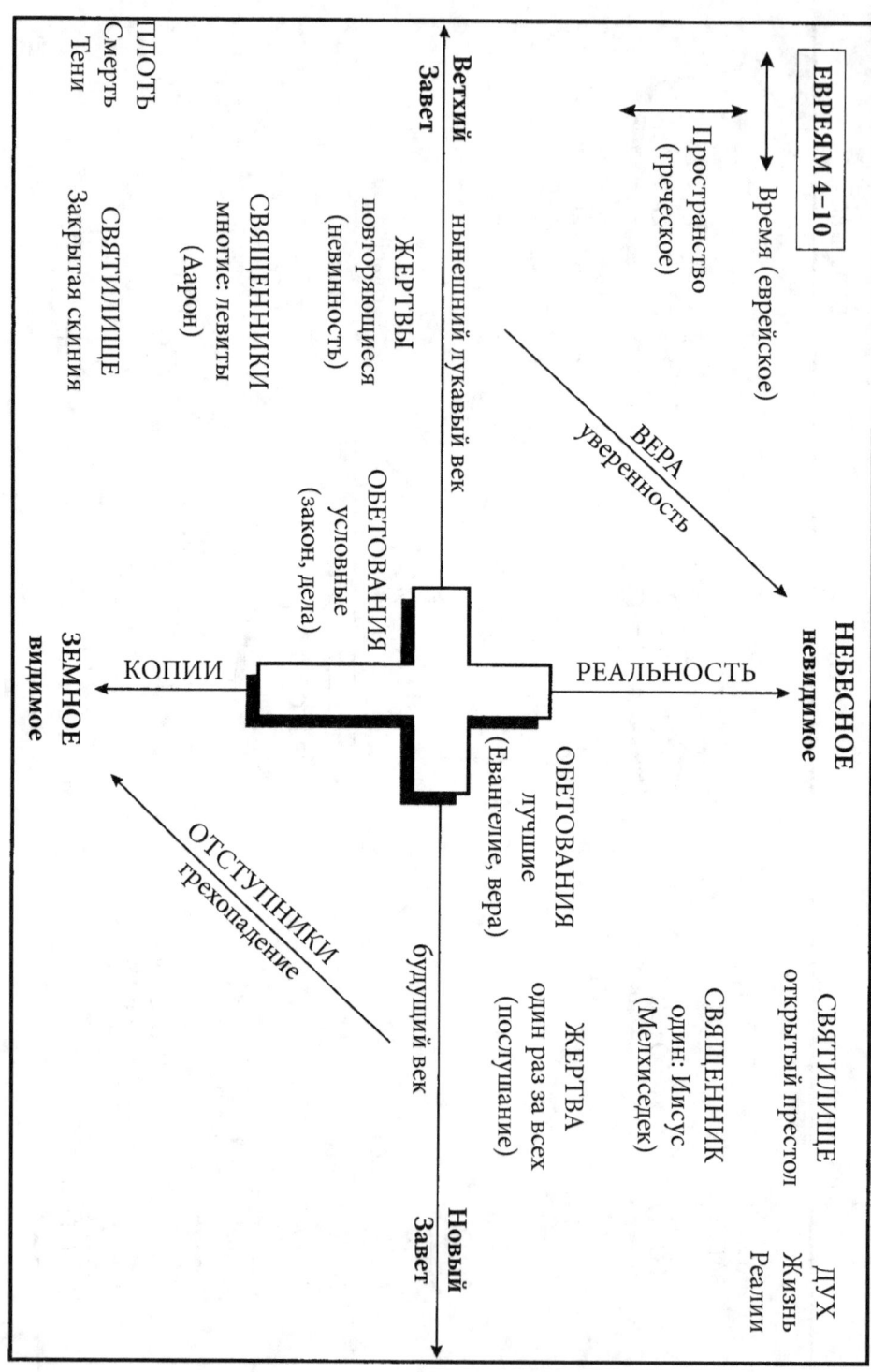

Старые жертвы приходилось повторять, новая жертва принесена раз и навсегда. Старые священники находятся по одну сторону, один Священник, Иисус, по чину Мелхиседека, находится по другую сторону. Старое святилище имело свою закрытую скинию, и новое святилище имеет свой открытый престол, мы можем теперь приходить прямо в Святое Святых.

Давайте же рассмотрим книгу несколько подробнее и попробуем разобраться с её обширными темами.

Негативное сравнение (главы 1-10)

Не возвращайтесь к прошлому

В главах 1-10 автор показывает резкий контраст между Ветхим и Новым Заветами, между иудаизмом и христианством. Его аргумент очень прост. Вы ездите на роллс-ройсе сейчас; хотите ли вы вернуться к езде на старой развалюхе? Вы хотите вернуться к тому, чтобы греть воду в чайнике и наливать её в оловянную ванну перед камином, чтобы покупаться? Кто бы хотел делать такие глупые вещи, когда нам доступны современные и лучшие методы? Автор говорит, что возвратиться к иудаизму – это вернуться в гораздо худшее положение. Таким образом, в главах 1-6 он утверждает, что иметь Сына Божия во много раз лучше, чем служителей Божьих.

Сын и служители (главы 1-6)

1. ПРОРОКИ (1:1-3)

Некоторые учёные считают первое предложение лучшим греческим в Новом Завете в плане его построения, ритма и красоты. Оно выгодно отличается от более известных слов в Бытие 1:1 и Иоанна 1:1. Стих включает в себя как преемственность из Ветхого Завета (Бог, говоривший), так и контраст с ним (в Сыне).

Сначала автор смотрит на то, что Бог говорил «издревле отцам в пророках», от Моисея до Малахии. Эти слова были:

(а) многократны. Они были, как части головоломки. Амос рассматривал справедливость, Осия – милость, Исаия – святость, но каждое пророчество содержало предсказания о Христе;

(б) многообразны. Картинка на крышке «головоломки» тоже изменялась. Были тут проза и поэзия, предсказание и история, притча и закон, любовные песни и видения.

Передавались слова Божьи через обычных мужчин и женщин из разных социальных слоёв. Затем писатель сравнивал прежние методы с «новыми словами». Он говорил, что в «последние дни» (то есть в последний период истории, начавшийся с прихода Христа) Бог дал нам идеальное средство связи. Это «Слово» было дано нам как верующим. На этот раз оно было не фрагментарно, но всё в одном – «в Сыне». Он продолжает и даёт нам трехмерное изображение Иисуса.

(а) Сотворение

i. Всё будет принадлежать Ему в конце. Бог поставил Иисуса Наследником всего. Так что в конце Сын будет обладать всем творением. Псалом 2:8 говорит о том, что Он получит народы в наследие. И Тот, о Чьих одеждах бросали жребий в конце Его первого прихода, вернётся и будет править всеми царствами и народами.

ii. Всё было создано Им вначале. Всё началось именно с Сына. Он был не просто скромным плотником, но в самом начале был Творцом, придумывая и решая судьбу творения.

iii. Он держит все в Своих руках. Когда Иисус был на Земле, Он показал Свою силу «укротить бурю». Воскреснув, Он управляет Вселенной, содержит её Своим словом.

(б) Творец

i. Мы видим сияние славы. Что свет для солнца, то слава для Сына. Слава – часть Его сущности.

ii. Он образ ипостаси Бога. Так же, как печать оставляет отпечаток, так и Христос является точным отражением Бога. Когда мы видим Иисуса, мы видим Отца.

(в) Творение

i. **Спаситель на кресте.** Несмотря на все сказанное, этот прославленный Сын умер на кресте. Этим Он совершил очищение от грехов. На этот раз не словом, а делом, добровольно принеся Себя в жертву. Это был Его труд. Даже Отец не мог разделить Его с Ним.

ii. **Господь в венце.** Но Он не остался мертвым. Он воскрес и прославился. Он, Господь, вознесся выше всех и управляет Вселенной, Князь мира, Пророк, Священник и Царь одесную Бога. Это возвышенное положение Иисуса естественным образом приводит автора к следующему разделу, где он смотрит на Сына в сравнении с ангелами.

2. АНГЕЛЫ (1:4–2:8)

Писание изображает ангелов как небесных, духовных и сверхъестественных существ выше человека и ниже Бога. Они являются самыми высокими творениями из всех созданных. Хотя они были в большом почете в иудаизме, автор утверждает, что ангелы – просто служители.

Автор спрашивает своих читателей: «Вы хотите вернуться к тем временам, когда вашей единственной связью с небесами были ангелы? У вас есть Сын, вы не можете быть ближе к Отцу, чем сейчас».

Евреи придавали ангелам возвышенный статус посредников или посланников.

Однако христиане слишком мало склонны думать об ангелах. Поэтому автору необходимо было сравнить Христа с ангелами, чтобы читатели увидели их в истинном свете.

(а) Настоящее – Он воссел не рядом с ангелами (1:4-14)

Христос занимает положение выше, чем у ангелов. Автор показывает это серией вопросов и цитат из Ветхого Завета.

(б) Прошлое – Он не говорил через ангелов (2:1-4)

Прежние слова ангелов были обязательными, поскольку они звучали с божественной властью. Это новое общение еще более серьезно.

i. Прямое общение. Оно происходит на горизонтальном уровне. Слово дано апостолами, которые были очевидцами Христа. Они видели и слышали то, о чём проповедуют.

ii. Божественное подтверждение. В то же время это были не просто «человеческие» слова, но знаки, чудеса и знамения подтверждали их. Поэтому необходимо было принимать их и следовать им. Так у нас появился «причал», который не даёт нам отойти от истины.

(в) Будущее – Он не страдал за ангелов (2:5-18)

i. Вселенная покорена человеку (2:5-9). Человек был помещён на Землю, чтобы управлять Вселенной. В Бытие 1:28 мы читаем, что человек получил власть над всеми животными земли, воздуха и моря. Псалом 8:4-6 усиливает эту позицию. Но на самом деле мы не видим, чтобы человечество управляло всем, кроме того, что Иисус стал человеком и исполняет в Себе план Бога для человечества.

ii. Человек подвержен смерти (2:10-18). Мы получаем напоминание, что человек подвержен смерти, и что этот страх смерти используется сатаной, чтобы держать нас в плену. Иисус знает, что такое быть человеком, ведь Он жил на земле в «плоти и крови» человека, и продолжает быть человеком, хотя теперь уже в вознесённом положении. Будучи им, Он может сочувствовать мужчинам и женщинам, которые сталкиваются с теми же трудностями, что и Он.

3. АПОСТОЛЫ (3:1–4:13)

Апостол – это «посланный» Богом человек для выполнения определённой задачи, как, например, Моисей и Иисус Навин. Но Иисус был «лучшим» Апостолом, чем они оба, «Посланный» для более великой цели.

(а) Моисей – из Египта (3:1-18)

Моисей, как правило, считается евреями одним из их величайших лидеров, но Иисус – еще больше. При преображении, описанном в Евангелиях, Иисус встречается с Моисеем и Илией, но Он, несомненно, превосходит их.

i. Верен в доме. На иврите слово «дом» означает как «здание», так и «семья», а не поколения, которые принадлежат к королевской семье. Иисус описывается как «Устроитель» дома. Мы – камни, которые являются частью здания. Но автор спрашивает, настолько ли мы верны в нашей вере, как Моисей и Иисус.

ii. Неверное сердце. К сожалению, Израиль не выполнил свою задачу быть верным Богу. Только два человека из 2 500 000 попали в Землю Обетованную. Лидеры были хороши, но последователи – нет.

Проблема была в неверии, которое вело к неповиновению и, наконец, к отступничеству и разрушению. Они не «вошли в покой». История Израиля представляет собой предупреждение для верующих Нового Завета. Народ восстал в Массе (Исход 17:1-7) и не прошёл испытание в Мериве (Числа 20:1-13). В обоих случаях проблемой была нехватка воды.

Автор послания предупреждает, что читатели могут сделать то же сами. Они могут ожесточиться грехом. Та же участь постигнет их, что постигла людей в Ветхом Завете, Бог будет гневаться на всех, кто противится Ему (см. Римлянам 11:22).

(б) Иисус Навин – в Ханаан (4:1-13)

«Земля покоя» должна была быть землёй отдыха от болезней, рабства, вторжения и бедности. У них также должен был быть день отдыха и празднования каждую неделю – суббота. Они также должны были отдыхать от духовной борьбы (Второзаконие 12:9; Иисуса Навина 1:13). Но в этот последний покой они так и не вошли, так что это им ещё предстоит.

i. Дела Божьи (4:1-10). На седьмой день творения Бог больше не трудился. Описание этого дня отличается от других шести тем, что оно не содержит упоминания о вечере и утре, оставив некоторым людям свободу для предположений, что в этом кроется особое значение, кроме того, что это был день отдыха. День субботний, когда Бог перестает трудиться, изображает Бога, Который всегда в состоянии мира и покоя в Самом Себе.

ii. Слово Божие (4:11-13). Веру можно определить как правильный ответ на Слово Божье. Слово живо, как и Бог, Который произносит его; оно активно, его благословения и проклятия влияют на людей; оно остро, как римский обоюдоострый меч; оно проникает до разделения души и духа, суставов и мозгов, и судит помышления и намерения сердечные, оно в состоянии добраться до истины.

Иисус подобен Моисею в том, что Он выводит Свой народ, но в то же время подобен и Иисусу Навину в том, что ведет Свой народ в Землю обетованную. Это напоминание о том, что важно помнить не только то, от чего мы были спасены, но и то, для чего мы были спасены.

Тело и тень (главы 7-10)

Доказав, что Сын лучше служителей, затем автор меняет свой подход, и в главах 7-10 мы видим замечательный аргумент, что тело лучше, чем тень.

Это, пожалуй, лучше всего иллюстрируется историей «Длинноногий дядюшка» (первоначально книга Жана Вебстера, а теперь – фильм). Это история маленькой девочки в сиротском приюте. Она знает, что есть богатый человек, который заботится о детском доме. Однажды она видит его тень на стене и видит ее с чрезвычайно длинными ногами из-за падения света, поэтому называет тень «длинноногий дядюшка». В течение многих лет девочка мечтает об этой тени. Но однажды встречает этого человека и влюбляется в него. Он тоже влюбляется в нее, их отношения развиваются.

Дело вот в чем. После того, как она получила его, девочка перестает думать о тени вообще, потому что тело лучше, чем тень. Что бы вы подумали о ней, если бы она вернулась к тени на стене и попыталась поцеловать ее теперь, когда знает реального человека?

В Ветхом Завете есть много «теней» Иисуса. Некоторые люди называют их «прототипами», но я предпочитаю называть их тенями. Это так, если бы тень Иисуса падала назад в Ветхий Завет, но так как тень всегда искажается, она никогда не дает четкую картину, которую вы хотите увидеть.

Когда мы читаем Ветхий Завет, в некотором смысле читаем о тенях Иисуса. Вот три примера того, что я имею в виду.

1. СВЯЩЕНСТВО (МЕЛХИСЕДЕК)

В книге Левит мы видим много теней Иисуса. Жертвы являются тенью той жертвы, которую Он принёс за грех на кресте. Жертвоприношения животных являются тенью Иисуса, Который описан в Новом Завете как Пасхальный Агнец. Священство Аарона и его семьи является тенью священнического служения заступничества Христа за нас.

Тень Иисуса также четко видна в книге Бытие в лице Мелхиседека – таинственного священника-царя, который царствовал в Иерусалиме несколько веков до того, как был захвачен евреями, и который дал хлеб и вино Аврааму.

2. ЗАВЕТ (НОВЫЙ)

Есть и тень отношений завета Бога со Своим народом через Христа. Автор спрашивает, почему люди задумались о необходимости возвращения к Ветхому Завету теперь, когда жили в Новом. Новый Завет был создан, в конце концов, на основе прощения, что я называю «забвения». Думаю, самое удивительное чудо в том, что, когда Бог прощает, Он также забывает.

Когда я был пастором в Центре Милмид (Millmead Center) в Гилфорде, как-то в воскресенье, когда после служения все разошлись по домам, я увидел, что в церкви сидит одна старушка и плачет навзрыд. Я подошел, сел рядом с ней и спросил, что случилось. Она объяснила, что много лет назад она сделала ужасную вещь; если ее семья и друзья узнают об этом, они никогда больше не заговорят с ней. Женщина сказала, что в течение 30 лет просила Бога простить ее, но Он так этого и не сделал. Я сказал ей, что еще тогда, когда она впервые попросила у Него прощения, Он простил этот грех и забыл его. И в течение 30 лет Он не знал, что она еще имела в виду! Старушка сказала мне, что не верит в это. Я показал ей некоторые места Писания в Новом Завете, где говорилось, что Бог больше не будет помнить наши грехи. Потребовалось 20 минут, чтобы убедить старушку, что Бог забыл о них. Она встала, и я не мог поверить своим глазам: старенькая женщина прямо в церкви начала танцевать! Ей было около 70, и она танцевала от радости. Бог забыл её грех! Наша беда в том, что мы сами не можем забыть и потому не можем простить себя.

3. ЖЕРТВА (КРЕСТ)

Мы также видим тень, когда Авраам приносил в жертву Исаака. Многие предполагают, что этот инцидент произошел, когда Исаак был маленьким мальчиком, но на самом деле ему было чуть больше тридцати лет. Любая еврейская картина этой сцены показывает зрелого человека, который мог бы легко дать отпор своему отцу, но вместо этого сын подчиняется ему. Мы неправильно определяем его возраст отчасти из-за того, как разделены главы. Мы упускаем, что происходит в следующей главе, в которой говорится о смерти Сарры и о том, сколько лет было Исааку, когда она умерла. Исааку было около 33 лет, и гора Мориа была той самой горой, на которой Иисус умер на кресте. Параллели очень ясны. В случае с Исааком, конечно, ангел остановил Авраама, и овен с головой, запутавшейся в тернии, был принесен в жертву на той горе. Много веков спустя, Агнец Божий с терновым венцом на голове был принесен в жертву на горе Мориа.

Так автор убеждает читателей, что невыгодно возвращаться к иудаизму с его повторяющимися жертвами и худшим заветом. Если они вернутся к иудаизму, то отвергнут жертву Иисуса, принесённую однажды за всех.

Положительное сравнение (главы 11-13)

Переходящее в будущее

Обратимся теперь к положительной стороне во второй половине письма, где автор рисует контраст и подчеркивает преемственность между Ветхим и Новым Заветом. Есть хорошие вещи в Ветхом Завете, которые не устарели, некоторые вещи вполне актуальны и сегодня.

Вера в Бога

Одной общей темой является тема веры. Когда мы смотрим на ресурсы, которые были в распоряжении героев Ветхого Завета, их вера заставляет нас восхищаться ими. У них не было ни одного откровения, которые мы имеем во Христе. У них не было излияния Святого Духа. И все же эти люди продолжали верить, даже несмотря на то, что они так никогда и не увидели, во что же верили. Так у нас есть своего рода двойное отношение к Ветхому Завету. Есть то, что мы оставляем позади, потому что это лишь тени, а у нас теперь есть само «тело». Но есть некоторые вещи, которым мы должны подражать, особенно в области веры. Писатель переходит от группы к группе в Ветхом Завете:

- Авель, Енох и Ной.
- Авраам, Исаак и Иаков. (Бог связал Свое имя с именами этих трех людей. Он всегда будет известен, как Бог Авраама, Исаака и Иакова).
- Иосиф и Моисей.
- Иисус Навин и Раав (Раав стала первой женщиной в этом списке. Она была блудницей и язычницей, но вверила всё своё будущее в руки Божьих людей, скрывая соглядатаев в Иерихоне. Она приводится в пример веры не только в послании Евреям, но и в послании Иакова. Она упоминается в родословной Иисуса, потому что была прабабушкой Давида).
- Гедеон, Варак, Самсон и Иеффай
- Давид.
- Самуил и пророки.

Есть две вещи, которые мы должны отметить касательно этого списка верующих:

1. Их вера была явлена в том, что они сделали. По вере Ной построил ковчег, по вере Авраам жил в шатрах на протяжении всей своей жизни; верою Моисей оставил легкую жизнь Египта и т. д. Как говорит Иаков в своем послании, «Покажи мне веру твою без дел твоих, а я покажу тебе веру мою из дел моих». Настоящая вера проявляет себя в действии.

2. Второе, что важно отметить, – все эти люди всё еще жили верой до самой смерти, но никогда не увидели, во что они верили. Для них вера была не просто одноразовым

решением во время евангелизации, она была постоянным доверием, которое продолжалось до самой смерти, даже если они никогда не видели то, что было обещано.

В конце 11-й главы есть прекрасное напоминание, что мы должны достигать этих великих героев веры, тогда тоже увидим то, во что они верили! Так, например, Авраам оставил очень удобный двухэтажный дом с отоплением и водопроводом, чтобы послушаться гласа Божьего. Археологи раскопали дома в той местности, где жил Авраам, в Уре Халдейском, и эти дома были самыми современными удобными домами, которые вы можете себе представить. Аврааму было 75 лет, когда Бог сказал ему, что он должен покинуть свой дом, чтобы жить в шатрах всю оставшуюся жизнь. Представьте себе, как бы вы себя чувствовали, если бы у вас был хороший удобный дом с центральным отоплением на берегу моря, а Бог сказал, что хочет, чтобы вы оставили ваших родственников и друзей и прожили остаток вашей жизни в палатке в горах! Но Авраам сделал это по вере. И в один прекрасный день мы будем вместе с ним наслаждаться всем тем, что Бог приготовил для Своего народа.

Внимание – на Иисусе

Но наше внимание должно быть сосредоточено не на Аврааме или ком-то другом из великих героев веры, мы должны направить наш взор на Иисуса! В заключительных главах автор акцентирует внимание на трех ролях Иисуса, на которых и мы должны сосредоточиться.

1. **Начальник и Совершитель нашей веры**. Забудьте о зрителях, есть Тот, Кто стоит на финишной прямой, и Кто также дал сигнал к забегу на старте. Он Тот, Кто отправил нас в путь, и Он будет Тем, Кто позаботится, чтобы мы его закончили. Главная мысль такова: «Взирайте на Христа и бегите!»

2. **Ходатай Нового Завета**. Каким бы ценным ни был Ветхий Завет, он хуже того, который Бог заключил через Иисуса.

3. **Пострадавший за станом**. Иисус был готов умереть смертью преступника, чтобы обеспечить наше спасение, ради нас Он стал буквально изгоем среди Своего собственного народа.

«Проблемные места»

Сделав обзор книги, давайте теперь посмотрим на места, которые считаются «проблемными», хотя стоит отметить, что ярлыки «проблемных», как правило, навешиваются на отрывки, которые не вписываются в систему верования читателей! Меня постоянно спрашивают: «Что вы думаете о проблемных стихах Павла о женщинах?» Я не думаю, что существуют какие-то проблемные стихи о женщинах. Они «проблемны» только для тех, кто не согласен с ними!

Так называемая «проблема» в послании Евреям касается предположения, что верующие могут отпасть от веры в Иисуса и не спасутся в последний день. Самое известное из этих предупреждений находится в 6-й главе послания Евреям. Но послание также включает в себя несколько других строгих предупреждений для тех, кто отпал (см. 2:1-2; 3:5-6, 12-14; 6:4-8, 11-12; 10:23-30, 35- 9; 12:14-17). Эти стихи представляют собой нить, которая пронизывает всё послание, начинаясь во 2-й главе словами: «Как мы избежим, вознерадев о толиком спасении?» Каждый раз, когда я слышал, как цитируют это место, понимал, что его употребляли по отношению к грешникам, которые пренебрегают Евангелием. Но «мы» здесь относится к верующим христианам. Автор говорит, что все, что мы должны сделать, чтобы попасть в опасность – это пренебречь нашим спасением. В большинстве церквей есть члены, которые отпали.

Эта тема продолжается двумя отрывками в 3-й главе, длинным отрывком в 6-й и ещё одним – в 10-й главе, где говорится: «Если мы, получив познание истины, произвольно грешим, то не остается более жертвы за грех».

Это привело некоторых комментаторов к выводу, что люди, о которых идет речь, не были верующими вообще. Должно быть, автор писал о неверующих, которые были заинтересованы в христианстве, но не продолжили этот путь. В конце концов, как же тогда быть с фразой «Однажды спасён – спасён навсегда»? Но описание в 6-й главе людей, которые находятся в опасности, безусловно, является описанием тех, кто был рожден свыше! Писатель говорит о тех, кто был «просвещен», кто «вкусил дара небесного», о «соделавшихся причастниками Духа Святого», «вкусивших благого глагола Божия и сил будущего века». Мне не представляется ни один неверующий, соответствующий этому описанию. В любом другом послании эти фразы, без сомнения, были бы приняты в качестве описания христиан.

Существует отрывок в 1-ом послании Петра, который использует почти идентичный язык для описания христиан: «Как новорожденные младенцы, возлюбите чистое словесное молоко, дабы от него возрасти вам во спасение; ибо вы вкусили, что благ Господь». Это явно сказано о верующих, но здесь используются формулировки, аналогичные тем, что в 6-й главе послания Евреям. Всё 1-е послание Петра адресовано верующим. Даже то, что он называет их «духовными младенцами», подразумевает, что они были рождены свыше.

Предупреждения, которые даёт автор, включают две фазы. Фаза 1 – это пренебречь верой и отпасть. Фаза 2 – отрицать веру. Таким образом, существует разница между фазой 1 (то, что называется отпадением) и фазой 2 (то, что называется отступничеством).

Отпадение является состоянием, которое можно поправить, но в соответствии с 6-й главой послания Евреям мы можем достичь точки, откуда нет возврата, где нет никакой возможности восстановления нашего спасения. Итак, 6-я глава послания Евреям не обсуждает, можно ли потерять спасение, но говорит о том, возможно ли, потеряв его, найти снова. Ответ – в том, что это невозможно. Мы должны предупреждать тех, кто отступил и отпал об опасности, в которой они находятся, потому что может наступить момент, когда они не смогут найти свой путь обратно. Я хотел бы, чтобы послание Евреям не говорило этого! Но я не могу обойти 6-ю главу и другие части послания, которые так отчаянны в своей мольбе от начала до конца. Эта страшная опасность ждёт тех, кто «поднял свой якорь», «опустил свои паруса» и «отошёл».

Некоторые предполагают, что это гипотетические предупреждения, и такая серьёзная опасность никогда не настанет. Но этот аргумент очень слаб. Я считаю лицемерием угрожать людям тем, что никогда не может случиться. Библия – это слово истины, а не книга, которая заигрывает с людьми. Одно послание Евреям убеждает меня, что можно достичь точки, откуда нет возврата в отпадении от Иисуса, даже без других мест новозаветных книг. Конечной точкой отступничества для этих еврейских верующих было бы встать перед синагогой и отрицать, что Иисус есть Мессия. Этим они распинали бы Иисуса заново. Автор предупреждает, что, если вы распинаете Его заново, Он не может больше вам ничем помочь, и это является серьезным предупреждением.

Важно добавить, что это не означает, что верующие должны просыпаться каждое утро, думая, спасены они или нет. Существует уверенность в Новом Завете, которая приходит от общения верующего с Господом. Уверенность в Новом Завете основывается не на решении, принятом в определенный момент, но на наших нынешних отношениях с Богом. Павел напоминает нам в своем послании Римлянам, что Дух свидетельствует духу верующего, что он или она является чадом Божьим (Рим. 8:16; см. 1 Ин. 4:13).

Иными словами, вы можете иметь настоящую гарантию того, что находитесь на пути к небу, но я не верю, что есть какие-то гарантии, что вы будете там. Так что если вы продолжаете идти этим путём и продолжаете верить в Иисуса, то можете быть уверены, что прибудете туда. Послание Евреям не производит невротических христиан, которые теряются в догадках, спасены они или нет, но производит серьезных христиан, которые не заигрывают с Богом, не отпадают и не пренебрегают своей верой и не отходят от неё.

Во всём Новом Завете мы видим ряд очень серьёзных предупреждений для христиан об отпадении. В 15-й главе Евангелия от Иоанна Иисус говорит: «Я есмь лоза, а вы ветви; кто пребывает во Мне, и Я в нем, тот приносит много плода». Но потом он говорит: «Кто не пребудет во Мне, извергнется вон, как ветвь, и засохнет; а такие [ветви] собирают и бросают в огонь, и они сгорают». Это сложно исказить! Здравый смысл подсказывает вам, что это значит.

Интересно, что тот факт, что более двух миллионов евреев, которые покинули Египет, чтобы войти в Ханаан, так и не сделали этого, используется тремя различными новозаветными авторами в качестве предупреждения для христиан, что они, возможно, начали хорошо свой путь в христианской жизни, но при этом должны убедиться, что достигнут цели. Мы, возможно, уже вышли из Египта, но еще должны дойти до Ханаана. Об этом в качестве предупреждения христианам пишут Павел в 10-й главе 1-го послания Коринфянам, автор послания Евреям в 4-й главе и Иуда. Пройдут путь не те, кто его начнёт, но те, кто закончит.

Я помню интервью с Билли Грэмом на телевидении. Интервьюер задал ему вопрос, который никто не задавал раньше: «Какой будет ваша первая мысль, когда вы попадёте в рай?» Билли немедленно ответил: «Облегчение! Облегчение, что я достиг его». Вот это скромный человек, который не самоуверен, а знает, что он находится в пути. Я уверен прямо сейчас, что нахожусь на пути к небу, Дух говорит мне, что я на правильном пути, но не могу, кроме этого, сказать вам больше ничего. Я намерен продолжать путешествовать, пока не достигну цели.

«Путешествие пилигрима» Джона Буньяна изображает христианскую жизнь как путешествие из греховного города в Небесный. В конце концов, главный герой, «Христианин», и его спутник сталкиваются с переправой через реку Иордан – темную, глубокую, черную реку смерти. Им это не нравится ни капельки. Спутник Христианина говорит, что не желает идти через эту реку, и поворачивает налево боковым путём, надеясь найти еще один способ пройти. Буньян пишет: «Таким образом, я видел во сне, что есть путь в ад даже от ворот рая». Спутник был на правильном пути, но он оставил его как раз перед прибытием в Небесный град.

Эта тема также ясно видна в книге Откровение. Вся книга является посланием для людей под огромным давлением. Обещание тем, кто преодолеет всё, что Бог не изгладит их имена из книги жизни Агнца. Что это значит? Если вы хотите сохранить свое имя в Книге Жизни, то преодолейте всё, идите прямо до конца, никогда не возвращайтесь, не сводите глаз с Иисуса. Есть предупреждение на последней странице Библии, что если вы несерьёзно отнесётесь к книге Откровение и будете что-то вычёркивать из неё или добавлять к ней, Бог лишит вас участия в древе жизни.

Итак, как видите, есть целая нить предупреждений наряду со славными местами Писания, которые рассказывают нам о силе Бога соблюсти нас. Если Отец, Сын и Святой Дух на вашей стороне, то все хорошо. Просто продолжайте верить, и вы справитесь.

Выводы

1. Возможно «потерять наше спасение»

Книга является предупреждением всем нам, что мы должны продолжать верить и не думать, что однажды принятое нами решение следовать за Христом обязательно означает, что мы будем спасены в последний день (см. также мою книгу «Однажды спасен, спасен навсегда?»)

2. Если вы потеряли спасение, вернуть его невозможно

Это идея послания Евреям 6. Такую же идею можно найти и в других местах, например, в 1-ом послании Иоанна 5:16. Это тяжёлое для понимания послание, но я не верю, что эти места можно трактовать иначе.

3. Предопределение требует нашего постоянного сотрудничества

Оно не является автоматическим. Бог действительно предопределил нас. Он избрал нас прежде, чем мы избрали Его, но Он требует нашего сотрудничества. Это подобно тому, как если бы кто-то бросил веревку утопающему и сказал: «Схватись за неё, и держись, пока я не вытащу тебя на берег». Разве скажет утопающий, попав на берег, что он спас себя сам, держась за верёвку? Никогда! Он скажет, что кто-то спас его.

Идея, что вы спасли себя, потому что держались за верёвку, неверна, но вы сыграли свою роль. Вот почему Петр в своем 2-м послании призывает читателей делать твёрдым своё звание и избрание (2 Петра 1:10-11). Бог избрал нас, и мы делаем твёрдым наше избрание, достигая совершенства, чтобы получить радушный прием на небесах.

Я верю в предопределение. Бог предопределил меня, чтобы быть Его сыном, Бог избрал меня, Он искал меня прежде, чем я начал искать Его. Но мне нужно делать твёрдым это звание и избрание, держась за веревку, пока я не окажусь в безопасности на берегу.

Итак, я хочу быть и кальвинистом, и арминианином. Эти две школы, как правило, находятся в оппозиции друг к другу: кальвинисты подчеркивают среди всего прочего труд Бога по избранию, а арминиане подчеркивают, что нам нужно держаться, чтобы не отпасть.

Послание Евреям – это такая книга, которую, по моему мнению, нельзя перекручивать в этом вопросе и говорить, что она полна проблем. Она полна четких заявлений, которые мы должны услышать.

4. Святость настолько же важна, как и прощение

Мы увидели, что не просто те, кто принимает прощение Бога, достигают небес, но те, кто держится спасения. Это означает, что святость так же необходима, как и прощение. Нет пользы заявлять, что мы прощены, если не готовы признать господство Христа и жить благочестивой жизнью. Стих в послании Евреям, который выражает в краткой форме это учение: «Старайтесь иметь мир со всеми и святость, без которой никто не увидит Господа» (12:14). Я считаю, что слишком многие христиане сегодня хотят прощения, но не святости, они хотят счастья от Иисуса в этой жизни и святости – в следующей. Но воля Божия, которую я вижу в Новом Завете, – святость в этой жизни, даже если это сделает меня несчастным.

Наше гедонистическое поколение хочет лишь удовольствия, а не боли.

Послание Евреям 12:7 говорит, что Бог готов наказать нас, причинить нам боль, если это сделает нас более святыми. Единственное, к чему Он стремится, – это наша святость, и Он может сделать жизнь Своих детей тяжелой ради этой цели. Автор послания Евреям заходит даже так далеко, что говорит: «Если Господь никогда не наказывал вас, вы – незаконный ребёнок, а не истинный сын». Полное Евангелие состоит в том, что и прощение, и святость являются дарами благодати. Они оба предлагаются на одинаковых условиях, по вере. Но вам нужны они оба.

5. Бог свят

После публикации моей книги «Дорога в ад», в которой я изложил библейское учение об аде, мне пришлось дать ряд интервью на радио Би-Би-Си. Каждый интервьюер задавал один и тот же вопрос: «Как может любящий Бог послать кого-либо в ад?» Интересно, что никто никогда не спрашивает: «Как может святой Бог послать кого-то в ад?» И все же, Бог свят, и Его любовь – святая любовь, что значит, Он никогда не будет довольствоваться чем-то меньшим, чем святость, в отношении тех, кого Он любит. Послание Евреям подчеркивает эту мысль неоднократно. Обратите внимание на следующие отрывки:

- «... без пролития крови не бывает прощения» (9:22).
- «А без веры угодить Богу невозможно» (11:6).
- «Страшно впасть в руки Бога живого!» (10:31).
- «...Будем служить благоугодно Богу, с благоговением и страхом, потому что Бог наш есть огонь поядающий» (12:28-29).

Какова ценность послания Евреям для верующих?

1. Оно помогает нам в изучении Библии, помогает понять взаимосвязь между Ветхим и Новым Заветами. Концепция тени наиболее полезна для понимания Ветхого Завета, мы можем отметить, какие указания на Иисуса находятся там.

2. Оно сосредоточено на Христе и тем самым помогает нам не сводить глаз с Иисуса. Автор постоянно обращает своё внимание на Иисуса. В частности, это единственная книга Нового Завета, которая специализируется на Его священстве. В настоящее время на небесах Он ходатайствует о нас. Некоторые даже называют послание Евреям «пятым Евангелием» из-за его акцента на нынешний труд Христа.

3. Оно укрепляет веру. Послание является источником вдохновения, так как заставляет задуматься о многих людях, которые были до нас и которые смотрят на нас (см. главу 11).

4. Оно предупреждает об опасности отпадения. Нам даны строгие предупреждения о двух стадиях: отпадение, в результате чего мы прекращаем встречаться с другими верующими и пренебрегаем нашей верой; и преднамеренное, умышленное отступничество, которым мы отрицаем нашу веру в Христа в целом.

5. Оно делает акцент на важности церковного членства, подчеркивает, что безопасность заключается в общении, когда мы переживаем трудности. Дьяволу легко обмануть христианина, если он один. Поэтому, когда у вас проблемы, будьте рядом с семьей. Послание призывает читателей помнить

своих наставников (13:7) и сотрудничать с ними. Оно также напоминает нам о необходимости продолжать любить и посещать тех, кто в тюрьме, поощрять друг друга к добрым делам.

6. Оно помогает во времена гонений. Книга также напоминает о том, как обращались с первыми верующими во времена гонений Нерона. Ввиду таких угроз и трудностей важно оставаться сосредоточенными на Христе. Такие места Писания особенно ценны для верующих, которым грозит преследование сегодня.

54. ПОСЛАНИЕ ИАКОВА

Введение

При изучении Писания возникают две трудности; первая трудность – интеллектуальная, когда вы не понимаете то, что читаете; вторая трудность – моральная, когда вы понимаете прочитанное и предстаете перед реальностью прочитанного! Большинство людей чаще сталкивается с моральными трудностями, чем с интеллектуальными, и если существует книга, которая вызывает моральные трудности, то это послание Иакова. Ее можно назвать устрашающей книгой: если вы однажды прочитали ее, то уже не можете ссылаться на незнание. Она – одна из самых легких книг в Библии для понимания, и одна из самых тяжелых для исполнения.

Насколько эта книга практична?

Чрезвычайно практична, именно такое впечатление складывается у большинства людей об этой книге. Это что ни на есть христианство для повседневной жизни, так сказать когда теория «доходит до дела». Книга реалистична, в ней очень мало говорится о доктрине и очень много – об обязанностях.

У меня дома на книжной полке стоит много комментариев на послание Иакова, их названия – *«Истина в действии»*; *«Вера, которая работает»*; *«Поведение веры»*; *«Вера, которая хорошо поступает»*; *«Заставьте вашу веру работать»*. Все они делают ударение на том, что ключевое слово в послании Иакова – «делай»; это слово также важно и в остальных книгах Библии. К сожалению, мы склонны пропускать маленькие слова, предпочитая и подчеркивая только такие богословские термины, как «оправдание» и «отделение», но слово «делай» также часто употребляется в Библии и является таким же важным.

В Евангелии от Матфея есть короткая притча об отце, который посылал своих сыновей на работу в виноградник. Один вначале сказал «нет», но все же пошел. Другой сказал «да», но в винограднике так и не появился. Иисус спрашивает, который из них исполнил волю отца, потому что ни один из них не дал правильный ответ. Важнее слов было действие.

Та же ситуация в послании Иакова. Перед нами стоит задача быть «исполнителями слова», а не только слушателями.

Насколько эта книга нелогична?

С одной стороны она кажется легкой, а с другой – нелогичной. В ней много практических советов, которые нельзя упорядочить. Я попытался составить диаграмму послания Иакова и потерпел полное поражение. Пытался даже составить план, но не смог этого сделать из-за постоянной смены тем. Иаков начинает с какой-то темы, потом оставляет ее, а позже снова возвращается к ней. Это жемчужины мудрости, которые не были нанизаны на нить, и все же в какой-то мере служат раскрытию замысла книги и побуждают нас больше к действию, чем к анализу.

Соединенные вместе практические и нелогические элементы очень напоминают книгу Притчей в Ветхом Завете. В ней также практически нет структуры, и она сосредоточена на ежедневных жизненных вопросах. Такой является литература иудейской мудрости. У раввинов есть разные формы проповеди, но одна из них – просто «размышлять вслух». Такой подход называется charaz. Нет конкретного получателя, просто пожилой раввин делится жемчужинами мудрости в синагоге.

Нет сомнений, когда Иаков был молод, его обучал такой раввин, потому что он – мастер charaz, и то же самое предлагает своим читателям.

Кто такой Иаков?

В Новом Завете упоминается пять человек по имени Иаков. Возможно, самый известный из них – Иаков Зеведеев, брат Иоанна, который стал первым апостолом, умершим мученической смертью, его обезглавил Ирод в 44 году после РХ. Следующий – Иаков Алфеев, еще один из двенадцати учеников. Иаков, отец Иуды (не Искариот). Иаков младший (упоминается в Марка 15:40). Наконец, Иаков, брат Иисуса. Именно этот Иаков написал послание.

Иаков был одним из четырех братьев Иисуса, которые вместе с несколькими сестрами (мы не знаем, сколько их было) образовали семейный круг. Немногие осознают, что, по крайней мере, пятеро (а, возможно, и семеро из двенадцати апостолов) были двоюродными братьями Иисуса; это объясняет, почему большинство из них присутствовало на свадьбе в Кане Галилейской (см. Иоан. 2 гл.). Учеников не могли просто случайно не пригласить.

Итак, Иисус достаточно много апостолов нашел в среде Своего широкого семейного круга. Но собственная семья Иисуса не могла Его понять. Когда кто-то с кем-то прожил 30 лет и вдруг начинает везде ходить и говорить, что Он Мессия, поверить в это нелегко! В начале Своего общественного служения Иисус, кажется, отрекся от Марии (большинство считают, что Иосиф к тому времени уже умер). Он больше не называл ее «матерью», Он называл ее «жено». «Что Мне и Тебе, Жено?» – Его первое, записанное в Слове Божьем, обращение к Марии, которое было произнесено на свадьбе в Кане.

Более того, было очевидным напряжение в отношениях Иисуса с остальной Его семьей. Однажды семья Иисуса пришла, чтобы забрать Его домой, так как считала, что Он вне Себя (Мк. 3:21). Обнаружив, что Иисус окружен огромной толпой людей, они передали Ему: «Матерь Твоя и братья Твои и сестры Твои, вне дома, спрашивают Тебя». Он ответил: «Кто матерь Моя и кто братья Мои? Кто будет исполнять волю Отца Моего Небесного, тот Мне брат, и сестра, и матерь». Его семья подумала, что это были слова сумасшедшего, и, вне сомнения, сказанное, ранило Марию.

Кажется, что Иисус практически не общался со своей матерью до самого креста, и только на кресте Он сказал Иоанну: «Се, Матерь твоя», и этим, в сущности, просил его стать сыном Марии вместо Себя. Здесь мы последний раз в Евангелиях слышим о Марии, за исключением того случая, когда она была упомянута среди присутствовавших на молитвенной встрече накануне дня Пятидесятницы. Вы больше никогда не встретите ее имени. Она исполнила свою роль и ушла со сцены. Мария была потрясающей женщиной. Я рад называть ее «благословенной», потому что в своем пророчестве она сказала, что все народы будут так ее называть. Сейчас я не готов назвать ее девой, потому что после Иисуса у нее от Иосифа были другие дети (Мк. 6:3).

Не все хорошо было в отношениях Иисуса с Его братьями. В Евангелие от Иоанна 7:3-5 братья напомнили Ему, что пришло время праздника Кущей и поддразнивали Его, говоря, что Ему действительно нужно идти, так как иудеи ожидали, что Мессия придет во время этого праздника. Просто идеальное время, чтобы заявить о Себе!

Все же, несмотря на такую подозрительность и презрение, двое из Его братьев стали авторами Нового Завета – Иуда и Иаков. Говорят, когда Иисус умер на кресте, Его брат Иаков был очень огорчен и от всего сердца сожалел о том, что говорил что-то об Иисусе, и что поддразнивал Его. Это огорчение было настолько сильным, что он полностью отказался от еды, и голодал бы до смерти, если бы, спустя три дня, Иисус не явился Своим последователям и лично Иакову. Начиная с этого момента, Иаков называл себя рабом Иисуса.

Несмотря на то, что эти два брата написали две книги Нового Завета, они никогда не использовали в своих личных интересах то, что связывало их с Иисусом. Никогда не говорили: «Послушайте меня, я – брат Иисуса». Иуда на самом деле говорит: «Я – брат Иакова». Итак, воскресение Иисуса убедило Его собственных братьев в том, что Тот, Который жил с ними в доме плотника в Назарете, был никем другим, как только Сыном Божьим. Иаков упоминался, как член маленькой молитвенной группы, которая ожидала сошествия Духа Святого в день Пятидесятницы. Итак, двоюродные братья последовали за Иисусом, и Его собственная семья поверила в Него. Это кое-что говорит нам о качестве характера Иисуса.

В следующий раз Иаков упоминается в 15-й главе книги Деяний святых апостолов, где он уже руководит общением в Иерусалиме. Он не был одним из двенадцати учеников, но все же был единодушно признан руководителем материнской церкви в Иерусалиме.

Роль Иакова в 15-й главе книги Деяний была особенно важной. Он столкнулся с трудным и деликатным вопросом – самым крупным в жизни Ранней церкви. Он касался вопроса обрезания и того, останется ли христианство иудейской сектой или станет всемирной верой. Иаков руководил встречей, которая могла разделить церковь, если бы не было достигнуто соглашения. Но он спас ее, обратившись к

Духу Святому и к Писанию. Петр отчитался о том, что Дух совершил с Корнилием и его домом, а потом Иаков сказал: «Это связано с тем, что говорится в Писании», и привел цитату из Ветхого Завета. Важно отметить, что вместо того, чтобы давать своей общине повеление (поскольку как христиане, они не были под Законом), он побудил их посмотреть на эту проблему с любовью.

Мне всегда очень хочется видеть, как приходят к соглашению люди, которые понимают Духа Святого, и люди, которые знают Писания. Мы находимся в опасности отклонения от Писания. Я принимал участие в харизматическом возрождении в этой стране, но меня чрезвычайно беспокоит то, что оно отклоняется от точки зрения Писания.

В такой же мере меня беспокоят те, кто досконально знают Писания, но не понимают движущей силы Духа Святого. На эту тему я написал книгу «Слово и Дух вместе».

Итак, на основании понимания, исходящего от Духа Святого и Слова, Иаков выносит приговор, с которым все согласны. То, что могло обернуться катастрофой, оказалось прекрасным объединяющим моментом под руководством Иакова.

После этого совещания верующим из язычников повсеместно разослали письмо, которое объяснило, что на язычников не должно возлагаться бремя Закона Моисея, но они должны быть чувствительны к сомнениям иудейских христиан во время совместного принятия пищи. Письмо разделяло позицию, представленную Павлом в послании Римлянам в отношении разногласий между христианами в вопросах, которые конкретно не рассматривались в Писании. Павел говорил, что те, кто свободен в спорных вопросах, должны быть готовы отказаться от своей свободы ради немощного брата. Конечно, верным является то, что чем более зрелые вы в христианской вере, тем более свободны от сомнений; но пока кто-то все еще сомневается, более зрелые верующие должны отказаться от этой свободы.

Сомнения могут быть очень серьезными. Часто мы чувствуем себя виноватыми, когда делаем что-то; и это потому, что, когда мы были детьми, нам говорили: «Так нельзя поступать». Когда я был ребенком, меня учили, что нельзя ездить на велосипеде или пользоваться фотоаппаратом в воскресенье. Прошли годы, прежде чем я узнал, что в Библии нет ни единого стиха о фотоаппаратах и велосипедах! Когда я работал на ферме, мне приходилось ездить в церковь на велосипеде дистанцию 8 км; это прозвучит странно, но я чувствовал вину за езду на велосипеде, когда ехал прославить Бога! Только по мере вашего роста во Христе вы чувствуете себя все более и более свободными, чтобы наслаждаться тем, что Бог бесплатно дал вам.

Другие могут чувствовать себя неудобно в отношении чего-то, что хорошо само по себе, но что может быть камнем преткновения из-за ассоциаций человека с его прошлым, – до того, как он стал христианином. Классическим примером в этом плане является употребление вина во время обеда с бывшим алкоголиком. Если вы знаете, что для кого-то это может быть проблемой, поступком любви будет отказ от вашей свободы ради христианской совести брата или сестры. Если я нахожусь с иудеем, то придерживаюсь диеты из кошерной пищи – так же, как поступал апостол Павел. Нам нужно быть гибкими и чувствительными к совести других людей и не выставлять своей собственной свободы напоказ.

Когда Иаков послал письмо из Иерусалима верующим из язычников, он также написал письмо и иудейским верующим – это и есть послание Иакова. Это письмо говорит иудеям, как вести себя в мире язычников. Совет почти полностью совпадает с письмом к язычникам, приведенным в 15-й главе книги Деяний о том, как поступать в отношении иудейского мира. Поэтому оно является зеркальным отражением того письма, хотя и намного длиннее.

Другие исторические документы говорят нам, что Иаков находился в Иерусалиме и получил прозвище «Иаков Справедливый», что было потрясающим качеством руководящего служителя. У него было и второе прозвище – «oblias», что значит оплот, по-настоящему надежный человек.

Жизнь Иакова закончилась трагическим, но славным концом. После смерти римского правителя Феста в 62 году после Р.Х. У Рима не было правителя в течение двух месяцев. Спустя это время кесарем стал Альбиниус. Иудейские руководители воспользовались этим временем чтобы атаковать христиан. В тот короткий промежуток времени не было римского правительства, которое могло бы сказать: «Вы не можете никого приговорить к смерти». Именно в то время они схватили Иакова, поместили его в храмовой башне и сказали: «Поноси Христа, или мы сбросим тебя!» Это была та же башня, на которую диавол вознес Иисуса (4-я глава Евангелия от Матфея). Иаков Справедливый просто ответил: «Я вижу Сына Человеческого, грядущего на облаках славы!», после чего он был сброшен.

Но падение не убило Иакова, поэтому они начали побивать его камнями. Когда Иаков лежал с переломанными костями и в него летели камни, он сказал: «Отче, прости им, потому что они не знают, что делают». Толпа наблюдателей закричала: «Иаков Справедливый молится о нас!» Какой конец! Кто-то (исключительно из милосердия) взял большую деревянную дубинку и ударил его по голове, после чего Иаков умер. Он был лишь один из множества христиан, которые умерли за Христа в те ранние годы.

Когда христиане пришли, чтобы забрать тело и достойно похоронить, они были поражены, потому что впервые увидели колени, похожие на колени верблюда. Это был человек, который больше времени проводил на коленях, чем на ногах!

Иакова очень уважали в церкви. Евсевий, один из отцов Ранней церкви, сказал о нем: «*Философия и благочестие, которые его жизнь проявила в высшей степени, послужили поводом к всеобщей вере в него, как «самого справедливого человека».*

Отсюда его прозвище – Иаков Справедливый. Один из писателей того времени, Егесипп, сказал: «*Иаков был назореем. У него была привычка самому приходить в храм, и его часто находили стоящим на коленях, молящимся о прощении народа, поэтому колени Иакова стали грубыми как у верблюда из-за того, что он постоянно преклонял их пред Богом в молитве о прощении народа. Благодаря безмерной справедливости Иакова, его назвали «справедливым».*

Авторство

Иаков был настолько известен, что в более тщательном установлении личности, чем то, которое дано в начале его письма, не было необходимости, «Иаков» было достаточным. Интересно, что он включает много высказываний Иисуса из Нагорной проповеди (23 цитаты). Насколько мы знаем, Иаков не присутствовал при ее произнесении лично, поэтому ему нужно было почерпнуть ее либо непосредственно у Иисуса, либо позже у двенадцати апостолов, когда распространялось собрание высказываний Иисуса.

Однако, несмотря на историческое доказательство связи Иакова с этим письмом, все же могут возникнуть сомнения в отношении его авторства, потому что стиль письма очень отличается от того, что можно было бы ожидать от галилеянина. Некоторые иудеи презрительно относились к галилеянам из-за их характерного диалекта. Их считали невежественными. В книге Деяния святых апостолов первосвященник высказывается по поводу смелости апостолов: «Как могут эти необразованные люди так спорить с нами?» Но греческий стиль написания этого письма намного изысканней, чем можно было ожидать.

Стиль

Иаков использует целый ряд блестящих приемов ораторского искусства. Давайте рассмотрим их:

1. Он использует риторические вопросы, то есть вопросы, которые не требуют ответа, но заставляют слушателя задуматься (см.Иак. 2:4-5, 14-16; 3:11-12; 4:4, 12).

2. Он использует парадоксальные утверждения с целью привлечь внимание. Например: «С великою радостью принимайте, братия мои, когда впадаете в различные искушения» (Иак.1:2). «Радость» и «искушение» кажутся несовместимыми, поэтому они привлекают внимание. Смотрите также использование иронии в Иак. 2:14-19; 5:5.

3. У него мы встречаем воображаемые разговоры, в которых он воспроизводит диалог с кем-то. Это повышает уровень интереса читателей. Людям всегда очень нравится подслушивать разговоры (см. Иак.2:18; 5:13).

4. Он также использует вопросы, чтобы представить новые темы (см. Иак. 2:14; 4:1).

5. Он включает в письмо много повелений, всего лишь в 108 стихах – 60 повелений!

6. Он олицетворяет предметы. Говорит о грехе, как о животном, использует картины и образы из повседневной жизни. Говорит о штурвалах кораблей, лесных пожарах, об узде и лошадях в жизни фермера, и все это привлекает внимание.

7. В качестве примеров он использует известных мужчин и женщин, таких как Илия, Авраам, Раав.

8. Он часто использует непосредственное обращение «вы», что прекрасно удерживает внимание.

9. Он не боится использовать грубую речь (см. Иак. 2:20; 4:4).
10. Иногда он использует яркие антитезы (крайние противоположности, см. Иак. 2:13, 26).
11. Он часто использует цитаты (см. Иак. 1:11, 17; 4:6; 5:11, 20).

Итак, как такие речевые приемы оказались в этом письме? Я думаю, ответ мы находим во 2-м стихе 1-го послания Петра. Многие писатели Нового Завета на самом деле не писали, а диктовали текст. Они использовали человека, пишущего под диктовку, сегодня таких людей называют стенографистами или секретарями.

И Павел, и Петр достаточно часто пользовались услугами Силы. Похоже, что Иаков использовал кого-то, чтобы облечь свое послание в должный вид. Такое объяснение может разрешить все «проблемы», которые возникают у некоторых ученых. Итак, в этом письме у нас объединены греческая риторика и еврейская мудрость.

Читатели

Письмо не адресовано определенной церкви, группе церквей, или конкретному человеку, как большинство новозаветных писем. Оно адресовано 12 коленам, рассеянным среди народов; достаточно очевидным является то, что письмо адресовано иудейской диаспоре – церквям в Средиземноморье, образованным иудеями в рассеянии. Оно упоминает Господа Иисуса Христа в первом стихе и «братия мои» 12 раз.

Иудеи были дважды рассеяны: первый раз – в Вавилон, в вынужденное изгнание в 586 году до РХ, второй – накануне прихода Иисуса, когда многие предпочли обосновываться в мире Средиземноморья. В то время больше иудеев было за пределами Израиля, чем внутри страны; в самом Риме насчитывалось более 40 000 иудеев. Многие возвращались три раза в год на иудейские праздники, но быстро заимствовали местную культуру и стали олицетворением лицемерия.

Поэтому Христос пришел в идеальное время для распространения Евангелия: иудеи рассеяны по всему Средиземноморью, построены римские дороги и всюду говорят на греческом языке. Бог подготовил ситуацию для быстрого распространения вести об Иисусе. Когда апостол Павел прибывал в новое место во время своих миссионерских путешествий, он сначала шел в синагогу, веря в то, что первыми обращенными должны быть богобоязненные люди.

Очевидно, что христиане из иудеев в рассеянии находились в совершенно другом состоянии, чем верующие из иудеев дома. Иерусалимская церковь практически полностью состояла из верующих иудеев. Они были изолированы и отделены, поэтому стали чрезмерно строгими. Законничество и гордость, идущие зачастую рука об руку, стали их основными проблемами. Христиане из иудеев в рассеянии столкнулись с проблемой ассимиляции. Многие стыдились, когда их признавали за христиан, поэтому старались вести себя подчеркнуто вальяжно. Их проблемой была жадность, потому что большинство из них покинули Израиль в погоне за богатством. Они становились похожими на язычников.

Содержание

Богатство

Во вступлении мы коснулись целого ряда тем, рассматриваемых Иаковом, и предпринимательская деятельность – одна из основных. Это – главная забота любого иудея. Их гнали из одной страны в другую, поэтому они занимались либо торговлей, либо другими профессиями, которые позволяли легко перемещаться. Вот почему среди них так много было портных, ведь перемещаясь из одного места в другое, им достаточно было брать с собой только иголку и нитку, и они снова могли заниматься своим обычным делом. Некоторые становились ювелирами, так как снаряжение ювелира легко было упаковать в маленький чемодан. И конечно же многие из них стали ростовщиками. В средневековой Европе христианам не позволялось быть ростовщиками, поэтому иудеи становились банкирами, самыми известными среди которых были Ротшильды.

Но концентрация на предпринимательской деятельности имеет свои собственные недостатки. Иисус сказал: «Вы не можете служить Богу и деньгам». Другими словами, не можете одновременно посвятить себя Богу и зарабатыванию денег. Фарисеи смеялись, когда Иисус говорил это, потому что они были и богаты, и религиозны. Но Иисус говорил: «Это невозможно». Они размышляли: «Иисус не знает, как зарабатывать деньги, поэтому Он против богатства». Но Иисус постоянно предупреждал их, что богатым людям трудно войти в Царство Божье. Заметим, что по стандартам времен Нового Завета большинство западных христиан сегодня несомненно относится к этой категории. Деньги сами по себе нейтральны и могут приносить много добра. Но Павел пишет: «Корень всех зол есть сребролюбие».

Из письма Иакова становится ясно, что богатство развратило некоторых людей. Они эксплуатировали своих рабочих, удерживали их зарплату, чтобы поддержать денежный оборот своего дела. Эти люди ни в чем себе не отказывали, тратя деньги на бесполезные предметы роскоши. Они заискивали перед богатыми, которые приходили на их собрания, советуя бедным людям пересесть назад, а богатым уступая передние места. Другие оскорбляли и презирали бедных.

И сегодня мир все тот же: когда ты зарабатываешь деньги, то считаешь себя успешным, а тех, кто ничего не заработал – неудачниками. С богатством приходит снобизм.

В наше время подобные отношения преобладают в некоторых церквях, где несколько обеспеченных людей в общине эффективно контролируют все, что происходит. Сотрудники не стремятся быть непопулярными, боясь гнева основных доноров, которые имеют нездоровую власть.

Богатство на самом деле предоставляет ложную безопасность. Благочестие – это жизнь, прожитая в отношениях с Богом. Деньги разрушают благочестие, потому что, когда у вас много денег, вы составляете планы, не полагаясь на Бога. Иаков говорил, что ко всем планам, которые строятся, всегда нужно добавлять: «Если угодно будет Господу». Мой отец в своих письмах обычно ставил «D.V.» (Deo volente – латинская фраза, переведенная «если угодно будет Господу»), чтобы подтвердить, что все планы он составлял, полагаясь на Бога. Иаков проповедовал против богатых, которые оставили «D.V.».

Пренебрежение Богом и пренебрежение бедными сопутствует зарабатыванию денег. Иаков перечисляет список других грехов, присущих богатым: зависть (чем больше вы имеете, тем больше хотите иметь, и завидуете тем, кто богаче вас); эгоистичные амбиции, гордость, хвастовство и напыщенность, самонадеянность, нетерпеливость, гнев, жадность, прения, ссоры, споры и тяжбы. Тяжба является одним из способов времяпровождения богатых. Вы можете приехать в Лондон и проповедовать по письму Иакова.

Меня однажды попросили выступить перед членами Фондовой биржи. Они спросили название моей проповеди, и я сказал, что она будет называться так: «Вы не сможете взять это с собой; но если возьмете, оно сгорит». Они категорически отказались печатать такое название! Поэтому я изменил его на другое: «Как инвестировать в загробную жизнь». Это их заинтересовало!

Язык

Иаков также концентрирует внимание на языке, как основной причине проблем у верующих. Мы можем предположить, что он вспомнил свои собственные бесполезные слова, когда подшучивал над Иисусом (Ин. 7).

Иудеи любят поговорить, но всегда существовала опасность сказать слишком много. Самым слабым местом у эмигрантов были слухи. Люди, которые находятся далеко от дома, распускают слухи в среде своей маленькой общины. Иаков слишком хорошо понимал это, поэтому ему необходимо было многое сказать о языке и словах.

Он говорил: «Одним и тем же языком вы благословляете и проклинаете людей. Это подобно тому, как из одного источника течет горькая и сладкая вода». Иаков утверждает, что из всех органов тела сложнее всего контролировать язык. Если вы можете его контролировать, вы – совершенный человек. Язык показывает, насколько человек свят. Подумайте о своей речи, потому что «от избытка сердца говорят уста». Вы абсолютно безгрешны, если всегда правильно говорите, если молчите, когда это необходимо, и если говорите, когда нужно. Иисус сказал, что мы будем судимы в День Суда за «всякое праздное слово», потому что именно праздные слова мы говорим, когда устали или заняты; они проявляют наше истинное состояние сердца более ярко, чем осторожная речь, когда мы обдумываем, что сказать.

Используются и другие образы для описания языка: он воспаляется от геенны; он, как маленький руль у корабля, который может развернуть весь корабль. Язык действует, как лесной пожар, возникающий от одной лишь спички. В этом маленьком письме упомянуты все грехи языка: ропот, проклятие, ложь и богохульство.

Несмотря на то, что в письме затронуты темы богатства и слов, оно открывается двумя словами: «Мир» и «Мудрость».

Мир

Иаков объясняет, что «дружба с миром есть вражда против Бога». Вы не можете быть любимы миром и Богом одновременно.

Иисус не был любим людьми, и если Он не смог, тем более не сможем мы. Фактически, апостол Павел учил, что чем мы благочестивей, тем меньше нас любят. Павел говорил Тимофею: «Все, желающие жить благочестиво во Христе Иисусе, будут гонимы». Неверующие могут уважать вас, но они постараются вытравить из вас вашу веру.

Иаков говорил, что «чистое благочестие пред Богом» имеет два значения: «хранить себя неоскверненным от мира и призирать сирот и вдов в их скорбях».

Часто говорят, что христиане должны быть «в мире, но не от мира». Это – правда, но это не значит, что мы должны стоять в стороне от неверующих. Когда мой близкий друг Питер торговал автомобилями в Австралии, он мог уволить любого сотрудника, который становился христианином (сначала, правда, он находил им работу в другом месте!), и объяснял это тем, что не сможет быть свидетелем на работе, если его будут окружать христиане!

Иаков учит нас различать между «быть испытываемым» и «быть искушаемым». Бог никогда не будет нас искушать, но Он будет испытывать нас. Различие находится в следующем: вы испытываете людей в надежде, что они пройдут тест, но искушаете их в надежде, что они потерпят неудачу. Бог будет испытывать нас, поэтому мы должны радоваться, когда наступают тяжелые времена, так как знаем, что Бог переводит нас в следующий класс. Но диавол искушает и хочет, чтобы мы потерпели поражение. Однако он может искусить нас, только если мы «клюем на его наживку». Но Бог обещал, что мы никогда не будем искушаемы сверх сил. Это значит, что диавол находится под абсолютным Божьим контролем. Диавол не сможет прикоснуться к нам, если сначала не получит разрешение от Бога (первые главы книги пророка Иова – лучший этому пример).

Являясь христианином, вы никогда не должны говорить: «Я не могу это вынести». Итак, в мире мы сталкиваемся с испытанием и искушением. Первое исходит от Бога, Который надеется, что вы пройдете испытание; второе – от диавола, который надеется, что вы не устоите. Нам необходима мудрость, чтобы различать, что есть что. Когда жена миссионера Хадсона Тейлора на закате своей жизни тяжело заболела, в результате чего совершенно ослепла, кто-то спросил ее: «Почему Бог допустил подобное, когда вы так верно служили Ему?» «О! – ответила она, – Он наносит последние штрихи на мой характер».

Итак, с возрастом жизнь не становится легче. Я замечаю, что руководство становится более жестким. В первые годы христианской жизни Бог милует нас, давая настолько четкое руководство, что у нас не остается сомнений в том, что и как мы должны делать. Но потом Он помещает нас в ситуации, где мы должны по-настоящему чего-то добиваться. Бог не кормит нас из ложечки, когда мы повзрослели, но дает больше ответственности и доверяет самим принимать решения, вместо того, чтобы четко указывать направление.

Мудрость

Мы уже отмечали сходство между посланием Иакова и Притчами, поэтому неудивительно, что мудрость является еще одной ключевой темой письма. Иаков выделяет две категории мудрости. Так же как существуют два вида испытаний – проверка и искушение, существуют и два вида мудрости: мудрость свыше и мудрость земная.

Земная мудрость исходит из человеческого опыта в результате проб и ошибок, мы называем ее школой жизненного опыта. Но есть еще один способ приобрести мудрость, который не требует так много времени. Мы просто просим о ней! Иаков говорит, что если кому недостает мудрости, не стоит приходить к выводу, что все так и должно оставаться. Он объясняет, что Бог посылает мудрость по нашей просьбе, без лицеприятия и сомнения.

Мудрость намного более доступна, чем мы себе представляем. Иаков говорит, что она прекрасна, потому что чиста и мирна, а также способна разрешить проблемы. Вся Божественная мудрость доступна нам в любое время. Когда мы в трудностях, нам нужно сказать одно: «Господи, мне нужна мудрость». Поверьте, мы будем поражены ответом.

Проблемы

Давайте рассмотрим «проблемы», затронутые посланием Иакова.

Общий тон послания

Это послание не выглядит очень уж христианским. В нем не так и много говорится о Христе или Евангелии. Здесь ударение скорее делается на человеческих делах, чем на Божьих; скорее на действиях, чем на доктрине; больше на законе, чем на Евангелии; более на делах, чем на вере. Оно не упоминает ключевые события, такие как смерть Иисуса, воскресение и вознесение, или служение Духа Святого. Кажется, письмо советует только делать добрые дела.

Поэтому некоторые задавались вопросом, описывает ли это послание христианство так, как оно представлено в остальных книгах Библии. Видные мыслители не придавали этому значения. Протестантский реформатор Мартин Лютер говорил, что он чувствовал отвращение к письму, потому что в нем не содержалось ничего евангельского и в нем не показан Христос (фактически, Христос упоминается всего лишь два раза во всем письме). Лютер назвал его «соломенным посланием», имея в виду, что здесь нет зерна, а только солома, которая является просто оскорбительным замечанием. Он говорил: «Я не верю, что это послание апостольское. Было бы лучше, если бы его вообще не было в Новом Завете». Когда Мартин Лютер переводил Библию, то поместил послание Иакова в приложение рядом с посланиями Евреям, Иуды и Откровением. У него не хватило смелости вообще удалить послание, но он убрал его из основного текста.

На самом деле только незначительная часть этого письма не была бы одобрена ортодоксальными иудеями. В письме говорится о законе, синагоге, братьях и служителях, и автор обращается к Богу, как «Богу Всемогущему». Если вы удалите два упоминания Христа, слова «рожденный», «имя», «грядущий» и «верующие», ортодоксальный иудей будет полностью согласен с содержанием.

Своеобразное учение послания

Ко всему прочему добавляется специфическая проблема, которая вызвала огромный ужас среди читателей Библии. В 24 стихе 2-й главы Иаков говорит: «Видите ли, что человек оправдывается делами, а не верою только». Кажется, что это высказывание подрывает учение Нового Завета (и в частности, апостола Павла) в том, как нам можно оправдаться перед Богом. Лютер говорил, что оно подорвало основополагающую истину Евангелия об «оправдании верой».

Общий тон письма и озабоченность в особенности учением о вере привели к тому, что это послание с огромным трудом вошло в Новый Завет, ему и сегодня приходится выстаивать битвы, чтобы оставаться частью Нового Завета. Оно было одним из последних писем, которые были включены в Новый Завет(в 350 г. после РХ).

Итак, как нам поступить с этим явным противоречием? Можно привести несколько аргументов:

1. Иаков умер в 62 году после РХ, поэтому не мог прочесть писем Павла по этому вопросу, хотя лично знал Павла и убедил его соблюсти назорейский закон, чтобы показать, что он все еще был иудеем (см. Деяния 21:18-25). Итак, если противоречие в этом, то оно не может быть умышленным.

2. Павел писал язычникам, в то время как Иаков писал верующим из иудеев, поэтому их цели были разными. Павел защищал язычников от иудейского законничества, тогда как Иаков защищал иудеев от языческой толерантности. Поэтому неудивительно, что в акцентах есть различия.

3. Когда мы подходим к отрывку со своеобразной «проблемой», мы находим, что слово «дела» имеет несколько разных значений. Павел пишет о делах закона, тогда как Иаков пишет о делах веры, то есть действиях. На самом деле Иаков говорит: «Вера без действий мертва». Он не комментирует дела закона. Иаков использует иллюстрацию, чтобы показать, что любовь без действий бесполезна. Предположим, кто-то говорит брату: «О, у тебя совсем нет одежды или еды? Не переживай, Бог благословит тебя, брат, Бог благословит тебя!» Иаков спрашивает: «Какая от этого польза?» В самом деле, какая польза от любви без действий, любви, без дел любви?

Итак, когда он говорит о вере, то говорит о вере без действий. И если ты не поступаешь по вере, ты не имеешь веры. Исповедание веры не может спасти тебя. Вера должна подтверждаться на практике. Иаков говорит, что даже бесы веруют в Бога и трепещут!

Но потом он предлагает иллюстрацию веры с действиями, используя Авраама и Раав, благочестивого мужчину и грешную женщину. Они оба действовали по вере, один был готов забрать жизнь, другая – спасти ее. Авраам действовал по вере, когда собирался убить своего сына, свою единственную надежду на потомков. Блудница Раав действовала по вере, когда позаботилась о шпионах и попросила их спасти ее от грядущего вторжения.

Иаков говорит, что вера не является чем-то, что вы исповедуете. Вы должны показать вашу веру в Иисуса на деле. Вы упадете, если Он не поймает вас. Это – вера. Итак, Иаков абсолютно прав, когда говорит, что вера без действий не может спасти вас, потому что такая вера похожа на труп. Вера – это не заучивание вероисповедания, это – дела по вере, проявление надежды на Господа.

Через Павла и Иакова Бог предлагает нам два разных взгляда на этот ключевой вопрос, чтобы мы узнали всю истину. Законничество говорит, что мы спасаемся делами, толерантность же утверждает, что мы спасаемся без дел; но свобода (христианская позиция) говорит, что мы спасены для дел, для добрых дел, дел любви.

Даже Павел, очевидный лидер в оправдании по вере, говорит во 2-й главе послания Ефесянам: «Ибо мы – Его творение, созданы во Христе Иисусе на добрые дела, которые Бог предназначил нам исполнять». Итак, мы не спасены добрыми делами, но мы спасены для добрых дел, и мы будем судимы по нашим делам. Иаков, очевидный лидер в делах, говорит в Иак.2:5, что верующим следует быть «богатыми верою».

Законничество говорит: «Мы хотим быть уверенными, что вы не свободны грешить, создав правила и постановления». Толерантность говорит: «Мы свободны грешить». Свобода говорит: «Мы свободны не грешить». Это может звучать как лаконичные клише, но, тем не менее, они являются истиной. В христианской жизни очень важно увидеть четкое различие между этими тремя утверждениями, потому что они – сердце Евангелия, и нам нужны как Павел, так и Иаков, чтобы понять все правильно. Итак, отвечая на основной вопрос: «Вера или дела?», я убежден, что письмо Иакова нуждается в остальном Новом Завете, а весь Новый Завет нуждается в Иакове.

Когда Мартин Лютер оценивал письмо, он упустил главную мысль. Он говорил, что послание противоречит Павлу и всем остальным Писаниям, но Лютер ошибался не меньше, чем папа, которому он противостоял. Он был слишком сосредоточен на доктрине оправдания по вере и не увидел, насколько был важным акцент, сделанный Иаковом. Вера должна действовать, и ее нужно утверждать. То, что Бог проложил, должно достигаться в мире, в чуждой атмосфере.

Заключение

Мы не иудеи в рассеянии, потому надо решить, важно ли для нас это письмо? Ответ прост: очень важно, потому что мы – христиане в рассеянии. Некоторые христиане настолько погрузились в жизнь церкви, что стали похожи на иудеев в Иерусалиме. Их проблема – это гордость, частично вызванная изоляцией от мира.

Но большинство христиан подобны иудеям в рассеянии, которые работают каждый день в мире, подвергаются искушению ассимилироваться с миром и принять его моральные стандарты. Мы – граждане Небес и странники на земле, рассеянный народ Божий, который ожидает своего будущего местожительства. Мы – в мире, но не от мира.

Наше положение обобщено посланием к Диогнету, написанному в конце первого столетия после Р.Х. Послание служит ответом на вопрос, чем отличаются христиане от других людей? Оно говорит:

«Христиане не отличаются от других людей ни страной, ни языком. Проживая в тех местах, большинство из которых выбрали сами, и, следуя местным традициям в отношении одежды, еды и обычного поведения, они ведут там свой прекрасный и, по общему мнению, удивительный образ жизни: живут в своих странах просто как попутчики. Как граждане, они участвуют во всем со всеми остальными, и все же переносят все, как странники. Любая незнакомая земля для них – как родная страна, и любая земля их рождения – как земля странников. Они проводят свои дни на Земле, но являются гражданами Неба. Они подчиняются предписанным законам, и в то же время своими жизнями поднимаются над законами. Их поносят, и их благословляют...»

Христианам сегодня нужно жить так, чтобы быть уверенными, что мир не имеет к ним отношения. Мотивы мира, его методы и мораль все еще являются испытаниями. Давление на христиан сегодня, по существу, остается таким же, каким было в первом столетии. В этом смысле письмо Иакова абсолютно соответствует современным требованиям и имеет огромную ценность для любого верующего, который желает следовать за Христом. Оно сосредоточено на том, как вести себя в этом мире и в церкви. Иаков чрезвычайно заинтересован в том, что мы делаем, а не что говорим. Знание Библии бесполезно, если мы не применяем его в своей жизни.

55. 1 и 2 ПОСЛАНИЕ ПЕТРА

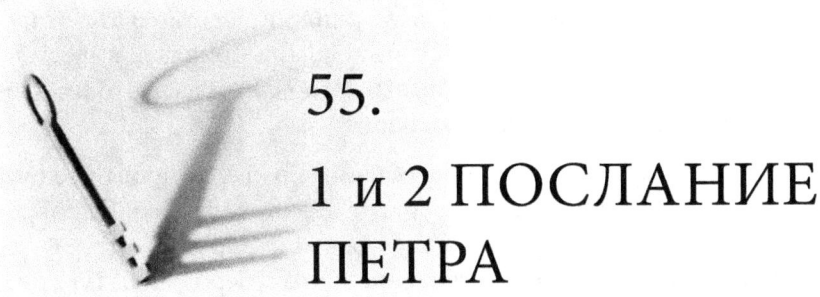

1-е послание Петра

2 сентября 1666 года случился большой пожар в Лондоне. Он начался в печи пекаря и нанёс огромный ущерб жителям города. Двести тысяч человек потеряли свои дома, так как большинство домов имели деревянный каркас и потому не могли противостоять пламени. Было подсчитано, что огонь нанёс урон в 10 миллионов фунтов. В общей сложности было разрушено 90 церквей, однако многие из них были позже отстроены Кристофером Реном, в том числе собор Святого Павла. Конечно, когда случается катастрофа, то проявляется одно из неприятных качеств человеческой природы – желание найти козла отпущения. Часто при этом обвиняют невиновных; в случае большого пожара в Лондоне обвинили французских католиков.

19 июля 64 года нашей эры в Риме начался пожар и длился три дня, уничтожив храмы, дома и опустошив большую часть в центре города. Жители искали козла отпущения, и нашли его в лице императора Нерона. Они знали, что он мечтал снести старые здания и построить новые великолепные строения, поэтому и назвали его виновником пожара. Нерон, в свою очередь, обвинил христиан, вследствие чего началось серьезное преследование Церкви.

Для верующих настали ужасные времена. Многие из них подвергались мучениям, их зашивали в шкуры диких зверей и заставляли ползать по амфитеатрам на четвереньках, натравляя в это время на них львов и других диких животных; их отдавали на растерзание собакам, некоторые были распяты.

Я помню, как стоял спиной к Колизею в Риме и смотрел на пологий зеленый холм, который раньше был дворцовым садом Нерона. Я думал о том дне, когда он устроил пиршество в этом саду, взяв христиан, покрыв их смолой и битумом, и привязав к шестам, расставленным по саду, велел их сжечь. Чтобы осветить это пиршество, христиане были сожжены заживо.

Весть об этом варварстве в отношении Божьего народа распространилась по всей Римской империи от церкви к церкви. Одновременно с вестью распространилось и послание апостола Петра. Он написал христианам той местности (теперь это северо-запад Турции), с которыми у него были тесные отношения, с целью предупредить их и подготовить к преследованию.

Сам Пётр, кстати, умер незадолго после этого – он был распят в Риме по приказу Нерона. Иисус предсказал, что он умрет именно таким образом, но когда Пётр пришёл к месту казни, то попросил, чтобы крест был перевёрнут, так как не чувствовал себя достойным быть распятым точно так же, как Иисус.

Хотя нет непосредственного упоминания об этом в Писании, вероятнее всего Пётр нёс служение в этом районе. Павел служил на юге Турции, а Пётр, вероятно, пошел на север, потому именно сюда он адресует свое послание.

Автор

Мы знаем много о Петре, и его первое послание пользуется большой популярностью среди христиан. Это теплое человечное письмо, которое проникает в сердце. В первой главе Пётр рассказывает своим читателям, что, несмотря на то, что они никогда не видели Иисуса, они возлюбили Его и находят в этом невыразимую радость. Тема любви к своему Спасителю прослеживается на протяжении всего послания.

Его первое имя было Симон или Симеон. Это было распространённое имя, хотя и не особенно лестное, оно означало «тростник». Но когда Иисус встретил Симона, Он дал ему распространённое имя – «Пётр», означающее «скала», что свидетельствует о смене характера, которую Иисус ожидал в нём увидеть. Вначале он колебался, как тростник на ветру, но когда Иисус оставил его, стал твёрд, как камень.

Петр был рыбаком из Вифсаиды в Галилее, брат Андрея. Они были первыми, кого Иисус призвал следовать за Ним. Петр называется первым в каждом списке двенадцати апостолов, он был неофициальным главой группы.

Характер Петра прослеживается очень четко в Евангелиях. Он обладает сильными качествами: обаятелен, исполнен рвения, импульсивен и энергичен. Но эти сильные стороны уравновешиваются слабостями: он мог колебаться, быть непостоянным, слабым, трусливым, опрометчивым и непоследовательным. Петр был человеком импульсивным – у него часто слетало с языка то, что должно бы остаться невысказанным. Но это также означало, что он иногда говорил замечательные вещи об Иисусе. Многие верующие отождествляют себя с Петром, потому что очень похожи на него.

Пожалуй, самый трогательный момент в его жизни наступил после того, как он трижды отрекся от Иисуса перед Его распятием, а затем встретился с Ним на берегу Галилейского моря после воскресения. Иисус приготовил завтрак для учеников, и Пётр вдруг обнаружил, что смотрит на угольки костра. Во всем Новом Завете упомянуто только два костра: первый был во дворе первосвященника, когда Петр грел руки над огнем и трижды отрицал, что знал Иисуса; теперь же он смотрит на угольки снова, и, несомненно, память о его трусости всё еще свежа.

Иисус не сказал Петру: «Я надеялся, что ты будешь старшим пресвитером, но боюсь, что теперь ты просто будешь раздавать песенники». Он также не сказал: «Я собираюсь поставить тебя на испытательный срок в течение года, и посмотрю, исправишься ли ты, а через год рассмотрю твоё дело и пересмотрю твою позицию».

Он фактически сказал: «Пётр, Я могу использовать тебя при условии, что буду иметь ответ на один вопрос: любишь ли ты Меня?»

Это – самое главное для любого верующего. Вы любите Его? Иисус задал Петру тот же самый вопрос три раза, и каким-то образом это направило Петра в нужное русло. Некоторое время спустя именно Петр проповедовал в день Пятидесятницы, когда 3000 человек крестились. Неудивительно, что важность любви к Иисусу описывается именно в этом послании.

Пётр, конечно, упомянут и в других местах в Новом Завете, он был тесно связан с Иоанном Марком в процессе написания Евангелия от Марка. Марк не был одним из двенадцати, он брал всю свою информацию у Петра, вот почему из всех Евангелий только Марк включает в описание событий слабые черты Петра, и потому собственно импульсивная личность Петра просматривается во всём Евангелии. В Евангелии от Марка Иисус рассматривается как «человек действия», мало чем отличаясь от Петра.

Первая половина книги Деяний полностью посвящена Петру, но из-за того, что Лука написал книгу, как отчёт адвоката о суде Павла, Пётр исчезает, как только появляется Павел.

О Петре есть краткое, хотя и не очень лестное, упоминание в послании Галатам, когда Павел размышляет о своей горячей перепалке относительно отказа Петра иметь общение с язычниками за столом в присутствии верующих евреев. Пётр был неправ в своём поведении, и Павел откровенно сказал ему об этом.

Мы знаем, что он был женат, потому что Иисус исцелил его тёщу, и апостол Павел упоминает мимоходом, что Пётр брал с собой жену в свои миссионерские путешествия. Итак, мы знаем больше о Петре, чем о любом другом из апостолов, за исключением Павла.

Послание было написано в то время, когда Пётр был в Риме. Понятно, что и Пётр, и Павел провели там некоторое время (Павел находился под домашним арестом в ожидании суда, а затем был казнен по приказу Нерона), но нет никаких доказательств, что Пётр был первым епископом Рима. Это чистая спекуляция тех, кто желает верить в апостольскую преемственность.

Читатели

Достоверно неизвестно, как была основана церковь в Малой Азии (северо-запад Турции), но во 2-ой главе книги Деяния святых апостолов описывается, что в день Пятидесятницы в Иерусалиме были люди из провинции Каппадокии, Вифинии и Понта, которые составляли Малую Азию. Может быть, некоторые люди из этой области обратились при первой проповеди Петра, крестились, вернулись домой, а затем попросили Петра посетить их.

Пётр дает своим читателям еврейское имя – «рассеянные», хотя среди получателей послания было много язычников. Так же, как евреи были рассеяны по всему миру, так и христиане были в рассеянии. Название подчеркивает, что они были не на своём месте. Он называет их «пришельцы и странники». Отсутствие конкретных деталей указывает, что письмо предназначалось для верующих в этом регионе.

Этот ярлык «чужака» актуален даже сегодня. Одна из проблем, когда вы становитесь христианином, состоит в том, что вы одновременно становитесь чужаком. Я не переношу свидетельства наподобие такого: «Я пришел к Иисусу, и все мои беды закончились». Я не верю им, так как знаю, что они вводят в заблуждение. Мое свидетельство довольно сильно отличается: «Я пришел к Иисусу в 17 лет, и с тех пор начались мои неприятности! Несколько лет спустя я исполнился Духом, и мои беды стали гораздо хуже!»

Время от времени меня спрашивают, что является свидетельством исполнения Духом, и я всегда говорю: «Я скажу вам одним словом – беда!» Причина, по которой вы попадаете в беду, заключается в том, что одним из непосредственных последствий исполнения Духом является смелость речи, которая появляется у вас. Это даже более распространенное явление в Деяниях, чем языки. Греческое слово «*parrhesia*» означает, что вы становитесь смелыми, чтобы высказываться. Это не способ завоевывать друзей и оказывать влияние на людей!

Христиане являются чужаками на земле и больше не принадлежат этому миру. Они являются на самом деле представителями нового вида – уже не *homo sapiens*, но *homo novos* – новые мужчины и женщины, больше не в Адаме, но во Христе.

Эта разница между верующими и окружающими их людьми становится особенно ощутимой, когда в браке один из партнёров обращается к Христу раньше, чем другой. Это – два человека, живущие в двух разных мирах. Вот почему Библия учит, что верующий не должен жениться на неверующей, в противном случае у него будет целая сфера жизни, которую он не сможет разделить с любимым человеком.

Поэтому христиане должны ожидать трудностей. Иисус был честен, рассказывая Своим последователям, чего следует ожидать. Павел в книге Деяний сказал церквам в южной Галатии, что «многими скорбями надлежит нам войти в Царствие Божие». Поэтому евангелисты должны быть честными, обещая людям, которые приходят к Иисусу, что они встретятся с неприятностями, но при этом могут ободриться, потому что Иисус находится выше всех их бед.

Основные темы

Обращаясь к изучению основных тем 1-го послания Петра, мы не без удивления обнаруживаем, что Петр не говорит верующим, как спастись от преследований, а скорее, как перенести их. Основной упор делается на то, чтобы вести себя благочестиво во враждебном мире, а не на то, как избежать неприятностей. Итак, страдание находится в центре послания и является одним из наиболее часто используемых в нем слов.

Но Петр поднимает также две другие темы. Он хочет напомнить своим читателям о спасении, которое является основой их отношения к страданию, а затем хочет объяснить, как реагировать на страдание. Память является очень важной частью христианской жизни. Петр призывает христиан помнить центральные истины своей веры. Поэтому Божья благодать является ключевым элементом в начале и в конце письма.

1. СПАСЕНИЕ – ЧЕРЕЗ ХРИСТА

Петр говорит, что есть два аспекта нашего спасения, в которых мы должны быть уверены: индивидуальное и общее. Оба являются частью спасения, хотя более часто обсуждается первое. Мы спасены как отдельные личности, но мы спасаемся в семью, которая будет нам хорошей поддержкой, особенно в тяжёлые времена. Мы будем не в состоянии справиться сами. Мы должны быть частью общества, которое будет рядом.

(а) Индивидуальное – Слово Божье

Первый акцент делается на наших вертикальных отношениях с Богом. Индивидуальная часть спасения приходит через Слово Божье, ибо именно через Слово мы рождаемся свыше. Петр перечисляет три вещи, которые следуют за этим: вера, надежда и любовь; эта триада более известна в конце 13 главы 1-го послания Коринфянам, но она встречается на протяжении всего Писания. Вера в первую очередь связывает нас с тем, что Бог сделал в прошлом. Надежда связывает с тем, что Он собирается сделать в будущем, а любовь – с тем, что Он делает в настоящее время. Давайте рассмотрим эти три дара более подробно:

i. **Упование живое.** Надежда жизненно необходима в качестве якоря (Евреям 6:10), потому что, когда буря преследования приходит, надежда даст силу верующему выстоять. В эти дни надежда пренебрегается больше всего. Но будущая надежда является главной темой Нового Завета, и такой же она должна быть и для нас сегодня.

   Без сомнения, надежда была главной для читателей Петра, ведь если вы знаете, что Иисус вернется за вами, то вам легче будет перед лицом неприятностей. Первое послание Петра – это послание надежды. Он говорит им, что Бог возродил «нас воскресением Иисуса Христа из мертвых к упованию живому». Даже если вы умрёте, смерть вас не тронет! У нас есть живая надежда на будущее, и надежда на новое тело и новую Землю для жизни. Надеяться не значит выдавать желаемое за действительное. Мы знаем, что получим наше наследие.

   Настоящая разница между христианином, который имеет надежду на будущее, и тем, кто не имеет её, состоит в следующем: христианин, который не имеет надежды, готов разрешиться и быть с Христом, но желает остаться здесь, а христианин с реальной надеждой хочет уйти, но готов остаться. Павел сказал: «Я хотел бы разрешиться, но если Бог хочет, чтобы я остался здесь немного дольше, я готов остаться». Это то отношение, которое мы должны иметь.

ii. **Испытанная вера.** Петр знал, что получатели его послания очень скоро будут переживать жесточайшие испытания. Он сказал, что наша вера будет испытана так же, как золото очищается в огне. Огонь испытывает его, и оно выходит чище. В дни, когда золото очищали вручную, для этого использовали большой чан. Мастер помешивал золото над огнем до тех пор, пока не видел идеально свое лицо в нем, и только после этого останавливал очистку. Это – образ того, считает Пётр, что Бог делает с нами! Наша вера испытывается, так что мы становимся все более и более похожими на Христа.

iii. **Радостная любовь.** Спасение включает в себя новую преданность Богу и людям. Петр упоминает о радости в сердцах верующих, которые знают, что Христос воскрес и жив; такую же радость он испытал сам в то первое воскресенье Пасхи.

Петр ясно говорит, что спасение находится и в прошлом, если оно достигнуто во Христе (1:10; 4:10; 5:5), и в будущем (1:13; 3:7; 5:10). Мы все еще ждем окончательного спасения, которое Бог совершит.

(б) Общее – народ Божий

В дополнение к заботе о понимании индивидуального спасения, Пётр хочет, чтобы читатели поняли и общий смысл. Через Слово Божие мы находим индивидуальное спасение для себя, но послание также знакомит нас с народом Божиим – важной темой для Петра.

Он использует еврейские названия для описания народа Божия:

i. Дом духовный. Петр говорит верующим, что они – храм живой, где Христос – краеугольный камень, а они – живые камни. Они – Божья обитель на земле, Его святой храм. Когда люди касаются верующих, они касаются святого храма Божия. Всякий раз, когда фраза «вы – храм Божий» встречается в Писании, «вы» всегда стоит во множественном числе, и 1-е послание Петра не является исключением.

Петр призывает верующих не испытывать себя неполноценными из-за гонений, с которыми будут сталкиваться, но вспомнить, кто они и чьи они.

ii. Царственное священство. Петр также описывает верующих как царственное священство. Я помню, как читал лекцию о священстве всех верующих на семинаре в Цюрихе в Швейцарии. После ее окончания один человек подошел ко мне и сказал: «Это было замечательно!» Оказывается, он никогда не слышал этого прежде. Но когда я спросил, был ли он священником, сразу же отрекся: «Нет, я не профессионал!» Только после неоднократных вопросов о том, был ли он священником, он понял, что в соответствии с Новым Заветом ответ должен быть «да!»

Петр призывает своих читателей исполнять свои священнические функции пред лицом преследований. Они должны видеть себя в качестве священников, которые могут пойти к Богу с ходатайством за людей, которые преследуют их. Возможно, они будут единственными священниками у своих врагов.

iii. **Народ святой.** Пётр также настоятельно призывает верующих «быть святыми». Это почти так, как если бы он цитировал это повеление прямо из книги Левит. Так же, как Израиль должен был стать для всего мира образцом и примером того, что значит жить для Бога, так и эти верующие должны были делать то же самое перед лицом преследований, которые к ним придут. Понимание их высокого положения будет им в помощь по мере того, как они будут стремиться благочестиво встречать трудности жизни.

Итак, Пётр рассматривает спасение как основу. Верующие должны быть абсолютно уверены, что они имеют индивидуальную его сторону: веру, надежду и любовь, а также общую сторону, которая дает им уверенность, что они принадлежат к народу Божию.

2. СТРАДАНИЯ

По словам Петра, страдание является неизбежным результатом спасения. В самом деле, удивительно, что большая часть Нового Завета была написана для христиан, которые испытывают или вот-вот начнут испытывать преследования. Как оба послания Петра, так и послание Евреям, а также книга Откровение написаны на этом фоне. И Иисус, и Павел были обеспокоены, а также хотели предупредить верующих, что они будут сталкиваться с преследованиями. Западное христианство испытывает минимальное преследование, и это ненормально. Петр говорит три вещи о страданиях:

(а) Убедитесь, что страдаете незаслуженно

Если вы попали в тюрьму за преступление, то вы, конечно, не можете сказать, что страдаете за Иисуса. Часто мы обижаем людей своим поведением или странностью и делаем вид, что их негативная реакция является поношением за Евангелие, в то время как это совсем не так. Мы должны быть уверены, что терпим поношение только из-за Евангелия. Поэтому Петр обеспокоен тем, что его читатели не должны быть достойны любого наказания, которое они получают.

(б) Не мстите

Когда верующие страдают, Петр говорит, что они не должны мстить. Естественная реакция, конечно, – это нанести ответный удар. Кто-то однажды сказал мне, что он не возражает подставлять другую щеку, как учит Нагорная проповедь, если при этом сможет также резко поднять правое колено! Мы улыбаемся, потому что нам знакомо это чувство.

Когда кто-то причиняет нам боль, мы инстинктивно хотим отомстить. Петр говорит, что христиане никогда не должны этого делать. Когда Иисус страдал, Он не мстил, даже когда на Него плевали. Мы читаем в Ветхом Завете, что когда ягненок приносился в жертву, он не подвергался пыткам, его горло быстро перерезалось с минимальной болью. Но Агнец Божий был распят после того, как над Ним насмехались, бичевали, вонзили Ему в лоб шипы, переодели и плевали на Него. Тем не менее, в ответ Он просил Отца простить Его врагов, потому что они не понимали, что делали.

Петр говорит, что таким же образом мы никогда не должны думать о том, чтобы отомстить. Мы должны отвечать на зло добром. Как сказал Иисус, мы должны «благословлять проклинающих нас», а не искать возмездия.

(с) Не сдавайтесь

Преследователи пытались сломить верующих, поэтому Петр советует верующим не поддаваться. Он напоминает читателям, что хотя их телам может быть причинен вред, гонители не могут коснуться их духа. «Пусть делают, что им угодно с вашим телом, но сохраните ваш дух нетронутым. Таким образом, даже если будет казаться, что вы проигрываете, в конце концов, вы одержите победу».

Страдание приходит только на некоторое время; в конце концов, жизнь – ничто по сравнению с вечностью. Кроме того, дьявол стоит за всеми гонениями, так что не рассматривайте их как чисто человеческие действия.

3. ПОДЧИНЕНИЕ

Как можно было понять из ранее сказанного, Петр призывает своих читателей скорее научиться переносить страдания, а не искать того, чтобы их избежать. Он применяет этот необычный совет в ряде областей. Это не слепая покорность, как мы увидим, но обучение тому, чтобы иметь смиренный дух.

Одна из вещей, которые поразили мир, когда евреев забирали в лагеря смерти, была то, как спокойно они шли в кремационные камеры. Это был удивительный факт, потому что они знали, что произойдёт с ними. Пётр говорит, что христианин должен иметь такое же поведение.

Такое поведение противоречит всем человеческим инстинктам, оно является полной противоположностью того, как мы естественно реагируем на несправедливость. Когда мы сталкиваемся с несправедливостью, мы обычно говорим об этом. Одна из самых ранних фраз, которую дети учатся говорить – «Это несправедливо!» Подобное можно увидеть на пикетах возле завода при забастовке.

Тем не менее, Пётр говорит, что христиане не имеют никаких прав. Они должны готовиться к страданиям, научившись уступать и соглашаться с ними. Пётр прекрасно проиллюстрировал это, когда шел на своё распятие. Он не противился, но настоял на том, чтобы его распяли вниз головой.

Пётр охватывает четыре сферы, в которых подчинение особенно уместно:

(а) Граждане

Во-первых, читатели должны научиться подчиняться гражданским властям (эта тема развивается также в посланиях Павла). Они должны быть честными гражданами, почитать императора и молиться за своих правителей. Христиане должны быть известны как люди, которые рады платить налоги. Они не должны ворчать о правительстве, но должны быть известны как верноподданные.

Это не значит, конечно, что христиане должны делать абсолютно все, что им скажут.

Существует ограничение на послушание гражданским властям. Когда власти сказали апостолам прекратить проповедь Иисуса на улицах, именно Пётр сказал: «Должно повиноваться больше Богу, нежели человекам». Предел наступает тогда, когда власти говорят нам делать то, что является нарушением закона Божьего. Но если это не так, то христиане должны быть верными подданными, и не должны быть арестованы из-за непослушания или агрессии по отношению к властям.

(б) Рабы

Неудивительно, что христиане, будучи рабами неверующих хозяев, также сталкивались со страданиями. Раб был собственностью своего хозяина. У него не было денег, времени или собственных прав. Многие из хозяев относились к своим рабам отвратительно, и когда рабы становились христианами, хозяева относились к ним ещё хуже, так как думали, что рабы слишком высокого о себе мнения и их нужно поставить на место. Но перед лицом этой провокации Петр призывает рабов подчиняться своим хозяевам, научиться уступать и не быть агрессивными или обиженными.

(в) Жёны-христианки

Другой группой, которая столкнулась с огромными страданиями, были христианские жены необращенных мужей. Это очень сложная ситуация, которая вызывает большую боль в сердце. Петр советует женам слушаться своих мужей, что включает даже неверующих. Петр говорит о том, как жены могут приобрести для Христа необращенного мужа, что полностью противоречит тому, что часто случается на практике. Когда жена обращается к Христу раньше мужа, она думает, что есть две вещи, которые она должна делать: проповедовать ему и молиться за него (предпочтительно молиться с другими обращёнными женами необращенных мужей!).

Петр не говорит ни о том, ни о другом. На самом деле он говорит, что проповедовать – это худшее, что вы можете сделать. Он говорит, что приобрести его нужно без слов. Таким образом, ему не придётся выслушивать свою жену-христианку, которая возвращается домой после церкви и рассказывает мужу, какой идеальной для него была проповедь! К сожалению, когда жена обращается, слишком много неверующих мужей говорят: «Иисус убежал с моей женой! Она не принадлежит мне больше».

Очень важно, чтобы жены научились идти в ногу со своими мужьями, но слишком многие женщины посещают утренние молитвы и библейские классы и становятся духовными гигантами, в, то время как их мужья все еще находятся на стартовой линии и все менее и менее чувствуют себя главой семьи.

Большинство христианских жён спустя некоторое время жалеют, что проповедовали своим мужьям. В противовес Петр говорит: «Станьте той, на кого приятнее смотреть и с кем приятнее жить». Это – простая программа для христианских жён. В главе 3 Пётр объясняет, как жена должна стать красивой, хотя стоит отметить, что он не объясняет, как быть блистательной. Вся прелесть в том, чтобы в первую очередь быть прекрасной внутри; внешнее последует.

(г) Молодые люди

Существует четвертая сфера подчинения, хотя Пётр отделяет её от трех других, потому что она не связана со страданиями. Он говорит, что молодые люди должны подчиняться пожилым, уступать им дорогу и следовать их лидерству. Одним из наказаний, которые пророку Исаии пришлось объявить Израилю, было то, что в результате их неспособности идти по Божьему пути они будут под властью женщин и молодежи, что имеет некоторое отношение к ситуации в церкви сегодня.

При всем этом Петр не говорит, что они должны слепо подчиняться. Петр говорит, что независимо от того, являются они молодыми жёнами, или рабами, все равно должны развивать неагрессивное отношение, не утверждать себя и не настаивать на своих правах.

Если дьявол, в конечном счете, стоит за всеми страданиями, то Бог должен быть за всяким подчинением. Необходим дух Христа, чтобы молча переносить страдания и подчиняться вышестоящим властям. Но поступая так, верующие идут по следам своего Учителя, Который не мстил, когда шёл на крест, но был в состоянии сказать: «Отче, прости им, они не знают, что делают».

Проблемный отрывок

Хотя 1-е послание Петра, как правило, недвусмысленно, есть одна проблема – необычный отрывок в 3-й главе, который имеет, по крайней мере, 314 различных толкований! Там говорится, что Иисус был умерщвлён телом и ожил духом, которым Он сошел и проповедовал тем, кто был непослушным в дни потопа. Несколькими стихами позже Петр говорит: «Для того и мертвым было благовествуемо, чтобы они, подвергшись суду по человеку плотию, жили по Богу духом».

Либеральные проповедники основали свою доктрину второго шанса на спасение после смерти на этом отрывке, несмотря на то, что всё остальное Писание говорит, что это невозможно. Смерть запечатывает нашу судьбу. Существует огромная пропасть после смерти. Но здесь, по-видимому, Иисус проповедовал тем, кто умер.

Как нам это понимать? Я считаю, что проблема с толкованием многих отрывков состоит в том, что люди пытаются обойти простой их смысл, так как это неудобный отрывок, чтобы вписаться в общее учение Писания, что смерть – это конец вашей возможности спасения.

Я всегда начинаю с принятия Писания в его простейшем смысле, и изменяю этот подход только тогда, когда это действительно трудно. Здесь ясно говорится, что между Своей смертью и воскресением Иисус был активным, сознательным и фактически общался с другими людьми, которые также были в полном сознании и общались с Ним.

Конечно, вы никогда не слышали об этом в церкви, потому что все служения Страстной недели заканчиваются пятницей и начинаются снова в воскресенье, так что вам никогда не говорят, что Иисус делал в субботу! Это также затрагивает, кстати, интересные вопросы о точных событиях той недели. Евангелия говорят о том, что Иисус был в гробнице три дня и три ночи, но традиционное толкование (с пятницы по воскресенье) оставляет нам один день и две ночи! На самом деле, я считаю, что Иисус умер в среду днем – все свидетельства указывают на это. Мы предполагаем, что Он умер в пятницу, потому что текст говорит нам, что Он умер в день перед субботой. Но в том году идет речь не об обычной субботе. Евангелие от Иоанна говорит нам, что эта суббота была особой великой субботой. Пасха начиналась с шаббата, а в 29 году нашей эры, который был почти наверняка годом смерти Иисуса, первый день Пасхи был в четверг, то есть среда была в канун Пасхи. Это соответствует всем фактам лучше, чем все другие теории.

Так что если Христос умер в 3 часа в среду и воскрес между 6 вечера и полночью в субботу, то каждый факт из Евангелий становится на своё место.

Возвращаясь к отрывку в 1-м послании Петра, мы склонны думать, что Иисус ничего не делал между Своей смертью и воскресением, находясь в бессознательном состоянии и в бездействии в гробнице. Но ведь лишь Его тело оставалось мертвым. Его дух был жив. Он пошел в мир мертвых и проповедовал. Я могу представить себе, как Петр встречает Иисуса в первое пасхальное воскресенье и говорит: «Господи, где же Ты был?»

Иисус отвечает: «Я не был на земле, Я был в аду, в мире усопших».

«Что же Ты делал в течение трех дней и трех ночей?

Итак, Иисус рассказывает Петру, что Он проповедовал тем, кто утонул во время Ноевого потопа. Это, конечно, означает, что те, кто утонул во время потопа, были также при сознании, и что мы будем в полном сознании через минуту после того, как умрём. Мы будем знать и помнить, кто мы. Только наше тело умирает, но не наш дух. Смерть разделяет тело и дух. Позже дух и тело будут воссоединены в воскресение.

Но Иисус прошел все три этапа менее чем за неделю. Он был духом в плоти, пока не умер на кресте. Тогда Он предал Свой дух Богу, и Его тело было положено в могилу. Живой в духе Он пошел и проповедовал тем непослушным людям времён Ноева потопа. А потом Его тело и дух были воссоединены в Пасхальное воскресное утро. Но Он был в полном сознании и мог общаться всё это время.

Если мы тщательно рассмотрим этот отрывок, то поймем: он означает, что Иисус сошел и проповедовал Евангелие только тому конкретному поколению, и это явно означает, что Евангелие могло спасти их и искупить. В таком случае разве это не было вторым шансом после смерти?

Я считаю, что это, в самом деле, был второй шанс для них, но только для них. В Библии нет и намека, что кто-нибудь еще когда-либо имел такую возможность; кажется, это было единственное поколение, которое могло обвинить Бога в несправедливости.

Они могли сказать: «Ты уничтожил нас, а затем пообещал никогда не делать этого снова». Я верю, что Бог хотел ясно показать, что Его справедливость и правда – чисты, поэтому Он сказал: «Сын Мой, пойди и расскажи им Евангелие. Никто в Судный День не обвинит Меня в несправедливом отношении». Бог праведен, и не бывает такого, чтобы Он был несправедливым или избирал любимчиков. Возможно, именно поэтому имела место эта необычная и экстремальная ситуация.

Поэтому вместо того, чтобы попытаться исказить Писание, чтобы оно соответствовало нашей системе верований, лучше принять его в самом простом и очевидном значении. Но эта ситуация не даёт оснований для теории второго шанса, это – универсализм, и ему Писание не учит.

Заключение

Хотя в Соединенном Королевстве, как правило, нет преследований, я могу предвидеть все большее давление, которое кроется не в последнюю очередь за такими вещами, как «Закон о дискриминации по признаку пола», и церкви столкнутся с искушением либерализации своей позиции по отношению к гомосексуализму в церкви и к пасторам-женщинам. Я предвижу день, когда будет рассматриваться как правонарушение критика другой религии, или даже мысль, что ваша религия лучше, чем любая другая. 1-е послание Петра может в один прекрасный день стать особенно актуальным для нас.

Первые слова Иисуса, которые Петр услышал, были: «Следуй за Мной». Именно это следование за Иисусом и просматривается во всём послании. Мы должны противостоять страданиям так, как это делал Иисус. Христос был краеугольным камнем, христиане же описываются как живые камни. Христос – Пастыреначальник, христианские лидеры – подчинённые Ему пастыри. Так же, как Он был ненавидим, и переносил страдания, так же будут их переносить и христиане. Они должны жить так, как Он жил.

2-е послание Петра

Это послание было написано в 67 году нашей эры, через три года после первого письма Петра, перед его распятием в Риме. В Евангелии от Иоанна Иисус предсказал, что Петр умрет насильственной смертью в старости. Так, в течение 40 лет он жил с сознанием того, что будет убит, хотя и не знал когда. Он говорит в послании, что, по его мнению, это произойдёт в ближайшее время.

Это послание по стилю так сильно отличается от 1-го послания Петра, что некоторые ученые говорят, якобы оно не могло быть написано Петром. Его греческий более трудный для понимания – так, будто кто-то переводил с одного языка на другой с помощью словаря, но с небольшим знанием грамматики. Кроме того, нет никаких приветствий в конце или обращения к получателям в начале.

Действительно, 2-е послание Петра было одной из книг, которые не были с готовностью приняты в канон Нового Завета Ранней церковью. Это было отчасти потому, что существовало много поддельных документов, которые якобы были написаны апостолами, но которые не были на самом деле подобны их трудам, и частично из-за разницы в стиле.

Но есть в нём и сходства. Любимые слова Петра появляются во 2-м послании, как и в 1-м. Если вы перечитаете два письма, то найдете, что автор продолжает говорить о нашей «драгоценной» вере и нашем «драгоценном» Иисусе. Все «драгоценно» Петру. Он использует это слово пять раз в своем первом письме, и дважды – во втором.

Кроме того, Пётр ссылается на своё предыдущее послание (см. 2-е Петра 3:1). Он пишет о себе как об очевидце преображения. Он знал апостола Павла лично и говорил с ним, как с равным. Есть слова, которые встречаются во 2-м послании Петра, которые находятся только в 1-м и 2-м посланиях Петра и в проповедях Петра в книге Деяний. Значит, есть все основания полагать, что автором 2-го послания Петра действительно является Пётр.

Так как же нам объяснить разницу в стиле между этими двумя посланиями?

Я считаю, что Пётр написал 2-е послание Петра, но не использовал Силу в качестве секретаря, как он делал в случае с первым письмом. Он знает, что должен написать срочно, но не знает греческий хорошо, поэтому грамматика более неуклюжа, хотя смысл понятен. Это могло бы вполне объяснить разницу в стиле. В некотором смысле 2-е послание Петра – это его завещание, так же, как 2-е послание Тимофею, написанное Павлом.

Содержание

В письме мы имеем дело с совершенно иной ситуацией, чем та, что была актуальна при написании первого послания. Читатели – те же, только несколько лет спустя, и Пётр чувствует настоятельную необходимость писать об опасности внутри церкви. Есть два вида давления, с которым встречается церковь: давления извне и давления изнутри, и последние являются более опасными. Сатана никогда не разрушал церковь извне. Чем интенсивнее он атакует её снаружи, тем больше и сильнее она становится. Вот почему в течение первых трех веков христианства, когда верующих бросали на растерзание львам, церковь росла очень быстро. По этой же причине сегодня вы можете поехать в Китай – страну, где христиане подвергаются преследованиям, и найти деревни, где большая часть населения рождена свыше. В то время как гонение было проблемой, о чем читаем в первом письме, теперь христиане столкнулись с ересью, и об этом – Второе послание.

СРАВНЕНИЕ 1-ГО И 2-ГО ПОСЛАНИЯ ПЕТРА

1 Петра (64 г. н. э.)	2 Петра (67 г. н. э.)
«страдание» – 18 раз	«знание» – 13 раз
Опасность	
Простая	Скрытая
Внешняя	Внутренняя
Гонения	Ересь
Слабые стороны	
Компромисс	Растление
Боязнь	Отступничество
Состояние	
Рождение	Рост
Молоко	Зрелость
Тон	
Утешение	Предостережение
Уговор	Предупреждение
Надежда Пришествия Христа	
Спасёт благочестивых	Осудит нечестивых

ПЛАН 2-ГО ПОСЛАНИЯ ПЕТРА

Глава 1: достигайте зрелости.

Глава 2: сохраняйте нравственность.

Глава 3: поддерживайте мораль

Второе послание Петра следует точно такой же схеме, что и 1-е, и это является для меня еще одним доказательством, что оно принадлежит тому же автору. Существует глава о спасении и глава об опасности. Затем он делает вывод о применении и готовит читателей к тому, чтобы справиться с преследованием, которое, как он знал, придет.

Глава 1: достигайте зрелости

Первое послание говорит о новом рождении, а также о необходимости возлюбить «словесное молоко», но во 2-м послании Пётр обращается к ним как к взрослым, призывая к росту и зрелости. Незрелые христиане жаждут новизны; зрелые верующие жаждут знания. Он хочет, чтобы они были во второй категории, полагая, что знание ведет к зрелости.

Он использует слово «знание» 13 раз, но никогда не в академическом смысле. Петр заботится, чтобы они имели практическое познание Бога, основанное на Священном Писании. Он хочет также, чтобы они вспомнили все то, что знают о Боге и вере. Автор использует такие слова, как «забыл», «напоминать», «возбуждать напоминанием» и «приводили на память». Христианская жизнь требует постоянного напоминания истины. Это в высшей степени наблюдаемо в принятии хлеба и вина во время причастия – постановление, разработанное для того, чтобы мы помнили Христа.

Описание Петром зрелой жизни, к которой каждый верующий должен стремиться, может быть сведено в диаграмму на следующей странице, которая показывает дом веры.

Обратите внимание на шаги веры к входной двери, которые не описаны во 2-м послании Петра, но находятся в проповеди Петра в книге Деяний 2:38. Первый шаг – «покайтесь»; второй – «да крестится»; третий – «примите Духа Святого». Это все шаги веры к «дому». Больше шагов нет, кроме этих. Моя книга «Нормальное рождение христианина» дает дополнительное объяснение, почему они должны быть частью входа каждого верующего в Царство. Мы должны убедиться, что не поднимаем порог входной двери выше, чем нужно. Многие учителя Библии вносят дополнения, которые не нужны для того, чтобы стать частью Божьей семьи.

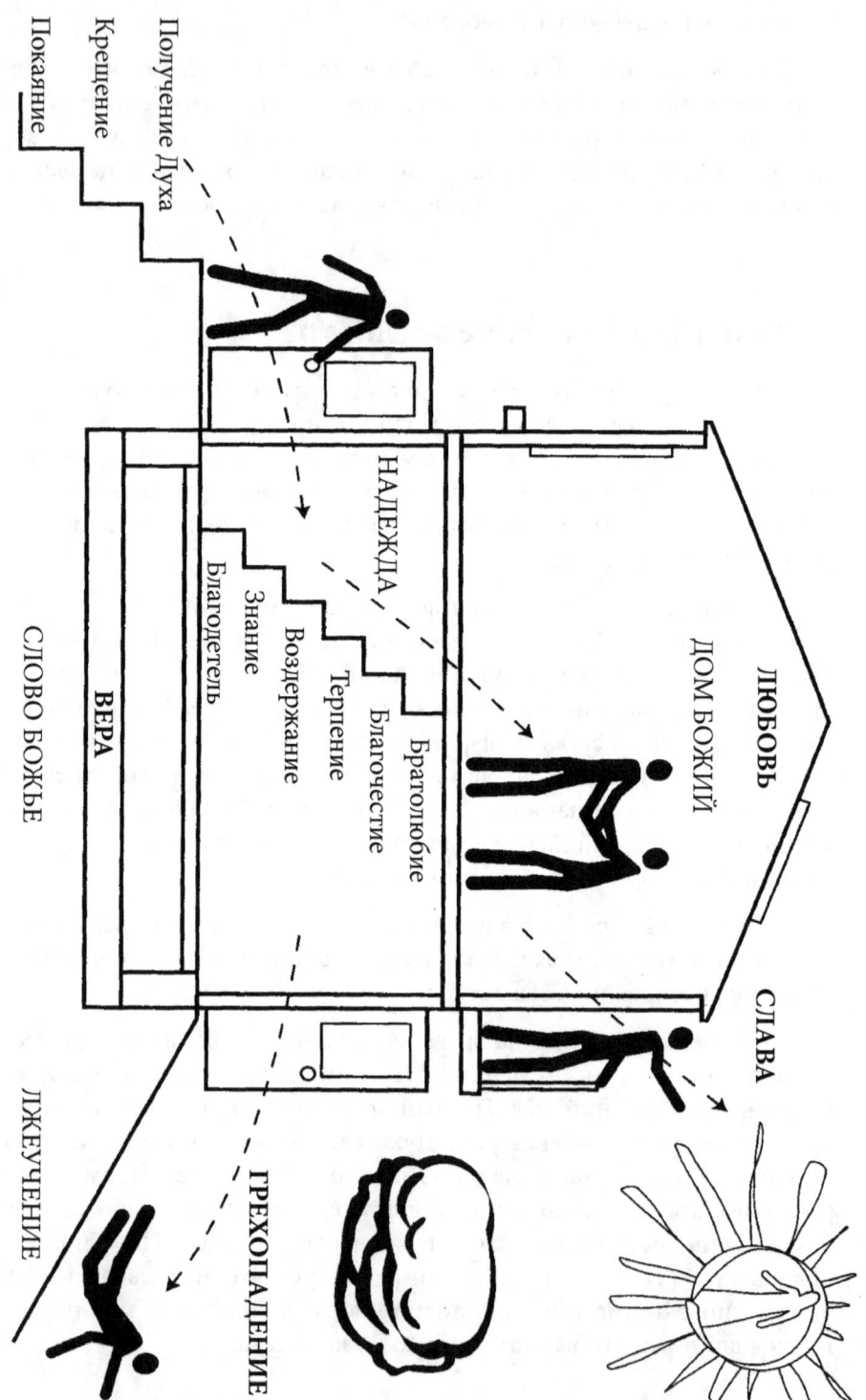

Но сделав первые три шага в дом, встречаем лестницу. Петр говорит, что мы должны добавить к нашей вере ряд качеств: рассудительность, воздержание, терпение, благочестие, братолюбие, любовь.

Восходя по лестнице из этих качеств, мы укрепляем нашу надежду, ибо они помогают сделать наше призвание и избрание твёрдым. В самом деле, эта уверенность не может быть получена любым другим способом. Наша уверенность в том, что Бог делает, будет все сильнее и сильнее по мере нашего духовного роста.

Итак, церковь основана на вере, растет в надежде и наполнена любовью. Триада из 1-го послания Петра и других частей Библии появляется вновь.

Наверху находится балкон, и с этого балкона вы отправляетесь во славу, входите через парадный вход в рай. Поэтому Петр призывает своих читателей к росту. Не садитесь на диван на первом этаже. Поднимитесь по лестнице, живите в горнице, взбирайтесь туда так быстро, как только можете.

Так что ответом на ересь является зрелость. Люди, которые медленно растут, уязвимы для лжеучения на первом этаже. Если они услышат лжеучения, они выйдут через заднюю дверь и соскользнут вниз.

Петр подчеркивает, что истина, которую он проповедовал, не была его собственной идеей, но он и другие апостолы и пророки получили её от Бога. Действительно, пророки зачастую не знали всего значения того, о чем говорили, служа будущим поколениям, а не своей непосредственной аудитории.

Глава 2: сохраняйте нравственность

Эта глава во 2-м послании Петра почти слово в слово повторяет послание Иуды. Это, конечно, не единственное место в Библии, где наблюдается подобное. Вторая глава Исаии и четвёртая глава Михея также содержат идентичные тексты, и неизбежно возникали вопросы относительно того, как это могло случиться.

Если вы столкнетесь с этим явлением в Писании, есть пять возможных вариантов понимания такой ситуации. Вот они:

1. Петр заимствовал у Иуды.
2. Иуда заимствовал у Петра.
3. Петр и Иуда заимствовали из другого источника.

4. Петр и Иуда встретились, обсудили проблему, договорились о решении и написали обо всем в разных посланиях.
5. Святой Дух дал обоим одинаковые слова.

Все варианты возможны, хотя мне хотелось бы исключить пятый вариант, потому что Святой Дух не использует людей как стенографистов. Наша доктрина вдохновения Писания не должна предполагать, что авторы были просто людьми-диктофонами. Это не похоже на то, как Библия объясняет её написание. В самом деле, маловероятно, что Святой Дух даст одинаковые слова двум разным людям.

Я предпочитаю говорить, что имело место сотрудничество. Петр был частью внутреннего круга учеников, а Иуда – одним из братьев Господа, так что весьма вероятно, что они знали друг друга.

В любом случае совпадение материала является относительно небольшим. Послание Иуды очень короткое, такой же длины, как 2-я глава 2-го послания Петра. Материал, который совпадает с посланием Иуды, касается четырёх искажённых понятий, которые были в церкви.

1. ИСКАЖЁННОЕ ИСПОВЕДАНИЕ

Так же, как были лжепророки в Израиле, так были лжепророки и в церкви. Мы не знаем, чему конкретно они учили, но из того, как Пётр реагирует на проблему, понятно, что два убеждения были искажены. Они перешли к синкретическому видению личности Христа и сентиментальному видению благодати Божией.

(a) Синкретическое видение личности Христа

Некоторые из церквей говорили, что Иисус был не единственным Господом, но только одним среди многих. Он – путь к Богу, но есть и много других путей. Именно слово «единственный» было неугодным. Они, таким образом, искажали Личность Христа, видя Иисуса собственного воображения вместо того, чтобы узнать Его в одном из Евангелий. Это не было редким учением в Ранней церкви. Например, на церковь в Колоссах повлияло это гностическое учение, что имело разрушительные последствия.

(б) Сентиментальное видение благодати Божией

Некоторые из тех, которые называли себя верующими, думали, что на самом деле не имеет значения, как они живут, раз уж у них есть «билет в рай». Их отношение было таким: Бог любит прощать и будет продолжать прощать, независимо от того, что вы делаете. Это – сущая сентиментальность, и такое сегодня проповедуется широко. Но, конечно, это означает, что христиане пребывают в грехе, и злоупотребляют милостью Божией. Такой взгляд искажает благодать Божию и неизбежно ведет к безнравственности, потому что не даёт понимания того, что Бог обеспокоен тем, как живут христиане.

2. ИСКАЖЁННОЕ ПОВЕДЕНИЕ

То, во что вы верите, влияет на ваше поведение. Так, если кто-то изменяет или корректирует христианскую веру, он неизбежно внесёт ошибку в церковь. Петр описывает словесные грехи, которые характеризуют жизнь таких людей. Он говорит, что они смелы и высокомерны, клеветники, богохульники, произносят надутое пустословие и хвастливые слова.

Мало того, что их речь испорчена, но испорчено также и их поведение. Они не подчинились господству Христа. Они игнорировали заповеди.

И Петр, и Иуда писали с целью помочь церквям, впавшим в заблуждение. Увы, есть некоторые люди, которые приходят к вере правильным путём, но они уходят через заднюю дверь. Также есть те, кто поднимается по лестнице, становится сильнее в надежде, добирается до комнаты любви и переходит во славу. Первые возвращаются под гнев и суд Божий. Последние наслаждаются сиянием Его милости и благоволения.

3. ИСКАЖЁННЫЙ ХАРАКТЕР

Искажённый характер вытекает из искажённого поведения. Существует описание влияния этого неправильного учения на характер людей. Они становятся более похожими на животное, чем на человека, действуя под воздействием низменных инстинктов, а не Духа Божьего. Они становятся жадными и похотливыми и больше не надежными; они более руководствуются настроением, чем принципами. Они похожи на «облака и мглы, гонимые бурею», на «безводные источники» – яркие образы слабого и бесполезного характера.

4. ИСКАЖЁННАЯ РЕЧЬ

Неизбежно искажённое поведение и характер проявляются в разговорах, которые ведутся в церкви. Ворчуны и жалобщики восстали против руководства и вызвали беспорядки, которые привели к разобщенности. Люди, ранее не пострадавшие, теперь становятся охваченными растущим огнём недовольства, таким образом, отрицая объединяющую силу Евангелия.

И Петр, и Иуда пишут об этой цепочке пороков для того, чтобы бороться с ними, ибо они знали, что те могут разрушить церковь. Не преследование уничтожит церковь, она рухнет изнутри. Когда преследование придёт, церковь не сможет устоять.

Петр был, таким образом, обеспокоен состоянием верующих в церкви. Он дает некоторые серьезные предупреждения о вероотступничестве. Он говорит, что для верующих было бы лучше никогда не познать пути правды, чем познать только для того, чтобы опять жить в грехе. Он использует грубый язык, чтобы описать человека, который отпадает: он, как пес, который возвращается на свою блевотину. Оставив грех, теперь вновь возвращается к нему. Или другое сравнение: такой человек, как свинья, которая собирается вернуться и валяться в грязи после того, как была омыта и очищена.

Бог обеспокоен как грехом в верующих, так и в тех, кто вне церкви. Конечно, человек, который отпадает, будет наказан более строго, чем тот, кто никогда не раскаивался. Это резкое и серьезное предупреждение для тех, кто считает, что они «в безопасности», потому что поверили во Христа, хотя жизнью своей опровергают их исповедание веры.

Глава 3: поддерживайте мораль

Последняя глава 2-го послания Петра рассматривает надежду на будущее. Опять его учение мотивируется проблемами церквей. Некоторые утверждали, что разговоры о Втором пришествии – пустой звук. Христос не вернулся. Где Он?

Поэтому Петр отвечает насмешникам. Он напоминает им, что время воспринимается Богом по-другому.

Для Него один день, как тысяча лет. Каждый день, когда пришествие Христа задерживается, – это пример Божьего терпения. Его задержка – их «спасение». Он говорит, что в один прекрасный день вся Вселенная будет уничтожена в огне. Будет еще один холокост, и на этот раз это будет не потоп воды, но огненный потоп. Я не думаю, что это будет ядерная война; я думаю, что Бог освободит всю энергию в каждом атоме. Он собрал энергию в атом, поэтому все, что Ему нужно будет сделать, это освободить её, и весь мир превратится в дым.

Но Петр завершает главу, напоминая своим читателям, что из огня, как феникс, возникнет новое небо и новая земля. Я люблю проповедь о новой Земле. Не оставляйте её свидетелям Иеговы – это христианская истина, она – в Библии! Но я боюсь, что христиане хотят слышать только о том, как мы попадём на небеса, которые, в конце концов, просто зал ожидания перед тем, как мы войдём во все то, что приготовил нам Бог.

Тема новой Земли раскрывается Иоанном в конце Откровения. Эта земля будет центром будущего. Христиане являются единственными, кто знает это. Все в панике относительно озонового слоя, загрязнённых океанов и умирающих лесов. Они обеспокоены, так как думают, что это единственная планета, где нам когда-нибудь придется жить. Мы знаем нечто лучшее; мы ищем нового Неба и новой Земли. Мы знаем, что там будет что-то отличающееся от той планеты, которую мы знали, потому что это будет новое небо и земля, на которой будет обитать правда. Там не будет порока, преступлений, греха, ничего нечистого, ничего грязного.

Петр говорит, что если будем продолжать надеяться на это, мы будем жить так, как будем жить в том новом мире. Мы не будем слушать лжеучений и не будем пойманы и запятнаны ими. Мы будет держать себя неосквернёнными отступничеством, не говоря уже о мире.

Итак, благочестивая надежда – это настоящая защита Петра от безнравственности, которая может проникнуть в церковь через лжеучения. Устремляйте свой взор на новый мир – мир праведности, и это поможет вам жить праведно, потому что вы знаете, что, если вы этого не сделаете, то не сможете быть частью этого нового мира.

Живя в вере, надежде и любви, мы готовимся к славе. Когда вы услышите звук трубы, тогда совершите свой первый бесплатный полет на Святую Землю!

На могильной плите моего деда в Ньюкасле есть три слова из старого методистского гимна. Написано его имя, «Давид Леджер Посон», и внизу: «Вот это встреча!». Если вы не любите шумное поклонение, то вам там будет не по себе, потому что архангел будет громко взывать, и трубы будут гудеть. Этого будет достаточно, чтобы воскресить мертвых, и это – именно то, что он будет делать. Те, кто умер, получат «первые места», так что не волнуйтесь, если вы умрете первыми.

Пётр заканчивает письмо, ставя читателя перед жестким выбором. Мы можем либо игнорировать его учение и быть в числе тех, кто отпадает, либо быть теми, кто продолжит возрастать в благодати Христовой. Петр сказал, что Бог был в состоянии сохранить Лота даже в Содоме и Гоморре. Таким же образом Он может сохранить и вас тоже.

56. ПОСЛАНИЕ ИУДЫ

Введение

Забытая книга

Послание Иуды – это книга, которой уделяют меньше всего внимания среди книг Нового Завета. Такая ситуация имеет несколько объяснений:

1. ПОСЛАНИЕ ОЧЕНЬ КРАТКОЕ

Наряду с посланием Филимону и Вторым и Третьим посланием Иоанна – это одна из самых коротких книг в Новом Завете.

2. ПОСЛАНИЕ СТРАННОЕ

Читатели послания сконфужены упоминанием архангела Михаила, который спорил с сатаной о теле Моисея. С какой целью это написано? Упоминание сынов Кореевых и ангелов, замкнутых в темнице, тоже сбивает с толку. Что сделали сыны, и почему ангелы замкнуты в темнице?

3. ПОСЛАНИЕ ПОДОЗРИТЕЛЬНОЕ

Некоторые люди высказывают возражения относительно того, как Иуда цитирует апокрифы. Апокрифы – название еврейских книг, которые были написаны в 400-летнем промежутке между концом книги пророка Малахии и началом Евангелия от Матфея. Апокрифические книги включены в Библию, они читаются православными и католиками, но отсутствуют в протестантской Библии. Эти письмена никогда не признавались Божьим Словом, так как в них отсутствует фраза «так говорит Господь», которая встречается 3 808 раз в Ветхом Завете, вследствие чего они не вошли в протестантскую Библию. Бог молчал 400 лет. Не было пророков, которые бы провозглашали Его волю. Апокрифические книги не являются пророческими, но это не означает, что они не имеют ценности и не содержат истины. Итак, цитаты апокрифов, использованные в послании Иуды, не должны бросать тень на это послание лишь по той причине, что эти книги не вошли в канон. Писания были хорошо известны и доказали свою ценность, подкрепив его тезисы.

4. ПОСЛАНИЕ СТРОГОЕ

Тон Иуды негативный, высказывания передают нетерпимость, он старается предупредить верующих и побуждает их к действию.

5. ПОСЛАНИЕ КОЛКОЕ

Иуда, подобно хирургу со скальпелем, вырезает раковую опухоль в теле Христа. Некоторые слова, когда он осуждает злые помыслы и учения, звучат очень резко.

ДАВЛЕНИЕ

Резкий тон Иуды является необходимым при таких обстоятельствах, особенно при внешнем давлении со стороны заблудших учителей, которые могут привести к опустошению среди народа Божьего. Церкви подвергаются опасностям, которые исходят из двух источников:

Внешнее давление

Гонения на Церковь будут происходить всегда, хотя и на разных уровнях. Сегодня Церковь в 225 странах претерпевает трудности, которые можно назвать гонениями. Следует отметить, что во время внешних гонений Церковь как правило начинает быстро расти.

Внутреннее давление

Внутреннее давление причиняет большее беспокойство. Послание Павла Галатам объясняет, как легализм и либерализм внутри церкви взбудоражил церковь ещё на ранних этапах её развития. Иисус осуждал и легализм фарисеев, и либерализм саддукеев. И, тем не менее, эти две опасности очевидны в церковных общинах, особенно во втором поколении верующих. Они могут стать слишком засоренными, духовно ограниченными, возводя на пьедестал стандарты дисциплины, которые в Библии даже не упоминаются. Или наоборот, верующие могут превратиться в расхлябанных, недисциплинированных христиан, которые пренебрегают исполнять то, к чему призывали апостолы.

Различные взгляды можно подытожить следующим образом. Легализм утверждает, что у нас нет свободы, чтобы грешить, и мы видим, что это на самом деле так. Своеволие же говорит, что мы свободны грешить, и у нас всё нормально, так как у христианина есть виза в рай, а значит, можно ни о чём не переживать. Но истинная свобода в христианстве говорит, что «вы свободны, чтобы не грешить. Грех ничего не значит в жизни верующего, но Христос освободил вас от его силы». Итак, Иуда беспокоится о том же, о чём переживали Иисус и апостол Павел. Послание Иуды – великолепное послание, в котором главная идея до сих пор остается животрепещущей для Церкви наших дней.

Объяснив некоторые трудности послания, перестаешь сомневаться, что эта книга требует немалых сил для понимания ее смысла.

Пересказ послания

Это послание написано Иудой. Иуда – один из выкупленных Царём Иисусом рабов; его брат – Иаков, которого вы неплохо знаете.

Послание адресовано тем, которые услышали Божий призыв и отделились от этого грешного мира; тем, которые нынче вошли в состав Божьей семьи, их Отца, и ожидают того момента, когда явятся перед лицом Царя Иисуса. Пусть же всё больше и больше вас сопровождает милость, мир и любовь, которую вы уже лично испытали.

Возлюбленные, я всеми фибрами своей души жаждал написать вам о нашем общем великолепном спасении, но обнаружил, что необходимо написать несколько иное послание. Должен напомнить вам о той жестокой битве ради сохранения истинной веры, которую для всех когда-то передали первым святым людям. Я слышал, что некоторые личности без родства и имени проникли в вашу среду; они – безбожные люди, им уже давно вынесен приговор. Они перекручивают, извращают Божью благодать, оправдывая скверную аморальность и отвергая Царя Иисуса, Который является Господом и Вседержителем.

Теперь я хочу напомнить вам истину, что с Богом шутки плохи. Помните, как Господь безопасно вывел из Египта целую нацию, но потом вмешался и истребил всех, кто не доверял Ему.

Не стали исключением и Его ангелы, как и Его народ. Когда некоторые из них оставили своё высокое положение и места надлежащего жилища, Он заключил их под стражу, где и ныне в темнице содержатся в вечных оковах до великого Судного дня.

Таким же образом жители Содома и Гоморры вместе с людьми двух соседних городов пресыщали себя, пускаясь во все тяжкие, подобно тому, как это делали ангелы. И судьбу они пожали в огне, который не угасает, что является исключительным предостережением для всех нас.

Несмотря на такие примеры из истории, эти люди, как черви, проникли в ваши общины и таким же образом оскверняют свои собственные тела. Они умаляют божественную власть и бесчестят славу ангелов. Тем не менее, даже архангел Михаил, чьё имя означает «богоподобный», не посмел открыто упрекнуть сатану в богохульстве, когда они спорили о том, кто владел телом Моисея, и он ограничился лишь фразой «пусть Господь укоряет тебя», предоставив Самому Богу вынести обвинение.

Но эти люди среди вас не гнушаются злословить вас о том, чего сами не понимают, и единственные вещи, которые они понимают, станут доказательством их погибели, так как их понимание жизни зиждется лишь на животных инстинктах. Горе постигнет их! Они пошли той же дорогой, что и Каин. Они, сломя голову, совершили такую же ошибку, как и Валаам, и мотивы были те же – деньги. Их ждёт такой же конец, как и бунтаря Корея.

Эти люди имеют нахальство сидеть с вами на вечерях любви, хотя на самом деле любят лишь себя. Как подводные рифы, они всё могут разрушить. Они подобны тучам без дождя, которые гоняет ветер. Они, как выкорчеванные осенью деревья, без листьев и без плода, дважды мёртвые. Они подобны буйным морским волнам, поднимающим грязную пену собственного постылого бесчестия. Они подобны падающим звёздам, обречённым навечно исчезнуть в чёрной дыре.

Енох, который жил в седьмом поколении после первого человека Адама, видел их конец. Он пророчествовал именно об этих людях, говоря: «Смотрите, Господь пришёл с десятком тысяч Своих ангелов, чтобы испытать всех людей и вынести вердикт всем безбожникам за ужасные поступки, которые они совершали в своей греховной жизни, и за плохие слова, что говорили против него. Эти люди – недовольные ворчуны, вечно сетующие и находящие недостатки. Их рты полны лести самим себе, они даже доброго слова о других не проронят, если им это невыгодно.

Итак, возлюбленные, вы должны помнить, что апостолы нашего Господа Иисуса Христа сказали о предстоящем. Они предсказали, что в последние времена появятся люди, которые свою жизнь будут подчинять только собственным греховным страстям, и которые будут глумиться над благочестивым образом жизни. Такие люди могут лишь вносить разделения среди вас, поскольку ими управляют их естественные инстинкты, и они не знают, что такое быть водимым Духом.

Что касается вас, возлюбленные, то продолжайте укреплять свою духовную жизнь на твёрдом фундаменте святой веры, молясь так, как Дух побуждает. Продолжайте любить Бога, терпеливо ожидая того времени, когда Господь Иисус Христос по Своей великой милости приведёт вас к бессмертию. Что касается других, то скажу следующее. К тем, кто ещё пребывает в нерешительности, будьте особенно добры и терпеливы. Других спасайте из огня, пока они не опалились. К третьим, что изрядно запачкались, проявляйте милость, но не теряйте здравого страха и осторожности, чтобы от них не оскверниться, гнушаясь даже их запятнанной плотскими утехами одеждой. Давайте же воздавать хвалу одной Личности, Которая способна уберечь вас от преткновения, и радостными и беспорочными ввести в Своё святое присутствие, Свою славу – единому Богу, нашему Спасителю посредством Иисуса Христа, нашего Господа. Ему одному принадлежит вся слава, всё величие, всё могущество и власть ещё до начала истории, ныне и в грядущие века. Да будет так. Аминь».

КТО ТАКОЙ ИУДА?

Иуда был вторым младшим братом Иисуса. Не следует его путать с Иудой-предателем.

Когда мы рассматривали письмо Иакова, одного из его братьев, то отметили, что братья Иисуса не верили в Него при жизни, то есть, когда Иисус ещё не был распят. Об их скептицизме весьма доходчиво написано в Евангелии от Иоанна (Ин. 7:5). Это было во время празднования Кущей в Иерусалиме, когда они подтрунивали над Его заявлением, что Он – посланник Божий. Каждый знал, что, если Мессия придёт, то это случится во время Праздника Кущей, вот они и насмехались, говоря: «Покажи, на что ты способен!». Но Иисус сказал им, что время заявить о Себе публично ещё не пришло, хотя на праздник всё же тайно пошёл.

Ситуация изменилась, и братья стали миссионерами, но случилось это после того, как Он воскрес. Иаков и Иуда написали два послания, в которых родственную связь с Иисусом опускали, предпочитая сосредоточиваться на духовных взаимоотношениях. Они оба предпочитали употреблять по отношению к себе выражение «раб Иисуса».

Содержание

Моральное осквернение

Вполне очевидно, что Иуда намеревался написать несколько иное послание. В начале письма он говорит: «Я хотел написать вам о спасении, которым мы наслаждаемся в Иисусе». Но когда он услышал о том, что происходило в тех церковных общинах, которым намеревался писать, то изменил свои планы. Итак, он добавляет: «Умоляю вас продолжать эту мучительную борьбу за веру, которую однажды передали святым» (*перевод автора*).

Слово «мучительную» указывает на интенсивность битвы. Действительно, это самая мучительная битва, которая у них когда-либо будет. Особенно мучительной она станет потому, что придётся иметь дело с братьями и сёстрами. Битва связана с учителями-еретиками, которые уводили церковь от Божьей истины. Иуда знал, что они будут продолжать осквернять общину, если их не контролировать.

Первая часть письма касается очень опасного морального разложения, что проникло в церковную общину, к которой Иуда обращается. Вторая часть письма говорит о том, как деликатно необходимо поступать в данной ситуации. Сначала мы посмотрим на первые четыре фразы, в которых идет речь о влиянии развращённости на церковь.

1. ВЕРОИСПОВЕДАНИЕ

Иуда показывает, как люди тайно вкрались в их общину. Подразумевается, что их действия были закулисными, а намерения – злыми. Они отравили общину своим учением и своим образом поведения, и с этим нужно было покончить. Лжеучение – как раковая опухоль, что распространяет метастазы по всему организму, приводит к смерти, если вовремя не вмешаться в этот процесс. Вполне очевидно, что это лжеучение подобно тому, о котором писал Пётр в своем 2-ом послании, поэтому два письма имеют одинаковые разделы. Я убеждён, что Иуда использовал 2-е послание Петра как часть своего исследования и с радостью скопировал его часть, слово в слово.

Существовало, в частности, две области, в которых лжеучителя заблуждались. У них было сентиментальное понимание Бога и синкретический взгляд на Иисуса.

А) Сентиментальный взгляд на Бога

Их сентиментальный взгляд на Бога из Божьей благодати сотворил оправдание аморального образа жизни. Они воспринимали Бога как «рубаху-парня», который всегда готов похлопать по плечу, говоря: «Давай забудем то, что произошло. Для меня самое главное, чтобы ты был счастлив!» Это карикатура на Бога, которую сегодня можно увидеть на телевидении – эдакий мягкий, всепрощающий Бог, который и мухи не обидит. Это сентиментальное восприятие Бога, оно ничего общего не имеет с тем, о чём говорит Писание. Бог не смотрит на грех сквозь пальцы, Он с ним разбирается. Нам необходимо избавиться от ложного понимания и иметь библейский взгляд на Бога.

Б) Синкретический взгляд на Иисуса

У них также было синкретическое понимание Иисуса. Они больше не верили, что Иисус был единственным Владыкой и Господом, поэтому старались поставить Его на один уровень с другими личностями. Не правда ли, распространённая и сегодня практика? Как только Иисус становился в один ряд с Мухаммедом, Буддой и всеми остальными, Он переставал быть единственной дорогой к Богу. В таком контексте Иисус больше не был «путём, истиной и жизнью», но становился «одной из дорог, одной из истин, одной из жизней».

2. ОБРАЗ ЖИЗНИ

Как только искажено вероисповедание, начинает давать сбой и образ жизни. Вероисповедание определяет поведение. Итак, Иуда подходит к самой строгой части своего предупреждения и напоминает верующим о том, что в прошлом случилось с тремя группами людей.

А) Израиль в пустыне

Иуда напоминает историю из главы 32 книги Исход историю о детях Израиля в пустыне, которые сотворили себе золотого тельца и вскоре впали в аморальность, в идолопоклонство. Их понимание Бога отличалось от того, которое передал Моисей в Десяти Заповедях и последующем наставлении. Как следствие, они выработали ложное толкование каждой заповеди, и вместо того, чтобы любить, как были научены, стали неправильно относиться друг к другу. Результатом стало то, что никто из них не дошёл до Земли Обетованной – Ханаана. Они были выведены из египетского рабства, но в Обетованную Землю так и не вошли. Начать – начали, но никто из них не закончил начатое как следовало.

Это история используется в Новом Завете трижды, три различных автора предупреждают христиан, что не на старте, а на финише получают приз, наследуют обещанное Богом. Павел упоминает это в своём послании Евреям, и Иуда приводит такой же пример.

Итак, предупреждение понятно: если дети Израиля были выведены из египетского рабства, но не смогли попасть в Обетованную Землю, то же может произойти с верующими сегодня. Главное не то, что осталось за спиной, а то, что ожидает впереди. По этой причине следует проявлять стойкость в вере, чтобы не погибнуть в пустыне.

Б) Ангел на горе Ермон

Иуда рассматривает событие, что произошло с ангелами на горе Ермон. О деталях события мы узнаём из книги Еноха в апокрифах.

В районе горы Ермон около 200 падших ангелов обольстили женщин и они забеременели. Эта ужасная связь между ангелами и людьми привела к жутким творениям-гибридам, которых называют нефилимы (к счастью, они все вымерли). Мы не можем сказать с уверенностью, как они выглядели, но о них известно, что это были «великаны», так переводят в некоторых текстах это слово. Бог установил свой порядок жизни, и ангелы, сношающиеся с людьми, так же омерзительны Ему, как люди, которые вступают в сексуальную связь с животными.

Результатом этого поведения было насилие, что наполнило землю, а извращённый секс и оккультизм стали безудержными. Мы читаем в книге Бытие, что Бог даже пожалел, что создал человечество. Лично мне кажется, что это самый прискорбный отрывок в Библии.

Итак, Иуда говорит, что, если Божий народ, Израиль, не избежал суда, и ангелы не избежали наказания, то, что может ожидать христиан?

В) Содом и Гоморра

Третий пример касается Содома и Гоморры. Эти города хорошо известны, но были ещё Адма и Зебоим, в общем четыре города на юге Мёртвого моря. С течением времени их всех разрушило землетрясение. Мёртвое море выглядит, как восьмёрка. Города нынче находятся под южной его частью, которая высыхает. Содом и Гоморра могут заново появиться в нашей жизни. Если это произойдёт, то насколько символичным будет такое событие!

От еврейского историка Иосифа Флавия мы узнаем, что огонь, уничтоживший Содом и Гоморру за 2000 лет до Иисуса, продолжал гореть и в дни Иисуса. Когда в своей проповеди Иисус говорил об этом неугасимом пламени, его слушателям нужно было лишь выйти за околицы Иерусалима, чтобы увидеть поднимающийся дым.

Эти два города были наказаны из-за нарушения Божьих порядков. Для них гомосексуальные отношения стали нормой, как сегодня считается неуместной критика однополых браков, ее называют сексуальной дискриминацией.

Иуда предупреждает христиан о том, что Бог будет судить их, если те будут следовать примеру этих городов. С Богом шутки плохи. Ему отвратительно идолопоклонство и безнравственность. И хотя с такими он разбирается не сиюминутно, в конце концов, всякая моральная нечистота Его творения будет наказана.

3. ХАРАКТЕР

Последствием искаженного вероисповедания является жизнь во грехе. Когда ваше поведение становится безнравственным, ваш характер также претерпевает трансформацию. Характер – это результат поведения. «Посеешь поступок – пожнёшь привычку, посеешь привычку – пожнёшь характер, посеешь характер – пожнёшь судьбу» – знакомая пословица, не так ли? Третья фаза в моральной нечистоте церкви заключается в том, что характер ее членов всё больше становится мирским. Иуда обращает внимание на характер лжеучителей и их схожесть с тремя людьми из Ветхого Завета.

А) Каин

Он начинает с Каина, который убил своего брата из-за зависти (Бытие, глава 4). Иуда говорит своим читателям, что мотивы лжеучителей отчасти завистливые, как у Каина, и они влияют на тех, кто слушает.

Б) Валаам

Он упоминает также пророка Валаама, которому предложили деньги, чтобы тот проклял Израильский народ (книга Чисел, глава 22). Любовь к деньгам затмила очи Валааму так, что Бог вынужден был обратиться к нему через ослицу! Валаам был до такой же степени алчным человеком, до какой Каин был гневливым.

В) Корей

Корей был амбициозным, он завидовал Моисею и желал всем руководить (книга Чисел, глава 16). Он замыкает эту гнетущую группу людей. Существуют современные параллели Корея. Новые церкви могут быть замечательными, но случается, что некоторые из них создаются по неправильным мотивам. Они создаются из-за того, например, что кто-то хочет «заказывать свою музыку»; современный «сын Корея» – тот, кто не принимает данное Богом руководство общины и хочет руководить своим оркестром. В конце концов, Корея и 250 других людей постиг суд, они погибли из-за отвержения власти Моисея, которую ему дал Бог.

Все эти три персонажа слушали лишь себя, и это привело других к смерти. Они проявили такой характер, какой иногда может возникнуть и в церкви, если не бороться с лжеучениями. Гнев, алчность и амбициозность всегда будут бросаться в глаза, указывая на то, что с этим надо бороться.

4. РАЗГОВОР

Перечисленные выше проблемы не были единственными. Как только характер становится испорченным, сразу же станут развратными и разговоры, потому что они берут начало из характера. Иуда описывает такие разговоры, которые характеризуют людей, что проникли в общину. Признаки начавшегося разложения – постоянное ворчание и недовольство, брюзжание и нытьё, оскорбление нижестоящих и лесть вышестоящим, презрение и высмеивание того, что непонятно, и при всем этом отвержение какой-либо власти над собой. Остерегайтесь людей, которые вливаются в ваши общины потому, что не удовлетворены другими. Через пять-шесть месяцев они будут недовольны и вами! Ворчуны и идеалисты постоянно ищут безукоризненные общины. Старая поговорка, как всегда, права: «Если нашёл идеальную церковь, не присоединяйся к ней, потому что испортишь её!»

Сбивающий с толку отрывок

Пожалуй наиболее трудный отрывок в послании Иуды касается ангела, который спорит с дьяволом о теле Моисея. В этом отрывке есть ссылка на странное утверждение из Второзакония, где говорится, что Моисей почил на горе Нево, но «никто до сего дня не знает, где его могила». Итак, если никого не было с ним, и никто не знает, где его могила, то кто похоронил Моисея? Ответ таков: Бог послал ангела Михаила похоронить Моисея. Ангелы – очень полезные существа. Они хорошие повара (Илия открыл, что ангелы очень вкусно готовят), могут управлять колесницами (об этот тоже узнал Илия). В наше время я слышал, что в Афганистане ангелы могут ездить на велосипеде, охраняя миссионера на его велосипеде! Ангелы не приходят в блистающих белых одеяниях, с крыльями и лирами, с длинными ниспадающими белыми волосами. В 13 главе послания Евреям говорится о «нагрянувших в виде гостей» ангелов, что было бы невозможным, если бы их внешний облик сильно отличался от общепринятых норм. Похоже, они выглядели, как обычные люди.

Итак, этот ангел был послан с лопатой для погребения Моисея, но, когда тот добрался до места, дьявол уже стоял возле тела и сказал, что тело принадлежит ему. Полезно отметить, что Михаил даже не пристыдил сатану. Мы можем фамильярничать с сатаной, но если так поступаем, то совершаем большую ошибку. Он намного умнее нас. Меня беспокоит, когда я слышу, как говорят молодые люди: «Мы осуждаем тебя, сатана». Михаил на самом деле говорил: «Да укорит тебя Господь», и дьявол отошёл, а Михаил похоронил тело Моисея должным образом.

Борьба с развращённостью

Рассмотрев четыре аспекта, которые волнуют Иуду, а именно вероисповедание, поведение, характер и разговоры, следует решить, как нам сегодня реагировать на подобные вызовы.

1. НАМ СЛЕДУЕТ ОЖИДАТЬ ПРОБЛЕМ

Первое, что необходимо делать, – не удивляться, если в церкви что-то происходит не так. Некоторые христиане чрезмерно встревожены. Помните, пророки Ветхого Завета и апостолы Нового Завета предупреждали, что не всё будет делаться надлежащим образом. Лично Иисус предупреждал нас о волках в овечьих шкурах. Стоит ли удивляться, когда мы видим, что всё это сбывается!? В конце концов, мы не спасены до конца, и в церкви неизбежно будут возникать проблемы. Важно не это, важно то, как мы реагируем на происходящее. Не поддавайтесь панике, принимайте вызов и решайте проблему.

2. МЫ ДОЛЖНЫ ПРОТИВОСТОЯТЬ ПРОИСХОДЯЩЕМУ

Интересно отметить, что Иуда не обвиняет сатану за беспорядки. Он выставляет претензии «этим людям», которые должны нести ответственность за создание проблем. И он ясно даёт понять, что некоторым в церквах придётся выступить против существующих заблуждений. Мы должны с этим разобраться, а не Бог. Иуда упоминает служение Еноха, самого первого пророка в Библии, первого человека, который получил от Господа послание для остальных людей. Это было предупреждением, что Бог придёт судить и разбираться со всем поколением людей. Еноху было 65 лет, когда он стал отцом и спросил Бога, как назвать сына. Бог повелел назвать младенца особенным именем. Он сказал: «Назови его «Когда он умрёт, это случится», хотя мы знаем его как Мафусала. Нам известно, что жил он дольше всех, потому что Бог проявил долготерпение и почти тысячелетие ожидал, прежде чем излить Свой гнев на человечество. В день, когда умер Мафусал, пошёл дождь, но к этому времени его внук Ной уже построил свой ковчег. Бог долго терпел – 969 лет, чтобы судить род людской. Мартин Лютер как-то сказал: «Если бы я был Богом, я бы давно расправился с этим миром».

Иуда любил повторять, что поведение лжеучителей было «безбожным». Он пять раз использует это слово. Набожность становится объектом их насмешек. В Новом Завете апостолы предостерегают нас, что в последние дни появится много насмешников и шутников, высмеивающих благочестие. Будут времена, когда христиане станут посмешищем за их стремление жить благочестиво. Безбожие – это последний писк моды, а думающий по-другому – просто странный человек.

3. МЫ МОЖЕМ СНИЗИТЬ СТЕПЕНЬ ПОВРЕЖДЕНИЙ

Следующим практическим советом Иуды является то, как верующим следует защищать себя и других.

А) Защищать себя

Прежде всего верующему надо убедиться, что он(а) находится в правильных взаимоотношениях с Богом, и укреплять себя в вере, надежде и любви.

Чем мы сильнее, тем вероятнее, что выстоим. Лучший способ избежать болезни – закаляться. Но Бог не будет делать за нас зарядку. Иуда умоляет развивать свою веру, надежду и любовь. Здоровый духовный образ жизни включает молитву в Духе, соблюдение Божьих заповедей и жизнь ради будущего, осознавая, что Бог предназначил нас для святости, и не обязательно для счастья. В конце концов, «счастье» мы будем испытывать в вечности, не стоит чрезмерно переживать, если жизнь сложилась слишком трудной. Важно отметить, что мы несём ответственность за самих себя и за то, как развиваемся духовно.

Б) Защищать других

Люди, которые нуждались в помощи, были разделены на три категории.

i. Те, которые сомневались. Иуда умоляет верующих помогать тем, которые страдали от нерешительности. Они сомневались, стоит ли им следовать за этими учителями или нет. С такими людьми необходимо поговорить, попытаться убедить их, но деликатно, без особого давления. Резкость, бестактность лишь подтолкнут их к дальнейшим ошибкам.

ii. Те, которые находились в смертельной опасности. Следующими будут те, кто приблизился к смертельной опасности, так как они уже начали верить в новые идеи. Иуда говорит, что таких верующих необходимо «выдёргивать из огня». Они подобны тем, которые находятся в охваченном огнём доме, и их нужно спасать любыми возможными способами!

Фраза «выхватывать их из огня» используется при евангелизационных мероприятиях и означает выхватывать людей из адского огня, хотя этот отрывок ничего общего не имеет с данным толкованием. Да, он означает выхватывать людей из пламени ада, но не потому, что они погибшие грешники, а потому, что они христиане, свернувшие с истинного пути. Даже те, кто распространяет неправду, не должны списываться со счетов, им тоже следует предоставить шанс раскаяться.

iii. Те, кто морально осквернены. К третьей категории относятся люди, которые осквернены. Греческий текст говорит, что мы должны быть очень осторожны, чтобы не подхватить от них инфекции, гнушаться даже нижнего белья, запятнанного выделениями! Фраза кажется странной, хотя очевидно, что существуют болезни, которые передаются через беспорядочные половые связи и сексуальные извращения, этого следует остерегаться.

4. МЫ МОЖЕМ ИЗБЕЖАТЬ ТОГО, ЧТО ПРОИСХОДИТ

Иуда предупреждает, чтобы мы не удивлялись, когда атакуют нашу веру, но принимали меры и всё время помнили, что Бог способен уберечь нас от падения. Однако очень важно соблюсти баланс, когда мы читаем стихи о Божественной силе. В Библии встречаются отрывки, в которых подчёркивается абсолютная власть Бога, но рядом с ними упоминается наша ответственность оставаться рядом с Ним. Предпоследний стих письма Иуды не говорит, что «Бог несомненно убережёт вас от падения», но говорит: «Он в силе помочь вам сохранить себя в Нём». Ответственность лежит не исключительно на нас, но и не лишь на Нем. Стих говорит, чтобы мы «хранили себя в Нём, так как Он может уберечь нас. Идите, доверяясь Ему, и вы не преткнётесь».

Мы можем заявлять, что Он способен сохранить нас и представить перед Богом, если мы останемся верными. У Него есть власть, так как лишь Он есть Бог, и нет другого Спасителя.

Итак, Иуда заканчивает письмо словами хвалы. Несмотря на ложные учения и сопутствующую опасность, Бог может сохранить нас и представить верными, без пятна и порока перед Собой в Судный день. И нет оснований для сомнений. Если Бог на нашей стороне (значение имени Эммануил – «Бог с нами»), то мы можем сражаться, и победим. Аминь!

Заключение

При изучении книг Нового Завета несложно заметить одну весьма понятную идею: наибольшая опасность для церкви исходит изнутри. Нам следует постоянно быть настороже, и в любви и истине отстаивать Благую Весть, Евангелие, которую «однажды передали» святым. Именно за это сейчас идёт великая битва в западном мире. Мы должны иметь четкое представление об истине. Если вы не верите тому, что мои выводы согласуются с библейским учением, тогда забудьте про них. Но, если вы найдёте этому подтверждение, тогда поднимайтесь и в бой за веру, однажды переданную святым! Может, это и не звучит как гламурная работа, но крайне важно, чтобы церковная община оставалась сильной и духовно здоровой.

Хотя письмо Иуды и является новозаветной книгой, которой меньше всего уделяют внимания, её послание, как никогда, своевременно и должно быть услышано церковью, если община не хочет попасть под шквал подобных проблем.

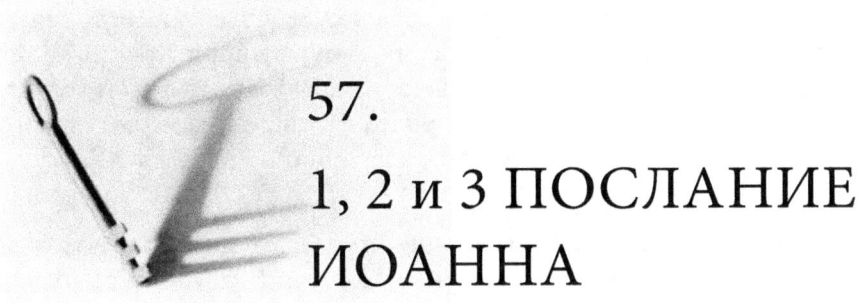

57.
1, 2 и 3 ПОСЛАНИЕ ИОАННА

Введение

В Новом Завете есть два вида посланий: первый вид – общие послания, письма, предназначенные для всех, подобно трактатам, не имеющие конкретных адресатов. Второй вид – личные письма, обсуждающие именно то, что читателю нужно услышать.

Послания Иоанна относятся и к первому, и ко второму виду. Первое послание – общее, оно имеет пять глав и является самым длинным среди посланий Иоанна. В нём Иоанн описывает конкретные проблемы верующих, которые тревожат его сердце. Второе и третье послания – личные письма, которые являются самыми короткими книгами Нового Завета. Они адресованы двум разным людям и занимают по одному небольшому листу бумаги.

Эти письма, написанные в дружественном тоне, отражают характер святого человека, которому, вероятно, уже за восемьдесят. Некоторые толкователи называют их «отцовскими письмами», хотя, учитывая возраст Иоанна, более подходящим названием было был «дедушкины письма».

Они написаны в те времена, когда на церковь влияют (как в хорошем, так и в плохом смысле) странствующие учителя. Иоанн очень озабочен вредным влиянием, которое приносили некоторые из них, однако сам он, будучи в преклонном возрасте, путешествовать не мог, в отличие от лжеучителей, которые казалось распространяли свои ереси крайне активно. Писменные послания Иоанна стали оптимальным способом его участия в решении возникших проблем.

Иоанн был одним из двенадцати апостолов, призванных Иисусом Христом во время Его земного служения, и единственным из тех, кто дожил до столь преклонного возраста. Небиблейские источники утверждают, что он заботился о Марии, матери Иисуса Христа, до тех пор, пока она не умерла в городе Ефес. Он также умер в этом городе. Его послания являют собой не просто старца, но самого главного старца, потому что перед нами тот, кто лично встречался с Христом (см. 1:2; 2:1; 4:6 и 14).

Некоторые толкователи Библии пытаются доказать, что эти послания были написаны не Иоанном. Конечно же, удивляет то, что в них нет ни одной ссылки на Ветхий Завет, за исключением упоминания о том, что Каин убил Авеля, особенно, если учесть, что книга Откровение, также написанная Иоанном, имеет более 300 непрямых ссылок на Ветхий Завет. Но если сравнить эти послания с Евангелием от Иоанна, то обнаруживается похожий стиль написания и один и тот же словарный запас. Выражения «жизнь вечная», «новая заповедь» и «пребывать во Христе», являющиеся ключевыми для евангелиста Иоанна, присутствуют и в посланиях. В некоторых случаях можно найти и идентичные фразы, например: «ходить во тьме» и «чтобы радость ваша была совершенна».

Более того, и Евангелие от Иоанна, и его послания описывают христианскую жизнь с помощью абсолютных контрастов. Оценка, которую Иоанн даёт этому миру, полностью противоположна модному ныне релятивизму, считающему неуместными любые притязания на абсолютную истину. Ничего не может быть на 100 % истинным или ложным, всё это лишь чьё-то личное мнение. Иоанн и все другие авторы Библии отстаивают противоположный взгляд. Иоанн проводит ряд контрастов: жизнь и смерть, свет и тьма, истина и ложь, любовь и ненависть, праведность и беззаконие, дети Божьи и дети сатаны, любовь Отца и любовь к миру, Христос и антихрист, и самый большой контраст – небеса и ад. Подобные противоположности не оставляют места для «третьего пути». Вы можете иметь либо одно, либо другое, других альтернатив не существует.

Итак, хотя в манускриптах нет имени автора, все же внутренне свидетельство веско указывает на авторство Иоанна. Более того, Ириней и Папий, два отца церкви раннего периода христианства, утверждают, что эти послания написаны Иоанном.

Также в посланиях не указана дата, но вполне вероятно, что они были написаны после Евангелия от Иоанна и до ссылки на остров Патмос, где он написал книгу Откровение. В них нет никаких указаний на ужасные нападки императора Домициана на церковь, которые обрушились на нее в 95 году, поэтому наиболее вероятной датой написания посланий является 90 год Р.Х.

1-е послание Иоанна

Получатели послания

Как было отмечено выше, 1-е послание Иоанна относится к разряду общих, не имеющих конкретного места назначения, однако Иоанн пишет конкретным категориям людей. Этот вывод основан на 1 Ин. 2:12-14, где автор обращается к следующим трём группам: «дети», «юноши» и «отцы».

Здесь имеется в виду духовный возраст, а не земной. «Дети» – новообращённые христиане, нуждающиеся более в духовном молоке, чем в твёрдой пище. Иоанн говорит, что дети имеют знания по двум вопросам: они узнали вкус прощения, и знают Бога, как своего Отца. Ничего сверх этого.

«Юноши» – это те, кто уже повзрослел и имеет духовную зрелость. Иоанн указывает на три факта: они возросли значительно больше, чем духовные младенцы, приняли Священное Писание и знают, что такое победа в битве с лукавым.

Иоанн также пишет старшей группе христиан, которую он называет «отцами». Их опыт и более глубок, и длителен. Это те люди, кто имеет весьма богатый опыт отношений с Богом.

Сегодня не составляет труда заметить, что Иоанн называет группы, используя мужской род. Это не является чем-то необычным, поскольку весь Новый Завет адресован «братьям», а не «братьям и сёстрам». Необходимо дать объяснения по поводу такого внимания к мужчинам, особенно во времена выпуска Библий, «не подчеркивающих половые различия», Библий, «вмещающих всех», а также во времена различных недопониманий относительно различия в полах в служении Богу.

Главная причина повышенного внимания Писания к мужчинам в том, что сила и характер церкви явно прослеживаются в мужчинах, посещающих её. На мужчин возложена ответственность быть лидерами в церкви и в семье, и потому их характер определяет силу всей церкви. По этой причине я так много времени уделил организации конференций под названием «Мужчины для Бога» и проповеди во время их проведения. Большая часть писем, которые я получил, пришли от женщин, наслаждающихся изменениями, произошедшими в их мужьях! Печально, но я был бы богатым человеком, если бы получил банкноту в 10 фунтов стерлингов за каждую семью, которая посещает церковь и в которой жена опережает мужа в духовном росте. Здоровая ситуация в той семье, где муж опережает жену, поскольку муж не может быть главой и лидером, если он не идет впереди. Хотя, конечно же, это не говорит о том, что женщины в чем-либо хуже мужчин, особенно, если учесть, что роли, предназначенные обоим полам, дополняют друг друга.

Причина написания послания Иоанна

Очевидно, первая причина исходит из пасторской заботы Иоанна. Он обращается к читателям как к своим «детям», испытывает глубокую привязанность к ним, но не имеет возможности посетить всех. В тексте послания есть указания на то, что Иоанн обеспокоен конкретными проблемами. Существует два способа рассмотрения причин написания послания Иоанном:

СПОСОБ ПЕРВЫЙ

Он желает, чтобы его читатели были:

Удовлетворены (1:4). Иоанн пишет «чтобы ваша радость была совершенна», имея в виду, что они разочарованы жизнью.

Без греха (2:1). Иоанн желает, чтобы они вели непорочную жизнь.

В безопасности (2:26). Иоанн желает, чтобы его читатели не поддались на уловки дьявола, особенно на ложные учения, которые тот распространяет в церквях и которые могли иметь влияние на верующих.

Уверенными (5:13). Более же всего Иоанн желает, чтобы читатели были уверены в том, во что они верят. Христианам необходимо утверждение в истине. В этих небольших посланиях содержится важнейшее учение о нашей уверенности во Христе. Мы не хотим каждое утро просыпаться с новой неуверенностью, но желаем быть уверенными в нашем положении во Христе. Нам нужно «знать» (ключевое слово послания), что мы – в Божьих руках.

СПОСОБ ВТОРОЙ

Существует и альтернативный способ исследования мотивов, побудивших Иоанна взяться за перо. Он хочет, чтобы:

- они имели гармонию во взаимоотношениях между собой (1:3);
- обрадовать их (1:4);
- встать на защиту праведности (2:1);
- предотвратить проникновение ереси (2:26);
- дать им надежду (5:13).

Очевидно, что он пишет спустя 60 лет после того, как в первый раз услышал от Иисуса Христа призыв: «Следуй за мной». В это время он уже был старцем, как мне представляется, с длинной бородой, который говорит: «Я являюсь вашим прадедом по вере. Я желаю, чтобы вы были довольны и уверены в том, кем вы являетесь. Я желаю, чтобы вы были святы, жили в согласии и были исполнены надежды». Итак, в этом послании очевидна нежная забота любящего пасторского сердца.

План 1-го послания Иоанна

Несмотря на то, что мы можем определить мотивы, побудившие Иоанна к написанию этого послания, определить способ организации материала, который содержится в нем, не так легко. Это письмо практически невозможно анализировать, поскольку, похоже, что мысли идут по кругу. Размышления автора цикличны, а не прямолинейны. Я человек прямолинейный, мне нравится увидеть ход мысли, развитие дискуссии, а затем подвергнуть услышанное анализу. Апостол Павел, наделенный разумом юриста, пишет именно так. Я чувствую, что теряю мысль автора, когда его размышления идут по кругу и, завершив один круг, он снова возвращается к тем же темам. Стиль мышления Иоанна объясняется его профессией, возрастом и национальностью.

1. ЕГО ПРОФЕССИЯ

Иоанн был рыбаком, а не юристом, как Павел, поэтому во время разговора он переходит от одной темы к другой. Он не был высокообразованным человеком и потому не был обучен прямолинейно выражать свои мысли.

2. ЕГО ВОЗРАСТ

Старые люди имеют тенденцию к многословию, они много говорят и много раз повторяют одно и то же. Это одна из характеристик людей этого возраста. Слушателям приходится прилагать усилия, чтобы сконцентрироваться на их мысли и понять ту мудрость, которую им желают передать.

3. ЕГО НАЦИОНАЛЬНОСТЬ

Однако я считаю, что главная причина состоит в том, что Иоанн следует традициям иудеев, которые говорят в том же стиле, что и эта книга. Например, ветхозаветная книга Притчей и новозаветное послание Иакова постоянно обращаются к одним и тем же темам. Тот, кто желает систематически изучать эти книги, должен просмотреть всю книгу, чтобы найти полную информацию о конкретной теме. В них также нет настоящей структуры.

МИР ИЛИ СЛОВО?

Одним из способов исследования 1-го послания Иоанна является изучение одной из тем, которую он проводит через всё послание. Это можно сделать с использованием диаграммы, находящейся на следующей странице.

Диаграмма представляет наш мир, состоящим из двух полушарий. Одна половина его управляется Словом Божьим – это сфера жизни, любви и света. Другая половина управляется греховным миром – там беззаконие, ложь и похоть.

Иоанн побуждает своих читателей жить по Слову Божьему. Он желает, чтобы они сконцентрировались на Слове Божьем и не имели искушения прислушиваться к этому миру. Каждый христианин должен сделать такой выбор. Если вы любите греховный мир,

то вскоре будете жить подобным образом. Если же любите Слово Божье, вы будете жить совершенно иным образом.

Эта простая схема поможет нам увидеть, что в этом послании есть определённая структура. Она начинается с положительного описания, затем следует негативное, и вновь возвращается к позитивному. Получается аппетитный бутерброд – положительного оказывается в два раза больше, чем отрицательного. Нам нужно описание и того, и другого. А также необходимо знать, во что верить и как верить нельзя, как нужно вести себя и как нельзя.

Эту структуру 1-го послания Иоанна, подобную бутерброду, можно подытожить следующим образом:

Жизнь – 1:1-4   } положительное описание

Свет – 1:5-2:11 } положительное описание

Похоть, ложь и беззаконие – 2:15–3:10 } отрицательное

Любовь – 3:11–4:21 } положительное

Жизнь – 5:1–21 } положительное описание

Теперь давайте перейдем к рассмотрению тем 1-го послания Иоанна.

Любовь

Иоанн – единственный человек в Библии, который делает заявление: «Бог есть любовь». Для обычного христианина, который имеет хорошие знания, это может прозвучать как довольно привычная фраза, но на самом деле это весьма революционная фраза. Ни одна из религий мира никогда не заявляла ни о чём подобном, да и не могла бы этого сделать. Иудаизм мог бы сказать: «Бог любит нас», но это совсем другой вопрос. Сказать «Бог есть любовь» – значит понимать, что Бог больше, чем одна Личность. Вы сами не можете быть любовью. И только потому, что мы знаем, что Бог – три Личности: Отец, Сын и Святой Дух, мы можем сказать: «Бог есть любовь». Ещё до того, как наш мир начал существовать, уже были Отец, Сын и Святой Дух, и они в совершенстве любили друг друга.

Иногда люди задают вопрос: «Зачем Бог создал нас?» Самый простой ответ состоит в том, что у Бога уже был один Сын, и Он пожелал иметь большую семью. Он пожелал поделиться любовью, которую уже имел, с большим количеством личностей, поэтому и создал себе множество сыновей.

Ересь

Кроме общей заботы о здоровом духовном состоянии читателей послания, Иоанн также обращает внимание на конкретные проблемы и пишет, чтобы противостать лжеучениям, воздействующим и на верующих. В некоторых местах послания он употребляет местоимение «они» (вместо обычных «мы» и «вы»), имея в виду группу учителей, известных в церкви.

Эти лжеучителя преподавали греческую философию, содержащую учения, противоречащие библейскому мировоззрению. Особенно важно то, что они учили разделять физическое и духовное.

Мы впитали в себя такой дезинтегрированный взгляд на жизнь и практикуем его даже сегодня. К примеру, в Библии вы нигде не найдёте разделение между «святым» и «светским», а сегодня даже христианин может сказать: «Я нахожусь на светской («мирской») работе». Я в таких случаях отвечаю, что такой работы не существует. Если работа не связана с чем-либо аморальным или греховным, то она не «мирская». Ничего не может считаться мирским, кроме греха. Однажды я рассказал об этом, находясь в северной части Англии, и известный на всю страну певец обратился к Господу с покаянием. Он думал, что его работа «мирская», потому что он участвовал в создании песен для рекламных роликов на телевидении. Мои слова помогли ему понять, что он может делать свою работу для славы Божьей.

Те, кто распространяли греческие философии, верили в то, что всё, относящееся к физическому миру, греховно, и только духовное может быть хорошим. Потому тело – это зло, а душа – это добро. Они распространили среди многих людей мнение, что всё физическое является грязным или греховным. Такая философия нашла своё отражение в том, во что верила Церковь, и в том, как она поступала. Вначале рассмотрим то, что связано с верой.

1. ВЕРОВАНИЯ

Самое большое беспокойство у Иоанна вызывало то, что лжеучителя применяли подобное мышление к пониманию Иисуса Христа. Они не могли допустить даже мысли о том, что Бог мог стать человеком, и аргументировали это тем, что Бог вечен, а время жизни человека ограничено. Бог – дух, а человек относится к физическому миру. Как же Бог мог стать земным человеком?

Такие верования имеют множество различных форм. Одна из групп считала, что Христос не приходил во плоти, а только казался человеком. Эта ересь получила название «докетизм», что означает «надеть маску, чтобы «показаться»». Иоанн в своём послании утверждает: если вы слышите, что кто-то говорит о Христе, якобы Он не пришёл в плоти, то вы должны понять, что эти мысли вдохновлены дьяволом. Иоанн приложил очень много усилий, чтобы рассказать о том, что он лично видел и прикасался к Самому Иисусу Христу. Он имел плоть и кости, и даже сейчас продолжает их иметь. Сегодня так называемая философия Нового Века (Нью-Эйдж) насаждает подобные взгляды, отделяя человека Иисуса от Божественного Христа.

Другая ересь говорит, что Иисус был обычным человеком до того, как был крещен в возрасте 30 лет, и в тот момент «Христос» снизошёл на него. Затем, в момент Его смерти, «Христос» снова отошёл от Него, и только «Иисус» умер и был погребён. По этой теории «Иисус» и «Христос» являются двумя различными существами.

Подобным образом учителя движения Нью-Эйдж говорят о Христе, но не любят имени Иисус. Они считают, что Христос может снизойти на любого человека. Это учение достаточно хитроумно обманывает многих людей, уверовавших в эту ересь потому, что в ней используются библейские термины. Одно из любимых утверждений учителей Нью-Эйдж говорит, что Бог находится вне времени, а значит, Он ничего общего не имеет со временем. Это же понимание не назовешь необычным в среде христиан.

На самом деле Библия нигде не говорит о том, что Бог ничего не имеет общего со временем. Она говорит, что Бог вечно сущий, а это совсем другой вопрос. Время является реальностью и для Бога. Бог – Тот Бог, Который был, есть и грядёт. Бог – не во времени, скорее время в Боге.

Греки также полностью отделяли Бога от времени, подобные верования живы и сегодня. Вы, наверное, будете сильно удивлены, узнав, как много христиан сегодня думают, что, когда мы попадём на небо, то окажемся за пределами времени. Мы не выйдем за пределы времени, а перейдём в вечность (время, которое длится вечно). Время является реальностью и для Бога, и для Библии. Поэтому история – это Его история.

Конечно же, эти учителя верили, что обладают особыми знаниями. Их знания считались значащими даже в церкви, но оказались лишь формой гностицизма, который преследовал церковь в течение многих столетий, и сегодня проявляется под многими новыми масками.

Иоанну приходилось многократно противостоять ересям, поэтому он начинает послание с того, что подчеркивает факт: когда Христос пришёл, Он был настоящим Человеком. Здесь перечислены три самых сильных способа восприятия информации человеком: зрение, слух и прикосновение. Все три были использованы по отношению к Иисусу Христу. Иоанн говорит: «Мы видели Его, мы прикасались к Нему, и мы слышали Его».

Для Иоанна воплощение является фундаментальным событием – всё в итоге сводится к тому, что мы думаем об Иисусе Христе. Мы должны осознать, что Он полностью человек и полностью Бог, а это значит, что в Нём физическое и духовное полностью интегрировано. Иной мир и наш мир сошлись полностью, а греческая философия, проповедующая разделение между временем и вечностью, между духовным и физическим, опровергнута в тот момент, когда Слово «стало плотию и обитало с нами». Как сказал архиепископ Тэмпл: «Христианство – самая материалистическая из всех религий».

2. ПОВЕДЕНИЕ

Греческая философия отделения физического от духовного не только повлияла на верования некоторых христиан об Иисусе Христе, но также оставила отпечаток на их поведении. Греки верили, что спасение (как бы они себе его не представляли) ничего не имело общего с тем, как человек поступал со своим телом. Этот взгляд стал нормальным и в церкви. Некоторые из верующих начали вести аморальный образ жизни, но считали себя духовными, так как верили, что их тела не имеют ничего общего с душой.

Всего лишь один маленький шаг отделяет подобное мышление от утверждения, якобы грех ничего не значит для христиан. Они как будто говорят: «Я уже приобрёл свой билет на небеса, поэтому грех ничего не значит». Некоторые идут еще дальше и заявляют: «Греха для христиан не существует». Это своеобразный перфекционизм, а что касается Бога, то они считают, что Он видит их безгрешными.

Одна из самых больших ошибок, которую совершают христиане, – это принятие мысли о том, что все их будущие грехи уже прощены. На самом деле, когда человек приходит ко Христу, ему прощаются только все прошлые грехи. За все последующие грехи прощение нужно получать, попросив об этом снова. Иоанн говорит: «Если исповедуем грехи наши, то Он, будучи верен и праведен, простит нам грехи наши и очистит нас от всякой неправды». Когда я прихожу ко Христу, мне не выдаётся пустой бланк чековой книжки, чтобы я мог грешить. Мои прошлые грехи уже прощены, но я должен постоянно давать отчёт перед Богом за то, как живу. Когда я исповедую свои грехи, Он даёт мне Своё прощение, но это происходит только тогда, когда я, согрешив, снова прихожу к Нему с раскаянием и исповедью.

То, о чем говорит Иоанн, чрезвычайно важно для церкви сегодня. Греческий образ мышления ведёт к беззаконию в церкви, аморальности и духовной элитарности, которая позволяет думать, будто христиане находятся выше обычных правил человеческого поведения. Бог абсолютно справедлив; Он не собирается проходить мимо греха, кто бы его ни совершал: неверующий или верующий. Однако для Его прощения необходимо истинное покаяние.

Во времена Иоанна подобные учения нанесли огромный вред церкви. В результате многие люди были сбиты с толку, приведены в замешательство, не были уверены, во что они должны верить и в каком положении находятся перед Богом. Они были не уверены в своём спасении и беспечны в отношении греха. Такие учителя, похоже, мало заботились об «обычных христианах», которых они обрекали на беспросветное состояние.

Уверенность

Всем своим пасторским сердцем Иоанн заботится о том, чтобы христиане имели полную уверенность, что они действительно христиане. Поэтому он говорит, что верующие должны серьёзно проверить себя в четырёх областях. Каждая область проверки подробно описана ниже.

1. ДОКТРИНАЛЬНЫЙ ТЕСТ

Первый тест – доктринальный. Каждый истинный христианин должен пройти этот тест. Он касается нашего понимания Христа. Если кто-то не имеет твёрдой уверенности в том, является ли Человек Иисус Христос и Богом, то он не проходит этот тест. Двадцать пять раз Иоанн употребляет глагол «знаем». Он верил, что знание имеет большое значение для христиан, особенно при учёте так называемых «особых знаний», о которых заявляли учителя-гностики. Многие из тех, кто посещает церковь, думают, что Иисус был великим человеком, который ответил на Божий призыв намного лучше, чем все остальные, но они не могут поверить, что Иисус – полноценный Бог и полноценный человек.

2. ДУХОВНЫЙ ТЕСТ

Иоанн говорит: «Что мы пребываем в Нем и Он в нас, узнаём из того, что Он дал нам от Духа Своего». Существует незримое свидетельство, которое Божий Дух даёт духу нашему. Благодаря ему мы знаем, что мы дети Божьи. Без Духа Святого мы не в состоянии пройти следующий тест, потому что именно Дух говорит нам о том, что мы дети Божьи. Некоторые люди стараются найти эту уверенность в Писаниях, аргументируя, что раз так написано, и я в это верю, то это так и есть. Сама же Библия не учит нас поступать таким образом. В этом вопросе уверенность приходит и от Духа, и от текстов Нового Завета. Вы не сможете доказать, что являетесь христианином, простым цитированием мест Священного Писания. Именно Дух говорит вам, что вы христианин, не только Писания. Итак, этот тест духовный и весьма важный, потому что если вы не имеете духа, то вы всё ещё принадлежите диаволу.

3. МОРАЛЬНЫЙ ТЕСТ

Третий тест лежит в области морали. Если вы живете праведно перед Богом, тогда ваша совесть говорит вам, что вы принадлежите Отцу. Совесть дана нам, как часть нашей уверенности. Говоря библейским языком, если мы ведём праведную жизнь и исполняем заповеди Божьи, у нас есть подтверждение того, что мы – Его дети. Но, если мы восстаём против Его законов и направляемся в сторону от того пути, по которому Он желает вести нас, тогда мы не сможем пройти третий тест.

4. СОЦИАЛЬНЫЙ ТЕСТ

Последний тест является социальным. Нам сказано, что мы не в состоянии любить Христа, если не любим христиан, потому что Христос живёт в них. Если вы любите Христа, тогда вы будете любить Христа, живущего в ваших братьях. Если вы ненавидите ваших братьев, в действительности вы не любите вашего Отца, потому что Он любит их.

Ещё одним доказательством является наша любовь к еврейскому народу. Евреев не так-то легко полюбить. С человеческой точки зрения мне кажется, что я легче сошёлся бы с арабами, чем с евреями. Но Дух может дать нам сильную любовь к еврейскому народу. Это совсем не то, что можно назвать естественным чувством. Это действие сверхъестественное. Иисус называл их «братьями», и Бог всё ещё любит их, несмотря на то, что они причинили Ему боль.

В частности, как говорит Иоанн, наша любовь и наши молитвы являются доказательством того, что любовь Отца живёт в нас. Вы обнаруживаете, что любите тех людей, которых вы просто так не смогли бы полюбить. Это происходит потому, что они дети Небесного Отца, и Его любовь живёт в вас.

С того момента, когда верующий приобретает уверенность в своих взаимоотношениях с Богом, он может начинать каждый день в полной уверенности, что является сыном Божьим. Эта уверенность проявляется в его обращении к Богу. Такой верующий может сказать: «Папа, во имя Иисуса Христа, я прошу Тебя об этом…», зная, что Бог может и желает дать ему ответ.

Такие отношения дают нам большую уверенность и тогда, когда мы находимся перед людьми. Если мы уверены, что являемся членом королевской небесной семьи, мы в буквальном смысле являемся членом той части королевской семьи, которая находится на Земле. Это и даёт нам возможность обращаться к людям с уверенностью.

ГРЕХ

Таким же образом мы можем обнаружить тех, кто не является настоящими христианами. В дни Иоанна церковь находилась на Земле уже достаточно долго, так что в ней находились и номинальные христиане – люди, которые претендовали на то, что они являются частью Божьей семьи, но в действительности не уповали на Христа. Одним из видов «лакмусовой бумаги» в этом случае будет проверка на наличие или отсутствие греха в их жизни. В своём 1-м послании Иоанн много говорит на эту тему. То, что он пишет, иногда выглядит противоречиво. В одних отрывках предполагается, что верующие будут грешить, а в других – будто они согрешить не могут. Это приводит многих в недоумение.

Нам нужно правильно понимать, что Иоанн называет словом «грех». Он описывает грех, как «беззаконие», имея в виду, что каждый отдельно взятый верующий (он или она) не ответственен и не подотчётен никому, кроме самого себя. Иоанн напоминает своим читателям, что Христос пришёл, чтобы взять на Себя наши грехи и разрушить дела диавола. Грех является обычным делом для детей диавола, но совершенно ненормальным для детей Божьих.

1. ВОЗМОЖНЫЕ ВАРИАНТЫ

Больше всего Иоанна заботит грех в жизни верующих, и именно по этому вопросу возникает наибольшее количество разногласий. Здесь возможны различные варианты. Для верующих грех:

бесспорен – мы не грешим;

неизбежен – мы будем грешить;

несовместим – мы не должны грешить;

недопустим – мы не имеем права грешить;

не подлежит оправданию – мы не должны грешить;

неприменим к нам – мы не грешим;

немыслим – мы не можем грешить.

Дискуссии разворачиваются вокруг утверждений в посланиях Иоанна, которые кажутся противоречивыми. Например, сравните слова из 1 послания Иоанна 1:8 с другими, записанными в этом же послании:

«Если говорим, что не имеем греха, – обманываем самих себя, и истины нет в нас» (1:8).

«Всякий, рожденный от Бога, не делает греха, потому что семя Его пребывает в нем; и он не может грешить, потому что рожден от Бога» (3:9).

«Мы знаем, что всякий, рожденный от Бога, не грешит; но рожденный от Бога хранит себя, и лукавый не прикасается к нему» (5:18).

Первый стих говорит, что грех неизбежен, тогда как последующие два утверждают, что те, кто рождён от Бога, грешить не могут. Однако не многие дерзнут заявить о себе, что это так. В таком случае как нужно толковать эти стихи?

2. ИССЛЕДОВАНИЕ КЛЮЧЕВЫХ СТИХОВ

Рассмотрим трудности, вызываемые стихом 9 в третьей главе 1-го послания Иоанна.

(а) Основные трудности

Этот стих утверждает, что всякий, кто рождён от Бога (т.е. от воды и Духа, Иоан. 3:5), во-первых, не грешит, а во-вторых, не может грешить. Здесь возможны следующие толкования:

i. Если это в буквальном смысле верно, то стих утверждает именно вышесказанное. Однако это противоречит отрывкам 1Ин. 1:8 и 5:16, которые утверждают, что грех возможен.

ii. Грехи, о которых здесь идёт речь, являются вопиющими пороками – преступлениями и грехами против любви. Некоторые из великих богословов (такие как Августин, Лютер и Уэсли) придерживались этого взгляда.

iii. Если верующие поступают неправильно, Бог не называет это грехом. В таком случае, в одно и то же время действуют два стандарта морали.

iv. Это слово относится только к нашей новой природе. Наш «ветхий человек» продолжает вести себя неправильно, но «новый человек» никогда не станет так поступать. Однако христианин не является раздвоенной личностью, а единой, целостной.

v. Этот стих описывает идеальную ситуацию без всякой надежды на то, что это вообще возможно. В сущности, речь идёт о цели, которую мы желаем достигнуть, но не факт, что достигнем.

vi. Этот стих говорит только о грехе, который вошёл в привычку, о постоянно совершаемом грехе.

(б) Дополнительные (второстепенные) трудности

i. Причина, по которой верующий не грешит, состоит в том, что он «рождён от Бога». О возрождении говорят, что оно ведёт к праведности. Но кто из находящихся по эту сторону небес может заявить о том, что он настолько праведен?

ii. Во-вторых, нам сказано, что семя Божье пребывает в нас. Это слово в буквальном смысле означает «сперматозоид», что является достаточно сильным сравнением! Как же это слово толковать? Это слово может быть использовано в буквальном смысле для описания человеческого сперматозоида, или животного, и даже семени растения. Не совсем ясно то, к чему относится «семя его»: к Богу или к верующему?

iii. Существует и третья проблема. Данное утверждение является категоричным или условным? Использование фразы «пребывать / оставаться во Христе» также может иметь несколько толкований. Является ли это утверждение таким же безусловным, как и в стихе 9, справедливым по отношению к каждому, кто однажды был «рождён от Бога»? Или же оно настолько же условно, как и в стихе 6, и относится только к тем, кто «живёт в Нём»? Категоричное, безусловное заявление – это утверждение, которое всегда будет верно. Условное утверждение будет справедливым только тогда, когда будут соблюдены определённые условия.

Как нужно понимать этот стих?

Во-первых, мы должны задаться вопросом, почему Иоанн делает такое утверждение. Он не обсуждает головоломку наподобие «Спасён однажды – спасён навсегда?». Он имеет дело с теми, кто называет себя учениками, но продолжает грешить, и смирился с этим, как будто это не имеет никакого значения!

Итак, Иоанн говорит, что мы не можем грешить, потому что рождены от Бога. Следовательно, возрождение ведёт к праведности. Греху нет места в жизни верующего.

Во-вторых, необходимо заметить, в каком времени употребляется фраза «всякий, пребывающий (англ. – живущий) в Нём, не согрешает». В этом отрывке глаголы употреблены в особом времени греческого языка, которое называется «настоящее продолжительное время». Поэтому глаголы говорят не о том, что было сделано когда-то, в определённом промежутке времени, но о том, что вы продолжаете делать.

Например, Иисус Христос не имел в виду однократную просьбу, когда говорил: «Просите, и дано будет вам; ищите, и найдёте; стучите, и отворят вам». Он имел в виду: «Продолжайте просить, и дано будет вам; продолжайте искать, и найдёте; продолжайте стучать и отворят вам». Ещё одним примером является известнейший 16 стих Иоанна 3, который многие понимают неправильно. Он также записан в настоящем продолжительном времени: «Ибо так возлюбил Бог мир, что отдал Сына Своего Единородного, дабы всякий верующий в Него, не погиб, но имел жизнь вечную». Этот стих не говорит о том, что те, кто когда-либо уверовал, имеют жизнь вечную, но те, кто продолжает верить, продолжают иметь жизнь вечную.

Возвращаясь к нашему стиху, сделаем вывод, что он говорит: «Никто, из тех, кто продолжает жить во Христе, не будет продолжать грешить». Слово «жить» – то же слово, что и слово «пребывать». Иоанна 15 говорит: «Я есмь истинная виноградная лоза…пребудьте во Мне», что означает «оставайтесь во Мне» или «продолжайте жить во Мне». Таким образом, этот стих обусловлен контекстом. Вы продолжаете жить во Христе, и тогда это утверждение становится истинным. Все, кто продолжает жить во Христе, не будут продолжать грешить, и не смогут продолжать грешить.

Люди, не продолжающие жить во Христе, не будут иметь продвижений в духовных вопросах. Они не будут иметь и этого обетования.

Третий стих из процитированных ранее (1 Иоанна 5:18) подтверждает эту мысль: «Мы знаем, что всякий, рождённый от Бога, не грешит; но рождённый от Бога хранит себя, и лукавый не прикасается к нему».

Итак, всякий, рождённый от Бога, «не продолжает грешить», он и не может продолжать делать грех, потому что, живя во Христе, будет иметь положительные изменения в духовной жизни и, как следствие, победу. Именно взаимоотношения со Христом определяют истинность этого обетования. Всё послание подразумевает, что верующие будут впадать в грех, на этой стороне небес не будет ни одного совершенного человека, но они не будут продолжать грешить.

Для лучшего понимания этого вопроса к вышесказанному мы должны добавить размышления над посланием Евреям, которое говорит, что, если вы получили прощение, но сознательно продолжаете грешить, не остаётся больше жертвы за грех. Не говорится о том, что христиане не будут грешить, но что они имеют способ решения проблемы греха, и если они живут во Христе, то захотят решить её. Одним из доказательств того, что вы христианин, является ваша ненависть ко греху, проявившаяся после того, как вы его сделали. Вы не любите грех и хотите от него избавиться. Те, кто продолжает жить во Христе, не могут продолжать жить в грехе. Это несовместимо с их новой жизнью.

Разрешив эту проблему, обратим внимание на то, что глава 5 также говорит о весьма важном вопросе. Нам сказано, что, если мы видим брата согрешающего, должны сделать всё возможное, чтобы помочь ему и отвратить его от его злых путей. Если это произойдёт, мы «спасли» брата. Но, как добавляет Иоанн, есть «грех к смерти». Нет никакого смысла молиться о брате, грешащем к смерти!

Во всём Писании мы находим, что отступники могут достичь точки, после которой возврат невозможен. Есть грех к смерти, и нам нужно принять эти предупреждения со всей серьёзностью. Наиболее заметны они в послании Евреям. Приходит момент, когда покаяние становится невозможным. Иоанн говорит, что какой-либо брат может грешить таким образом, что молиться о нём уже нет смыла. Это, конечно же, означает, что он не живёт во Христе, что он потерял свою связь с истинной лозой и больше не пребывает на ней.

Итак, если мы соберем воедино всё, что Иоанн говорит о грехе и о верующих, то будем иметь отличное сбалансированное учение. С одной стороны, мы не будем подобны страдающим неврастением, с другой – не будем самодовольны.

В этом учении присутствует здравый страх Божий, который сохранит нас во Христе. Но если мы будем рассматривать хотя бы один стих вне его контекста, мы рискуем создать хаос.

Бог

В свете его учения о грехе Иоанн желает, чтобы его читатели понимали, каков Бог. Он напоминает, что Бог есть «свет», Бог свят, чист и отделён от нравов этого мира. Также Бог – это «жизнь». Грех ведёт к смерти, но жизнь приходит от Бога как Его дар, посланный нам. Тот Бог, Которого описывает Иоанн, желает иметь общение с нами. Слово «общение» в буквальном смысле означает «делиться чем-либо», или «партнёрство». Иоанн описывает условия, необходимые для общения с таким Богом:

1. ХОДИТЬ ВО СВЕТЕ

Мы должны принять свет и избегать тьмы. Мы не сможем иметь общение с Богом и с принадлежащими Ему людьми, если ведём двойную жизнь, и у нас есть что-то, что мы желаем спрятать. Наша жизнь должна быть открытой для всех.

2. ХОДИТЬ В ЛЮБВИ

Заповедь состоит в том, чтобы мы любили Бога и наших новых братьев. Сказано весьма просто: если мы не любим их, это значит, что мы не можем любить и Его. Заповедь любить друг друга описана как «древняя заповедь», несмотря на то, что Иисус назвал её «новой заповедью». Причина проста: к тому времени, когда Иоанн писал эти строки, прошло уже около 60 лет с тех пор, как она была дана.

3. ХОДИТЬ В ОБНОВЛЁННОЙ ЖИЗНИ

Христос обеспечил нас всем необходимым для новой жизни, поэтому мы призваны жить этой новой жизнью.

Очевидно, самым большим желанием Иоанна является радость верующего от общения с Христом, и чтобы ничто не смогло стать камнем преткновения на этом пути.

2-е и 3-е послание Иоанна

Введение

В начале изучения следующих двух посланий рассмотрим различия между мужчинами и женщинами. Может показаться, что это весьма необычный способ для начала изучения посланий, но он поможет положить основание для лучшего понимания плана и цели написания каждой из этих книг. Когда Бог создал нас по образу Своему, Он создал нас мужчинами и женщинами, дополняющими друг друга. Удивительно, как сильные стороны мужественности дополняют слабые стороны женственности, и наоборот. Мы нуждаемся друг в друге.

Диаграмма на следующей странице рассматривает различия между мужчинами и женщинами, имея в виду разницу между среднестатистическим мужчиной, который представлен на схеме одним кругом, и среднестатистической женщиной, показанной в другом круге. При этом очевидно, что есть и мужчины, и женщины, в большей или меньшей степени обладающие как своими качествами, так и качествами противоположного пола: существуют и женоподобные мужчины, и мужеподобные женщины.

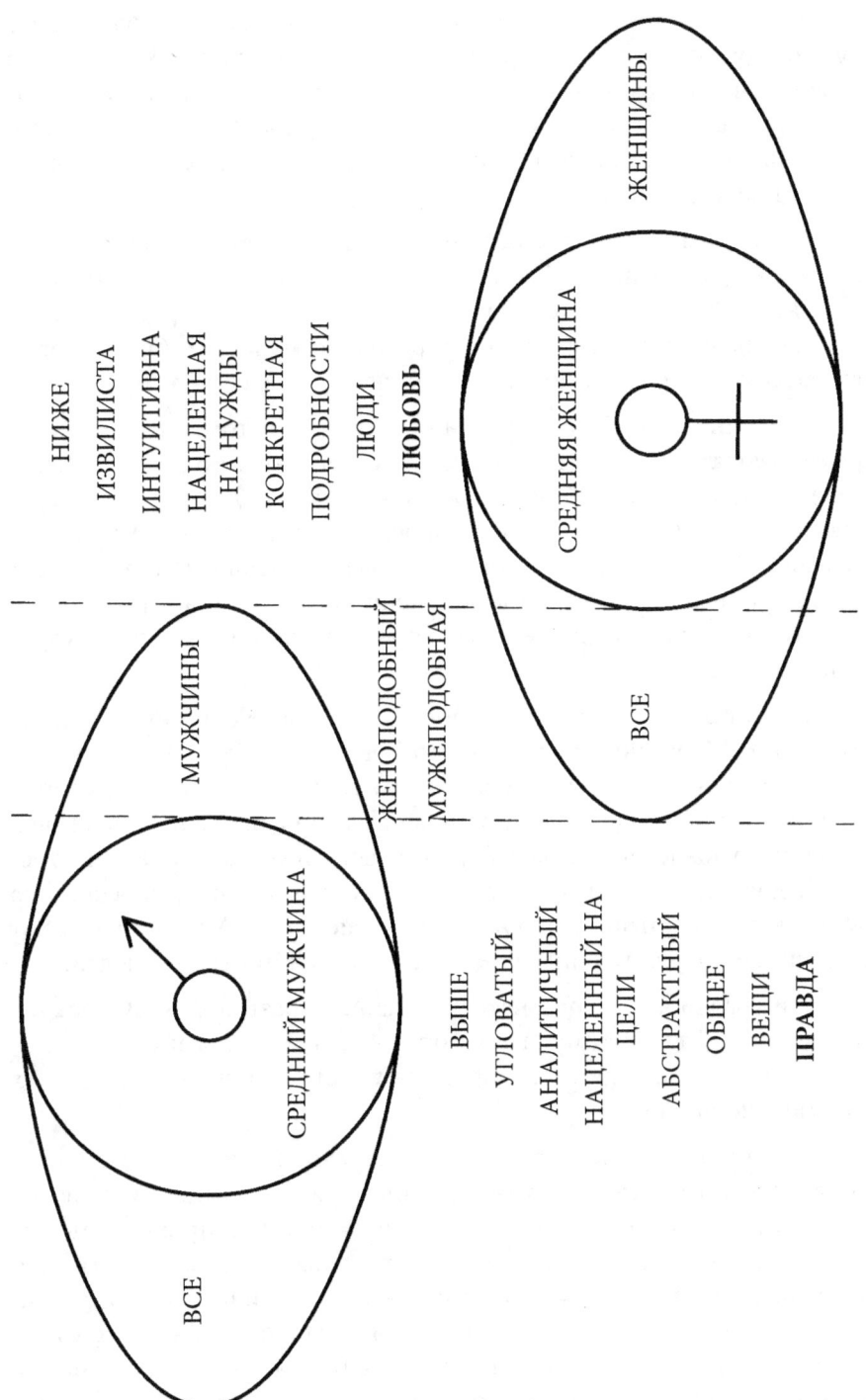

Гуманисты имеют тенденцию предполагать, что существует только один спектр, в котором на одном краю находятся мужские качества, на другом – женские, а середина представляет собой некоторую смесь, так, как будто мы все – одно целое. На самом деле мы, мужчины и женщины, отделены друг от друга, и два существующие спектра перекрываются.

Эти размышления помогут нам лучше понять различия между 2-м и 3-м посланием Иоанна. Второе послание – единственное послание в Новом Завете, адресованное женщине, а третье – практически идентично второму, но адресовано мужчине. Они говорят противоположное друг другу, хотя имеют одну и ту же тему.

Очевидное визуальное различие состоит в том, что мужчины более угловаты на вид, в то время как женщины более изящны. У мужчин аналитический ум, а женщины чаще действуют интуитивно. Довольно досадно замечать, что моя жена пришла к такому же выводу, что и я, к тому же она достигла этого понимания на шесть недель раньше! У большинства женщин интуиция проявляется достаточно сильно, в то время как мужчины любят сесть и всё хорошенько продумать.

Мужчины думают более абстрактно, а женщины – более конкретно. Мужчины размышляют о более общих сферах, а женщины – о конкретных. Поэтому в то время как мужчины целенаправленны и живут ради будущего, женщины ориентированы на нужды людей. Мужчина удовлетворён, когда у него есть цель, которую он стремится достигнуть, а женщина чувствует удовлетворение, если она видит нужды, которые необходимо восполнить. Мужчины имеют тенденцию обращать внимание на вещи, а женщины – на людей.

Эти различия отражаются в наших разговорах. Собрание мужчин сводится к тому, чтобы обсуждать машины и мотоциклы, в то время как женщины собираются вместе и говорят о людях, их взаимоотношениях.

Мужчина отделяет свои мысли от своих чувств, а женщина думает в целостности. По этой причине мужчина может влюбиться больше, нежели в одну женщину, а женщина, как правило, может любить только одного мужчину. Женщины должны понять, что по этой причине мужчинам приходится сталкиваться с разными искушениями. Если жена обнаружит, что у её мужа какие-то отношения с женщиной из его офиса, она посчитает, что он её больше не любит. Его заявления о том, что это неправда, и он её всё ещё любит, не будут поняты. Однако подобные действия все равно остаются неправильными.

Способность быть хладнокровным аналитиком является одной из причин того, что мужчины ответственны за дисциплину. Они могут отделить свои чувства от своих мыслей и быть более объективными в ситуации, в которой необходимо принять решение, связанное с наказанием. Я считаю, что высшая мера наказания бывает необходима. Меня спрашивают, смог ли бы я сделать это и нажать на необходимую кнопку. Я думаю, что смог бы, но я никогда бы не попросил об этом мою жену.

Именно вследствие подобных различий мужчины более направлены на соблюдение истины, а женщины – на любовь. Опасностью для мужчин является стремление к соблюдению истины без любви, а опасность для женщин – стремиться к любви, не обращая внимания на истину. Второе и третье послания Иоанна прекрасно вписываются в эти рамки. Они очень похожи, но различия между ними соответствуют различиям между полами.

План 2-го и 3-го послания Иоанна

2 ПОСЛАНИЕ ИОАННА ♀	3 ПОСЛАНИЕ ИОАННА
ГОСТЕПРИИМСТВО	**ИСТИНА И ЛЮБОВЬ**
Женщина	Мужчина
Опасность:	Опасность:
слишком много любви	слишком много истины
Отношение:	Отношение:
чрезмерная мягкость сердца	чрезмерное хладнокровие ума
Дверь слишком широко открыта	Дверь слишком сильно закрыта
Принимают неправедных людей	Не принимают праведных людей
Пренебрежение истиной	Пренебрежение любовью
Неправильные верования	Неправильное поведение
Нам необходимо и то, и другое…	

Женщины	Мужчины
Любовь	Истина
Любовь и истина в женщинах	Истина и любовь в мужчинах

Эти послания очень короткие. Каждое из них поместилось бы на одном листе бумаги формата А4. Оба послания касаются темы гостеприимства и, вероятно, были написаны одновременно.

Во времена ранней церкви гостеприимство было особо важным, поскольку христиане не могли быть приняты где-либо ещё, кроме как в своих кругах. Не существовало церковных зданий, поэтому верующие собирались друг у друга дома. Более того, отели часто играли роль борделей и потому не подходили для странствующих проповедников. Большинство путешествующих христиан зависели от финансовой поддержки других верующих.

Церквям необходимы и миссионерские, и местные служения. Некоторые церкви замкнулись в своих собственных служениях и не обращают достаточно внимания на нужды служений других церквей. Другие постоянно живут за счёт приезжих служителей, не имея достатка в своих собственных. В Новом Завете мы видим, что у церквей были местные служители – пасторы и учителя, и путешествующие – апостолы, пророки и евангелисты. Дидахе, один из самых ранних христианских документов, предупреждает, что если пророк находится у вас более трёх дней, то он – лжепророк. Пророки становятся всё более требовательными, если они находятся у вас постоянно. Если пророк у вас «прописался», ждите проблем, потому что каждую новую неделю обслуживать его становится все тяжелее!

Пророки и евангелисты должны ездить по разным местам, а пасторы и учителя оставаться на своих местах. Служители церквей должны сделать выбор, желают они быть пасторами в церквях, или странствующими проповедниками. Если же попробуют примерить на себя и ту, и другую роль, это будет несправедливо по отношению к их церкви. Я видел много церквей, распадающихся из-за того, что они не знали, будет ли их пастор сегодня с ними или нет.

Иоанн пишет эти послания, так как считает отношение к гостеприимству несоответствующим. Каждый из получателей имеет слабости, соответствующие их полу: женщина держит дверь своего дома слишком открытой, а мужчина – слишком плотно закрытой. Они представляют собой два типичных отношения к одному и тому же вопросу, и, глядя на них, мы можем извлечь для себя определённые уроки.

Опасность для женщины кроется в том, что у неё слишком много любви и очень мало истины. Она принимала тех людей, которых не имела права принимать. Она проявляла радушное гостеприимство, но из-за слабости своего сердца принимала абсолютно всех, кто желал оставаться в её доме. Таким образом, сама того не осознавая, содействовала распространению лжеучения в церкви. Иоанн должен был, хотя и мягко, но сделать ей выговор за то, что, имея хорошее желание, тем не менее, она пренебрегала истиной.

Много ересей распространилось в церквях из-за женщин. Сердце женщины симпатизирует учителю, но ей нужно посвятить ещё некоторое время надлежащей оценке этого учения. Второе послание Тимофею, написанное апостолом Павлом, показывает, что лжеучителя были особенно успешны в обмане вдов и слабовольных женщин. Павлу пришлось побуждать Тимофея к защите их от обмана. Это одна из причин, почему Павел пишет в послании Тимофею, что женщины не должны учить. Он указывает на то, что Ева была обманута, хотя мы должны добавить, что, вполне возможно, это происходило в присутствии Адама, который держал свой рот закрытым.

Противоположная проблема описана в 3-м послании Иоанна. Он пишет о мужчине, который был настолько ревностным к своему собственному служению, что не приглашал ни одного другого учителя. Хорошим учителям было отказано в приёме, хотя они могли бы принести большую пользу данному собранию. Его проблема состояла в том, что, будучи чрезмерно сосредоточенным на истине, он забыл про любовь. Он думал, что только его доктрина истинна на 100 %. Поэтому он закрывает дверь перед другими, его отношение было жестокосердным.

Эти два письма подчёркивают необходимость совместной работы и мужчин, и женщин. Бог создал нас друг для друга, и это не означает, что мы можем быть сотрудниками только в рамках брака. Иисус Христос является идеальным примером неженатого мужчины, у Которого были идеальные взаимоотношения с женщинами. Он высоко ценит их, служит им и позволяет им служить Ему. Однако Он проводит чёткую границу между ролями и обязанностями мужчин и женщин. И те, и другие созданы по образу Божьему, в одинаковой мере имеют и святость, и порочность, имеют одно и то же будущее. Нам нужно, чтобы любовь и истина жили в женщинах, а также, чтобы истина и любовь пребывали в мужчинах.

Исследование (анализ) 2-го и 3-го послания Иоанна

2-е послание Иоанна		3-е послание Иоанна	
1-3	Любовь в истине	1	Любовь в истине
4	Следование в истине	2-4	Следование в истине
5-6	Следование в любви	5-8	Следование в любви
7-9	Некоторые отвергают истину	9-10	Некоторые отвергают любовь
10-11	Не принимайте их	11-12	Не подражайте им
12-13	Наша радость	13-15	Ваш мир

Очевидно, что эти послания были написаны в одно и то же время и имеют один и тот же стиль написания. «Второе» послание адресовано Куриа, что означает «госпожа», т.е. женщина, хотя мы и не знаем, был ли это титул важной дамы, или просто вежливое обращение. «Дети», упоминаемые в этом послании, могли быть духовными детьми, т.е. христианами, собирающимися в её доме. Исследование показывает, что у обоих посланий одинаковый план, однако они несут разные истины для мужчины и для женщины.

«Третье» послание адресовано Гайю, но содержит предупреждение о человеке по имени Диотреф. Его характеристика далека от позитивной. Этот человек имеет очень сложный характер. Он слишком ревностно оберегает свои права и власть в своём собрании, не позволяет приходить другим учителям, потому что они могли бы отвлечь людей от его руководства. Он не дал возможности приехать апостолу Иоанну, и даже порвал письмо, написанное им.

Это был человек, который отлучал всех, кто не был на его стороне, который грубо относился к тем, кто с ним не соглашался, даже если речь шла об апостолах. Мы не находим ни одного упоминания о доктринальной неправильности его учения, но очевидно, что он не давал возможности другим людям проявлять дар учительства, который они имели.

Поэтому Иоанн должен был написать Гайю, чтобы он принял Димитрия, уважаемого учителя, которого нельзя было отвергать. Не совсем ясно, был ли Димитрий местным или странствующим проповедником. Возможно, он просто был почтальоном, и его задачей было принести письма в эту церковь. Вероятно, его знали в этой церкви.

Пожилой апостол

Из церковных преданий нам известны две истории о старце Иоанне. Обе открывают нам, что Иоанн имел здравый баланс между истиной и любовью. Он твёрдо отстаивал истину, отказываясь пойти на какой-либо компромисс, особенно в вопросах, касающихся личности Христа. В то же время он был самым любящим из пожилых людей.

Иероним, один из ранних церковных историков, рассказывает историю, произошедшую с Иоанном в 90-х годах первого столетия. В то время Иоанн был уже очень стар, и его переносили на стуле, имевшем поручни по всей окружности. Члены церкви часто просили Иоанна проповедовать. Он, сидя в этом кресле, перед всем собранием произносил простую фразу: «Дети, любите друг друга!»

В следующее воскресенье его снова приносили в церковь и спрашивали, есть ли у него слово к собравшимся. Он отвечал: «Да, у меня есть к вам слово назидания». Его стул снова ставился перед всем собранием, и он произносил: «Дети, любите друг друга!»

Практически каждое воскресенье всё повторялось точь в точь, как раньше. Некоторые начинали думать, что он уже выжил из ума. Неужели он не понимает, что постоянно произносит одни и те же слова? В итоге, они подошли к старцу и сказали: «Учитель, почему вы всегда говорите: «Дети, любите друг друга»»? Его ответом было: «Потому, что это заповедь Господа, и если только её исполнить, то этого будет достаточно».

Следующий рассказ говорит о том, что его переживание об истине было не менее сильным. Он часто посещал римские бани для купания. Однажды, когда его уже погрузили в воду, на другом конце купальни он заметил Керинтия, который был главным лжеучителем, посещавшим различные церкви. Иоанн сказал: «Нужно бежать! Нужно бежать, пока стены купальни не обвалились из-за того, что в ней находится Керинтий, враг истины!» Поэтому в тот день его помощникам пришлось вынуть его из воды не помытым. Иоанн был самым любящим человеком, но истина была для него не менее важна.

Когда Иисус первый раз встретился с Иоанном, тот был одним из самых сложных по темпераменту людей во всей округе. Христос назвал Иоанна и его брата Иакова «Boanerges», что значит «сыновья грома» – весьма нелестное прозвище! Реакция Иоанна на действия самарян была соответствующей его качествам. Когда ученики проходили Самарию и местные жители отвергли их, он сказал: «Я низведу огонь с неба и испепелю их, если Ты, Иисус, позволишь мне!»

Некоторые полагают, что его характер стал мягким только в старческом возрасте. Но далеко не все становятся мягче с возрастом! Это был тот человек, которого любил Иисус, и шаг за шагом его характер становился всё более похожим на характер его Господа!

Ни в одном из трех посланий не проявляются менее приятные черты его характера, которыми он обладал в прошлом. Перед нами человек, полный любви и истины, и он желает, чтобы другие люди были такими же. Иисус Христос изменил его, и в своих посланиях Иоанн выражает заботу о своих читателях, чтобы и они познали и ценили Спасителя так же, как и он сам.

58. КНИГА ОТКРОВЕНИЕ

Различные взгляды на книгу Откровение

Книга Откровение охватывает целый диапазон точек зрения. Сопоставляя их все, может показаться невероятным, что они касаются одной и той же книги.

Человеческий взгляд

Мнения людей разнятся. То, как реагируют на книгу Откровение люди неверующие, вполне понятно, так как она не предназначалась для них. Возможно, она далеко не лучший вариант для использования в качестве введения в христианскую литературу. Мир полагает, что эта книга является, если процитировать типичного рода комментарий, результатом «в лучшем случае, расстройства, и в худшем – умопомешательства».

И, тем не менее, даже среди христиан есть разное отношение к книге, начиная с боязни тех, кто не может вникнуть в суть книги, и заканчивая фанатизмом тех, кто не может начитаться ею! Исследователи Библии оставили множество отрицательных комментариев, подобных следующим: «Сколько слов, столько и загадок», «Беспорядочное скопление странных символов»; «Книга либо считает человека безумным, либо ее чтение оставляет его лишенным ума».

Примечательно, что большинство протестантов времен Реформации («влиятельных» реформаторов, названных так потому, что они пользовались поддержкой гражданских властей для достижения своих целей) были крайне невысокого мнения о книге:

Лютер:	«Ни апостольская, ни пророческая... всякий оценивает книгу так, как ему подсказывает его дух ...есть много других более достойных книг, которые следует сохранить ...мой дух не может молчаливо соглашаться с тем, что говорится в этой книге».
Кальвин:	Вообще исключил ее из своих комментариев на Новый Завет!
Цвингли:	Сказал, что все доказательства, приведенные в ней, могут быть отвергнуты, потому что «эта книга не является частью Библии».

Такая низкая оценка книги Откровения оказала влияние на многие деноминации, которые вышли из Реформаторства.

Как известно, в Ранней церкви существовала полемика по поводу включения книги в состав «канона» (т.е. правило или стандарт) Писания, однако к пятому веку книга Откровение полноправно и повсеместно была включена в состав канонических книг.

Некоторые комментаторы Библии весьма положительно высказываются о книге, говоря, что это «единственный шедевр чистого искусства во всем Новом Завете»; «красота, неподдающаяся описанию». Даже Уильям Баркли, который сделал подборку всех этих отзывов, хотя сам был склонен к «либеральной» точке зрения на Писание, говорил своим читателям, что «эту книгу в высшей степени целесообразно изучать до тех пор, пока она не даст нам свое благословение и не раскроет своих богатств».

Мнение сатаны

Мнение сатаны на книгу Откровение неизменно отрицательное. Диаволу ненавистны первые страницы Библии, где раскрывается истина о том, каким образом он получил контроль над нашим миром, а также последние страницы Библии, где раскрывается истина, как он лишится этого контроля. Он будет доволен, если ему удастся убедить человечество в том, что книга Бытие состоит из неправдоподобных мифов, а Откровение – из непостижимых тайн.

У автора имеется выдающееся доказательство особой ненависти сатаны к 20-й главе Откровения. Многие аудиозаписи, на которых была записана эта глава, доходили до получателей в поврежденном состоянии. В некоторых случаях тот отрывок, который касается кончины диавола, был стерт с кассет до того, как дойти до получателей; в других случаях на пленку была наложена запись на непонятном языке, чтобы невозможно было разобрать слова оригинала!

Книга Откровение разоблачает ложь диавола. Он является князем и правителем мира только с Божьего позволения. Да и власть эта дана ему только временно.

Божественный взгляд

Божественный взгляд на книгу последовательно положительный. Это единственная книга в Библии, к которой имеет непосредственное отношение решение Бога о вознаграждении и наказании за ее чтение. С одной стороны, особое благословение будет дано как читающим, так и слушающим (1:3), а также соблюдающим написанное в ней, тем, кто размышляет над ней и применяет святые истины в своей жизни (22:7); с другой стороны, особое наказание будет наложено на тех, кто исказит записанные в ней слова. Если кто прибавит или приложит что к этой книге, за это преступление будут наложены язвы, описанные в Откровении. Если кто отнимет что из слов книги этого пророчества, за это отнимется участие таковых в вечной жизни в новом Иерусалиме.

Благословение и наказание свидетельствуют нам о том, насколько серьезно Бог относится к тем событиям и истинам, которые раскрываются в этой книге. Едва ли можно было показать ее важность более очевидным способом.

Рассмотрев разные взгляды на книгу, перейдем непосредственно к ее рассмотрению.

Сначала посмотрим на ее место в Библии. Как книга Бытие может находиться только в самом начале Библии, так и книга Откровение может занимать свое место только в конце Писания. Во многих отношениях Откровение является завершением «истории».

Если посмотреть на Библию только как на историю нашего мира, то для ее завершения не обойтись без книги Откровение. Конечно, библейская история отличается от всех остальных книг. Она повествует о более ранних событиях, имевших место до того, как могли появиться очевидцы, которые описали бы эти события, а заканчивается повествованием событий, предсказанных значительно позже, которые невозможно было наблюдать или записать.

Разумеется, это не может не вызывать вопрос о том, имеем мы дело с плодами человеческого воображения или богодухновенности. Ответ зависит от веры. Это довольно простой выбор: верить или не верить. Несмотря на то, что вера находится за пределами разума, она не противоречит разуму. Библейское объяснение происхождения и конечной участи нашей Вселенной проявляется в том, что оно служит лучшим объяснением ее нынешнего состояния. Знание того, какой конец ожидает наш мир, имеет огромное значение для того, как мы живем сегодня.

Однако интерес Библии лежит больше в сфере человеческого рода, чем природы, и в частности, в участи Божьего избранного народа. Бог заключил с ними отношения «завета», аналогичные брачным отношениям. С одной точки зрения, Библия представляет собой романтическую историю, в которой Небесный Отец ищет здесь, на земле, невесту для Своего Сына. Как и в хороших романтических историях, они «поженились и жили долго и счастливо». Однако своего кульминационного момента эта история достигает только в книге Откровение, без которой мы бы никогда не узнали, закончилась помолвка (или «обручение» как написано во 2 Коринфянам 2:11) чем-то серьезным или просто была расторгнута!

На самом деле, довольно трудно представить себе, что бы произошло, если бы в Библию не вошла книга Откровение, даже если мы не так часто ею пользуемся. Представьте себе Новый Завет, который бы заканчивался коротким посланием Иуды, написанным к церкви второго поколения, которая осквернилась в вопросах веры, нравственного поведения, репутации и разговоров. Разве так должна заканчиваться Библия? Это было бы огромным разочарованием!

Поэтому большая часть христиан радуется, что книга Откровение находится в Библии, даже если они не очень хорошо знакомы с ней. Как правило, их удовлетворяет несколько первых и несколько заключительных глав, и они лишают себя глубин, раскрываемых по большей части в середине книги (главы 6-18). Это в значительной степени происходит потому, что эта книга не похожа ни на одну другую часть Библии. Она трудна для восприятия, так как отличается от всего остального. Чем же именно она так отличается?

Природа апокалипсического стиля

Книга Откровение не только отличается от других книг Нового Завета по своему содержанию, она также уникальна по своей природе.

Все остальные книги предполагают факт их написания. Каждый автор имел намерение взяться за перо и написать либо собственноручно, либо с помощью «amanuensis» (т.е. секретаря, как встречаем, например, в послании Римлянам 16:22). Автор обдумывал то, что он хотел сказать, прежде чем записать это на бумаге, потому написанное носило признаки его собственного темперамента, характера, мировоззрения и опыта, хотя автор и был «вдохновлен» Святым Духом, Который порождал его мысли и чувства.

Богословы отмечают целый ряд различий между книгой Откровения и другими книгами апостола Иоанна (Евангелия от Иоанна и его трех посланий). Стиль написания, грамматический строй и словарный состав книги настолько необычны для апостола, что они пришли к заключению о том, что она написана каким-то другим «Иоанном». Некоторые пытаются сослаться на неясное свидетельство о старце с таким же именем в Ефесе. Однако человек, написавший Откровение, очень просто представляется словами «Я, Иоанн» (1:9), и это говорит о том, что он был широко известным человеком.

Для сравнения скажу, что помимо явного отличия предмета обсуждения, существует даже более простое объяснение. Иоанн не планировал писать книгу Откровения, даже не думал ни о чем подобном. Ему совершенно неожиданно пришло «откровение» в словесной и визуальной форме. Когда он «слышал» и «видел» ряд поразительных голосов и образов, то всякий раз слышал повеление записать все это (1:11, 19; 2:1, 8, 12, 18; 3:1, 7, 14; 14:13; 19:9; 21:5). Неоднократность повеления предполагает, что он был так поглощен тем, что происходило, что иногда забывал это записывать.

Это объясняет «низкий греческий» язык, каким записана книга, по сравнению с его обычным уровнем речи. Она была записана поспешно ввиду отвлекающих обстоятельств. Представьте, что вы смотрите фильм, и вам говорят, чтобы вы «все это записали», пока идет показ. Студенты, глядя свои конспекты лекций, иногда с трудом разбирают обрывочные записи. Почему же тогда Иоанн впоследствии не переписал свой «конспект», чтобы его окончательная форма выглядела более законченной? Вряд ли он мог пойти на это, если последние продиктованные ему слова говорили о том наказании, которое будет наложено на каждого, кто прибавит или убавит что-то из того, что в ней записано!

Все это говорит о том, что Иоанн не был автором Откровения. Он был всего лишь «секретарем», т.е. тем писарем, который записал это. Кто же тогда автор книги? Слова часто передавались ему через ангелов. Но также это было то, что Святой Дух говорил церквям; и это было слово откровения Иисуса Христа. Но это откровение было дано Иисусу Христу Богом. Итак, весь процесс состоял из сложной цепи передачи откровения: от Бога – к Иисусу, затем – Святому Духу, потом – ангелам и после – Иоанну. Мы неоднократно встречаем, что Иоанн не мог понять, кто должен прославиться в том, что с ним происходило (19:10; 22:8-9). В этой книге поклонения удостаиваются только два первых звена этой цепи.

Ни одна другая книга в Новом Завете не заслуживает в большей степени названия «Откровение», чем эта. На греческом это слово переведено в первом стихе книги как *apokalypsis (т.е. Апокалипсис)*, которое означает то же, что и существительное 'Apocalypse' и прилагательное 'apocalyptic', которые широко используются в других произведениях, похожих по содержанию и стилю. Корень этого слова означает «раскрывать, открывать».

Это то же, что снять завесу, чтобы явить, что раньше было скрыто (как во время торжественного открытия картины в галерее, или памятной доски).

В контексте Писания это означает раскрытие чего-то, что скрыто от человека, но известно Богу. Есть несколько вещей, которые человек не может знать до тех пор, пока Бог не посчитает необходимым посвятить его в это. В частности, человек не может знать, что происходит на небесах, а также ему неизвестно, что будет в будущем. Поэтому сделанные человеком записи событий и их толкование строго ограничены как во времени, так и в пространстве. В лучшем случае это может быть лишь частичное описание исторического процесса.

Когда Бог описывает ход истории, Он дает полную картину происходящего, причем не в последнюю очередь потому, что Он управляет и наблюдает за событиями. «История – это Его история». Бог возвещает «от начала, что будет в конце, и от древних времен то, что еще не сделалось» (Исаии 46:10). Прошлое, настоящее и будущее соединились в Нем.

Это же касается Неба и Земли. Существует взаимосвязь между тем, что происходит на небесах, и тем, что происходит здесь. Одна из непростых особенностей Откровения состоит в том, что в книге место действия постоянно переносится с Земли на небеса, и обратно. Это происходит благодаря связи между событиями на небесах и здесь, на Земле (например, война на небе ведет к войне здесь, на земле (12:7; 13:7)).

«Апокалипсический» аспект характерен для истории, написанной с точки зрения Бога. Такая история дает полную картину. Она расширяет наше понимание происходящих событий в мире путем рассмотрения их в свете того, что стоит выше и за пределами нашего ограниченного восприятия. Тем самым мы приобретаем проницательность и дальновидность, которые расширяют наше понимание всего происходящего вокруг, что намного превосходит восприятие обычного историка.

Возникают такие принципы и цели, которые историк просто не видит. История – это не просто бесцельное скопление случайных событий. Совпадение уступает место провидению. История движется в определенном направлении.

Время имеет непреходящее значение. Время и вечность являются взаимосвязанными. Бог не находится вне времени, как это представляли греческие философы. Он находится во времени; или, точнее говоря, время находится внутри Бога. Он есть Бог, Который был, есть и Который грядет. Даже Бог не в силах изменить прошлое, как только оно произошло! Факт смерти и воскресения Иисуса Христа невозможно изменить или отменить.

Бог осуществляет Его замыслы и цели во временных пределах (классическое произведение по этому вопросу *Christ and Time* («Христос и Время») Оскара Кульмана, издательство SCM Press, 1950 г.). Он является Властелином времени. Но это Его принцип, который можно понять только тогда, когда Бог явит недостающие части головоломки. В Новом Завете все те вещи, которые скрыты от человеческого взгляда, названы «тайнами».

Развитие событий в прошлом и настоящем становится очевидным в свете будущего. Очертание исторических событий можно увидеть не в краткосрочной, а только в долгосрочной перспективе, ибо для Бога время является и относительной, и реальной категорией. «Ибо пред очами Твоими тысяча лет, как день вчерашний…» (Псалом 89:5, процитированный в 2 Петра 3:8). Божье удивительное долготерпение в отношении нас может казаться «медлением» (2 Петра 3:9).

Библия содержит «философию истории», которая значительным образом отлична от философий, принятых невооруженным разумом человека. Контраст очевиден, если сравнить ее с четырьмя общепринятыми взглядами:

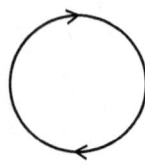

1. Цикличность истории. «История повторяется». Она просто движется, описывая бесконечные круги или циклы. Мир становится то лучше, то хуже, потом снова лучше, затем хуже, и так далее. Такого взгляда придерживались греческие философы.

2. Периодичность истории. Этот взгляд представляет собой вариант идеи цикличности истории. Мир по-прежнему колеблется между состояниями от лучшего к худшему, и обратно, но никогда не повторяется в точном соответствии. Движение не прекращается, но наступит ли конец на «лучшей» или «худшей» фазе, можно только догадываться!

3. Оптимистичный взгляд. Мир становится все лучше и лучше, как сказал один британский философ, «все выше и выше, все дальше и дальше». С тех пор у всех на устах было слово «прогресс». История представлялась как движущийся вверх эскалатор.

4. Пессимистический взгляд. В конце двадцатого века все заговорили о «спасении». Специалисты теории «конца света» утверждали, что мы все находимся на эскалаторе, движущемся вниз. Можно лишь замедлить ход его движения, но остановить невозможно. Мир будет становиться только хуже, пока жизнь не превратится в невозможное существование (в текущем прогнозе это произойдет в 2040 году!).

Библейский взгляд в значительной степени отличается от всех выше представленных взглядов, соединяя в себе пессимистический и оптимистический взгляды в реализме, основанном на фактических событиях.

 *5. Апокалипсический взгляд.* Мир поступательно будет ухудшаться, после чего неожиданно наступит такое улучшение, какого не было никогда ранее, и останется таким.

Этот последний взгляд разделяют иудеи, христиане и коммунисты. Все они приняли эту идею из одного и того же источника: иудейских пророков (Мать Карла Маркса была иудейкой, а отец – лютеранином). Принципиальное отличие между тремя группами состоит в том, какое событие, по их убеждению, приведет к резкой смене направления. Коммунисты считают, что это будет человеческая революция. Иудеи верят, что это будет божественное вмешательство. Христиане верят, что это будет пришествие на планету Земля Богочеловека Иисуса Христа.

Те, кто читал книгу Откровение полностью, понимают, что она как раз и построена на этом основополагающем принципе. После рассмотрения проблем, касающихся настоящего, книга переходит к ходу истории в будущем, которое выявит то поступательное ухудшение (в главах 6-18), то неожиданное улучшение (в главах 20-22), то изменение, которое связано со Вторым Пришествием Иисуса Христа (в главе 19).

Есть две особенности «апокалипсического» взгляда на историю, о которых нам стоит поговорить, прежде чем мы продолжим разбор книги.

Первая особенность состоит в том, что этот принцип, по сути, является *нравственным*. Поскольку история предписана Богом, Который есть совершенно благой и всемогущий, то мы ожидаем увидеть, что Его суд заключается в поощрении добра и наказании зла.

Однако кажется, что это вовсе не так ни на мировом, ни на личном уровне. Жизнь кажется ужасно несправедливой. Кажется, история безразлична к нравственным вопросам: праведники страдают, а нечестивые процветают. Не утихает вопль людей: «Почему благой Бог допускает совершаться несправедливости?» В Библии мы встречает откровенное недоумение, которое выражали такие мужи, как Иов, Давид (Псалом 72:1-4), и Сам Иисус Христос (Марка 15:34 те же слова, что и в Псалме 21:2), а также христиане, которые приняли за Него мученическую смерть (Откровение 6:10).

Все эти сомнения возникают из-за кратковременного взгляда на историю, сводящегося, в основном, к настоящему, и частично – к прошлому. Взгляд, основанный на долгосрочной перспективе, учитывает будущее и конечный исход истории. Это способствует полной перемене мировоззрения (Иова 42; Псалом 72:15-28; Евреям 12:2; Откровение 20:4; Павел обобщает это в послании Римлянам 8:18).

Все библейские отрывки «апокалипсического» характера поддерживают такой долгосрочный взгляд, который показывает, что история поддерживает нравственный принцип (книга Даниила 7-12, с которой у книги Откровение есть очень много общего), служит здесь прекрасным примером. Мы действительно живем в нравственном мире. Благой Бог по-прежнему восседает на престоле. Он все доведет до праведного конца. Он накажет нечестивых и вознаградит праведных. Он восстановит мир и вручит его тем, кто сам будет готов примириться с Богом. Это будет история со счастливым концом.

Таким образом, «апокалипсические» книги, включая Откровение, сосредоточены на таких темах, как награда, возмездие и восстановление. Прежде всего, в этих книгах Бог изображается восседающим на престоле и держащим мир в Своей совершенной власти. Обратите внимание на слово «изображает», которое привносит другое качество.

Вторая особенность состоит в том, что форма представления зачастую носит символический характер. И это оправдано, поскольку здесь речь идет о чем-то неизвестном. Каждый учитель знает, что для объяснения неизвестного необходимо найти какое-то отношение к известному, как правило, используя аналогию («это подобно…»). В большинстве притч Иисуса о Царстве Небесном используются земные ситуации для того, чтобы они были более понятными («Царство Божье подобно…»)

Для того чтобы помочь людям понять определенные вещи, задействуется в равной степени воображение наряду с фактами. Если они смогут «представить образно» что-либо в своем уме, им будет намного легче понять суть явления. Важно отметить, что ответом при этом будет: «Теперь я понимаю, или могу представить!» (буквально «вижу»).

Книга Откровение богата словесными изображениями. Посредством частого использования «символов» мы имеем возможность представить визуально то, что иначе было бы непонятным. Следует подчеркнуть, что эти символы предназначены, чтобы помочь нам понять смысл, а не для того, чтобы препятствовать этому. Слишком многие люди воспользовались «чрезвычайно символичным» характером книги с целью пренебречь ее учением, а то и отвергнуть его якобы из-за того, что эти символы слишком непонятны для передачи ясного смысла послания. Это просто не соответствует истине, если мы посмотрим на нижеследующие четыре категории символов, встречаемых в книге:

Некоторые символы несут *очевидный* смысл. «Дракон» или «змий» символизируют диавола. «Озеро огненное» означает ад. «Великий белый престол» – это судилище Христово.

Некоторые символы получают *объяснение* в контексте. Так, «звезды» символизируют ангелов. «Светильники» – это церкви. «Печати», «трубы» и «чаши» означают бедствия. «Фимиам» символизирует восходящие молитвы. «Десять рогов» олицетворяют царей.

Некоторые образы встречаются *параллельно* в других местах Писания. В Ветхом Завете мы находим такие символы, как дерево жизни, радуга, утренняя звезда, железный жезл, всадники; символами деспотичных государств служат образы диких «зверей». С полной уверенностью можно предположить, что эти же типичные образы сохранили свой первоначальный смысл.

Некоторые символы имеют *скрытый смысл,* но их совсем немного. В качестве примера можно привести символ «белого камня», в отношении которого богословы предложили невероятное количество толкований. Знак невиновности? Знак одобрения? Символ превосходства? Возможно, мы этого не поймем до тех пор, пока не получим такой камень!

Числа также используются в качестве символов. В Книге Откровение много раз встречается число «семь»: семь звезд, светильников, печатей, труб, чаш. В Библии это «круглое» число считается числом полноты и совершенства. Число «двенадцать» ассоциируется с ветхим народом Божьим (двенадцать колен Израиля) и новым народом (двенадцатью апостолами); вместе это составляет цифру «двадцать четыре». Самым большим числом является число «одна тысяча». «Двенадцать тысяч» из каждого колена Израилева составляет общее число «сто сорок четыре тысячи».

Привлекает внимание также число «666». Оно состоит из числа шесть, которое всегда указывает на невозможность человека достичь полного совершенства, выраженного числом «семь». Здесь это число используется как ключ к идентификации (опознанию) последнего земного диктатора перед приходом 1000-летнего Царства Иисуса Христа (на латинском языке *millennium*). Примечателен тот факт, что число «666» является суммой римских чисел (I=1 + V=5 + X=10 + L=50 +C=100 + D=500), куда не вошло одно число (M=1000). Однако все попытки расшифровать его имя, исходя из этого числа, будут тщетны, пока его появление не будет полностью открытым.

В книге Откровение есть такое количество вполне понятных для нас истин, что сегодня мы можем принять те немногие непонятные моменты, веря в то, что они станут ясными в процессе будущих событий, когда эта информация действительно понадобится. А пока мы благодарны Богу за то, что Он открыл нам достаточно много в Своем Слове.

Несомненно, Он говорит нам через уста Его «пророков». Иоанн осознает, что то послание, которое он передает, не является его мыслями. Он называет написанное «пророчеством» (1:3; 22:7, 10, 18, 19). То есть Иоанн является и пророком, и апостолом. Это единственная «пророческая» книга в Новом Завете.

Любое пророчество включает в себя аспект «выражения предстоящих событий» (Слово Божье – о событиях, которые касаются настоящего времени), и аспект «предсказательного» характера (Слово Божье – о будущих событиях). Книга Откровение соединила в себе оба вида пророчества, большая часть которого посвящена пророчеству о событиях, которым еще предстоит свершиться.

Как эти события будут происходить? Произошли ли они уже в действительности? Происходят ли они в настоящее время? Или им только предстоит сбыться? Нам следует рассмотреть различные ответы на эти вопросы.

Различные школы толкования

Почти третья часть всех стихов в книге Откровение содержит пророчество. В них предсказано около 56 отдельных событий. Ровно половина из них написана конкретным языком, другая половина подана в форме символических образов.

Начиная с 4-й главы, происходит большая часть событий, которые сменяют друг друга: земное – на небесное, настоящее – на будущее («Взойди сюда, и покажу тебе, чему надлежит быть после сего» (4:1)).

Очевидно, здесь говорится о событиях, которые для автора и читателей, живших в первом веке нашей эры, относились как к будущему. Однако возникает вопрос, насколько это будущее было далеко от них? Кроме того, являются ли описанные события прошлым, настоящим или будущим временем для нас, живущих XIX веков спустя? Оглядываемся ли мы на них, смотрим ли сейчас, или ждем их исполнения в будущем?

Именно здесь начинаются разногласия. В промежутке между прошлым и настоящим временем возникли четыре основные точки зрения, которые привели к образованию четырех «школ толкования». Большая часть комментариев Библии выражает только одну точку зрения. Прежде чем предположить, какая из точек зрения истинна, необходимо рассмотреть все четыре. Поддержка же только одного, первого услышанного или прочитанного мнения – это слишком простой и рискованный шаг.

Четыре подхода толкования настолько прочно утвердились, что получили известные названия: претеризм, историзм (в котором возникли две отдельные разновидности), футуризм и идеализм. Не следует пугаться этих специальных терминов. Нам важно, чтобы вы могли идентифицировать различные подходы, с которыми можете столкнуться.

1. Претеризм

Эта школа считает пророчества исполнившимися во времена упадка и падения Римской империи, когда церковь подвергалась гонениям со стороны империи. Согласно этому взгляду, книга была написана для христиан первого века нашей эры, чтобы приготовить их к тому, что произойдет во втором и третьем веках. «Великий город» Вавилон, стоящий на «семи холмах» (17:9) отождествляется с Римом (такое же сравнение, похоже, использовал и апостол Петр в 1 Петра 5:13).

Несмотря на то, что, таким образом, большая часть событий Откровения для нас является «прошлым», это не значит, что их значение ограничено временем. Мы можем извлекать уроки из всех событий, которые встречаем в Писании, можем черпать вдохновение и назидание из всего того, что было раньше.

Сильная сторона этого подхода состоит в том, что любой разбор Библии должен начинаться с определения исходной ситуации, в которой находился писатель, а также читатели. Что это означало для них? То, что имел в виду автор, и то, как написанное им понимают читатели, – это является важными шагами к правильному толкованию и применению событий Библии в жизни.

Но такой подход страдает целым рядом недостатков. Во-первых, очень немного отдельных пророчеств (если вообще таковы имелись) действительно исполнились в период Римской империи. Можно выделить лишь несколько общих тенденций, но нет какого-либо конкретного соответствия (некоторые пытались получить из имени «Нерона Цезаря» цифру «666», хотя книга Откровение была написана около 30 лет после его смерти!) Кроме того, это значит также, что после падения Рима большая часть книги теряет свою непосредственную релевантность и фактически почти ничего не говорит в адрес церкви более поздних времен. Поскольку практически все богословы признают, что последние главы книги охватывают период конца мира, что по-прежнему является будущим для нас, остается огромным пробел между началом и концом истории церкви при отсутствии непосредственных указаний на многие промежуточные столетия. Этот недостаток восполняется во втором подходе.

2. Историзм

Последователи этой школы считают, что пророчества охватывают весь «век Церкви» между Первым и Вторым Пришествием Иисуса Христа. Это – закодированная история «anno domini» (т.е. «нашей эры») в форме символов, охватывающая основные этапы и переломные моменты всего этого периода. Согласно теории историзма, для нас исполнение пророчеств находится и в прошлом, и в настоящем, и в будущем. Мы находимся непосредственно среди событий, исходим из того, что уже свершилось, а также можем узнать о том, что будет дальше.

Один ученый создал указатель перекрестных ссылок между каждым разделом книги Откровение и множеством томов «Древней и современной истории Кембриджа». В целом, получается, что мы находимся сейчас где-то в томе 16 или 17!

По крайней мере, эта теория сделала книгу Откровение значимой для всех поколений христиан. Она также вызвала интерес к книге. Однако недостатки теории историзма во многом перевешивают ее положительный эффект.

Один из недостатков состоит в том, что многие детали искусственно подогнаны под известные события, что вызывает и искусственный эффект. Однако основная проблема в том, что вряд ли можно найти двух последователей историзма, которые бы согласились с существованием взаимосвязи Писания и истории! Используй они правильный метод, степень единства мнений в их выводах наверняка была бы больше. И все же они пришли бы к тому, что многие детали не были бы исполнены.

Пока что мы рассматривали один вид «историзма», который можем назвать *линейным*, поскольку он придерживается того взгляда, что основная часть книги Откровение построена в виде прямой линии событий от Первого до Второго Пришествия Иисуса Христа.

Существует еще один вид историзма, который мы назовем *циклическим*, ввиду того, что он придерживается той точки зрения, что основная часть Откровения неоднократно освещает всю историю церкви, постоянно возвращаясь к началу и «повторяя» события под другим углом. В популярной книге *Вильяма Хендриксена «Больше чем завоеватели» (издательство Baker, 1960 год)* автор утверждает, что он нашел семь таких циклов, каждый из которых охватывает весь период существования церкви или век церкви (по главам: 1-3, 4-7, 8-11, 12-14, 15-16, 17-19, 20-22)! Это позволило ему поставить период Тысячелетнего царства (о нем говорится в главе 20) перед Вторым Пришествием Иисуса Христа (глава 19), и соответственно поддержать теорию постмилленаризма. Однако такой, как его называют, «прогрессивный параллелизм» кажется искусственно подогнанным под текст, а не находится в самом тексте. В частности, радикальное разделение 19 и 20 глав является совершенно необоснованным.

Толкование книги Откровение школой историзма, пожалуй, является наименее удовлетворительным и наименее убедительным из всех как в его линейной, так и циклической форме.

3. Футуризм

Эта школа толкования считает, что группа пророчеств, записанных в середине книги, относится к периоду последних нескольких лет перед Вторым Пришествием Иисуса Христа. Поэтому это событие для нас, живущих сегодня, находится в будущем, отсюда и название школы. Речь идет о кульминационном моменте власти зла, что будет временем Великой скорби для народа Божьего (Откровение 7:14, о чем также говорил Иисус Христос в Евангелие от Матфея 24:12-22).

Все эти события будут спрессованы в довольно короткий период времени, если быть точным, в три года, о которых явно говорится как «к концу времени, времен и полувремени», или «сорок два месяца», или «одна тысяча двести шестьдесят дней (Откровение 11:2-3; 12:6, 14, цитируя Даниила 12:7).

Поскольку описанные события так или иначе относятся к будущему, данная школа имеет тенденцию рассматривать эти пророчества буквально, как точное описание того, что произойдет. Больше нет необходимости приспосабливать эти пророчества под исторические события прошлого времени. Разумеется, череда катастроф неминуемо ведет непосредственно к концу мира.

Тогда в чем состоит послание для Церкви на все века? В данном случае, большая часть книги будет иметь значение только для самого последнего поколения верующих. Удивительно, но многие последователи школы футуризма при этом считают, что Церковь «вознесется» на небеса до наступления Великой скорби, так что даже последнему поколению христиан необязательно знать об этом времени!

Еще один недостаток состоит в том, что последователи футуризма склонны относиться к книге Откровение как к «альманаху» (календарю), проявляя повышенный интерес к составлению диаграмм и графиков будущих событий. Тот факт, что они не всегда согласуются друг с другом, наводит на мысль, что такие умозрительные цели не были изначальной целью написания книги Откровения.

4. Идеализм

Этот подход удаляет всяческие привязки ко времени, пренебрегая связью между конкретными событиями. Согласно этому подходу, Откровение изображает «вечную» борьбу между добром и злом, и те «истины», которые содержатся в ее повествовании, применимы к любому веку. Борьба между Богом и сатаной имеет постоянный характер, но «побеждающая» церковь может испытывать божественную победу в любое время. «Основная мысль» может применяться глобально как во времени, так и в пространстве.

Главное и, пожалуй, единственное достоинство этой точки зрения состоит в том, что основная идея книги становится значимой для всех читающих. Они становятся участниками той борьбы, которая описывается в книге, и получают уверенность, что «Тот, Кто в вас, больше того, кто в мире» (1 Иоанна 4:4). Мы действительно имеем возможность все «преодолевать силою Возлюбившего нас» (Римлянам 8:37).

Тем не менее, приверженность этому подходу означает восприятие книги Откровения как «мифа». Это правильно с духовной, но не с исторической точки зрения. Описанные события являются художественным вымыслом, но сами истории содержат крупицы истины – как в баснях Эзопа или в книге «Путешествие Пилигрима». Перед применением эти истины необходимо сначала изыскать в повествовании. Этот процесс «демифологизации» может стоить того, что будет отвергнуто огромное количество материала, принятого за поэтическую вольность, которая применяется скорее для формы, чем для содержания.

За всем этим стоит греческая философия, которая разделяла дух и материю, священное и мирское, вечное и временное. Они утверждали, что Бог находится вне времени. Таким образом, истина тоже безвременна, хотя она также и временна. Она находится вне «времен». Понимание ими истории, имеющей циклический характер, исключает концепцию «последнего времени», идею о том, что время достигнет своей высшей точки или завершения.

Это оказало серьезное влияние на «эсхатологию» (наука о «конце света», что происходит от греческого слова *eschatos, что значит* «конечный» или «последний»). Такие события как Судный День переносятся из будущего в настоящее время, из грядущего – в день сегодняшний. Эсхатология превращается в «экзистенциальную» (т.е. касающуюся настоящего момента существования или «реализовавшуюся», как в «реализованных инвестициях», т.е. средствах для расходования в настоящее время).

Очевидно, для того чтобы эти «предсказания» вписывались в настоящие события, их необходимо радикально изменить. Обычно это делается путем их «одухотворения» (мировоззрение, согласно Платону).

Например, «Новый Иерусалим» (в главе 21) превращается в описание людей, а не города, в «идеализированную» (обратите внимание на это слово) картину церкви, детали же устройства с успехом забыты!

Итак, самое время подвести итоги нашему обзору. Мы видим четыре разных ответа на один вопрос: Какой временной отрезок освещает книга Откровение?

- Последователи школы претеризма: первые несколько веков нашей эры.
- Ответ школы историзма: все века нашей эры, от первого до Второго Пришествия Иисуса Христа.
- Ответ школы футуризма: последние годы последнего века нашей эры.
- Последователи идеализма: любой век нашей эры, без какой-либо конкретики.

Так чей же ответ правильный? В каждом подходе есть свои плюсы и минусы. Обязательно ли нам выбирать между ними? Возможно ли, чтобы они все были правильными? Возможно ли, чтобы все они быть ложными?

Следующие наблюдения могут помочь читателю сделать правильный вывод.

Во-первых, стало очевидным, что ни один из этих «ключей» не открывает всю книгу Откровение. Каждая из «школ» обнаружила определенные истины, но ни одна из них не открыла всех истин. Применение только одного подхода всегда приводит к манипуляции библейским текстом.

Во-вторых, нет причин, по которым мы не могли бы использовать более одного подхода. Тексты могут иметь различные значения и применения. Тем не менее, это не должно происходить бесконтрольно, во избежание случайного использования различных подходов для укрепления заранее избранной точки зрения еще до начала разбора Писания. Таким сдерживающим инструментом служит контекст, а также постоянно задаваемый вопрос: этот ли смысл подразумевал Божественный Автор для читателя?

В-третьих, каждый из четырех подходов способствует пониманию книги. Некоторые элементы всех четырех методов толкования являются совместимыми и могут использоваться в сочетании друг с другом, хотя следует признать, что некоторые элементы не обладают такой совместимостью и не могут сочетаться.

И, в-четвертых, в разных частях книги акцент может смещаться на тот или иной подход. На каждом этапе следует избирать и использовать самый подходящий метод, или несколько методов толкования. Остальная часть главы будет посвящена иллюстрации этих методов на практических примерах основных трех разделов книги Откровение:

НАЧАЛО КНИГИ (ГЛАВЫ 1-3)

Этот раздел является не столь спорным, и поэтому по сравнению с остальными разделами книги комментарии на него встречаются чаще и носят убедительный характер (к примеру, книга Джона Стотта «Учение Иисуса Христа о Церкви», издательство Lutterworth Press, 1958 год). Большинство из комментариев вполне устраивает традиционный метод толкования (хотя в плане применения такого согласия не наблюдается!) Проблема этого раздела книги состоит в том, что мы *действительно* понимаем его, возможно, даже слишком хорошо. Есть лишь несколько моментов, которые касаются некоторых деталей (ангелов) и символов (белый камень и сокровенная манна), но в остальном послания семи церквям в Асии мало чем отличаются от других посланий Нового Завета. Итак, толкование какой из «школ» является правильным?

Подход претеризма будет абсолютно правомерным в сосредоточенности внимания на первый век нашей эры. Любое правильное толкование библейского текста должно начинаться с того, что это означало для церквей, которые были в то время. Однако должно ли оно ограничиваться только этим?

Согласно подходу историзма, семь церквей олицетворяют всю Церковь во времени, то есть семь последовательных веков истории Церкви. Ефесская церковь представляет собой Раннюю церковь, церковь Смирны и Рима – церковь периода гонений, Пергамская церковь отражает период правления императора Константина, церковь Фиатирская – средние века, церковь Сардиса – период Реформации, церковь Филадельфийская – всемирное миссионерское движение, и Лаодикийская – период XX века. Однако такие параллели надуманы (Западные церкви могут походить на Лаодикийскую, но церкви третьего мира не имеют с ней никакого сходства!) Такой подход просто не приемлем для толкования.

Взгляды футуристов выглядят еще более эксцентрично; они полагают, что восстановление этих семи церквей произойдет в тех же городах Асии непосредственно перед Вторым Пришествием Христа, основываясь на ошибочном предположении, что слова «скоро приду к тебе» и «найду на тебя» (в 2:5, 16; 3:3) относятся ко Второму Пришествию. В действительности эти церкви уже давно исчезли, и «светильник» их сдвинут.

Относительно этой части книги, школа идеализма разделяет взгляды претеризма, но при этом добавляет убеждение, что эти семь исторических церквей олицетворяют всю Церковь и в *пространстве*. Так, Ефес олицетворяет правоверную, но лишенную любви общность верующих, Смирна представляет собой страдающую церковь, Пергам – церковь претерпевающую, Фиатир – церковь порочную, Сардис – церковь мертвую, Филадельфия – слабовольную, но свидетельствующую церковь, и Лаодикия – церковь охладевшую.

Охватывают ли они весь спектр характеристик церкви, остается спорным вопросом. Тем не менее, утешение как пример того, с чем столкнулись эти церкви, применимы для любого времени и места.

Таким образом, использование элементов претеризма с долей идеализма представляется правильной комбинацией для толкования этой части книги.

СРЕДНЯЯ ЧАСТЬ (ГЛАВЫ 4-18)

Это та часть книги, где расхождения мнений выражены наиболее остро. Видение престола Господнего в начале этого раздела обнаруживало несколько проблем и служило вдохновением для поклонения на протяжении всех веков. Полемика начинается с того момента, когда Лев/Агнец посылает бедствия на мир, и страдания – на церковь. Когда происходит это событие? Должно быть, где-то между вторым веком (что выражено словами «после сего», т.е. сказанного семи церквям; 4:1) и Вторым Пришествием (глава 19).

Позиция претеризма ограничивает этот раздел книги событиями «упадка и падения Римской империи». Однако остается непреложным тот факт, что большинство предсказанных событий (в частности, катастроф «природного» характера) попросту не происходили в тот период времени. К большей части библейского текста лучше относиться как к «поэтической вольности», чем довольно неопределенно намекать на то, что может произойти.

Позиция школы историзма имеет ту же проблему, так как пытается вместить всю историю церкви в эти главы, представляя ее в виде либо одного непрерывного повествования, либо в форме часто «повторяющихся событий». Детали в общую картину не вписываются.

Взгляды школы футуризма позволяют верить в буквальное осуществление детально представленных пророчеств, поскольку ни одно из них еще не исполнилось. Две черты, похоже, подтверждают, что эта позиция находится ближе к правильному пониманию. Первая из них – «скорби», страшнее которых, очевидно, этот мир еще не видел (что было предсказано Иисусом Христом, Матфея 24:21). Вторая особенность состоит в том, что эти пророчества, кажется, ведут непосредственно к событиям конца истории. Но разве это все? Разве этот раздел книги не имеет отношения к тому, что было до этого?

Подход идеализма является неправильным из-за «демифологизации» этой части книги, полностью отрывая ее от аспекта времени. Но вместе с тем правильный момент состоит в том, чтобы искать смысл, который может быть применен к любому этапу в истории церкви. Ключ к разгадке кроется в самом Писании, которое ясно учит нас, что будущие события бросают свои тени во времени вперед. Приход Иисуса Христа был «предзнаменован» различными путями в Ветхом Завете (как учит послание Евреям). Приход антихриста будет предвосхищен приходом «многих антихристов» (1 Иоанна 2:18); приход лжепророка – приходом многих лжепророков (Матфея 24:11). Грядущие всеобщие гонения уже имеют место во многих отдельных регионах. Великая скорбь будет отличаться только масштабами от тех «многих скорбей», которые присущи всем временам (Иоанна 16:33; Деяния 14:22). Таким образом, эти главы могут помочь нам понять как текущие тенденции, так и то, каким будет их окончательный кульминационный момент.

Таким образом, взгляды школы футуризма с определенной долей идеализма раскрывают этот раздел книги наилучшим образом.

ЗАКЛЮЧЕНИЕ (ГЛАВЫ 19-22)

Чем ближе мы находимся к окончанию книги Откровение, тем более понятной она нам кажется, и, тем не менее, здесь есть несколько противоречивых моментов. Большинство школ считают, что эти главы говорят о конечном будущем времени, самых «последних событиях», которые начнут происходить с возвращением Иисуса Христа (глава 19).

В отношении этой части книги подход школы претеризма учитывать невозможно. Лишь немногие попытаются найти соответствие событий в этих главах с теми, что происходили в дни Ранней церкви.

Здесь подход школы историзма четко разделяется на две точки зрения. Представители «линейного» течения историзма неизменно рассматривают этот раздел книги как «последние времена», которые последуют после окончания «века церкви», а представители «циклического» течения даже в этой части находят «повторяющиеся события». Некоторые видят Тысячелетнее Царство в главе 20 как описание церкви перед Вторым Пришествием Иисуса Христа, о чем говорится в 19 главе! Другие понимают «Новый Иерусалим» в главе 21 как описание Тысячелетнего Царства перед Страшным судом, о котором говорится в главе 20! Такое радикальное перемещение событий не только не оправдывается самим библейским текстом, но и предполагает манипуляции в угоду тех или иных богословских систем и догм.

Последователи футуризма во взглядах на этот раздел сталкиваются с незначительным числом оппонентов. Очевидно, события Второго Пришествия, Страшного суда, появление новой Земли и нового Неба еще не исполнились.

А вот последователи идеализма находят мало сторонников в их толковании этого раздела. Они, как правило, совершенно игнорируют новую Землю, и говорят только о «Небе» как о вечном месте, куда верующие будут перенесены после смерти. «Новый Иерусалим» представляется ими как это вечное царство («небесный Иерусалим» в послании Евреям 12:22), но при этом они не ожидали, что он будет «сходить с неба» (несмотря на стихи Откровения 21:2, 10!)

Таким образом, предпочтение в толковании этой части книги можно отдать школе футуризма.

Далее в этой главе мы будем рассматривать «введение» в сам текст книги Откровение, где будем использовать те инструменты толкования, которые считаем приемлемыми (среди них нет метода историзма). Однако прежде чем мы приступим к этому, есть еще один вопрос, который мы должны рассмотреть.

Все четыре «школы» толкования книги Откровение разделяют одно общее предположение о том, что самым важным вопросом является вопрос КОГДА? То есть, когда наступит срок исполнения пророчеств.

Изначально предполагается, что книга Откровение в первую очередь касается предсказания будущих событий, чтобы удовлетворить наше любопытство, или чтобы уменьшить нашу тревогу, раскрывая нам то, что должно произойти в ближайшем и отдаленном будущем.

Но такая точка зрения вызывает большие сомнения. Новый Завет никогда не предается необоснованным догадкам, и даже предупреждает о такой опасности. Всякое «разоблачение» того, что лежит впереди, имеет практическую и поистине нравственную цель. Будущие события раскрываются только для того, чтобы посредством них можно было повлиять на настоящее.

Итак, основополагающий вопрос состоит не в том, «когда» это будет, но в том, «ПОЧЕМУ или ЗАЧЕМ» это будет происходить. Зачем была написана книга Откровение? Почему она была открыта Иоанну? Зачем ему было сказано передать это далее? Зачем нам следует читать и «соблюдать» эти слова?

Книга написана не только для того, чтобы поведать о том, что произойдет, но для того, чтобы *подготовить* нас к тому, что будет. Каким образом мы пришли к такому ответу?

Понимание цели

Зачем была написана книга Откровение? Ответ легко можно получить, задав другой вопрос: для кого она написана?

Книга Откровение никогда не писалась с целью стать учебником для преподавателей богословских высших учебных заведений или пособием для студентов. Именно такие учебники оказывались настолько сложными, что это отпугивало простых людей. Хотелось бы, чтобы хотя бы один из авторов таких книг признал следующее:

> Вне всяких сомнений мы можем утверждать, что изучение этой книги не представляло бы никакой вероятности ошибки, если бы немыслимые (зачастую нелепые) предрассудки богословов всех времен не создавали такие

помехи, наполняя процесс изучения сложностями, что отпугивает большинство читателей. Если бы ни эти предубеждения, книга Откровение была бы самой простой и самой прозрачной книгой, когда-либо написанной пророком (Reuss, 1884, цитата вошла в книгу *The Prophecy Handbook*, World Bible Publishers, 1991).

С тех пор ситуация почти не изменилась, о чем свидетельствует следующий комментарий:

Одна из бед нашей культуры, ориентированной на экспертное мнение, состоит в том, что в случае возникновения малейшего затруднения, за разъяснениями мы отсылаем их в университет (Eugene Peterson, комментарий на Откровение в *Reversed Thunder*, Harper-Collins, 1988, стр. 200).

Все это привело к широкому распространению идеи о том, что книга Откровение недоступна для понимания «дилетантами» (в каком бы смысле это слово не употреблялось: в церковном, т.е. прихожанами, или образовательном, т.е. «непрофессионалами»).

Обычный читатель

Не будет большим преувеличением сказать, что книга Откровение написана для самых заурядных людей. Она была адресована членам семи церквей в то время, когда было «…не много мудрых… по плоти, не много сильных, не много благородных» (1 Коринфянам 1:26).

Об Иисусе Христе говорится, что «множество народа слушало Его с услаждением» (Марка 12:37). Тем самым воздается должное и народу, и Иисусу Христу. Народ признавал, что Он «учил их, как власть имеющий», что Ему было известно то, о чем Он говорил. Намного проще обмануть высокообразованных людей!

Книга Откровение отдает свои сокровища тем, кто читает ее с простой верой, открытой душой и нежным сердцем.

В Америке была распространена одна история, которая подчеркивает эту мысль, хотя она звучит как недостоверная легенда проповедника (как в той истории, когда сынишка проповедника спросил: «Папа, эта история действительно произошла, или ты ее просто для проповеди придумал?») Итак, нескольким студентам богословского учреждения изрядно надоели лекции на «апокалипсические» темы, и они решили пойти в спортзал поиграть в баскетбол. Во время игры они заметили вахтера, который, ожидая, чтобы закрыть спортзал, читал Библию. Они спросили его, какую книгу он читает, и были удивлены, когда тот сказал, что проходит книгу Откровение.

– Но Вам же непонятно, о чем она, так ведь? – сказали ему.

– Почему же? Понятно, – ответил вахтер.

– О чем она тогда, по-вашему? – не унимались студенты.

Его глаза загорелись, лицо расплылось в широкой улыбке, и он ответил:

– Все просто. Иисус победил!

Конечно, можно сказать намного больше. Но и этот вариант ответа является не самым худшим выводом о сути Откровения. Многие изучают содержание ее, но упускают главную мысль. Здравый смысл – вот главное требование. Никто не воспринимает всю книгу буквально. Никто не принимает все в ней с точки зрения символов. Но где та грань, которая проходит между буквальным и символическим значением? Ответ на этот вопрос оказывает огромное влияние на толкование книги. И в этом большое содействие оказывает здравый смысл. Четыре всадника имеют символическое значение, но войны, кровопролития, голод и язвы, которые они несут, имеют явно буквальный смысл. «Озеро огненное» символизирует ад, но вечные «муки» ада имеют буквальный смысл (Откровение 20:10).

Здесь могут с успехом применяться правила общего наречия. Слова должны восприниматься в их самом прямом и простом значении, если явно не указано иное. Необходимо понимать также, что и говорящие слово, (включая Иисуса Христа), и записывающие это слово, (включая Иоанна), имеют в виду то, о чем говорят. Передаваемое ими слово должно приниматься за чистую монету.

Еще одно из таких правил состоит в том, чтобы одинаковые слова в одинаковом контексте считались несущими одинаковое значение, опять же, если явно не указано иное. Неожиданное, без всякого предупреждения, изменение значения слова может приводить в такое же замешательство, как и изменение произношения слова или его написания. Это правило напрямую касается двух «воскресений», о которых говорится в 20-й главе книги Откровение.

Наряду с этим, нам остается добавить одну существенную оговорку: книга Откровение была написана для обычных людей, живших совсем в другой эпохе и месте, чем мы с вами. Поэтому неудивительно, что вещи, которые были для них очевидными, кажутся непонятными для нас, живущих 2000 лет спустя и на расстоянии в 2000 миль.

Это были язычники (или неиудеи), произошедшие от смешения разных народов, живущие в одной из провинций Римской империи, говорящие на греческом языке, читающие иудейские Писания, объединенные общей христианской верой. Поэтому мы должны максимально воспользоваться знаниями об их происхождении, культурном своеобразии и языке. Цель такого исследования заключается в том, чтобы нам понять то, что *они* понимали, когда услышали слова Откровения, прочитанные им вслух (возможно, за один присест). Это могло весьма сильно отличаться от нашего восприятия, когда мы читаем книгу про себя короткими отрывками каждый день.

Тем не менее, книга явно написана и для нас, живущих сегодня, а иначе она не была бы в Новом Завете. Господь, возможно, так и хотел, когда открывал Свое слово Иоанну. Таким образом, мы можем предположить, что наша отдаленность во времени и пространстве не является непреодолимым препятствием.

Гораздо более важным фактором, чем культурный разрыв, является фактор различных обстоятельств. Важно задать вопрос о том, какие обстоятельства потребовали написания этой книги. В этом состоит главный ключ к пониманию всей книги. За каждой книгой Нового Завета стоит причина, почему она была написана, та нужда, на которую та или иная книга призвана дать ответ. И книга Откровение не исключение.

Причины практического плана

Мы уже говорили о том, что главной целью написания книги было не показать порядок того, как будут происходить будущие события, но подготовить людей к тому, что будет происходить. Итак, что это за события, к которым они не были бы готовы, если бы не книга? Ответ обнаруживается на первой же странице книги (1:9-10).

Иоанн, автор этих слов, уже пострадал за свою веру. Он находится в заточении, но не за совершение преступления. Он сослан как «политический» заключенный на остров Патмос в Эгейском море (что в наше время равносильно ссылке на Алькатрас или Роббэнайленд). Иоанн был арестован и сослан по религиозным причинам. Его исключительную преданность «слову Божьему и свидетельству Иисуса Христа» власть восприняла как измену, как угрозу *pax Romana, т.е. миру внутри Римской империи*, который держался на политеистической толерантности и культе империи. Жители Римской империи должны были верить в разных богов, и римский император был одним из них.

К концу первого столетия ситуация достигла своего апогея, что стало поворотным моментом в сознании христиан. Юлий Цезарь стал первым императором, взявшим себе божественный титул. Его преемник Август решил построить в честь императора храмы, многие из которых были возведены по всей Асии (нынешняя западная Турция). Несмотря на то, что Нерон начал гонения на христиан (их обмазывали смолой и поджигали заживо, выставляя факелами на ночных раутах императора; зашивали в шкуры диких зверей и травили на них собак), этот период был ограниченным по времени и охватывал определенные местности.

Именно с появлением Домициана в последнем десятилетии первого века связаны времена самых жестоких преследований христиан, которые продолжались с перерывами на протяжении 200 лет. Этот император под угрозой смерти потребовал, чтобы ему поклонялись. Раз в год на огонь жертвенника, стоящего перед бюстом императора, должен был возлагаться фимиам с восклицанием «Цезарь – Господь». День, определенный для такого поклонения, был назван «Днем Господним».

Это был тот самый день, с которого началось написание книги Откровение. Современным читателям простительно думать, что это было в воскресенье. На самом деле, могло быть и так, однако воскресенье в дни Ранней церкви называлось «первым днем недели». В греческом оригинале есть два элемента, которые указывают на то, что это был ежегодный праздник Римской империи. Первый элемент – определенный артикль (в английском 'the Lord's day', а не 'a Lord's day', где употребляется неопределенный артикль; в русском переводе Библии употребляется фраза «в день воскресный» или «в день Господень», Современный перевод БО, 2011). Вторым элементом служит тот факт, что слово 'Lord', «Господень» стоит в форме прилагательного, а не существительного ('the Lordy or Lordly day', т.е. «день Господа»), как раз то самое название, которое этому дню дал император Домициан, претендовавший на титул «Господь наш Бог».

Впереди ожидали тяжелые времена. Для всех, кто отказывался называть Господом кого-либо, кроме Иисуса Христа, это был вопрос жизни и смерти. Слово «свидетель» (на греческом языке: *mar-tur*) приобрело новый смертельный смысл. Церковь столкнулась с самым жестоким для тех времен испытанием, какое когда-либо выпадало на ее долю. Сколько из христиан сохранят верность под гнетом таких испытаний?

В конечном итоге, Иоанн был единственным, кто остался в живых из 12 апостолов. Остальные претерпели страдания и приняли мученическую смерть. Согласно христианской традиции, апостол Андрей был распят на Х-образном кресте в городе Патры в Ахаие; Варфоломей (Нафанаил) мученически умер в Армении, где с него заживо сняли кожу; Иаков (брат Иоанна) был обезглавлен Иродом Агриппой в Иерусалиме; Иаков (сын Клеопы и Марии) был сброшен с вершины храма и забит камнями; апостол Фаддей погиб в Армении, пронзенный стрелами; Матфей умер от меча в Парфии; Петр принял смерть на кресте в Риме, будучи распятым вниз головой; Филипп был повешен на столбе в Иераполе Фригийском; Симон (Зилот) распят в Персии; Фома погиб от копья в Индии; Матфий забит до смерти камнями и обезглавлен. Был обезглавлен в Риме и апостол Павел. Поэтому человеку, писавшему Откровение, не понаслышке было известно, чего стоило остаться верным Иисусу Христу. Он тогда не знал, что будет единственным апостолом, которому суждено умереть естественной смертью.

Книгу Откровение называют «руководством по мученичеству». Она призывает всех верующих «быть верными до смерти» (2:10). На ее страницах очень высоко оценен подвиг мучеников.

Книга побуждает верующих пройти испытания до конца. Одно из часто встречаемых слов увещевания, это слово «терпение», пассивное отношение к испытаниям. Посреди самой тяжелой скорби звучит призыв: «Вот когда требуется долготерпение от людей Божьих, которые придерживаются заповедей Божьих и веры в Иисуса» (14:12, Современный перевод БО, 2011). Эти слова можно считать ключевым стихом во всей книге.

Но есть еще один призыв к проявлению активной позиции при прохождении страданий ради Иисуса Христа – «побеждать» (или «бороться»). Слово «побеждающий» встречается даже чаще, чем слово «терпение», и его можно считать ключевым словом во всей книге.

Каждое послание семи церквям завершается призывом к каждому члену этих церквей быть «побеждающим», то есть побороть все искушения и давления как внутри церкви, так и извне. Отступничество от истинной христианской веры и образа жизни, по сути, означает быть неверным Иисусу Христу.

Основная мысль книги состоит не только в том, что Иисус Христос победил, но в том, что христиане также должны быть победителями. Они должны следовать примеру Господа, Который сказал «Мужайтесь: Я победил мир» (Иоан. 16:33) и Который говорит в Откровении: «Вы тоже должны победить мир».

Понятно, что именно по этой причине книга Откровение стала настолько значимой для христиан, переживающих гонения. Возможно, поэтому западные христиане, находясь в комфортных условиях, не могут понять важность этой книги. Ее необходимо читать сквозь слезы.

Книга предлагает два вида мотивации, побуждая тех, кто претерпевает страдания, быть «побеждающими». Первый из этих видов – *награды*. Всем побеждающим будет даровано много наград: вкусить от дерева жизни, которое находится в раю Божьем; также не испытать ужасов второй смерти; вкусить сокровенной манны, получить белый камень с начертанным на нем тайным новым именем; иметь власть править народами; восседать вместе с Иисусом Христом на Его престоле; облечься в белые одежды и стать столпом в храме Божьем, неся начертанное имя Бога и остаться в нем навечно. Но прежде всего, после всех страданий и скорбей, побеждающему верующему обещано место на новом небе и новой земле, где он будет вечно находиться в присутствии Божьем. Это – славная надежда!

Но есть также и мотивация со знаком минус – это *наказание*. Какова участь верующего, который под давлением обстоятельств оказался неверным? Говоря кратко, они будут лишены все тех благословений, которые мы упомянули выше. Более того, они разделят участь неверующих, которые будут повержены в «озеро огненное». Всего двух стихов, взятых из первой и последней части книги, достаточно, чтобы подтвердить возможность такой страшной участи.

«Побеждающий… не изглажу имени его из книги жизни» (3:5). Если признавать наличие смысла в языке, то здесь говорится о том, что для тех, кто не будет в числе побеждающих, есть опасность, что их имена будут стерты (буквально, слово означает «соскребать» пергамент ножом). Книга жизни появляется на страницах четырех книг в Библии (Исход 32:32; Псалом 68:29; Филиппийцам 4:3; Откровение 3:5). В трех из этих мест Писания говорится о том, что имена народа Божьего изглажены из Книги жизни после того, как они согрешили против Господа. Прочтение стиха из Откровения так, словно оно могло включать слова «не побеждающий…» наряду с обетованием, значит сделать награду бессмысленной.

«Побеждающий наследует все [новое небо и новую землю с Новым Иерусалимом], и буду ему Богом, и он будет Мне сыном. Боязливых же и неверных, и скверных … участь в озере, горящем огнем и серою. Это смерть вторая» (21:7-8). Следует помнить, что вся книга Откровения написана для верующих людей, а не для неверующих. На протяжении всей книги мы встречаем обращения к «святым» и «Его рабам». Этот стих обращается к боязливым и неверным верующим. Это подтверждается союзом «но», что полностью противопоставляет тех, кто заслуживает такой участи, и верующих, которые «побеждают».

Другими словами, в книге Откровение определены две участи, которые уготованы *христианам:* они либо воскреснут со Христом и будут править вместе с Ним, в конечном итоге проведя вечность в новом мироздании; либо же утратят свое наследство в Царстве Божьем и отправятся в ад.

Возможность такой участи подтверждается во многих местах в Новом Завете. Евангелие от Матфея, которое можно назвать «руководством по ученичеству», содержит пять основных проповедей, адресованных «сынам Царствия». И все же большую часть учения Иисуса Христа об аде мы находим здесь же, и все Его предостережения, кроме двух, касались учеников. Нагорная проповедь (главы 5-7), в которой вначале благословляются те, кто будет гоним за Иисуса Христа, далее говорит об аде, и завершается напоминанием о том, что есть эти две участи. Великое Поручение (в главе 10) включает повеление «И не бойтесь убивающих тело, души же не могущих убить; а бойтесь более Того, Кто может и душу и тело погубить в геенне (стих 28), а также «кто отречется от Меня пред людьми, отрекусь от того и Я пред Отцом Моим Небесным» (стих 33). В Своей проповеди на горе Елеонской (в главах 24-25) Христос осуждает ленивых и нерадивых слуг, которые будут «подвергнуты одной участи с лицемерами» (24:51), и будут «выброшены во тьму внешнюю: там будет плач и скрежет зубов» (25:30).

Павел говорит также на эту тему, напоминая Тимофею о «верном слове»:

«Если мы с Ним умерли,

    то с Ним и оживем;

Если терпим,

    то с Ним и царствовать будем;

Если отречемся,

    и Он отречется от нас» (2 Тимофею 2:11-12)

Многие христиане отрицают подобные последствия. Разумеется, в этой связи можно сказать больше (автор более подробно касается этого насущного вопроса в книге под названием *«Спасен однажды – спасен навсегда?»* Между тем, точка зрения в книге Откровение по этому поводу вполне ясна. Верующие могут даже утратить «участие в книге жизни (в других переводах «в древе жизни») и в святом граде», только лишь «отняв от слов книги пророчества сего» (22:19), и тем самым исказив ее смысл.

Можно обобщить главную цель книги, сказав, что она была написана для увещевания христиан, столкнувшихся с непосильным давлением, «терпеть» и «побеждать», и тем самым избежать «второй смерти», сохранив свои имена записанными в Книге жизни. Мы сможем увидеть, что каждая глава и стих легко вписываются в эту общую цель, когда посмотрим на форму или структуру всей книги.

Структура книги Откровение

Если мы правильно определили цель Откровения как подготовку верующих к тому, как предстать перед гонениями и даже мученической смертью, то должна быть возможность применить ее к каждой части этой книги. Более того, общая структура должна выявить развитие данной темы.

Мы создадим несколько вариантов структуры книги, проанализировав ее содержание с разных точек зрения и с различными целями, начав с самого простого. Очевидное деление наблюдается в главе 4:1, где происходит радикальный перенос взгляда с земного на небесное, с настоящей ситуации – на перспективы будущего:

| Главы 1-3 | Настоящее |
| Главы 4-22 | Будущее |

Второй большой раздел имеет четкое деление между плохими и добрыми предзнаменованиями. Переход от первого ко второму происходит в 19 главе. Получаем следующую структуру:

Главы 1-3	Настоящее	
Главы 4-22	Будущее	
	Главы 4-18	*Плохие предзнаменования*
	Главы 20-22	*Добрые вести*

Теперь посмотрим, какое отношение каждый из разделов имеет к цели книги. То есть, каким образом каждая из этих разделов подготавливает верующих к приходу времен Великой скорби? И соответственно мы можем расширить план следующим образом:

Главы 1-3	Настоящее	
		Это время для исправления ситуации
Главы 4-22	Будущее	
	Главы 4-18	*Плохие предзнаменования*: все будет ухудшаться, прежде чем наступит улучшение.
	Главы 20-22	*Добрые вести*: все будет улучшаться, прежде чем ухудшиться.

Остается добавить еще лишь один пункт, а именно главу 19. Какое событие, которое меняет всю ситуацию, происходит в этой главе? Второе Пришествие Иисуса Христа на Землю! Согласно прологу и эпилогу книги (стихи 1:7 и 22:20), именно так выглядит структура всей книги Откровение. Теперь мы можем еще вставить пункт «Глава 19: Пришествие Иисуса Христа» между плохими предзнаменованиями и доброй вестью.

Если при чтении книги держать эту простую структуру в уме, то многие вещи становятся понятнее. И самое главное, становится очевидным единство всей книги. Ее цель достигается в три этапа.

Первый этап – Иисус говорит церквям, что прежде чем ответить на внешние вызовы, они должны разобраться с проблемами внутреннего характера. Такие факторы, как компромиссы в вопросах веры и поведения, толерантное отношение к идолопоклонству и безнравственности, ослабляют церковь изнутри.

Второй этап – Иисус Христос, с неизменно присущей Ему честностью, показывает самое худшее из всего, что может произойти с ними. С более страшными событиями им никогда больше не придется сталкиваться! Но самое худшее время продлится всего лишь несколько лет.

И третий этап – Иисус Христос открывает те чудеса, которые придут после второго. Не воспользоваться такими перспективами в вечности ради того, чтобы избежать временных страданий в этой жизни, было бы самой величайшей трагедией.

На всех трех этапах Иисус Христос побуждает Его последователей иметь «терпение» и быть «побеждающими», пока Он не придет опять. Один стих подводит итог всему сказанному: «Только то, что имеете, держите, пока приду» (2:25). После этого Он сможет сказать: «Войди в радость господина твоего» (Матфея 25:21).

Безусловно, есть и другие способы для анализа книги. «Тематический» план больше похож на указатель тем, с помощью которого мы сможем сориентироваться в книге.

Такая структура не предусматривает перенос внимания с земных аспектов на небесные, и обратно. Здесь мы можем выделить три периода времени:

A. То, что происходит в настоящем времени (главы 1-5).

B. То, что будет происходить в ближайшем будущем (главы 6-19).

C. То, что будет происходить в отдаленном будущем (главы 20-22).

После этого мы можем определить основные характеристики каждого из периодов и попытаться сделать из них список, легкий для запоминания. Вот лишь один пример такого «каталога» событий:

A. Настоящее

	Главы 1-3	Грядущий Господь
		Семь разных светильников
	Главы 4-5	Творец и творение
		Лев и Агнец

B. Ближайшее будущее

Главы 6-16 Печати, трубы, чаши

Диавол, антихрист, лжепророк

Главы 17-19 Вавилон – последняя столица мира

Армагеддон – последняя битва

C. Отдаленное будущее

Глава 20 Тысячелетнее Царство

Судный день

Главы 20-22 Новое небо и новая земля

Новый Иерусалим

Отметьте, что главы 4-5 теперь находятся в первом разделе. Это связано с тем, что «гуща событий», приведших к Великой скорби, фактически начинается в главе 6. Глава 19 здесь уже входит во второй раздел, поскольку здесь заканчивается период Великой скорби со свержения Иисусом Христом «нечестивой троицы».

Такой тип структуры легко запоминается и может быть полезен в качестве «готовой ссылки» (или быстрой справки) при рассмотрении конкретных тем. Очень важно проводить такое изучение, прежде чем приступать к более тщательному рассмотрению нескольких разделов книги. Существует избитая пословица: за деревьями леса не увидишь! Книга Откровение является одной из самых простых книг, в которой настолько хочется понять детали, что иногда теряется из виду ее главная суть.

Тем не менее, пришло время нам поменять телескоп на микроскоп, или хотя бы увеличительное стекло!

Содержание книги Откровение

Книга такого формата не позволяет нам включить полный комментарий. Наши намерения состоят в том, чтобы дать введение в каждый из разделов и позволить исследователю Библии «читать, замечать, изучать и переосмысливать» ее, как говорится в Книге Общей молитвы англиканской церкви.

Мы будем делать акцент на главных особенностях, пытаться найти решение проблемных вопросов и в целом помогать читателю преодолевать некоторые препятствия. Многие вопросы мы вынуждены оставить без ответов, но их можно рассмотреть в одном из уже опубликованных комментариев (комментарий Джоржа Элдона Лэдда является одним из лучших; George Eldon Ladd, изд-во Eerdmans, 1972).

Рекомендуется прочитать каждую из частей книги Откровение до и после соответствующего раздела в данной главе.

Главы 1-3: Церковь на Земле

Эта часть, вне всякого сомнения, является самой простой частью книги, легкой для чтения и понимания. Это можно сравнить с плесканием на берегу моря до того, как вы окажетесь на глубине, во власти подводного течения, закручивающего вас в водовороте и приводя в панический ужас!

Несмотря на то, что книга Откровение чаще характеризуется как «пророчество», она на самом деле написана в форме послания (сравните стихи 1:4-6 со вступительной частью остальных посланий Нового Завета). Однако это послание адресовано не одной церкви, а семи церквям. Несмотря на то, что в нем содержатся конкретные послания для каждой из них, оно явно предназначено, чтобы церкви также услышали послания друг друга.

После слов привычного христианского приветствия («благодать вам и мир») мы находим провозглашение главной темы: «Се грядет», событие, которое принесет с собой несчастья для этого мира, и радость для Церкви. Это событие носит характер несомненного факта («Аминь»).

«Отправителем» этого послания является Сам Бог, Властелин времени, Который есть, был и грядет, Альфа и Омега (первая и последняя буквы греческого алфавита, символизирующие начало и конец всего). Те же титулы, которые присвоены Иисусу Христу Им Самим (1:17; 22:13), служат доказательством того, что Ему ведома Его собственная божественная природа.

Роль «писца» или «секретаря», записавшего это послание, принадлежит апостолу Иоанну, который был сослан на небольшой остров Патмос размером всего восемь на четыре мили на архипелаге Додеканес в Эгейском море, как политический заключенный за религиозные взгляды.

Содержание послания передавалось как в словесной форме, так и через видения. Отметим, что прежде чем что-то «увидеть», Иоанн сначала это «услышал». За голосом, который повелевал ему записывать, он увидел потрясающий образ Иисуса Христа, какого Иоанн никогда раньше не видел: белые, как снег, волосы, глаза, горящие как пламень огненный, с громогласным голосом, с языком, как обоюдоострый меч, раскаленными ногами. Даже на горе Преображения Он не выглядел так, как теперь. Неудивительно, что Иоанн упал к Его ногам бесчувственный, пока не услышал знакомые слова: «Не бойся».

О большинстве значительных фигур в истории можно сказать, что они были живы, а потом умерли. И только Иисус Христос был мертв, и теперь жив «во веки веков» (1:18; буквально «отныне и до века»).

Иоанну было велено записать то, «что есть» (главы 1-3), и «что будет после сего» (главы 4-22). Пророчество о настоящем касается состояния семи церквей Асии, каждая из которых имела своего «ангела-хранителя», и за каждой наблюдал (а также, глубоко понимал ее состояние и знал е будущее!) Иисус Христос. Все эти церкви предстали в странном образе семи звезд (семь ангелов) и семи светильников (семь церквей). Примечательно, что Иисус Христос описан Ходящим среди них, как это, очевидно, делал Иоанн, когда был на свободе. В Евангелиях большая часть проповедей Иисуса Христа была оглашена Им, когда Он шествовал «в пути» как перед распятием, так и после Своего воскресения.

Семь посланий семи церквям лучше всего изучать вместе и в сравнении друг с другом. Очень наглядно можно увидеть сходства и различия между посланиями, если их выписать рядом друг с другом.

Сразу же становится очевидным идентичность формы посланий, состоящих из семи (опять же «семи») элементов:

1. Получатель:

    «Ангелу ... церкви».

2. Имя-атрибут:

    «Так говорит...»

3. Одобрение:

    «Знаю твои дела».

4. Обличение:

"Но вот, что имею против тебя…"

5. Пожелание:

"Если не так, скоро приду к тебе и…"

6. Обетование:

"Побеждающему, дам …"

7. Призыв:

"Имеющий ухо, да слышит, что Дух говорит церквам".

Единственное отличие в такой последовательности составили четыре последних послания, где два последних пункта стоят в обратном порядке (причина этого непонятна). Давайте сравним и сопоставим эти семь посланий.

ПОЛУЧАТЕЛЬ

Слова к получателю во всех семи посланиях отличаются только местом расположения церкви. Путь, на котором находились эти города, образовывал круг, начиная с главного портового города Ефеса (о церкви этого города нам известно больше, чем о какой-либо другой церкви тех времен), затем, двигаясь наверх к северу до побережья, потом – на восток материковой части и, наконец, – на юг к богатой долине реки Меандр.

Единственный спорный момент здесь состоит в том, относится слово *angelos* (буквальное значение «посланник») к небесному существу, или к человеку. Поскольку во всей книге Откровение это слово переведено как «ангел», то есть серьезные основания полагать, что то же самое относится и к этому случаю. Ангелы активно вовлечены в жизнь церквей (даже в том, что касается покрытия головы женами! (1 Коринфянам 11:10)). Поскольку Иоанн находился в одиночном заточении, то доставлять послания ему должны были небесные «посланники». Только современный скептицизм о существовании ангелов мог допустить перевод этого слова как «служитель» (предположительно с приставкой «преподобный»!)

ИМЯ-АТРИБУТ

Примечателен тот факт, что Иисус Христос не упоминает Свое имя, а только использует характеристики, многие из которых ранее не встречались. В действительности, у Иисуса Христа есть 250 таких атрибутов, что составляет самое большое число, какое когда-либо было у исторической личности (очень полезно составить список всех этих имен). В каждом послании церкви это имя Иисуса Христа тщательно выбирается, чтобы описать ту грань Его характера, которую та или иная церковь упустила из вида или нуждается в ее осмыслении. Некоторые из таких атрибутов мы встречаем в первоначальном видении, когда Его увидел Иоанн. Все эти имена-атрибуты имеют большое значение. «Имеющий ключ Давидов», например, указывает на исполнение мессианских надежд Израиля. «Начало создания Божия» символизирует Его власть на земле и на небе (Матфея 28:18).

ОДОБРЕНИЕ

С этого начинается самая сокровенная часть каждого из посланий, где наблюдается переход от обращения от третьего лица ('him', т.е. «Тот») к первому лицу ('I', т.е. «Я»). [прим. пер.: в русском переводе идет сразу имя-атрибут «Держащий», «Первый и Последний», «Имеющий» и т.д.] Идет ли здесь речь об одной и той же личности? Местоимение «Тот», безусловно, относится к Иисусу Христу, но местоимение «Я» могло, конечно, относиться и к Духу, «Духу Христову». Слова, которые мы встречаем далее (например, «как и Я получил [власть] от Отца Моего» в 2:27), говорят в пользу первого предположения.

Слова «Я знаю» равнозначны тому, что Он в совершенстве осведомлен как об их внутреннем состоянии, так и внешних обстоятельствах. Его знания, и соответственно, понимание, являются полновесными. Его суды справедливы, Его убеждение решающее, Его честность ясная и открытая.

Прежде всего, Ему известны их «дела», то есть их поступки, деяния. Такой акцент, какой делается на делах, проходит через всю книгу Откровение. Это связано с тем, что основной темой книги является суд. Иисус Христос придет опять, чтобы судить живых и мертвых. Мы получаем оправдание по вере, но будем судимы по нашим делам (2 Коринфянам 5:10). Иисус Христос одобряет добрые дела и побуждает к ним.

Если рассматривать эти послания наряду друг с другом, сразу становится очевидным, что две церкви не были удостоены Его доброго слова (это церкви Сардиса и Лаодикии), хотя с человеческой точки зрения они выглядят «успешными». Мнение Иисуса Христа может не совпадать с нашим. Большие собрания, большие сборы пожертвований и крупные проекты не обязательно свидетельствуют о духовном здоровье.

Пяти церквам высказана похвала: Ефесской – за старание, терпение, стойкость и проницательность (выявив лжеапостолов); церкви Смирны – за ее мужество перед лицом притеснений и лишений (несмотря на соседство с «собранием сатанинским», возможно, какой-то оккультной формой иудаизма); церкви Пергамской – за то, что не отреклись от веры в трудных обстоятельствах даже тогда, когда один из ее членов принял мученическую смерть (несмотря на то, что она находилась в тени «престола сатаны»: гигантского размера храм, восстановленный теперь в Пергамском музее Берлина); церковь Фиатирская – за ее любовь, терпение и достижения; церкви Филадельфийской – за ее верность (несмотря на соседство с еще одним «собранием сатанинским»).

Попутно можем заметить, что Иисус Христос часто говорит о сатане, который стоит за всей той враждебностью, проявляющейся по отношению к церквам. Он также ответственен за надвигающийся кризис, с которым они столкнутся, за ту «... годину искушения, которая придет на всю вселенную, чтобы испытать живущих на земле...» (3:10).

И наконец, характерным для Иисуса Христа было высказать похвальные вещи, прежде чем критиковать, и это стало примером, которому следовали апостолы. Так, Павел благодарил Бога за то, что коринфяне «не имели недостатка ни в каком «даровании» (1 Коринфянам 1:4-7), прежде чем увещевать их за то, что они употребляют эти дары не по назначению. Разумеется, Павел сталкивался с подобными ситуациями в церкви, но такой же принцип должны применять все христиане.

ОБЛИЧЕНИЕ

Из текста узнаем, что две церкви не имели критических замечаний: церковь Смирны и церковь Филадельфии. Наверное, они испытали огромное облегчение, когда им были прочитаны их послания! Они слабее других церквей, и уже проходят страдания, но зато остались верными, что угодно для Иисуса больше всего остального (Матфея 25:21, 23).

А что же было не так с остальными? Ефесская церковь оставила свою «первую любовь» (к Богу, друг другу или к неспасенным грешникам? Возможно, все три варианта правдивы, поскольку они взаимосвязаны). Пергамская церковь была вовлечена в идолопоклонство и безнравственность (синкретизм и вседозволенность представляют собой современные эквиваленты этих проблем). Фиатирская церковь виновна в тех же грехах (в результате попустительства Иезавели-лжепророчицы). Сардисская церковь постоянно была задействована в открытии новых предприятий, заслужив репутацию церкви «живой», но она не смогла выстоять и не удержала такой имидж до конца (не задевает ли это и нас за живое?) Лаодикийская церковь переживала пресыщенность, но не осознавала своего состояния.

Это последнее послание известно, возможно, лучше остальных, и производит самое сильное впечатление. Лаодикийская церковь гордилась тем, что имела теплые взаимоотношения, тепло приветствуя многих посетителей. Но такие «теплые» церкви вызывают у Иисуса Христа отвращение. Ему намного легче воспринимать холодное или горячее состояние! Здесь подразумеваются соляные горячие источники, находившиеся по всему склону горы в окрестностях Лаодикии («белый замок» Памуккале до сих пор является популярным «спа»-курортом); когда горячий соляной поток достигал лежащего внизу города, вода становилась «теплой» и вызывала рвотный рефлекс у тех, кто пил ее.

Иисус больше не мог посещать собрания в такой церкви! Его присутствия внутри больше нет, но Он стоит снаружи. Стих 3:20, наверное, самый неправильно употребляемый текст во всем Писании, который используется в качестве евангелизационного приглашения неверующих и в практике душепопечителей. Этот стих не имеет никакого отношения к обращению в христианскую веру. Более того, используемый в таком контексте, он создает неправильное впечатление: на самом деле за дверью стоит как раз нераскаявшийся грешник, который нуждается в том, чтобы постучать и войти в Царство, и этой дверью является Христос (Луки 11:5-10; Иоанна 3:5; 10:7). «Дверь» в стихе 3:20 – это дверь Лаодикийской церкви. Этот стих является пророческим словом для церкви, утратившей Христа, и он исполнен надежды. Достаточно даже одного члена церкви, который захочет разделить трапезу с Иисусом Христом, чтобы Он снова вошел и был среди них! Более глубокое толкование этого стиха и новозаветного учения об обращении в христианскую веру, можно найти в моей книге The Normal Christian Birth («Нормальное рождение христианина»).

Прежде чем перейти к следующему подразделу, следует обратить внимание, что обвинения объясняются любовью Иисуса Христа к этим церквям. Он Сам говорит об этом: «Кого Я люблю, тех обличаю и наказываю» (3:19). На самом деле, отсутствие такого элемента как обличение, могло служить знаком непринадлежности к семье Христовой (Евреям 12:7-8)! Он хочет не умалить их, но возвысить. Прежде всего, Христос желает приготовить их к грядущим искушениям, которые придут для их «испытания» (3:10). Если они пойдут на компромисс сейчас, то поддадутся искушению потом, что могло стоить им участи в Царстве Небесном.

ПОЖЕЛАНИЕ

Всем семи церквям оставлено пожелание. Даже те две церкви, которые заслужили всестороннее одобрение, Христос увещевает продолжать совершать прежние дела, «придерживаться того, что имеете, пока Я приду» (2:25).

Остальные пять церквей получили два предостережения: «вспомни» и «покайся». Христос призывает их восстановить в памяти то, кем они некогда были, и какими они должны быть. А истинное покаяние подразумевает намного больше, чем сожаление и угрызения совести; оно требует исповеди и исправления.

Он предупреждает отвергающих Его призыв, что «придет» и разберется с ними. Будет время, когда исправить положение и примириться будет уже слишком поздно. Иногда эти слова относят ко Второму пришествию Иисуса Христа, когда «венец жизни» получат те, кто останется «верным, даже если придется умереть» (2:10; сравните с 2 Тимофею 4:6-8), но те, кто не будет готов, услышит страшные слова: «Не знаю вас» (Матфея 25:12).

Обычно слова «приду к тебе» относят к более раннему «посещению» Иисуса Христа к единственной церкви, чтобы убрать его «светильник» (2:5). Служение Иисуса включает закрытие церквей! Ничего не может быть хуже скомпрометировавшей себя церкви, которая не желает исправления. Уж лучше вообще удалить такую недостойную рекламу благовествования.

Мы можем подвести итог этой части словами: «Исправься, придерживайся этого, иначе Я положу этому конец».

ОБЕТОВАНИЕ

Можно заметить, что призыв быть «побеждающим» обращен не ко всей церкви в целом, но к каждому отдельному ее члену. Суд всегда осуществляется на личном уровне, вне зависимости от цели (вознаграждения или наказания), но никогда не коллективно (отметьте слово «каждому» во 2 Коринфянам 5:10). Здесь вовсе не предлагается оставить порочную церковь, и, поймав колесницу, отправляться в ту лучшую, которая в будущем! Ни одному человеку не будет прощения за соглашательство, потому что вся церковь отвечает за совершенный грех. Плохие тенденции в церкви не должны поддерживаться ее членами. Говоря иначе, христианин должен научиться противостоять искушениям внутри церкви, прежде чем столкнется с ними в мире. Если нам не удастся выйти «побеждающими» в первом случае, вряд ли мы станем «побеждающими» во втором.

Иисус готов без колебания предложить награды в качестве мотивации (5:12). Он Сам претерпел крестные страдания, презрев позор, «ради той радости, которая ожидала Его» (Евреям 12:2, Совр. Перевод БО, 2011). В каждом из посланий церквям Он побуждает «побеждающих» помыслить о награде, которая ожидает тех, кто будет «стремиться к цели» (Филиппийцам 3:14).

В каждом из посланий упоминаются имена-атрибуты Христа, взятые из первой главы, а предлагаемые Им награды взяты из последней главы. Время раздачи этих наград относится к последним временам, а не к настоящему времени. Только имеющие веру в то, что Бог исполнит обетования, могут быть мотивированы вознаграждением в отдаленном будущем.

В очередной раз мы должны осознать, что радость нового неба и новой земли будет доступна не всем верующим, но только тем, кто выйдет победителем в борьбе с искушениями и гонениями (это очень явственно следует из стихов 21:7-8). Только тот, кто соблюдет дело Божье и останется верным «до конца» (2:26), спасется (сравните с Матфея 10:22; 24:13; Марка 13:13; Луки 21:19).

ПРИЗЫВ

Последние слова призыва «Имеющий ухо, да слышит» – знакомое нам завершение проповеди Иисуса Христа (например, в Матфея 13:9). Значение этих слов становится понятным в свете одного из наиболее часто цитируемых в Новом Завете мест из Ветхого Завета: «Слухом услышите – и не уразумеете ... и ушами с трудом слышат ... и не услышат ушами и не уразумеют сердцем, и не обратятся, чтобы Я исцелил их» (Исаии 6:9-10, приведена цитата в Евангелиях от Матфея 13:13-15; Марка 4:12; Луки 8:10; Деяниях 28:26-27).

Иисус Христос знал, что именно таким будет в целом ответ иудеев. Теперь Он предостерегает христиан от такой реакции. Он подчеркивает различие между слушанием слов и принятием их во внимание. Дело в том, внимательно ли люди прислушиваются к словам Христа. Его слова в Откровении станут благословением только для читающего и «соблюдающего» их, то есть не просто услышанные ушами, но «понятые сердцем» (1:3). Если ребенок проигнорировал слова мамы или папы «положи это на место», то они наверняка скажут «Ты слышал, что я сказал (а)?», вполне осознавая, что слова ребенок услышал, но не принял во внимание.

Вполне понятно, что завершающие слова каждого послания семи церквям означали, что Иисус ожидает такого отклика в форме положительного ответа, готового к послушанию. Он имеет право ожидать такого отклика. Он есть Господь.

Главы 4-5: Бог на небесах

Эта часть книги относительно простая и не требует подробного введения. В частности, глава 4 знакома благодаря своему контексту поклонения; ее часто читают в церкви, чтобы побудить собрание к прославлению, и ее содержание использовано во многих гимнах и хоралах. Это мимолетное видение о благоговении, происходящем на небесах, а все поклонения здесь, на Земле, являются лишь его отголоском.

Иоанн услышал слова, приглашающие его «взойти сюда» (4:1) и посмотреть, как выглядят небеса. Такой привилегии удостаивались лишь немногие за время своей жизни (Павел пережил подобное событие; 2 Коринфянам 12:1-6). Это то место, где царит Бог, и откуда Он правит всем. Слово «Престол» является ключевым здесь и встречается 16 раз. Обратите внимание на ударении на слове «Сидящий» (4:2, 9, 10; 5:1). Это центр управления «Царством Небесным».

Перед нами раскрывается сцена потрясающей красоты, почти не поддающаяся описанию. Радуга, подобная изумруду (!), золотые венцы, гром и молнии, огненные светильники (!) Мы можем почти воочию представить, как глаза Иоанна бросались от одной удивительной вещи к другой, когда он смотрел на все это в благоговейном страхе и изумлении. Пытаясь описать то, каким он увидел Самого Бога, Иоанн сравнил это с двумя самыми великолепными драгоценными камнями, которые он когда-либо видел (яспис и сардис).

Прежде всего, во всей этой сцене есть элемент умиротворенности, который описывается как «стеклянное море», уходящее за горизонт. Резкий контраст с большими волнениями, происходящими на земле (начиная с главы 6 и далее), носит явно преднамеренный характер. Бог безраздельно царствует над всеми сражениями, которые ведутся между добром и злом. Он не должен участвовать в сражении; даже сатана должен спрашивать у Него разрешения, прежде чем он коснется человека (Иов 1). Его вряд ли может что-либо удивить. Он знает точно, как разобраться с любой возникающей проблемой, поскольку это может быть только то, что Он допустил.

Он есть Бог, не человек. И поэтому Он достоин поклонения (английское слово 'worship', т.е. поклоняться, является производным от слова 'worth-ship', которое объясняет человеку, насколько он дорог вам). Создателю несется непрестанная хвала от всего творения, которое Он сотворил. Четыре таких «живых» существа были «подобны» льву, тельцу, человеку и орлу; вместе они олицетворяли все живые творения, обитающие в четырех концах света (хотя существует 20 других толкований этого места!) Их прославление отчасти носит «тринитарный» характер: трижды произносимые слова «свят» в трех временных аспектах: прошлое, настоящее и будущее.

Двадцать четыре старца составляют небесный «совет» (Иеремия 23:18). Вполне очевидно, что в их лице представлен Божий народ двух заветов, Израиль и Церковь (заметьте 24 имени, написанные на Иерусалимских воротах и основаниях городской стены; (21:12-14)). У них есть «венцы» и «престолы», но только делегированные полномочия.

В 4-й главе не происходит никаких действий, только сплошное непрекращающееся поклонение. Это было бесконечно продолжающееся явление без признаков времени. Действия начинаются с 5-й главы, с поиска кого-то «на небе и на земле», «достойного раскрыть книгу и снять семь печатей ее».

Значимость этой книги или свитка, становится очевидной в свете происходящих событий. На нем предстояло написать тот план, который положит конец веку земной истории, веку, в котором мы живем. Со снятием печатей начинается обратный отсчет времени.

Пока этого не произошло, мир будет находиться в своем прежнем состоянии. С «настоящим лукавым веком» будет покончено прежде, чем начнется «век грядущий». Если «Царству Божию» суждено быть установленному по всему лицу Земли, то суждено произойти окончательному прекращению существования «царств земных». Вот почему Иоанн «много плакал» от разочарования и горя, когда никого «достойного» не нашлось, чтобы привести это в действие.

Однако почему это было так проблематично? На протяжении всей истории Бог Сам неоднократно посылал наказания на землю. Почему же не послать окончательные наказания? Либо Бог не избрал этот путь, либо не чувствовал, что Он правомочен это сделать! Последняя мысль вовсе не так причудлива или даже богохульна, как многие могут подумать, с учетом того, что сказано о той единственной Личности, которая была найдена, чтобы быть «достойной».

Кто же Он такой? Некто, являющийся одновременно и «Львом», и «Агнцем»! На самом деле, разница между ними не настолько велика, как полагают. Агнец – мужского рода, и в полном возрасте, как того требовалось от любого агнца для жертвоприношения («однолетний»; Исход 12:5). Здесь мы видим «Агнца», вернее, «Овна», как следовало бы говорить на самом деле, имеющего семь рогов (на один больше, чем у редкой породы овец Джакоб), которые символизировали власть, и семь глаз, символизировавших совершенное зрение. И все же Он «заклан» как жертвоприношение.

Лев является царем зверей, но здесь он царь колена Иудина, берущий начало от династии Давида. Таким образом, мы имеем уникальное соединение двух фигур: суверенного Льва и жертвенного Агнца, соответствующих грядущему Царю и страждущему Рабу, о которых говорится в еврейских пророчествах (Исаии 9-11 и 42-53).

Но дело не только в том, кто Он такой, но и в том, что Он совершил такого, что соответствует Его возможностям послать такие бедствия, которые положат конец этому миру, ибо понятие «конца» может означать две вещи: прекращение и завершение, или окончательное исполнение. Он положит конец этому миру через исполнение второго.

Он подготовил народ взять правление над этим миром. Он искупил ценой собственной крови их, взятых из каждого племени рода человеческого. Он научил их всем обязанностям правителя и священника в служении Богу, тем самым приготовил их к ответственному *правлению на Земле* (об этом более подробно говорится в Откровении 20:4-6).

Только Тот, Кто совершил все это, способен начать те бедствия, которые приведут к свержению всех других режимов на Земле. Разрушить одну плохую систему, не предложив взамен другую пригодную, такое могло бы привести только к анархии.

Он же Сам является достойным Правителем того Царства, которое приготовил, именно потому, что добровольно отдал все ради осуществления этого замысла; именно потому, что Он «был послушным до смерти, и смерти крестной», Бог «превознес Его» (Филиппийцам 2:8-9).

Вполне понятно, что тысячи ангелов единодушно в шумном восклицании говорили, что Он единственный, Кто достоин принять силу и богатство, премудрость и крепость, и честь, и славу, и хвалу. И тогда все живущее во Вселенной творение присоединилось к гимну хора ангелов, но с одним существенным дополнением. Сила, честь, слава и хвала принадлежат и Сидящему на престоле, и Стоящему по правую руку от Него, Отцу и Сыну вместе, потому что все это было Их совместным трудом. Они оба участвовали во всех деяниях. Они оба пострадали, чтобы это исполнилось, хотя каждый по-своему.

Ничто так явно не раскрывает божественность нашего Господа Иисуса Христа, чем жертва безграничной хвалы и поклонения одновременно Ему и Богу-Отцу.

Главы 6-16: Сатана на Земле

Этот раздел лежит в центре книги и является наиболее трудным для понимания и применения.

Мы входим в этап плохих предзнаменований. Все будет становиться все хуже, прежде чем станет лучше. По крайней мере, утешает уже знание о том, что ситуация не будет хуже той, которая предсказана в этих главах, но и это достаточно страшные вещи!

Здесь есть три главных проблемы для толкования.

Во-первых, какой *порядок* событий? Все они довольно трудно располагаются на временной диаграмме. Тот, кто пробовал это сделать, вскоре убеждался в этом.

Во-вторых, что означают все эти символы? Некоторые из них понятны. Некоторые объясняются в тексте. Но еще некоторые представляют проблему (к таковым относится символ «беременной женщины» в главе 12).

В-третьих, когда *исполнятся* эти пророчества? Уже исполнились в нашем прошлом, исполнятся в настоящем или будущем? Другими словами, произошли они уже, происходят сейчас или им еще суждено сбыться?

Мы сосредоточимся на порядке происходящих событий, что после первого чтения остается далеко непонятным, и будем анализировать символы по мере встречи с ними. Эта задача усложняется включением трех особенностей, которые находятся вне последовательности событий и кажутся наугад разбросанными по всему тексту этих глав.

Первое из них – наличие *отступлений от темы*. Отступления, имеющие форму «вставок» или вводных эпизодов, касаются вопросов, которые кажутся за пределами основного течения событий.

Во-вторых, здесь встречается такая особенность как *повторения*. Время от времени повествование как бы оживляется воспоминаниями событий, которые уже были упомянуты.

Третья особенность – *предупреждения*. Речь идет о событиях, которые не объясняются, пока не станут частью самого события позже (например, первое упоминание об «Армагеддоне» мы встречаем в главе в 16:16, но само это событие описано только в главе 19).

Эти элементы привели к неправильному толкованию и спекуляциям, больше всего в толковании теории «циклического историзма», которую мы уже рассматривали ранее. Поэтому будем придерживаться более простого подхода, переходя от очевидного к скрытому.

Самое поразительное, что бросается в глаза, когда мы перечитываем эти главы подряд, это три серии упоминаний о печатях, трубах и чашах. Расшифровать значение этих символов относительно несложно.

Печати:
1. Конь белый – вооруженная агрессия
2. Конь рыжий – кровопролития
3. Конь вороной – голод
4. Конь бледный – казни, язвы

* * *

5. Гонения и мольбы
6. Землетрясение и великий страх

* * *

7. Безмолвие на небе, молитвы, ответом на которые было окончательное бедствие: великое землетрясение

Трубы:
1. Выжженная земля
2. Загрязненное море
3. Зараженная вода
4. Уменьшение солнечного света

* * *

5. Саранча и мор (пять месяцев)
6. Вторжение с востока (200 миллионов)

* * *

	7. Приход Царства, над миром царствует Бог и Христос, что будет после великого землетрясения
Чаши:	1. Нарывы на коже
	2. Кровавое море
	3. Кровавые реки
	4. Сильный зной

* * *

5. Тьма

6. Армагеддон

* * *

7. Грады и великое землетрясение, приведшее к распаду всех городов

Когда все события расположены таким образом, становится очевидным ряд моментов:

Эти события не так уж неизвестны. Они отчасти напоминают египетские казни, когда Моисей противостоял фараону, даже такие, как жабы и саранча (Исход 7-11). Такие бедствия случаются и в наши дни в определенных местностях и даже регионах. Например, последовательность событий, которые связаны с появлением четырех коней, можно наблюдать во многих частях мира, и каждое из которых происходило в результате предыдущего. Главная новизна здесь проявляется в том, что здесь эти события происходят во всемирном масштабе, как будто бы бедствия были рассеяны по всему миру.

Каждая из серий этих событий делится на три части. Первые четыре согласуются друг с другом, они стали известными как «четыре всадника Апокалипсиса» благодаря картине художника Альбрехта Дюрера. Следующие два события не так тесно связаны друг с другом, а последнее стоит вообще особняком. Последние три события в каждой части обозначены словом «горе», которое всегда указывает на наказания.

Глядя на три серии в целом, мы замечаем *усиление* степени суровости наказаний. В то время как четверть человечества погибнет во время событий снятия «печатей», то одна треть оставшихся не смогут выжить, когда ангелы вострубят в «трубы». Более того, имеет место элемент прогрессии в причинах бедствий. Снятие «печатей» имело человеческое происхождение; «трубы» носят характер природных бедствий, разрушающих окружающую среду; а «чаши» непосредственно выливаются при посредничестве Ангелов.

Также мы замечаем здесь элемент *ускорения* развития событий. Когда снимаются «печати», события кажутся довольно распростертыми во времени, однако события последней серии измеряются месяцами и даже днями.

Все это позволяет говорить о прогрессивном характере этих трех серий, что подводит нас к вопросу об отношении между ними. Самый очевидный ответ состоит в том, что они происходят в определенной *последовательности*, которая может быть представлена следующим образом: печати: 1234567, затем трубы: 1234567, и затем чаши: 1234567. Другими словами, эти серии событий просто следуют друг за другом, составляя в общем 21 событие.

Но все не так просто, как может показаться! При внимательном рассмотрении событий обнаруживается, что седьмое событие в каждом случае, по-видимому, относится к одному и тому же инциденту (великое землетрясение в мировом масштабе служит таким общим фактором; 8:5; 11:19; 16:18). Это привело к возникновению альтернативной теории, которую облюбовали последователи школы циклического историзма, и они полагают, что эти серии носят *одновременный* характер, а именно:

Печати: 1 2 3 4 5 6 7

Трубы: 1 2 3 4 5 6 7

Чаши: 1 2 3 4 5 6 7

Говоря иначе, они охватывают тот же период, который, как обычно считается, охватывает промежуток времени между Первым и Вторым Пришествием, и рассматривают его под разными углами зрения.

Более убедительная, но более сложная конфигурация сочетает оба подхода, рассматривая первые шесть событий как последовательные, а седьмое – как одновременное:

Печати:	1	2	3	4	5	6						7
Трубы:				1	2	3	4	5	6			7
Чаши:							1	2	3	4	5	6	7

Другими словами, каждая серия продвигается вперед по отношению к предыдущей, но все они достигают кульминационного момента в один и тот же момент гибельного конца. Эта версия представляется наиболее соответствующей доказательствам, и ее, в основном, придерживаются представители футуристической школы, которые считают, что все три серии событий предстоят в будущем.

Все три серии сосредоточены на том, что произойдет в мире. Между тем, следует отметить реакцию на события людей. Несмотря на признание того, что все эти ужасающие трагические события свидетельствуют о гневе Божьем (и гневе Агнца!), человеческим ответом на это был страх (6:15-17) и хула на Бога (16:21) вместо раскаяния (9:20-21), несмотря на то, что Евангелие прощения было все еще доступно (14:6). Это печальные слова об ожесточении человеческого сердца, но это соответствует правде жизни. В годину бедствий мы либо прибегаем к Богу, либо идем против Него (последними словами пилотов часто бывают слова проклятия Бога; их обычно стирают из записей «черного ящика», прежде чем представить для расследования).

Пора посмотреть на главы, которые помещены между теми, где описаны три серии событий о печатях, трубах и чашах, или, скорее, внутри них, как нам станет понятно. Имеются три таких включения: глава 7, главы 10-11 и главы 12-14. Первые два включения помещены между снятием шестой и седьмой печатей и труб, а третий раздел вставлен перед первой чашей, как будто для него не хватило шкалы времени между шестой и седьмой чашей. Мы можем показать это в форме диаграммы, используя предыдущие примеры иллюстрации:

Печати:	1 2 3 4 5 6										7
Трубы:				1 2 3 4 5 6		(гл. 10-11)					7
Чаши:				(гл. 12-14)		1 2 3 4 5 6					7

Теперь у нас есть законченное очертание глав 6-16.

В то время как три серии событий с печатями, трубами и чашами в первую очередь касались того, что произойдет с этим *миром*, *три упомянутых включения касаются того, что будет с Церковью*.

Здесь мы находим сведения о том, что будет с Божьим народом во время этих ужасных потрясений. Насколько сильно их затронут эти события? Поскольку книга Откровение имеет целью подготовить «святых» к грядущим событиям, эти включения более актуальны и важны именно для Церкви.

Глава 7: две группы людей

Между событиями снятия шестой и седьмой печатей, мы мельком можем заметить два отдельных типа людей, пребывающих в двух совершенно разных местах.

С одной стороны, мы видим, что на Земле сохранится *ограниченное число иудеев* (стихи 1-8). Бог не отверг Израиля (Римлянам 11:1, 11). Он оставил им безусловное обетование, что они уцелеют, пока будет существовать Вселенная (Иеремии 31:35-37). Бог соблюдет Свое слово. У Израиля есть будущее.

Указанные цифры кажутся несколько произвольными, даже искусственными. Возможно, это округленные числа, или даже отчасти символичные. Очевидно одно: это будет очень ограниченное количество народа, который сейчас насчитывает миллионы людей. Все это количество будет в равных частях распределено между 12 коленами Израиля, без каких-либо предпочтений. Это означает, что те 10 племен, уведенных в плен в Ассирию, не «потеряны» для Бога, и что Он сохранит выживших из каждого колена, – тех, кого Он познал. Не спасется одно колено, Даново, восставшее против Божьей воли, которое было замещено практически таким же образом, как это произошло с Иудой Искариотом, одним из 12-ти. Оба случая предостерегают против принятия нами места в Божьих целях как должного.

С другой стороны, *бесчисленное множество христиан будут спасены для вечной жизни на небесах* (стихи 9-17). Великое множество народа из каждого колена и народа пребывают в почетном месте перед престолом Царя, воссоединившись в песне хвалы со старцами и творением. Но ими была привнесена новая нота в свою хвалебную песнь: они восклицали о своем «спасении».

Иоанн не осознал их значимости, и признается в своем непонимании того, за что они были удостоены такой чести. Один из старцев просвещает его: «это те, которые пришли от великой скорби» (стих 14; время, в котором стоит глагол явно указывает на продолжающийся процесс шествия отдельных людей и групп на протяжении всего периода Великой скорби). Как же они избежали гибели? Это происходило не через неожиданное и таинственное «восхищение», а через смерть (большей частью мученическую), которая сыграла такую заметную роль в этих же главах (мы уже слышали вопль их «душ», молящих о возмездии; 6:9-11).

Но их спасение произошло не благодаря пролитию их собственной крови, но благодаря Крови, пролитой Агнцем. Именно Его страдания, а не их, стали той жертвой, которая искупила их грехи, омыла их, сделав достойными стоять в Божьем присутствии и служить Ему.

Но Бог помнит о том, что они пострадали ради Его Сына, и Он гарантирует, что они «не будут уже» испытывать такие страдания. Палящее солнце не будет палить их (7:16; 16:8), но о них будет заботиться их «добрый Пастырь» (Псалом 22; Иоанна 10). Они будут утолять жажду водой «живой» («бурлящей»), а не «стоячей» водой (Иоанна 4:14; 7:38; Откровение 21:6; 22:1,17). А Бог, как поступил бы любой отец с плачущим ребенком, «отрет всякую слезу с очей их» (21:4). Отметьте, что пребывание на небе теперь служило предвкушением жизни на новой земле.

Главы 10-11: Два свидетеля

Между событиями, когда Ангел вострубил в шестой и седьмой раз, внимание сосредоточивается на человеческих каналах, через которые будут передаваться божественные откровения. Ключевым словом в обеих главах является слово «пророчествовать» (10:11; 11:3,6). В начале века Церкви Иоанн, находясь на острове Патмос, был «пророком»; в конце эпохи Церкви будет «два свидетеля», которые будут пророчествовать в Иерусалиме.

Впечатляющее появление двух «сильных» ангелов создает ощущение надвигающегося бедствия. Внушающие страх слова правды, которые произнес громогласным голосом первый ангел, были предназначены исключительно для Иоанна, и не были предназначены для передачи кому-либо другому (сравните: 2 Коринфянам 12:4). Второй Ангел объявляет, что уже больше не будет остановок в развитии событий, седьмая труба будет служить кульминационной точкой событий (что подтверждает наш вывод о том, что и седьмая печать, и труба, и чаша относятся к одному и тому же «концу»).

Совсем скоро будет дано последнее и самое тяжелое из всех «плохих предзнаменований». Оно записано в «меньшем свитке» (расширенная, более подробная версия большой книги уже открыта?) Иоанну было велено «съесть» этот свиток (как мы бы сказали «усвоить ее»). Вкус у нее был «сладкой и горькой»: вначале – сладкий, а после – горький по мере ее «переваривания» (такая же реакция происходит у многих на всю книгу Откровение, когда они начинают понимать ее суть).

Иоанну сказано, что ему надлежит «опять пророчествовать», продолжая его пророческое служение о будущем мира. Затем Иоанну был показан город Иерусалим и храм. Он должен был измерить его, за исключением внешнего двора, который предназначен для язычников, поскольку они будут приходить, чтобы попирать, а не молиться в этом месте. Однако им там встретятся два необычных человека, которые будут пророчествовать о Боге, Которого они презрели.

Это приведет к смерти, которая поразит и проповедников, и слушателей! Эти два свидетеля будут иметь великую власть, чтобы не шел дождь (так же, как пророк Илия; 3 Царств 17:1; Иакова 5:17), а также жечь огнем своих противников (как Моисей; Левит 10:1-3). Но после того как они закончат свое свидетельство, они будут умерщвлены. Их трупы останутся лежать на улицах три с половиной дня, в то время как толпы людей, чья совесть была «мучима» словами этих двух мужей, будут торжествовать и веселиться об их истреблении. Это облегчение сменится на ужас, когда этих двух свидетелей Бог воскресит к жизни на глазах у всех. И после громкого голоса «Взойдите сюда», они будут вознесены на небо. В момент их восхождения произойдет великое землетрясение, которое разрушит десятую часть города и заберет 7000 жизней его жителей.

Сходство между участью этих двух свидетелей и «пророка» Иисуса Христа имеет выдающееся значение. Невозможно не вспомнить Его распятие на кресте, Его воскресение и восхищение, что произошло в том же городе. Впрочем, есть и отличия: в случае с Христом, землетрясение совпало с Его смертью (Матфея 27:51); кроме того, ни Его воскресение через три дня, ни Его вознесение не происходило при большом собрании народа. И все же это будет служить ярким напоминанием, особенно для иудеев, живущих в Иерусалиме, о тех далеких днях. Это приведет к страху Божьему и принесет Ему славу.

Кем являются эти два свидетеля, книга нам не раскрывает. Все попытки понять их принадлежность, являются чистой спекуляцией. Нет оснований полагать, что это «перевоплотившиеся» личности прошлых времен, поэтому это не Моисей и не Илия, хотя они в некотором смысле схожи с ними, и уж тем более не два Иисуса, хотя у них есть с Ним сходства в другом плане. Нам следует «ждать и надеяться», что узнаем, кто они, хотя это не так уж и важно. Важно то, какую роль они играют.

Прежде чем мы оставим этот раздел, следует отметить два «предвосхищения». Во-первых, мы встречаем первое упоминание промежутка времени в 1260 дней, что составляет 42 месяца, или три с половиной года. В последующих главах мы будем еще сталкиваться с этой цифрой, которая, по-видимому, означает длительность периода Великой скорби. Многие связывают эту цифру с «половиной седмины», о которой сказал в своем пророчестве Даниил (Даниила 9:27; *в английской Библии версии NIV слово 'week' (неделя) верно переведено словом 'seven' (семь)*). Этот период времени будет довольно коротким, что напоминает о пророческих словах Самого Иисуса, что те дни «сократятся» (Матфея 24:22).

И, во-вторых, здесь впервые встречается упоминание «зверя», который в большой мере фигурирует в повествовании следующей вставки.

Главы 12-14: Два зверя

Если следовать литературному стилю, который применялся до сих пор, то этот раздел должен бы быть помещен между событиями шестой и седьмой чаши, но они следуют друг за другом настолько плотно, что нет ни времени, ни места для того, чтобы между ними можно было вставить еще какие-то события. Поэтому эти три главы помещены раньше, чем рассказ о том, как будут вылиты семь чаш, что будет служить окончательным выражением Божьего гнева на мятежный мир.

Период шести печатей и шести труб закончился. Должна произойти окончательная серия бедствий. Это самый губительный период для мира, и самый трудный для Церкви. Силы зла достигнут еще большего контроля над обществом, чем когда-либо за всю историю, но их власть вот-вот будет свергнута.

Этот раздел знакомит нас с тремя персонажами, которые объединились в союз для достижения нераздельной власти над миром. Один из них происходит от ангелов: «большой дракон» и «древний змий», еще известный как «сатана», или «диавол» (12:9). Другие два имеют человеческое происхождение и природу: называемый «зверем», известный также под именами «антихрист» (1 Иоанна 2:18), «человек греха» (2 Фессалоникийцам 2:3) и «лжепророк» (Откровение 16:13; 19:20; 20:10). Все вместе они образуют подобие «нечестивой троицы» – извращенный пример имитирования святой Троицы: Бога, Иисуса Христа и Святого Духа.

Сатана вступает в полосу «неприятностей» впервые. Его имя не упоминалось в книге Откровение после того, как были прочитаны послания семи церквям (2:9, 13, 24; 3:9). Посредством событий, связанных со снятием печатей и трубами, бремя было спущено на Землю, в то время как сатана находился на небе. Будучи ангелом, он имел доступ к тому, что относится к сфере «поднебесной» (Ефесянам 6:12; сравните с книгой Иова 1:6-7). Это то место, где происходит реальная война между добром и злом, и его открывает каждый человек, который входит в поднебесье через молитвы.

Эта война между ангелами добра и зла в небесах не будет длиться вечно. С одной стороны, численность этих сил неравна. Диавол увлек на свою сторону третью часть всего небесного воинства (12:4); две трети ангелов находятся под водительством архангела Михаила, который приведет его силы к победе (скульптура, изображающая эту победу, украшает восточное крыло кафедрального собора в Ковентри).

Диавол будет «повержен» на Землю. Позднее он будет снова поражен и брошен в «бездну» (20:3). Но в те несколько лет, которые ему отпущены, его ярость и озлобленность будут сосредоточены на нашей планете. Лишенный возможности теперь бросить вызов Богу непосредственно на небе, он объявит войну народу Божьему здесь, на Земле. Это военные действия в тылу, которые предпринимаются в надежде сохранить свое царство на Земле посредством марионеточных режимов: одного политического и другого религиозного.

До этих пор основная мысль главы 12 вполне ясна, даже если для этого требуется особое воображение. Однако мы упустили (намеренно) из виду еще один важный персонаж в этой трагедии – беременная женщина, облаченная в солнце, стоящая на месяце, а на голове ее венец из 12 звезд.

Кто эта женщина? Является она отдельной личностью или же «воплощением» какого-то места или людей (как другие «женские» образы в книге Откровение: например, «блудница», олицетворяющая Вавилон, в главах 17-18)?

Этот персонаж служил источником больших споров и разногласий среди исследователей Библии. Некоторые считают, что проблема снимается за счет того факта, что диавол хотел, «когда она родит, пожрать ее младенца» (стих 4), а также того, что «родила она младенца мужеского пола, которому надлежит пасти все народы жезлом железным» (стих 5). Они утверждают, что, вне всякого сомнения, здесь речь идет о рождении Иисуса Христа и немедленной, но безуспешной попытке царя Ирода убить Его. Стало быть, женщина – это Его мать, Мария (типичное толкование католической церкви); или она олицетворяет собой Израильский народ, из которого произошел Мессия (распространённое толкование протестантов, дабы исключить элемент поклонения Марии).

Однако все не так просто, как кажется. Зачем нужно было так резко и неожиданно возвращаться к самому началу христианской эры в середине отрывка, который описывает конец времен? Зачем нужно вводить в этот сюжет Марию (после событий в 1-й главе книги Деяний мы больше не находим упоминаний о ней в Новом Завете, так как ее труд был совершен). Понятно, что последователи «циклического историзма» видят в этом сюжете доказательство еще одного случая «повторения» изложения целого цикла истории Церкви, на этот раз начинающегося с рождения Иисуса Христа, что совпадает с моментом, когда сатана повержен и сброшен с небес.

Есть еще другие вопросы. По-видимому, дитя «было восхищено к Богу и престолу Его» практически сразу после рождения. Возможно, это взгляд на воплощение и вознесение Христа с помощью «телескопа», однако отсутствие какого-либо упоминания о Его служении, смерти и воскресении между этими двумя событиями, по крайней мере, не может не бросаться в глаза. Если предположить, что эта женщина – мать Христа, тогда кто такие «прочие от семени ее», на кого рассвирепевший дракон обратил свое внимание (12:17)? Мы знаем, что у Марии были еще дети, среди них – четыре сына и несколько дочерей (Марка 6:3), но вряд ли они могут здесь рассматриваться в качестве кандидатов. Также нет уверенности, что слова «пасти все народы жезлом железным» указывают на Иисуса Христа; действительно, это применяется по отношению к Нему

(19:15, во исполнение слов в Псалме 2:9), но это же обещано и Его верным последователям (2:27). Кроме того, говорится, что для этой женщины было приготовлено безопасное место в «пустыне», где она была в течение 1260 дней (12:6), тот период, продолжительность которого уже упоминалась как время Великой скорби в конце века Церкви.

Согласно толкованию, которое лучше всего согласовывается со всеми фактами, эта женщина олицетворяет Церковь последних дней, которая будет спасена за пределами городов в дни самых тяжелых скорбей. Ее сын – это также олицетворение, которое представляет верующих, умерших мученической смертью в тот же период, и спасенных на небесах, недосягаемых для руки сатаны. Однажды они вернутся на Землю и будут править вместе с Христом (Откровение 20:4 твердо подтверждает это). Тогда «прочие от семени ее» – это те, кто переживет этот холокост, кто «сохранит заповеди Божьи и будет иметь свидетельство Иисуса Христа» (12:17; 1:9; 14:12). В этой точке зрения все еще сохраняются некоторые противоречия, но их намного меньше, чем в других толкованиях.

Опять же, здесь, похоже, есть неявное сравнение между пережитыми событиями в жизни Иисуса Христа в начале христианской эры и событиями в жизни Его последователей на закате этой эры, как мы уже рассматривали ранее. В частности, как «Он победил» (Иоанна 16:33), так и Его последователи «победят», «не возлюбив души своей даже до смерти» (12:11). Их победа наглядно показывает «царство Бога нашего и власть Христа Его» (12:10; сравните 11:15 и Деяния 28:31).

В 13-й главе на арену выходят два «зверя». Первый и главный из них – это фигура политического порядка, мировой диктатор, установивший тоталитарный режим над всеми существующими этническими группами. Он является «антихристом» (1 Иоанна 2:18; заметьте, что приставка *anti-* в греческом языке имеет значение «вместо», а не «против», что говорит скорее о противостоянии, чем конкуренции). О нем также сказано, как о «человеке греха» (2 Фессалоникийцам 2:3-4), не признающем превыше своей воли никакой высшей власти, тем самым заявляя о своей божественности и требуя поклонения. Зверь – это человек, который принимает предложение сатаны, однажды отвергнутое Иисусом Христом (Матфея 4:8-9; если бы Он тогда согласился на условия сатаны, то тогда Он бы стал Иисусом Антихристом»!).

Но этот зверь также является «антихристианином», в смысле второго значения приставки «анти». Ему дана власть «вести войну со святыми и *победить* их» (13:7; его победа будет временной, они же победят его навсегда, 12:11).

Этот зверь имеет свойства других свирепых зверей: барса, медведя и льва. Он представлен как бы происходящим из союза политических правителей, привлекшим внимание всего мира тем, что исцелился после смертельной раны, очевидно, полученной в результате попытки уничтожить его. Его богохульству и гордости было суждено продлиться 42 месяца.

Его позиции подкрепляются появлением второго зверя, его религиозного соратника, наделенного сверхъестественной силой, который заставил весь мир поклоняться своему предшественнику. Его знамения и чудеса будут обольщать народы, когда он будет повелевать огню спускаться с неба и влагать дух в образ зверя-диктатора, чтобы тот говорил.

По виду этот зверь будет «подобен агнцу», только с «двумя рогами», как у молодой овцы. Это может указывать только на мягкость характера, а не на подобие Христу, поскольку мы читаем, что речь его была как у дракона.

Но его ловкий ход будет даже не в том, что он покажет чудеса и знамения, а в полном подчинении всех мировых рынков. Только тем, кто будет иметь начертание особого числа на видимых частях тела (рука или лоб), будет разрешено покупать и продавать, и число это будет начертано на тех, кто будет участвовать в идолопоклонстве в имперских масштабах. Так, иудеи и христиане будут исключены из всей торговой деятельности (даже для покупки предметов первой необходимости).

Число «666» – это закодированное имя зверя-диктатора. Мы уже обсуждали значение этого числа (см. стр. 156). Пока он не явит себя (когда его тождественность с этим числом станет очевидной), все попытки расшифровать его суть – бесполезная спекуляция. Ясно лишь одно: это число во всех отношениях лишено совершенства, которое определяется цифрой 7.

Глава 14 как бы компенсирует эти ужасные сцены, возвращая нас к группе людей, которые стоят (буквально) в полной противоположности тем, кто позволил себе попасть в ловушку этой системы. Вместо тайного имени зверя, эта группа людей носит имя

Отца Агнца на челах своих (еще одна черта, подчеркнутая в 22:4). Вместо грубой лжи, их будет отличать отсутствие «лукавства в устах их», а также сохранение чистоты в сексуальных отношениях.

Есть некоторая неопределенность в том, где они находятся: на небесах или на Земле, однако контекст благоволит к первому варианту, поскольку той песни хвалы, которую они поют перед четырьмя животными и старцами (стих 14:3 очевидно перекликается с 4:4-11), могли «научиться», а тем более петь только искупленные. Число 144 000 является загадкой. Это число не следует путать с тем же числом, что в главе 7. Там это число относится к количеству запечатленных иудеев на Земле, а здесь оно относится к христианам на небесах. Там это количество было составлено из числа всех 12 колен, здесь – нет. Также это число нельзя приравнять и к «великому множеству людей, которых было невозможно сосчитать» в той же главе. Опять же, это может быть округленное число. Однако разгадка, возможно, кроется в стихе, где сказано, что «они искуплены из людей, как *первенцы* Богу и Агнцу» (стих 4). Они представляют собой лишь незначительное предвкушение огромного урожая. Поэтому, возможно, суть состоит в следующем: то число, которым измеряется общее количество запечатленных иудеев на Земле, является лишь неполным количеством христиан, возносящих хвалу на небесах.

В остальной части главы мы видим ангелов, приносящих различные послания от Бога людям.

Первый призывает всех «убояться» Бога и поклоняться Ему, напомнив о том, что Добрая Весть все еще доступна, чтобы спасти каждого от «будущего гнева (Луки 3:7).

Второй ангел известил о падении Вавилона. Здесь мы видим еще один случай «предвосхищения», поскольку именно здесь это место встречается впервые. Мы рассмотрим это более подробно в следующем разделе (главы 16-17).

Третий ангел предупреждает верующих об ужасных последствиях для тех, кто поддастся искушениям последней тоталитарной системы. Используемый язык – тот же, каким описан ад: непрекращающиеся «мучения» (тем же словом описаны муки диавола, антихриста и лжепророка в «озере огненном»; 20:10). Говоря другими словами, они разделят ту же участь, что и прельстившие их. Тот факт, что участь «святых» может оказаться такой ужасающей, подчеркивается призывом о «терпении святых», идущий непосредственно за предостережением (14:12, повторяющий стих 13:10). Оба контекста отдают должное тому, что некоторым придется заплатить за свою верность ценой собственной жизни. Для таковых написана особая заповедь блаженства: «Отныне блаженны мертвые, умирающие в Господе» (14:13). Это благословение имеет двойной смысл: теперь они могут отдохнуть от страданий, а также (поскольку свидетельство их верности отмечено), ждут своего венца. Даже умершие естественной смертью в то время, также получат это благословение. Однако еще не время употреблять этот стих на похоронах; это обетование имеет определение времени «отныне», что относится к периоду правления «зверя».

Четвертый ангел громко воскликнул к сидящему на облаке, который был «подобен Сыну Человеческому» (явная ссылка на Даниила 7:13), говоря ему, что пришло время жатвы. Говорится ли здесь о той жатве, когда будут собирать плевелы для сжигания огнем, или убирать пшеницу в житницы (Матфея 13:40-43), не сразу понятно.

Пятый ангел появляется с острым серпом в руках.

Шестой ангел направил свой серп на «виноград», которому было суждено быть истоптанным в «великом точиле гнева Божия», который находится «за городом». То, что здесь говорится о массовом убийстве людей, подтверждается словами о потоке крови (метр глубины площадью в 180 квадратных миль (около 470 кв. метров), безусловно, не без небольшого преувеличения). Возможно, это предвосхищение битвы при Армагеддоне, когда стервятники будут объедать трупы (19:17-21). Кстати, следует отметить эту связь между кровью, вином и Божьим гневом, которая встречается довольно часто. Это озаряет ярким светом распятие и, в частности, мучительную молитву Христа в саду Гефсимании, что означает «масличный пресс». Метафорическое употребление слова «чаша» в Писании неизменно относится к гневу Божьему (Исаии 51:21-22; Марка 14:36; Откровение 16:19).

За этими шестью ангелами пришли еще семь, которые действиями, а не словами говорили об изливающемся гневе Божьем. Они несли семь чаш (не просто кубков) гнева, которые будут излиты на Землю. Это сопровождалось победной песней мучеников, находящихся на небесах, которая осознанно перекликалась с песней радости Моисея после того, как египетскую армию скрыли воды Чермного моря (15:2-4). Лейтмотивом являются правосудие и праведность Божьи, выраженные в великих и чудных делах, которые подтверждают Его святость тем, что Он наказывает угнетателей. «Царю святых» может потребоваться время, чтобы судить виновных, но суд обязательно придет – и, наконец, пришел.

Прежде чем мы закончим исследование основной средней части книги Откровение, следует сделать два наблюдения.

Первое касается *порядка* событий. Мы попытались вместить события, связанные с печатями, трубами и чашами, а также включения между ними, в своего рода последовательный план-график. Насколько он был успешным, будут судить читатели, которые смогли выработать свою собственную схему.

Дело в том, что крайне сложно, а то и невозможно вместить все эти пророчества в какую-либо последовательную структуру. Но Иисус Христос был совершенным Учителем, и Он не мог бы скрыть суть Своего послания через такое сложное изложение. Что это нам дает?

Ответ прост: *порядок событий не является первостепенной темой в этом разделе*. Гораздо более важным в этой части являются события, которые произойдут, а не то, когда это будет. Цель всего этого состоит не в том, чтобы мы стали предсказателями, способными предсказывать будущее, но чтобы мы оставались верными рабами Господа, готовыми столкнуться с тем худшим, что нам уготовано. Но произойдет ли это с нами?

Второе наблюдение касается *исполнения* пророчеств. В то время как период Великой скорби охватывает несколько последних лет, то, возможно, это произойдет не при нашей жизни. Поэтому, не будет ли пустой тратой времени подготовка к этому периоду для всех людей, кроме последнего поколения?

Один из ответов на этот вопрос состоит в том, что современные тенденции и темп мировых событий ускоряют вероятность того, что это может произойти в ближайшее время.

Однако главным ответом на такую точку зрения служит напоминание о том, что грядущие события отбрасывают тень перед собой. «Дети! последнее время. И как вы слышали, что придет антихрист, и теперь появилось много антихристов, то мы и познаем из того, что последнее время» (1 Иоанна 2:18). Лжепророк придет в будущем, но уже сейчас появилось много лжепророков (Матфея 24:11; Деяния 13:6; Откровение 2:20).

Другими словами, все то, что однажды будет переживать вся Церковь в мировом масштабе («ненавидимы всеми народами»; Матфея 24:9) уже сейчас происходит на уровне отдельных мест и регионов. Отдельно взятый христианин может пройти через много скорбей, прежде чем вся Церковь будет переживать Великую скорбь. Мы должны быть приготовлены к любым испытаниям, которые достигнут высшей точки в тот период, но которые могут прийти уже и сейчас.

Вот поэтому этот раздел (главы 6-16) имеет непосредственное отношение ко всем верующим, какой бы ни была их текущая ситуация. В большинстве стран мира Церковь уже подвергается испытаниям, а число тех стран, где этого не происходит, с каждым годом становится все меньше.

И за всем этим следует Пришествие Господа Иисуса Христа, к чему необходимо быть готовым каждому верующему. Главный мотив в подготовке к тому, чтобы остаться верным в период искушений, состоит в том, чтобы мы, не стыдясь, могли предстать перед Его лицом. Возможно, это служит объяснением следующего предупреждения, которое включено между событиями шестой и седьмой чаш гнева (кстати, подтверждающего, что некоторые христиане все еще будут на Земле в тот период): «Се, иду как тать: блажен бодрствующий и хранящий одежду свою, чтобы не ходить ему нагим и чтобы не увидели срамоты его» (16:15; также отметьте, что тот же акцент на одежду сделан в Матфея 22:11; Луки 12:35; Откровение 19:7-8).

Главы 17-18: Человек на Земле

Этот раздел все еще является частью периода Великой скорби, но только и всего. Он касается самого его конца, когда произойдет великое землетрясение в период седьмой печати, седьмой трубы и седьмой чаши (см. 16:17-19).

История этого мира неумолимо движется к своему закату. Окончательная развязка близка. Несмотря на все предостережения, будь то через Слово Божье или деяния, люди по-прежнему не хотят раскаяться и винят Бога во всех своих бедах (16:9, 11, 21).

В остальной части книги Откровение преобладают два женских персонажа: одна из них – оскверненная блудница, а другая – непорочная невеста. Ни та, ни другая не представляют собой человеческую личность; обе являются олицетворением двух городов.

Можно было бы озаглавить эту часть: «Быль о двух городах». Этими двумя городами были Вавилон и Иерусалим, город человеческий и город Божий. В этой части мы рассмотрим первый из них, который уже упоминался до этого (14:8; 16:19).

В Библии в большинстве случаев города считаются пагубными местами. Первое упоминание города (что, как правило, существенно) связано с родом Ламеха и с производством оружия массового истребления. В городах сосредоточивалось много людей, а, стало быть, и больше грешников, и, наверное, больше греха. В условиях минимального общения и большой анонимности начинают процветать пороки и грех. По сравнению с сельскими общинами, города больше поражены похотью (проституция) и гневом (насилие).

В этих главах два греха выделены особо – это жадность и гордыня. Оба греха связаны с культом денег. Если невозможно поклоняться одновременно Богу и маммоне (Луки 16:13), то легче забыть о существовании Творца Неба и Земли в процветающем городе. «Кузнецы собственного успеха» поклоняются своему собственному творцу! Высокомерие проявляется в предметах архитектуры; часто здания служат памятниками человеческому тщеславию и достижениям.

Таким примером было построение Вавилонской башни у реки Евфрат, расположенной на торговом пути между Азией, Африкой и Европой. Возведенная под водительством зверолова и воителя Нимрода, она была построена с верой в право силы, в то, что выживает сильнейший.

Вполне типично, что эта башня должна была стать самым высоким рукотворным строением в мире, ее можно расценить как попытку произвести впечатление на людей и на Бога. Выражая желание «сделать себе имя» (Бытие 11:4), это строение ознаменовало начало эры гуманизма, обожествления человеком самого себя. Бог осудил такое самонадеянное поведение, дав жителям этого города дар языков! Однако утрата общего языка общения привела к смешению языков, откуда произошло слово 'babble', что значит «бормотать» (заметьте, что это отличается от того, что произошло в день Пятидесятницы, так как тот же самый дар привел к единению; Деяния 2:44).

Этот же город впоследствии стал столицей огромной и мощной империи, особенно во время царствования Навуходоносора, безжалостного тирана, который с одинаковым хладнокровием уничтожал младенцев, зверей и даже деревья, когда завоевывал новые земли (Аввакума 2:17; 3:17).

В то же время Давид, царь Израильский, утвердил Иерусалим столицей своего царства. Иерусалим, напротив, не занимал стратегического положения для торговли, поскольку он стоял вдали от моря, рек и основных торговых путей. И, тем не менее, это был «город Божий», место, с которым Бог связал Свое имя и избрал его, чтобы пребывать со Своим народом: сначала в скинии, построенной Моисеем, а позднее – в храме, который построил Соломон.

Вавилон представлял самую большую угрозу для Иерусалима. В конце концов, Навуходоносор полностью разрушил святой город, вместе с храмом, забрал себе все его сокровища и увел его жителей в плен на 70 лет. Бог допустил это, потому что жители Иерусалима превратили его в такой же «нечестивый город», как и остальные города.

И все же наказание носило временный, а не вечный характер. Через Своих пророков Бог дал обещание восстановить Иерусалим, но также разрушить Вавилон (например, в Исаии 13:19-20; Иеремии 51:6-9, 45-48). И действительно, этот город зла превратился в жалкую груду камней, совершенно безлюдное место, в котором будут обитать звери пустынные, точно так, как было предсказано пророками.

Нет случайности в том, что между книгой Откровение и книгой Даниила существует множество сходств. Обе книги содержат видения о последнем времени, которые удивительным образом совпадают. И все же Бог дал откровение Даниилу во времена Навуходоносора (он был одним из молодых иудеев, отправленных во время первого из трех пленений). Он «увидел» будущие тенденции мировых империй до времени пришествия Иисуса Христа, и далее – до самого конца истории, правления антихриста, Тысячелетнего Царства, воскресения мертвых и Судного дня.

В обеих книгах говорится о городе, который называется «Вавилон». Однако говорят ли они об одном и том же месте?

Если так, то он должен быть восстановлен. Те, кто воспринимает «Вавилон» в Откровении как одно и то же место, были весьма воодушевлены тем, когда часть его была восстановлена президентом Ирака Саддамом Хусейном. Однако он, по-видимому, не собирался сделать его населенным городом; это было больше сделано напоказ для собственного престижа (на небе лазерными прожекторами был высвечен его профиль, вместе с профилем Навуходоносора!) Весьма маловероятно, чтобы древний Вавилон, даже будучи полностью восстановленным, снова стал стратегическим центром мира.

Школа толкования претеризма применяет понятие «Вавилон» к Римской метрополии. Для этого отчасти имеются основания, причем не в последнюю очередь потому, что так могли понять это первые читатели Откровения. В одном из посланий Петра, написанного с очень простой целью (чтобы подготовить святых к испытаниям), возможно, уже была выражена эта скрытая связь (1 Петра 5:13). Кроме того, ссылка на «семь холмов», возможно, закрепляет эту связь (17:9-10, хотя «холмы» здесь олицетворяют царей).

Упадок Рима также подходит под описание в Откровении. Получение им товаров и финансов путем обольщения в обмен на оказываемые услуги, и поглощение мелких государств – вполне соответствует его портрету.

И все же маловероятно, чтобы это было окончательное исполнение пророчества. Рим, безусловно, можно назвать Вавилоном, но он служил лишь предзнаменованием *того* Вавилона, который будет господствовать в конце истории мира, именно там, где ему отведено место в книге Откровение.

Некоторые разрешают эту проблему, допуская теоретически, что речь идет о возрожденной Римской империи. Пульс приверженцев этой теории участился, когда 10 стран (17:12) подписали «Римский договор» как основу для создания новой супердержавы, Европейского Союза. Выгода от такого союза уменьшается по мере добавления новых стран; теперь у него слишком много «рогов»! Но на флаге ЕС ровно 12 звезд, как в 12 главе Откровения.

Нежелание отказаться от версии Рима в качестве основного кандидата также проявляется и во взглядах теории историзма. Рассматривая книгу Откровение как обзор истории всей Церкви, протестанты неизменно хватаются за идею о папстве и Ватикане с их претензией на политическую, а также религиозную власть, видя их в образе Вавилона как «жены, облеченной в багряницу» (такое отождествление добавило хаос в «неприятности», имевшие место в Северной Ирландии). Католики ответили тем же, выставив протестантов-реформатов в том же свете!

На самом деле, в Откровении нигде нет намека на то, что «Вавилон» мог бы служить религиозным центром. Ударение делается на торговлю и удовольствия как основные профессии ее обитателей.

Футуристическая школа стоит ближе к истине, полагая, что речь идет о новой столице, которая восстанет, чтобы доминировать над остальными в «последние дни». Поскольку она помечена «тайной» (т.е. теперь тайна раскрыта), она, скорее, окажется творением рук человеческих, чем восстановлением метрополии в ее прежнем виде (будь то древний Вавилон, или Рим).

Очевидно, что он будет самым крупным центром торговли, местом денежного круговорота (отметьте, как от его падения пострадают земные купцы; 18:11-16). Культурная жизнь также не будет в пренебрежении (обратите внимание, что станет с музыкой 18:22).

Но этот город будет местом растления и развращения, который будет отличать приверженность ко всему материальному без соблюдения нравственных законов: к удовольствиям, в которых нет чистоты, страсти, лишенной любви. Особенно уместно здесь сравнение с блудницей, ублажавшей любого за деньги.

До сих пор мы рассматривали образ «жены», но видим, что она сидела на «звере» с семью головами и десятью рогами, что явно символизирует союз политических деятелей. Нам не говорится, кто они такие, равно как и не дается много подробностей о них. Это влиятельные мужи, но у них нет государств, которыми бы они правили. Они получили власть от «зверя», по-видимому, антихриста, которому они будут выказывать безраздельную преданность. Но главное, они будут абсолютно антихристианского духа, «ведя брань с Агнцем» и теми, «которые с Ним» (17:14) (вероятно, из-за мучивших их угрызений совести).

Тем не менее, Вавилон обречен. Вместе с ним падут и они. Их дни будут сочтены. То, каким потрясающим образом это будет совершено, актуально и для сегодняшнего дня.

Жена, которая едет верхом на звере. Царица, восседающая сверху на царях (обратная последовательность полов, установленная при сотворении). Это служит еще одним путем выражения, что экономика будет править политикой, что власть денег возьмет верх над другими формами власти. Поскольку к 2000 году н.э. большая часть мирового бизнеса была сосредоточена в руках 300 крупных корпораций, такой сценарий вполне ожидаемый.

Амбициозные политики, жаждущие власти, были возмущены таким влиянием финансовой власти. Они были даже готовы пойти на экономический крах, если это только позволит им взять верх. Можно вспомнить, как обходился Гитлер с евреями, которые контролировали многие банки в Германии.

«Цари» возревнуют о «жене», которая восседала на них, и решат уничтожить ее. Город будет сожжен дотла. Это будет самой большой экономической катастрофой, которую когда-либо видел мир. Многие «восплачут и возрыдают» на его руинах.

Бог допустил эту катастрофу, но не через какое-то физическое деяние с Его стороны. «Бог положил им на сердце исполнить волю Его» (17:17). Он побудил их заключить союз со зверем против того города. Антихрист осуществлял политическое правление, а лжепророк – контроль над религиозной жизнью; цари же предложили им экономическую власть взамен на делегированные полномочия для себя. Однако обладание этими привилегиями будет чрезвычайно непродолжительным («один час»; 17:12).

В Откровении действительно описано падение Вавилона, как уже происходящее событие. Христиане могут быть абсолютно уверенными в этом. Однако существуют практические причины, почему нам говорится об этом. Какие отношения существуют между Божьим народом и этим последним «Вавилоном»? В этой связи мы находим три принципа:

Во-первых, в городе будет много мучеников. Блудница будет «упоена кровью святых и кровью свидетелей Иисусовых». Эта последняя фраза снова говорит о христианах и встречается на протяжении всей книги Откровение (1:9; 12:17; 14:12; 17:6; 19:10; 20:4). В городе, погрязшем в безнравственности, нет места для святого народа. Общество не нуждается в совести.

Во-вторых, христианам сказаны слова: «Выйди от нее, народ Мой, чтобы не участвовать вам в грехах ее и не подвергнуться язвам ее; ибо грехи ее дошли до неба, и Бог воспомянул неправды ее» (18:4-5). Эти слова почти идентичны призыву Иеремии к иудеям в древнем Вавилоне (Иеремии 51:6). Отметьте, что они должны были сами «выйти»; Господь не выводил их в этом случае. Очевидно, не все верующие будут преданы мученической смерти; некоторые избегут смерти, хотя им, возможно, придется оставить свое состояние и имущество.

В-третьих, когда Вавилон пал, было объявлено о праздновании этого события: «Веселись о сем, небо и святые Апостолы и пророки;

ибо совершил Бог суд ваш над ним» (18:20). И это празднование, читаем, совершится в главе 19:1-5. Немногие осознают, что слова припева «Аллилуйя» из оратории Генделя «Мессия» были посвящены празднованию распада мировой экономики, банкротства банков и крушения всей торгово-коммерческой системы! В тот день слова «Аллилуйя!» (что значит «Слава Господу») будет воспевать только Божий народ!

Блудницы больше нет, и мы видим появление невесты. Вот-вот начнется «брачный пир Агнца». Иисус Христос собирается вступить в брачный завет, более того, Он придет для того, чтобы вступить в брак (Матфея 25:1-13). Невеста «приготовила себя», облекшись в одежды из виссона белого и чистого (отметьте снова упоминание «одежд»), что объясняется как символ «праведности святых» (19:8). Список гостей составлен; «блаженны» те, кто внесен в этот список.

Завершая эту часть, мы заглянули в события главы 19, которая вводит нас в очередной раздел. Но в то же время изначально текст Писания не был разделен на главы, и часто это деление сделано не в том месте, разделяя то, что Бог соединил, и это ярче всего проявляется в предпоследней части Откровения.

Главы 19-20: Христос на Земле

Серия событий, как мы уже знаем, ведет историю к ее завершению. Нашему миру приходит конец. Мы приступаем к рассмотрению будущих событий, связанных с концом мира.

Увы, эта часть вызывала еще больше споров, чем любая другая часть книги, касающаяся, в основном, Тысячелетнего Царства, многократно упоминаемых слов «тысяча лет». Эта проблема представляет особую важность, поэтому ей будет посвящена отдельная глава нашей книги. Это исследование будет включать подробное толкование текста, поэтому сейчас мы ограничимся лишь выводом.

Крайне важно отметить переход от словесного откровения к визуальному. На протяжении предыдущего раздела Иоанн говорит «(у)слышал я» (18:4; 19:1, 6). Затем начинает повторяться чаще фраза «увидел я», чтобы снова вернуться к словам «услышал я» (в 21:3).

При рассмотрении видений, четко просматривается последовательность из семи видений. Если бы ни необоснованное вмешательство путем разделения библейского текста на главы («20» и «21»), это откровение, состоящее из семи частей, смогло бы распознать большинство читателей. Но в том виде, как оно существует теперь, лишь немногие могут заметить эту последовательность. Тем не менее, это последняя серия из «семи» событий в книге Откровение. Так же, как и в случае с предыдущими «семерками», первые четыре события согласовываются друг с другом, следующие два менее тесно связаны между собой, и последнее стоит независимо от других (мы отложим его изучение до того момента, когда будем рассматривать главы 21-22). Все семь событий можно перечислить следующим образом:

1. Пришествие Христа – Парусия (19:11-16)
   Царь царей, Господь господствующих (а также *logos* = 'слово')
   Белый конь, обагренная кровью одежда

2. Великая вечеря (19:17-18)
   Ангел созывает птиц...
   ... пожирать трупы

3. Армагеддон (19:19-21)
   Цари земные и воинства их повержены («словом» = *logos*)
   Два зверя брошены в озеро огненное

4. Сатана (20:1-3)
   Скован и низвергнут в «бездну»
   Но на ограниченный срок

5. Тысячелетнее Царство (20:4-10)
   Правление святых и мучеников (первое воскресение)
   Сатана освобожден, но затем ввержен в озеро огненное

6. Суд Белого престола (20:11-15)
   Общее воскресение «остальных»
   Книги и Книга жизни открыты

7. Воссоздание (21:1-2)
   Новое небо и новая Земля
   Новый Иерусалим

Этот список явственно свидетельствует о последовательной серии событий, начиная со Второго Пришествия и заканчивая новым творением, что подтверждается перекрестными ссылками в самой книге Откровение (например, стих 20:10 обращает нас к стиху 19:20). К сожалению, комментаторы Библии пытались нарушить эту последовательность в угоду богословской системе, заявляя, например, что глава 20 предшествует главе 19). Однако порядок событий в этих последних главах намного понятнее, чем в середине Откровения, и это очень показательно.

К примеру, противники народа Божьего покидают арену событий в порядке, обратном их появлению. Сатана появляется в главе 12, два «зверя» – в главе 13, а Вавилон – в главе 17. Соответственно, Вавилон исчезает в главе 18, два «зверя» – в главе 19, а сатана – в главе 20. Падение Вавилона происходит до пришествия Христа, но Он нужен здесь, на Земле, чтобы покончить с «нечестивой троицей», состоящей из диавола, антихриста и лжепророка.

Видение, которым начинается глава 19, признается как картина Второго Пришествия Иисуса Христа практически всеми богословами (лишь немногие, в защиту сложившихся богословских позиций считают, что речь идет о первом пришествии). Однако возвращение Иисуса Христа на Землю приведет власть имущих в ужас. Приведенные в ужас Его появлением, они замыслят вторую попытку убийства, но на этот раз небольшого взвода стражей будет явно недостаточно, поскольку миллионы Его преданных последователей встретятся с Ним в Иерусалиме (1 Фессалоникийцам 4:14-17). Итак, огромная армия соберется в нескольких милях на север от Ездрелонской долины у подножия «горы Мегиддо» (по-еврейски Армагеддон): здесь находился перекресток мира, на котором открывался сверху вид Назарета. Многие сражения проходили на этом месте; многие цари нашли здесь смерть (среди них Саул и Иосия).

Чтобы воскресить мертвого или убить живого, Иисусу Христу достаточно сказать «слово». Это скорее похоже на исполнение приговора, чем на сражение. Стервятники пожирают трупы, потому что их слишком много, чтобы всех предать земле.

На этом этапе происходит целый ряд поразительных событий. Мы читаем, что оба «зверя» не уничтожены, но «живые брошены» в преисподнюю, будучи первыми из людей, кто попал в ад. Диавол же не был брошен туда вместе с ними, но взят под стражу, чтобы позже быть выпущенным снова!

Прежде всего, Иисус Христос пришел не для того, чтобы положить конец этому миру, но чтобы взять бразды правления в Свои руки, заполнив вакуум в политической жизни, в частности мучениками. Безусловно, они должны будут воскреснуть из мертвых, чтобы исполнить эту обязанность. Это «Царство» продлится тысячу лет, но его время придет к концу, когда на свободу будет выпущен диавол, который обольстит народы всего мира на последнее, но обреченное на провал, восстание, которое будет подавлено ниспосланным с небес огнем. Этот промежуток времени между Вторым Пришествием Христа и Судом великого белого престола не находит широкого признания Церковью в наше время, хотя это было общепринятой точкой зрения во времена Ранней церкви.

В отношении последующих событий существует широко распространенное общее мнение. Весь Новый Завет ясно учит о последнем дне расплаты. Имеются два выдающихся события, которые предзнаменуют этот приход: Земля и небо исчезнут. Нам известно (2 Петра 3:10), что они будут сожжены дотла. Все умершие, включая тех, кого настигла смерть на море, снова оживут. Это второе или «всеобщее» воскресение (20:5), и оно также подтверждает тот факт, что и беззаконники, и праведники снова воплотятся, перед тем как войти каждый в свою вечность (Даниила 12:2; Иоанна 5:29; Деяния 24:15). И «душа и тело» будут брошены в озеро огненное (Матфея 10:28; Откровение 19:20). Там будут «мучения» и физические, и душевные (Луки 16:23-24). Поэтому, и «смерть», которая разделяет тело и дух, и «ад», обитель духов бестелесных, теперь будут уничтожены (20:14). Отныне наступает «вторая смерть», когда уже будет невозможно ни разделить тело и душу, ни что-либо отменить.

Перед нами предстает картина, где мы видим только Судью, восседающего на престоле, подсудимых, стоящих перед Ним, и огромную стопу книг. Престол тот великий и белый, олицетворяющий абсолютную власть и чистоту. Возможно, это был другой престол, не тот, который видел на небе Иоанн (4:2-4). Тот престол не был описан как «великий» или «белый». Более того, маловероятно, чтобы воскресшим беззаконникам было позволено находиться вблизи небес. В действительности, мы не встречаем никакого намека на то, что картина, описанная в главе 20, перенесена с Земли на небо; скорее всего, это находилось там, где когда-то была Земля, которая, исчезая, оставила на ней только тех, кто жил в прошлом, а также живших в настоящее время. Но главное, что мы не встречаем, чтобы Сидящий на престоле здесь был описан как Бог (как в 4:8-11). На самом деле, здесь не идет речь о Боге. Из других мест Писания мы знаем, что Бог делегировал полномочие судить человечество Своему Сыну, Иисусу Христу: «Ибо Он назначил день, в который будет праведно судить вселенную, посредством предопределенного Им Мужа...» (Деяния 17:31; сравните с Матфея 25:31-32; 2 Коринфянам 5:10). Люди будут судимы Человеком.

Этот судебный процесс не будет носить затяжной характер. Все доказательства собраны и рассмотрены Судьей. Все они записаны в «книгах», объем которых заслуживает заглавия «История твоей жизни»! Это не будут избранные истории приятных случаев из жизни для телевизионной передачи, а полновесное описание всех наших поступков, дел и слов (Матфея 5:22; 12:36) за всю нашу жизнь: от рождения до смерти. Мы получаем оправдание по вере, но будем судимы по делам нашим.

Если бы это были единственные доказательства, которые рассматривались судом, то мы бы все заслужили «второй смерти». Кто бы мог иметь хоть какую-то надежду? Благодарение Богу, что в тот страшный день будет открыта еще одна книга. Это книга, в которой описана жизнь Самого Судьи, согласно которой Он и освобожден от суда; книга также делает Его правомочным судить других. Это – Книга жизни Агнца. Кроме Его имени, там записаны и другие имена: перечислены те, которые «во Христе», которые жили и умерли в Нем, присоединились и остались пребывать на этой «истинной виноградной лозе» (Иоанна 15:1-8). Таким образом, они принесли плоды, которые свидетельствуют об их постоянном союзе с Ним (Филиппийцам 4:3; сравните с Матфея 7:16-20). Плоды служат доказательством их верности.

Их имена были записаны в эту Книгу жизни, когда они стали пребывать во Христе, покаялись и уверовали (фраза «от начала мира» в 17:8 говорит о тех, чьи имена не записаны в этой книге, и просто означает «на протяжении всей истории человечества»; то же говорит и стих 13:8, хотя здесь эта фраза могла быть связана с закланием Агнца). Имена их не «изглажены» из Книги жизни, потому что они стали «побеждающими» (3:5).

Только те, чьи имена записаны в этой книге, избегут участи «второй смерти» в «озере огненном». Иными словами, кроме Иисуса Христа, нет другой надежды, потому что «все согрешили и лишены славы Божьей» (Римлянам 3:23). Поэтому Благая Весть имеет *эксклюзивный характер:* «Ибо нет другого имени [кроме «Иисуса

Христа»] под небом, данного человекам, которым надлежало бы нам спастись» (Деяния 4:12). Но по этой же причине она носит также *всеобъемлющий характер:* «Идите по всему миру и проповедуйте Евангелие всей твари» (Марка 16:15; сравните с Матфея 28:19; Луки 24:47).

Тогда все человечество будет разделено навсегда на две группы (Матфея 13:41-43, 47-50; 25:32-33). Для одной группы их участь уже «уготована» (Матфея 25:41). Это озеро (или «море») огненное, которое существовало, по меньшей мере, в течение тысячи лет (Откровение 19:20). Для другой же группы «приготовлен» новый город (Иоанн 14:2), но уже не будет Земли, на которой бы он был построен, не говоря уже о небе. Для него нужна новая Вселенная.

Главы 21-22: Небеса на Земле

Мы принимаемся за последний раздел с чувством огромного облегчения. Атмосфера изменилась кардинальным образом. Темные тучи рассеялись, и снова воссияло солнце, точнее, солнце также исчезло, на смену ему пришла еще более ослепительная слава Божья (21:23).

Наступает окончательный акт искупления, который принесет спасение всей Вселенной. Это труд «космического» уровня, совершенный Христом (Матфея 19:28; Деяния 3:21; Римлянам 8:18-25; Колоссянам 1:20; Евреям 2:8): возрождение Неба и Земли (заметьте, что «небеса» имеют значение «небо», что мы также называем «космос»; то же самое слово мы встречаем в 20:11 и 21:1). Верующие во Христа уже будут находиться в своих обновленных телах, когда Иисус придет во второй раз на прежнюю Землю. Теперь они получат новое место, которое будет соответствовать их обновленным телам.

Первые два стиха описывают последнее видение из той последовательности семи событий, которые «увидел» Иоанн (стихи с 19:11 по 21:2), и это видение является кульминационным моментом последних событий истории мира. Здесь мы видим нечто большее, чем новую Вселенную. Внутри этой «общей» Вселенной находится «особое» творение. Точно так же, как в первой Вселенной Бог «насадил рай» (Бытие 2:8), так и здесь Он становится Художником и Строителем этого «города-сада», о котором знал и который мечтал увидеть еще Авраам (Евреям 11:10).

Точно так же, как новое «небо и земля» будут иметь достаточно выраженное сходство с прежними, чтобы называться одним и тем же именем, так и новый город будет носить имя города Давида. Иерусалиму отведено место и в Ветхом Завете, и в Новом. Иисус Христос назвал его «городом великого Царя» (Матфея 5:35; сравните Псалом 47:2). Как раз там, «вне врат» его, Он умер, воскрес и вознесся на небо. Сюда же Он придет снова, чтобы воссесть на престоле Давидовом. Во время Тысячелетнего Царства это будет «стан святых и город возлюбленный» (20:8).

Разумеется, земной город был своего рода временной репродукцией «небесного Иерусалима, града Бога Живого», жителями которого уже являются все верующие в Иисуса Христа, вместе с ангелами и святыми иудеями (Евреям 12:22-23). Однако это вовсе не говорит о том, что оригинал является менее реальным, чем его копия, который суть материальный, а другой – «духовный». Основное отличие между ними будет в разном месте их расположения. И это будет новое место.

Небесный град сойдет «от Бога с неба» и расположится на новой земле, и это будет реальный город, построенный из строительных, но совершенно иных материалов! К сожалению, со времен платоновской теории разделения физического и духовного, поддержанной Августином, Церковь действительно испытывала трудности с принятием концепции новой Земли, не говоря уже о новом городе. Приравнивание «духовного» «нематериальному» нанесло огромный удар по надеждам христиан на будущее. Эта новая Вселенная и ее главный город будет не менее «физическим», чем город прежний.

Отрывок 21:3-8 служит пояснительным комментарием к этому последнему видению. Внимание сразу же переключается с нового творения на Творца. Отметьте переход от того, когда Иоанн «видел», на то, что он «слышал». Но кому принадлежит тот громкий голос, который он слышал? Здесь говорится о Боге в третьем лице, затем Он говорит от первого лица. Несомненно, что это голос Христа (сравните 1:15). Мы встречаем то же слово-атрибут «Сидящий на престоле», что и в предыдущей главе (сравните 20:11 и 21:5). В обоих эпизодах выражается осуждение и упоминается «озеро огненное» (сравните стихи 20:15 и 21:8). Прежде всего, тождественное заявление было сделано этим «голосом», как и то, которое Иисус Христос делает в эпилоге (сравните 21:6 с 22:13). Тем не менее, позднее «престол Бога и Агнца» показан как один общий престол (22:1).

После этого следуют потрясающие положения:

Первое из них является самым удивительным откровением о будущем времени из всей книги. Сам Бог меняет свое место пребывания с небес на Землю! Он придет, чтобы обитать с людьми в их месте жительства, больше уже не как «Отче наш, сущий на небесах» (Матфея 6:9), но как «Отче наш, сущий на Земле», что даст возможность установить самые близкие отношения между человеком и Богом. Поскольку всякая смерть, печаль и боль чужды Его природе, то их не будет на этой новой Земле. Не будет больше разделения, не будет больше слез. Кстати, мы можем вспомнить еще лишь один случай упоминания Бога, пребывающего на Земле: Его прогулка в прохладе дня в Едемском саду (Бытие 3:8). В очередной раз повторюсь, что Библия совершила полный круг, оказавшись у исходной точки.

Второе заявление «Се, творю все новое» (Откровение 21:5). Здесь Плотник заявляет, что Он является Творцом новой Вселенной, также как и прежней (Иоанна 1:3; Евреям 1:2). Деяния Творца не ограничиваются возрождением людей, хотя это тоже относится к созданию «нового творения» (2 Коринфянам 5:17). Он также восстанавливает все, что относится к творению.

Существует большой спор вокруг слова «новое». Насколько это «новое» действительно новое? Является ли эта «новая» Вселенная прежней, но «возрожденной», или совершенно новым мирозданием? На самом деле, в греческом существует два слова для передачи значения «новое» (*kainos* и *eos*), хотя они отчасти синонимичные, и употребление первого из них проблему не решает. Библейский текст говорит о том, что прежняя Вселенная «сгорит» (2 Петра 3:10), все прежнее «миновало» (Откровение 21:1), что дает возможность полагать, что это будет скорее ликвидация, чем преобразование. И этот процесс уже начался с воскресения Иисуса Христа. Его «ветхое» тело исчезло из погребального савана, и воскрес в новом «прославленном» теле (Филиппийцам 3:21); см. также мою книгу *Explaining the Resurrection* («Толкование воскресения»). Какая была в точности «связь» между этими двумя телами, осталось под покровом темной гробницы, но то, что случилось там, однажды произойдет в масштабах всего мироздания.

Третье утверждение раскрывает практические результаты того, что принесет новое творение читателям Откровения (обратите внимание, что Иоанну необходимо было напоминать продолжать записывать то, что он слышал, потому что «слова сии истинны и верны»; 21:5). Положительным моментом служит обетование утолить каждого, кто жаждет «воды живой» (21:6; 22:1,17). Но это должно привести к жизни «побеждающей», чтобы унаследовать место на новой Земле и наслаждаться жизнью на ней в большой Божьей семье.

Отрицательный аспект состоит в предупреждении о том, что тот, кто не окажется «побеждающим», а будет боязливым, неверным, безнравственным и лжецом, – не будет частью этого нового творения, и участь таких в «озере, горящем огнем и серою. Это – смерть вторая» (21:8). Следует обратить внимание, что это предостережение дано для верующих, сбившихся с пути, а не для неверующих, как собственно и вся книга Откровение. Большая часть ранее сказанных предупреждений Иисуса Христа об аде была адресована не грешникам, а Его ученикам (см. мою книгу *The Road to Hell* [«Дорога в ад»]).

Далее Ангел приглашает Иоанна на «экскурсию» по Новому Иерусалиму посмотреть на город и жизнь города (идея о том, что будущее на самом деле будет «кратким повторением» «старого» Иерусалима во время Тысячелетнего Царства настолько вычурная, что мы даже не будем ее разбирать; стих 10 четко объясняет стих 2). Описание захватывает дух настолько, что для него трудно подобрать слова, в связи с чем возникает важный вопрос: сколько в нем буквального и сколько символичного смысла?

С одной стороны, понимание этого описания только буквальным образом кажется неправомерным. Очевидно, Иоанн описывает нечто, не поддающееся описанию (Павел испытывал те же трудности, говоря о реальностях небес; 2 Коринфянам 12:4). Отметьте, насколько часто Иоанн использует сравнения («подобен» или «как» в 21:11,18,21; 22:1), и все же все эти аналогии имеют лишь приблизительный и, в конечном счете, неравнозначный характер. Однако реальность, описанная здесь неидеальным образом, может быть от этого еще более прекрасной.

С другой стороны, принятие этого описания только как символического, очевидно, также будет неправильным. Впадая в эту крайность, вся картина растворяется в «духовной» нереальности, что противоречит реальности очевидного места расположения «новой земли».

Чтобы заострить внимание на этой проблеме, зададимся еще одним вопросом: Новый Иерусалим олицетворяет место или людей?

Вопрос этот возникает в связи с тем, что здесь он назван «невестой», что ранее относилось к людям, Церкви (см. 19:7-8). Сначала это выглядит только как аналогия (в 21:3; «как невеста») и любой человек, который когда-нибудь видел еврейскую свадьбу, увидит сходства с яркими одеждами, украшенными драгоценными камнями. Однако далее мы находим конкретное определение города как «невесты, жены Агнца» (21:9). Ангел, обещающий Иоанну *показать* «невесту», *показывает* ему город (21:10), хотя далее видение продолжается описанием жизни его жителей (21:24-22:5).

Разгадка этой дилеммы намного очевиднее иудею, чем христианину. «Израиль», невеста Господа (Сущего), всегда был народом *и* местом, неразрывно связанными друг с другом, а отсюда – и все пророческие обетования окончательного восстановления народа на своей земле. Для сравнения скажу: христиане являются народом, у которых нет места здесь, на земле: они странники, пилигримы, временные жители, новая «диаспора», рассеянный и находящийся в ссылке народ Божий (Иакова 1:1; 1 Петра 1:1). Наше «жительство» находится на небесах. Но в конечном итоге небеса сойдут на Землю. Иудеи и неиудеи будут вместе одним народом со своим местом жительства. Вот почему на вратах и основании города записаны имена 12 колен Израильских и 12 Апостолов (21:12-14).

Такая двойная связь, соединяющая иудеев и неиудеев, небеса и Землю, является основополагающей для вечного замысла Божьего «все … соединить под главою Христом» (Ефесянам 1:10; Колоссянам 1:20). Таким образом, «Невеста», которая становится одним целым с самой собой и со своим Женихом, это и народ, и город. И что за город!

Габариты города явно имеют большое значение, и все они кратны 12. *Размеры* города огромны: более 2000 километров в каждом из трех измерений; такой город мог бы охватить большую часть Европы, или же мог бы вместить в себе луну, если бы был полым внутри. Иными словами, это достаточно большой город, чтобы вместить весь народ Божий. *Форма* также имеет существенное значение: она напоминает скорее куб, чем пирамиду, что указывает на характеристику «святого» города, подобного по форме «святому святых» в скинии и храме. Стены сделаны скорее для определения внешнего периметра, чем для защиты внутренней части города, поскольку городские ворота всегда открыты. Городу ничего не угрожает, поэтому его жители могут спокойно покидать его и возвращаться в любое время.

Название материалов, из которых построен город, уже известны нам только как редкие и драгоценные камни, что немного приоткрывает нам вид на небеса. Этот перечень материалов является одним из самых поразительных свидетельств богодухновенности этой книги. В наш век, когда мы научились производить «чистый» свет (поляризованный или лазерный), стало возможным определить до сих пор неизведанное качество драгоценных камней. После воздействия поляризованного света на тонкие срезы камней (как при накладывании двух линз под правильным углом), их можно разделить на две четкие категории. «Изотропные» камни полностью обесцвечиваются, поскольку чтобы иметь характерный для них блеск (например, бриллианты, рубины и гранат), они зависят от произвольных лучей. «Анизотропные» же камни производят все цвета радуги ослепительных расцветок, вне зависимости от их природного цвета. *Все* камни, из которых сделан Новый Иерусалим, относятся ко второй категории! Во времена написания книги Откровение этот факт не мог быть известен никому, только одному Богу!

Еще одной поразительной особенностью этого описания является то, что в 32 стихах встречается 50 ссылок на Ветхий Завет (в основном, из книг Бытие, Псалтирь, пророков Исаии, Иезекииля и Захарии). Каждая из этих удивительных особенностей, по сути, состоит из упований иудеев, выраженных в пророчествах. Это также говорит о том, что все пророчества Ветхого и Нового Завета берут начало из одного и того же источника (1 Петра 1:11; 2 Петра 1:21). Откровение является кульминационным моментом и развязкой всей книги Библии.

Когда ангел переходит к показу жизни в Новом Иерусалиме, где живут радостные жители, мы находим несколько удивительных моментов. Пожалуй, самый большой контраст со «старым» Иерусалимом виден при отсутствии одного какого-то храма, который бы доминировал над другими, где бы проходило поклонение в конкретном месте (или в определенное время?) Весь город и *есть* храм, в котором искупленные «служат Ему день и ночь» (Откровение 7:15), что дает возможность предположить, что дела и поклонение снова слились воедино, как это было для Адама (Бытие 2:15; Адаму не говорилось иметь только один день из семи для поклонения).

Слава и честь города умножится за счет культур многих народов (Откровение 21:24, 26). И не войдет в него более ничто нечистое и мерзкое (21:27). Поэтому верующие, скомпрометировавшие себя, находятся в опасности, что их имена могут быть изглажены из Книги жизни Агнца (3:5; 21:7-8).

Река и древо жизни будут источником нескончаемой жизнеспособности. Как и в начале времен, едой будут служить фрукты, а не мясо (Бытие 1:29), хотя до этого времени не обязательно было есть только растительную пищу (Бытие 9:3; Римлянам 14:2; 1 Тимофею 4:3).

Но главное, все святые будут жить в присутствии Божьем. Они воочию увидят Его лицо – привилегия, которой были удостоены сначала лишь немногие (Бытие 32:30; Исход 33:11), но позднее будет дарована всем (1 Коринфянам 13:12). Бог будет отражаться на их лицах, и «Его имя будет на челах их», как когда-то другие нанесли число «зверя» (Откровение 13:16). И будут они «царствовать во веки веков», скорее всего, не над себе подобными, а над новым творением, как было задумано изначально (Бытие 1:28). Так они будут «служить» Творцу.

И опять повторюсь, что не люди пойдут в небо, чтобы быть с Господом вечно; но Он придет на Землю, чтобы вечно обитать среди них. Новый Иерусалим – это вечное местопребывание и Бога, и человека, место их постоянного жительства.

Как и до этого, Иоанн получает напоминание записать все, что он увидел, хотя его отвлечение от этой задачи вполне объяснимо!

«Эпилог» книги (Откровение 22:7-21) имеет очень много общего с «прологом» (1:1-8). И в первом, и во втором случаях Бог и Христос названы одним и тем же именем (1:8; 22:13). Это заключительное слово наставления носит тринитарный характер: здесь присутствуют и Бог, и Агнец, и Дух Святой.

Большой акцент делается на том, что время коротко. Иисус «грядет скоро» (22:7, 12, 20). Тот факт, что много веков прошло с тех пор, как эти слова были произнесены и записаны, не должен служить причиной для самоуспокоенности; мы можем оказаться намного ближе к тому, «чему надлежит быть вскоре» (22:6).

Но мы живем в день, когда возможности не закрыты. Жаждущие все еще могут прийти и брать воду жизни даром (22:17). Однако выбор необходимо сделать сейчас. Грядет время, когда духовное направление нашей жизни будет запечатлено уже навсегда (22:11). Фараон ожесточал свое сердце против Господа семь раз, после чего

Бог ожесточал его сердце три раза (Исход 7-11; Римлянам 9:17-18). Придет момент, когда это произойдет со всеми, кто противится и не подчиняется Его воле.

В конце будет только две категории людей: те, «которые соблюдают заповеди Его» [или «кто омоют свои одежды», Современный перевод БО, 2011] (Откровение 22:14; сравните с 7:14) и войдут в город воротами, и те, которые будут оставлены вне его (22:15), как это делают с дикими псами на Ближнем Востоке в наши дни. Это уже третий раз, когда в потрясающий финал включен дисквалификационный список преступлений (21:8,27; 22:15), как будто напоминая читателям этой книги, чтобы они не смели забывать, что эти блага будущего не будут даны им автоматически только потому, что они уверовали в Иисуса Христа и ходили в церковь, но придут к тем, кто «стремится к цели, к почести вышнего звания Божия во Христе Иисусе» (Филиппийцам 3:14), и тем, кто «старается иметь мир со всеми и святость, без которой никто не увидит Господа» (Евреям 12:14).

Еще один опасный путь, из-за которого верующий может лишить себя будущего, – это переделать книгу Откровение, прибавив или убавив что-то из нее. Поскольку это «пророческое» слово, Бог через Своего раба говорит, что изменения этой книги тем или иным образом равно святотатству, и такой человек навлекает на себя самое суровое наказание. Маловероятно, чтобы неверующие утруждали себя таким занятием. Гораздо больше шансов сделать так имеют те, кто берет на себя задачу объяснять или истолковать ее другим. Да помилует Бог автора этой книги, если он чем-либо нарушил это повеление!

Тем не менее, книга завершается на положительной, а не печальной ноте, и ее можно выразить одним словом: «Гряди»!

С одной стороны, это приглашение, звучащее с уст Церкви, обращено к миру, ко «всякому», кто откликнется на Благую Весть (Откровение 22:17;з сравните Иоанна 3:16). С другой стороны, оно адресовано к Господу: «Аминь. Ей, гряди, Господи Иисусе!» (22:20).

Этот двойной призыв характерен и для истинной Невесты, которая движима Духом (22:17), и испытывает благодать Господа Иисуса Христа (22:21). Все святые взывают «Гряди!» и к этому мятежному миру, и к Господу, Который придет снова.

Центральная роль Иисуса Христа

Последняя книга Библии представляет собой «Откровение Иисуса Христа» (1:1). Родительный падеж может истолковываться двояко: это откровение может быть и *от* Него, и *о* Нем. Возможно, именно такой двойной смысл и был задуман. В любом случае, Он находится в центре послания, которое передает книга.

Если ее основной темой является конец мира, Он является «концом», также как Он был «началом» (22:13). Божий замысел состоит в том, чтобы «все небесное и земное соединить под главою Христом» (Ефесянам 1:10).

Как пролог, так и эпилог сосредоточены на возвращении Христа на планету Земля (1:7; 22:20). Событием, вокруг которого будет вращаться будущая история человечества при ее переходе от худшего к лучшему, будет Второе Пришествие Иисуса Христа (19:11-16).

Это Тот же «Сей Иисус» (Acts 1:11), Который придет опять. Он есть Агнец Божий, Который первый раз пришел, чтобы взять на Себя «грех мира» (Иоанна 1:29). На протяжении всей книги Откровение Агнец выглядит «как бы закланным» (5:6). Вероятно, шрамы на Его теле будут все еще видны: на Его голове, ребрах, спине, руках и ногах (Иоанна 20:25-27). Мы часто встречаем напоминания, что Он пролил Свою кровь во искупление всех людей (5:9; 7:14; 12:11).

И все же Иисус в книге Откровение также очень отличается от мужа Галилейского. Его первое явление Иоанну было настолько потрясающим, что ученик, который был особо близок к Нему (Иоанна 21:20), упал замертво к Его ногам (1:17). Мы уже упоминали, что волосы Его были белыми, глаза – как пламень, язык – как острый меч, лицо Его сияло, а ноги были, как будто раскаленными в печи.

Несмотря на то, что в Евангелиях встречаются короткие эпизоды, где Иисус гневается (Марка 3:5; 10:14; 11:15), Его постоянный «гнев» в Откровении вселяет страх в сердца людей, которые скорее готовы, чтобы на них упали горы и камни, чем предстать перед Его лицом (6:16-17). Это уже не Тот «кроткий, нежный и смиренный Иисус». Если в любом другом месте такая характеристика могла быть недостоверной, здесь она была особенно неуместной.

Многие считают, что Иисус проповедовал и практиковал пацифизм, несмотря на Его утверждение об обратном: «Не думайте, что Я пришел принести мир на землю; не мир пришел Я принести, но меч» (Матфея 10:34; Луки 12:51). Разумеется, Его слова могут быть «одухотворены», но дать им толкование в Откровении гораздо труднее, где наиболее естественным объяснением последней битвы является ее физический характер.

Иисус сходит с небес, сидя на коне войны, а не на ослице мира (Захарии 9:9; Откровение 19:11; сравните с 6:2). Его одежда была «обагрена кровью» (19:13), но не Своей кровью. Несмотря на то, что единственный «меч», которым Он обладал, был Его язык, от него пали тысячи царей, сильных и тысяченачальников (свободных и наемных), так же, как однажды тем же языком была проклята смоковница (Марка 11:20-21).

Иисус явно описывается как Тот, Кто поражал целые народы, после чего птицы пожирали трупы! Такое наглядное описание вызывает шок у почтенных прихожан, которые привыкли смотреть на Него, глядящего милостиво из витражного стекла церковных окон. Еще большее удивление это вызывает у тех, кто во время Рождества по церковному календарю проводит спектакли, где Иисус изображается как беспомощное дитя. Он уже никогда не будет таким.

Изменился ли Иисус Христос? Нам известно, что старость делает одних людей мягче, другие же становятся сварливыми и даже злыми. Неужели и с Ним произошло что-то подобное за прошедшие века? Господи, сохрани!

Изменились не характер или личные свойства Христа, но Его миссия. Миссией Его первого пришествия было «взыскать и спасти погибшее» (Луки 19:10). Он не пришел «в мир, чтобы судить мир, но чтобы мир спасен был чрез Него» (Иоанна 3:17). Он пришел, чтобы дать людям возможность оставить свои грехи, прежде чем весь грех будет уничтожен. Его второй приход будет иметь противоположную цель, чтобы уничтожить, а не спасти, чтобы осудить грех, а не прощать его, как говорится в Апостольском и Никейском Символах веры, что Он «придет судить живых и мертвых».

Уже стало клише то выражение, что Иисус «любит грешника, но ненавидит грех». Первая часть этого выражения очевидным образом явлена в Его Первом пришествии; и вторая часть будет так же очевидна в Его Втором пришествии. Тем, кто крепко держится за грех, придется держать ответ. Тогда «пошлет Сын Человеческий Ангелов Своих, и соберут из Царства Его все соблазны и делающих беззаконие» (Матфея 13:41). Такое «уничтожение сорняков» будет настолько же тщательным, как и справедливым. Но если этому суждено быть совершенно справедливым процессом, то он должен касаться и верующих, и неверующих (как учит Павел в Римлянам 2:1-11, делая вывод в конце «Ибо нет лицеприятия у Бога»).

Хотел бы повториться, что мы должны помнить о том, что книга Откровение адресована исключительно «возрожденным» верующим. Слова, говорящие о резком неприятии Иисусом греха, предназначены для того, чтобы вызвать здоровый страх у «святых», и мотивировать их «соблюдать заповеди Божии и веру в Иисуса» (14:12).

Для тех, кто познал благодать нашего Господа Иисуса Христа, довольно легко забыть о том, что Он будет также и их Судьей (2 Коринфянам 5:10). Те, для кого Он был другом и братом (Иоанна 15:15; Евреям 2:11), склонны не замечать более строгие черты Его характера. Он достоин, чтобы мы отдавали Ему «благословение и честь, и славу и державу во веки веков» (5:13).

Из 250 имен-атрибутов, которые даны Иисусу Христу в Писании, значительная часть употреблена в этой книге; некоторые из них уникальны и больше нигде не встречаются. Он есть Первый и Последний, Начало и Конец, Альфа и Омега. Он царствует над творением Божьим. В этом выражается *Его связь с нашей Вселенной*. Он участвовал в процессе сотворения, Он ответственен за продолжение ее существования, и Он же приведет ее к конечному завершению (Иоанна 1:3; Колоссянам 1:15-17; Евреям 1:1-2).

Он есть Лев из колена Иудина, корень (и потомок) Давида. В этом выражается *Его связь с Богом избранным народом Израиля*. Он был, есть и всегда будет Иудейским Мессией.

Он есть Святой и Истинный, Верный и Истинный, Свидетель верный и истинный. Он Живой, Который был мертв, и Жив во веки веков, Имеющий ключи от ада и смерти. В этом заключается *Его связь с Церковью*. Следует помнить об особой ревности Иисуса к истине, то есть к правдивости и прямоте, в отличие от лицемерия.

Он есть Царь царей, и Господь господствующих. Он есть Звезда светлая и утренняя, которая по-прежнему сияет, когда все другие (включая поп-звезд и звезд кино!) исчезли. В этом выражается *Его отношение к миру*. Однажды все мироздание признает Его власть.

Очень многие из этих титулов Иисуса Христа вводятся тем же образом, который знаком нам из Евангелия от Иоанна: «Я есмь». Это не просто заявление от первого лица. Это напоминает то, как Бог открыл Себя, после чего Его сразу замыслили убить, и это привело Его в конечном итоге к крестной смерти (Иоанна 8:58-59; Марка 14:62-63). То, что этот замысел предназначался для обозначения общей божественности и равности Богу, подтверждается в книге Откровение тем, что Отец и Сын называют Себя одними и теми же именами-атрибутами: например, «Альфа и Омега» (1:8 и 22:13).

Этот мир идет к своему концу, но это завершение имеет скорее личный, чем безличный характер. На самом деле, концом его является личность. Иисус сказал о Себе, что Он есть Начало и *Конец*.

Если главной целью при изучении книги Откровение ставить выяснение, *к чему* движется этот мир, значит упустить ее суть. Суть же этой книги состоит в том, *к Кому* этот мир идет, или, вернее, *Кто* грядет в этот мир.

Христиане действительно единственные, кто с нетерпением ожидает прихода «конца», и каждое поколение надеется, что это произойдет в течение их жизни, потому что для них «конец» – это не событие, а Личность. Они с нетерпением ожидают «Его», а не того дня, когда «это» произойдет.

Предпоследний стих (22:20) содержит итог всей книги, и он носит личный характер: «Свидетельствующий сие говорит: ей, гряду скоро!» Для тех, кто принял эти слова, возможен единственный вариант ответа: «Аминь. Ей, гряди, Господи Иисусе».

Польза от изучения книги Откровение

Мы уже отмечали ранее, что книга Откровение является единственной книгой в Библии, которая несет и благословение читающим ее, и наказание для тех, кто вольно обращается с ней (1:3; 22:18-19). В качестве заключения мы перечислим 10 благ, которые несет изучение ее пророческого слова. Эти блага помогают вести настоящую христианскую жизнь.

1. Завершение Библии

Исследователь начнет с того, что Бог возвещал «от начала, что будет в конце» (Исаии 46:10). История завершилась. Счастливый конец известен. История любви завершается свадебным пиром, после чего начинаются настоящие взаимоотношения. Без этого Библия была бы незавершенной. Она тогда имела бы название «Ампутированная версия»! Потрясающие сходства первой и последней страницы Святого Писания (например, древо жизни) придает смысл всему остальному, что находится между ними.

2. Защита против ереси

Как часто различные культы и секты, чьи представители приходят и стучат в нашу дверь, специализируются на книге Откровение. Их мнимые познания книги производят глубокое впечатление на прихожан, которые никогда так и не овладели ее смыслом, в основном, из-за недостаточного обучения (и недостатка учителей, которые по-настоящему знают ее). Они не способны критически проанализировать предлагаемые толкования, которые могут быть подчас довольно вычурными. Единственным настоящим орудием защиты может быть превосходное знание книги.

3. Толкование истории

Поверхностная осведомленность о текущих событиях может поставить в тупик любого в вопросе, что касается понимания направления. Поскольку будущие события отбрасывают свои тени перед исследователем книги Откровение, читатель может обнаружить потрясающие соответствия с событиями, происходящими в мире, поскольку они очевидным образом направляются к глобализации в управлении миром и экономикой. Каждому проповеднику, который систематически проповедует из этой книги, по всей вероятности, слушатели приносят много газетных вырезок.

4. Основание для надежды

Все в мире происходит согласно плану, Божьему плану. Он по-прежнему пребывает на престоле, направляя все дела этого мира к Концу, Который есть Иисус. Книга Откровение заверяет нас в том, что добро восторжествует над злом, Христос победит сатану, и однажды святые будут править миром. Наша планета будет очищена от загрязнения и физического, и духовного. Даже наша Вселенная будет восстановлена. Надежда на это есть «для души ... как бы якорь» во время бури жизни (Евреям 6:19). Язычество, атеизм и гуманизм начинают подниматься на ноги. Но их дни сочтены.

5. Стимул для распространения Благой Вести

Трудно найти более ясную картину того выбора участи, который стоит перед человечеством: новое небо и новая Земля, или озеро огненное, вечная радость или вечное мучение. Возможность сделать выбор не будет длиться бесконечно. Судный день настанет, и каждый человек будет держать отчет. И все же день спасения еще длится: «Жаждущий пусть приходит, и желающий пусть берет воду жизни даром» (22:17). Призыв «Приди!» говорят совместно «Дух и Невеста» (т.е. Церковь).

6. Побуждение для поклонения

Книга Откровение исполнена поклонения, которое многими выражается в песнях и многоголосых восклицаниях. Мы встречаем здесь 11 песен, которые стали вдохновением к написанию многих гимнов во все века, от *Мессии* Генделя до патриотической песни «Боевой гимн Республики» («Я увидел как во славе Сам Господь явился нам»). Поклонение направлено к Богу и Агнцу, но не к Духу и не к ангелам. «Мы с ангелами и архангелами будет хвалить и возвеличивать Твое имя» (из книги Общих молитв англиканской церкви).

7. Средство от приверженности всему мирскому

Так просто начать жить приземленной жизнью. Уильям Вордсворт напоминает нам в своих стихах:

Нас манит суеты избитый путь,

Проходит жизнь за выгодой в погоне:

Наш род Природе – как бы посторонний

Мы от нее свободны – вот в чем жуть!

(Перевод Г. Кружкова)

Откровение учит нас больше размышлять о нашем вечном доме, а не о временном «идеальном доме», больше о нашем новом возрожденном теле, чем о ветшающей его оболочке.

8. Побуждение к благочестивой жизни

Божья воля о нас состоит в том, чтобы мы были святы здесь на Земле, и счастливы в вечности, но не наоборот, как многим бы хотелось. Святость имеет существенное значение, если мы хотим пережить все тяготы настоящего времени, преодолевая внутренние искушения и преследования со стороны внешнего мира. Книга Откровение встряхивает нас от расслабленности, самодовольства и безразличия, напоминая, что Бог «свят, свят, свят» (4:8), а также, что только «святой» народ будет иметь участие в первом воскресении, когда Христос придет опять (20:6). Вся книга и семь посланий церквам в начале ее, подтверждают принцип о том, что без святости «никто не увидит Господа» (Евреям 12:14).

9. Быть приготовленным к гонениям

Разумеется, этот аспект является основной целью написания книги Откровение. Ее главная мысль доносится ясно и громко для тех христиан, которые проходят через страдания за веру, ободряя их «претерпевать» и быть «побеждающими», тем самым сохранив свои имена записанными в Книге жизни и свое наследие в новом творении. Иисус знал о том, что перед концом мира Его ученики будут ненавидимы всем миром (Матфея 24:9). Поэтому нам всем нужно быть приготовленными к этому.

Дорогой читатель, если гонения еще не происходят в вашей стране, они наверняка придут. Но также верно и то, что придет Иисус, перед Которым малодушные окажутся неготовыми, и их «срамоту» увидят все (16:15), и они будут осуждены на вечную смерть (21:8).

10. Понимание Христа

Благодаря книге Откровение, образ нашего Господа и Спасителя является завершенным. Без нее портрет Христа был бы неполным, и даже искаженным. В то время как Евангелия изображают Его в роли пророка, а в посланиях Он представлен как Первосвященник, то Откровение раскрывает Его как Царя, Царя царей и Господа господствующих. Здесь Христос предстает таким, каким мир Его еще никогда не видел, но однажды увидит; Того Христа, Которого христиане пока что видят верой, но в один прекрасный день встретятся с Ним во плоти.

После изучения книги Откровение никто уже не может оставаться прежним. И все же люди могут забывать ее наставления. Поэтому ее благословения даны не только «читающим» ее (пусть даже вслух для других), но и «соблюдающим» написанное в ней. Это значит, что мы должны «уразуметь его сердцем» (1:3; перевод NIV) и умом, а также применять прочитанное на практике. «Будьте же исполнители слова, а не слышатели только, обманывающие самих себя» (Иакова 1:22).

59. МИЛЛЕНИУМ

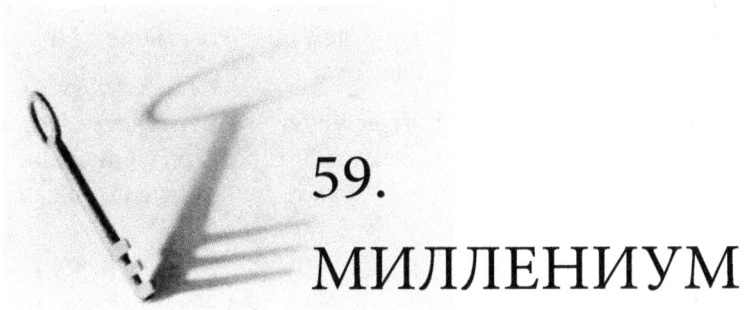

Печально, но глава 20 книги Откровение вызывает большие разногласия между христианами. Толкования настолько различны, что существует неписаное соглашение не дискутировать на эту тему ради сохранения единства.

Вполне вероятно, что читатели слышали о трёх основных взглядах: амилениализм, премилениализм и постмилениализм. Существуют и другие взгляды-вариации.

Некоторые рассматривают данный вопрос как теоретический и не представляющий серьезного значения (один мой знакомый назвал этот вопрос «несоответствующим нашей эре») и придумал для него новое название – панмилениализм (расплывчатый взгляд, утверждающий, что всё в итоге наладится, несмотря на то, во что мы верим сейчас).

Надежда является неотъемлемой составляющей христианской жизни, веры и любви. Взгляд на то, что произойдёт в будущем, сильно влияет на наше поведение в настоящем. Наши убеждения относительно Миллениума влияют на наше участие в евангелизации и социальных проектах.

В частности, наши надежды на изменения в этом мире весьма важны. Будет ли ситуация в мире только ухудшаться или когда-нибудь станет лучше? Окажет ли возвращение Христа на нашу планету какой-нибудь положительный эффект, или в результате Его прихода планета просто будет уничтожена? Придет ли Он только для того, чтобы судить народы, или будет править ими? И для чего Христос приведёт сюда вместе с Собой всех христиан, уже ушедших с этой Земли (1Фессалоникийцам 4:14)?

Господь открывает нам будущее не для того, чтобы удовлетворить наше любопытство, а для того, чтобы мы приготовили себя к участию в нём. Если бы мы верили, что будем править вместе с Ним в этом мире, то сейчас вели бы себя более ответственно.

Нам нужно рассмотреть этот отрывок в его контексте, затем задаться вопросом, когда и как настолько разные толкования возникли. И наконец, дать им оценку и сделать некоторые выводы.

Библейская экспозиция

Вся дискуссия проходит вокруг первых десяти стихов 20-й главы книги Откровения. Прежде чем делать выводы, необходимо напомнить то, о чем в ней ясно говорится.

Наиболее удивительной чертой этого отрывка является повторяющаяся фраза «тысяча лет». В греческом тексте она упоминается шесть раз, из них два раза – с определённым артиклем. Невозможно не заметить, что фраза подчеркивается. Вне зависимости от того, как её понимать, буквально или метафорически, она явно означает длительный период времени; в этом большинство толкователей сходятся во мнениях. Это – эра, эпоха.

Удивительно мало информации дано о том, что будет происходить в это время. Одно единственное событие в самом начале, одно – в конце, а между ними ситуация не меняется. Начало и конец относятся к сатане, а то, что между этими событиями, касается святых.

Миллениум начинается с полного удаления дьявола с земной сцены. Спустившийся ангел с огромной цепью хватает, связывает, бросает, заключает и запечатывает его. Все пять глаголов подчеркивают полную беспомощность дьявола, что подтверждается ясным утверждением, что его выдающаяся карьера обманщика закончена, хотя это произойдет только на время Миллениума. Он (пока ещё) не брошен в озеро огненное, но надёжно заключен в бездну. Обычно считается, что это место находится под землёй, вне досягаемости и вне поля зрения живых.

Заточение сатаны вместе с предшествующей ссылкой на двух его представителей – антихриста и лжепророка (они представлены как два «зверя» в Откровении 13) в озеро огненное (19:20) оставляют этот мир без правительства, в политическом вакууме.

Во второй части видения о Миллениуме Иоанн видит «престолы» (во множественном числе это слово используется только в этом отрывке и в 4:4), на которых находятся те, которым «дано было судить» (т.е. решать спорные вопросы, поддерживать закон и порядок, а также приводить в действие справедливые решения). Среди большой группы людей он замечает тех, которые были убиты за отказ поклониться антихристу или принять его начертание (число 666). Какое же это удивительное изменение в сравнении с предыдущей ситуацией в их жизни!

Очевидно, обе маленькие группы и одна большая – это те, которые воскресли из мёртвых. Все они «ожили», чтобы править со Христом во время Миллениума. Это событие специально описано как «воскресение» – существительным, которое повсеместно используется в Писании только в отношении физических тел. Мы знаем, что те, которые принадлежат Христу, воскреснут во время Его пришествия (1 Коринфянам 15:23). Мы – «блаженны и святы», потому что будем воскрешены в тот момент, станем царственным священством во время Миллениума и уже никогда не подвергнемся риску быть под «властью второй смерти» (наказанию в «озере огненном», т.е., как говорят, «в аду»).

В этом отрывке проведено очень чёткое различие между «воскресением первым», относящимся к святым, и воскресением «прочих» (т.е. всего остального человечества). Между этими двумя событиями находится Миллениум. Два разных воскресения имеют две совершенно разные цели. Первое – для тех, которые будут править со Христом, второе – для тех, которые будут судимы (20:12).

Третья часть видения переносит нас в самый конец Миллениума: дьявол связан (стихи 1-3), святые правят (стихи 4-6) и сатана освобождён (стихи 7-10). Это ошеломляющее развитие событий; его легче признать исходящим от Божественного откровения, чем от человеческого воображения! Кто мог бы догадаться, что дьяволу будет позволено возвратиться назад на Землю, чтобы во второй (и последний) раз попытаться заявить на неё свои права, как на принадлежащее ему царство! И всё-таки он сможет снова обмануть множество людей, навязав им мнение о том, что даст им свободу, и соберётся большая армия, чтобы окружить «стан святых и город возлюбленный» (очевидно, это сказано об Иерусалиме). Эта армия названа «Гог и Магог» (из книги Иезекииля мы знаем, что так сказано о нападении на восстановленный трон Давида), потому это событие нужно отличать от битвы Армагеддон (19:19-21). Битвы как таковой не будет. Войска будут уничтожены огнём, сошедшим с небес, и дьявол в итоге будет присоединён к антихристу и лжепророку в аду, чтобы получить мучение вечное (греческое выражение «во веки веков» не может означать меньше).

Не указано ни одной причины, которая могла бы позволить дьяволу иметь последний марш-бросок после столь длительного периода правления благочестивого правительства и всех благословений, связанных с ним. Но это действие послужит ещё одним доказательством истины, что грех и неповиновение исходят изнутри самого сердца человеческого, а не от внешних обстоятельств, а также оправдает разделение человечества на две категории: на тех, кто желает жить под Божьим правлением, и тех, кто этого не хочет. Миллениум приводит прямо ко дню последнего суда, где это окончательное разделение и произойдет.

Остаются два вопроса, на которые нужно ответить. Они чрезвычайно важны, чтобы понять, почему существует так много разногласий об этом Миллениуме. Вот эти два вопроса:

ГДЕ это произойдёт?

КОГДА это произойдёт?

«Откровение Иисуса Христа», записанное в этой книге, состоит из вербального «я услышал» и визуального «и увидел я» и переключается между небесными и земными сценами, открывая нам события и на Земле, и на небе. Изменение места происходящих событий показано явным образом (см. 4:1; 12:13).

Очевидно, что события между 19:11 и 20:11 происходят на Земле. Царь царей выезжает на коне из открытых небес, чтобы «поражать народы», находящиеся на Земле. Его битва с силами антихриста и лжепророка произойдёт на Земле. Ангел, «сходящий с неба», приходит для того, чтобы убрать сатану с Земли. Бывшие мученики «правят с Христом», Который уже находится на Земле. Сатана для последней битвы «Гога и Магога» обольщает народы, «находящиеся на четырёх углах земли». В итоге, земля «бежит от присутствия Сидящего на большом белом престоле».

Поэтому совершенно неправильно отказываться от понимания, что Миллениум происходит на Земле. «Небеса» упомянуты здесь только в том контексте, что кто-то «выходит» из них, чтобы прийти сюда. Это и есть ответ на вопрос: «Где?»

Ответ на вопрос «Когда?» не был бы более сложным, если бы в Средневековье Слово Божье не было разделено на главы. Такое распределение может быть удобным (вместе с номерами стихов), но это не боговдохновенное деление. Иногда разделение проведено в неподходящем месте, так как разделяет для нас то, что Бог пожелал соединить в одно целое. Именно это и произошло с данным отрывком. Тот священник, который вставил цифру «20» в этот текст, явно не боялся подпасть под осуждение, которое постигнет тех, кто «приложит» (добавит) что-нибудь к словам пророчества этой книги (22:18). Вряд ли он понимал, какой вред мог нанести этим; скорее всего, как будет замечено ниже, он ориентировался на свой собственный взгляд.

Если три главы книги Откровение (19, 20 и 21) прочитать, как одно последовательное откровение (таким Господь и дал его), то последовательность семи видений (от «и увидел я» в 19:11 до 21:1) становится яснее. Они открывают последние события мировой истории в том порядке, в каком они следуют друг за другом (например, 20:10 ссылается на 19:20, как на уже произошедшее событие).

Разделение этих видений на три части привело к тому, что они очень редко читаются одновременно и ещё реже изучаются как одно целое. При этом последовательность событий утеряна. Теперь событиями можно жонглировать, переставляя их в самом разнообразном порядке. Именно это и происходит.

Каждый, кто читает книгу Откровение последовательно, без всякого предубеждения, не поддаваясь влиянию впечатлений от разделения на главы, естественным образом приходит к заключению, что Миллениум *следует за* возвращением Христа и битвой Армагеддон, а также *предшествует* дню Великого суда, новому небу и новой Земле. Это и есть простое и понятное значение этого текста.

Итак, оказывается, что отрывок даёт нам откровение о значительном по времени периоде правления христианского правительства на этой Земле после того, как возвратится Христос и воскресит из мёртвых тех, кто принадлежат Ему. Это произойдёт до того, как Он окончательно будет судить весь мир. Почему же не все христиане верят в это, и не ожидают своего участия в том новом, измененном мире?

Историческое толкование

В течение первых пяти столетий Церковь была согласна с вышеописанным толкованием. Более десятка «отцов церкви» (так называют богословов раннего периода церкви) упоминают о том, что Папий, епископ Иерапольский, писал о «телесном (т.е. в теле) правлении Христа на Земле». Нет и намёка на какой-либо другой взгляд, а тем более на дебаты по этому вопросу. Они считали, что Писание нужно принимать таким, каким оно есть по этому, и по всем другим вопросам.

Эта позиция, очевидно, повсеместно распространившаяся в Ранней церкви, сегодня более известна, как премиллениализм, потому что говорит о приходе Христа *до* (т.е. пре, *перед*) Миллениума, описанного в 20-й главе книги Откровение.

Всё изменилось с помощью североафриканского епископа, называемого Августином, который повлиял на «западное» богословие, на католиков и протестантов более чем кто-либо другой. Он начинал с премиллениалистских взглядов, но затем греческое образование (неоплатоническое) изменило его образ мышления по этому и многим другим вопросам христианского вероисповедания и образа жизни.

Главная проблема состояла в том, что в греческом образе мышления, в отличие от еврейского понимания Писания, разделяются духовная и физическая сфера с тенденцией к определению первой как святой, и последней – как к греховной составляющей. К примеру, половые отношения даже в рамках брака попали под подозрение, после чего последовал обет безбрачия для священства.

Такие взгляды неизбежно привели к тому, что возвращение Христа в телесном виде для того, чтобы править на физической Земле, начали не укладываться в понимание человека, и последовала реакция на слишком вольную проповедь о физических наслаждениях жизни на Земле во время Миллениума. Достаточно заметить, что даже понятие о «новой» Земле имело тенденцию к исчезновению, поэтому христиане ожидали только «отхода в небеса». Цель Второго пришествия Христа была сведена только к тому, что Он «придёт судить живых и мёртвых» и разрушит Землю (на самом деле Откровение 20 описывает эти события в обратном порядке). Собор в Ефесе, состоявшийся в 531 году, был настолько подвергнут влиянию этого нового подхода, что премиллениализм был осуждён как ересь, и с того времени отношение к нему стало негативным!

Что же тогда нам делать с 20-й главой книги Откровение? Она является частью Слова самого Бога, и мы не можем позволить себе игнорировать её. Самым простым решением является перемещение Миллениума в цепочке событий на другое место: от происходящего после прихода Христа – в положение до Его прихода, тем самым заявляя, что глава 20 происходит раньше 19-й, даже несмотря на то, что в Писании это не так! Глава 20 становится замаскированным «повторением» событий, приводящих ко Второму Пришествию. Теперь эти события принадлежат церкви в настоящем, а не в будущем времени.

Всё это перевело церковь с премиллениалистической позиции к постмиллениалистической, поскольку считается, что Иисус Христос придёт *после* (отсюда приставка «пост») Миллениума, описанного в 20-й главе книги Откровение!

Всё же оставалась и неопределённость в данном взгляде, что впоследствии привело к разделению на четыре основных течения. Августин не дал ясного определения, нужно ли считать этот новый Миллениум чисто *духовным* правлением святых со Христом (что в некотором смысле можно применить ко всей церковной истории со времени первого прихода Христа до времени Его Второго пришествия), или оно будет также и политическим (когда церковь станет настолько сильной, что во имя Христа возьмёт под контроль правительства всех народов). Его книга «Град Божий», написанная в то время, когда распадалась Римская империя, не даёт чётких представлений о том, ожидал ли он, что «царство Божие» подчинит себе то, что принадлежало Риму, или оно просто выживет, и будет расти, невзирая на катастрофу. Это привело к развитию двух богословских школ, утверждающих, что корни их учения – в трудах Августина.

С одной стороны, есть те, которые считают, что Церковь «христианизирует» мир не путём обращения абсолютно каждого человека на Земле, но приобретением политической власти для того, чтобы применить Божьи законы. Таким образом, будет установлен длительный период (даже в буквальном смысле длительностью в тысячу лет) мира и процветания по всей Земле, попутно отодвинув Второе пришествие в более отдалённое будущее, поскольку очевидно, что такой Миллениум ещё не начался и фактически сегодня выглядит ещё более отдалённым, чем когда-либо. Однако время от времени эта идея появляется на поверхности, например, в Викторианских миссионерских гимнах, совпадающих со временем расширения «христианской» Британской империи, а также в более близкие к нам времена под эгидой названий «восстановление», «реконструкция» и даже «возрождение». Такой оптимистический взгляд получил название *постмиллениализм*.

По другую сторону находятся те, кто верит в то, что правление Иисуса Христа и Его святых происходит исключительно в духовном смысле, что началось во время Его Первого пришествия и продолжается до Второго. Такие люди должны были найти новый термин для себя и в итоге избрали «амиллениализм». Этот термин одновременно неточен и вводит в заблуждение, поскольку приставка «а» означает «не» или «против» (так же как и в слове «атеист»). Этот вид толкования также рассматривает Миллениум как период времени *перед* возвращением Христа. Единственное отличие от постмиллениализма состоит в том, что считается, будто мы *уже сейчас* живём в Миллениуме и находимся в этом состоянии уже две тысячи лет!

Этот взгляд, нисходящий от протестантов-реформаторов к Августину, сегодня, по всей вероятности, является наиболее распространённым взглядом в Европе. Однако, как мы увидим, в Америке это не так. Здесь же уместно отметить, как представители данного взгляда рассматривают 20-ю главу книги Откровение.

Появляется необходимость внести множество изменений. «Ангел», сковывающий сатану, становится Самим Иисусом Христом, а само это действие имело место либо при искушении Христа, либо при распятии. Сатана связан, но с Земли не изгнан. Он просто привязан на длинную цепь, которая лишь ограничивает его действия (другие фразы из этой главы, такие как «низверг его в бездну», «заключил» и «положил над ним печать», за их бессмысленностью при таком толковании опущены). Обычно «ограничения» его деятельности сводятся к его неспособности предотвратить распространение Евангелия и построение церкви. Он оставлен на Земле, а не «низвержен в бездну». Те, которые были убиты во времена антихриста, представляют собой всех святых всех времён, правящих в небесах вместе с Христом. То, что «они ожили» во время «Первого воскресения», рассматривается либо как их обращение (воскресли из «мертвого» состояния, в котором они находились из-за своих грехов), либо как то, что они попадают на небеса после своей смерти, но ничего из вышеперечисленного этот взгляд не рассматривает в привязке к их телам. Однако, когда ниже сказано о «прочих», которые «не ожили» до тех пор, пока «не окончится тысяча лет» (а это то же слово в том же контексте), это *уже означает* воскрешенные тела! И фразу «тысяча лет», сказанную шесть раз, нужно уже понимать как, по крайней мере, две тысячи.

И этот список можно продолжить. Оставим здравому разуму читателя право судить, является ли такое толкование хорошим экзегезисом (нахождение в Писании того, что в нём действительно написано), или плохим эйзегезисом (нахождение в Писании того, что кому-то хочется там найти). Автор же находит подобные толкования совершенно неубедительными.

В дебатах по вопросам Миллениума произошло ещё одно значительное изменение. О нём стоит упомянуть, так как этот взгляд получил широкое распространение по другую сторону Атлантического океана, хотя он исходит с нашей стороны, из учения Джона Нельсона Дарби, основателя движения Плимутских братьев. Этот взгляд был популяризирован с его кафедры, а также американским юристом, называемым д-р Скоуфилд (автор Библии Скоуфилда) и семинарией в городе Даллас, штат Техас (особенно Халом Линдси, бывшим студентом этой семинарии).

Положительная сторона этого взгляда состоит в том, что с начала XIX столетия многие возвратились к премиллениальному взгляду Ранней церкви, хотя он никогда и не исчезал (Исаак Ньютон был сторонником именно этого взгляда, и другие толкователи, включая англиканских епископов: Райли, Весткотт и Хорт, также пришли к подобным заключениям) . И всё же, основное влияние пришло именно со стороны Плимутских братьев.

Отрицательная сторона состоит в том, что Дарби соединил древний взгляд с некоторыми новыми идеями в полновесной богословской системе, известной как «диспенсационализм», разделивший историю на семь «диспенсаций», семь эр, в которых Бог подавал Свою благодать на совершенно разных основаниях. Он учил, что церковь находилась в невосстановимых руинах, что евреи являются «земным» народом Божьим, а Церковь – Его «небесным» народом, и они будут разделены всю вечность, и более того, он учил, что Христос придёт *дважды:* один раз тайно, чтобы забрать Свою Церковь перед периодом Великой скорби, а другой раз – видимым образом, чтобы править миром. Детальный график событий будущего, описанный им, также включает в себя четыре разных суда.

Трагично, что все эти новшества были настолько интегрированы в раннее учение, что сейчас широко распространена мысль, будто премиллениалистический взгляд обязательно должен быть диспенсационным. Отвергнуть последний – значит отвергнуть первый! Но это то же, что вылить воду вместе с младенцем (высказывание происходит из тех дней, когда вся семья купалась в одной и той же бочке, и в то время, когда доходила очередь до самого младшего, вода становилась настолько мутной, что в ней можно было и не заметить последнего купающегося)!

Поэтому необходимо провести очень чёткое разделение между «классическим» премиллениализмом Ранней церкви и «диспенсационным» премиллениализмом многих современных евангелистов и пятидесятников. Пока ещё это понимают немногие, но число библейских толкователей, осознавших эту потребность, растёт (на память приходят имена Джордж Элдон Лэдд и Мерилл Тенни).

Личное заключение

Я закончу это приложение объяснением причин, по которым я являюсь «классическим премиллениалистом» в толковании 20-й главы книги Откровение.

1. Это самое естественное толкование, без всякого «форсирования» текста.
2. Оно даёт самое удовлетворительное объяснение причин, по которым Иисус Христос должен прийти на Землю второй раз и привести нас с Собой.
3. Этот взгляд делает особое ударение на ожидание Его возвращения с надеждой на хорошее будущее.
4. Он объясняет, почему Бог пожелает оправдать Своего Сына перед глазами всего мира.
5. Он «приземляет» наше будущее так, как это делает и весь Новый Завет, а небо становится «комнатой ожидания» до нашего возвращения туда.
6. Он реалистичен, избегает пост-оптимизма и а-пессимизма в отношении к этому миру.

7. Он имеет меньше трудностей в объяснении, чем остальные взгляды, хотя тоже оставляет некоторые вопросы без ответа.

8. Это то, во что верила единодушно Ранняя церковь, а верующие того времени жили близко ко времени апостолов.

Исходя из этих причин, я могу молиться, вкладывая настоящий смысл и желание «да приидет царствие Твое… и на земле, как и на небе».

Комментарий: Эта тема более детально обсуждается в четвертой главе «Загадка Миллениума» моей книги «Когда Иисус вернётся».

О Дэвиде Посоне

Посон продолжает наследие великих христианских писателей Британии. Его наиболее известный труд «Открывая Библию» широко распространён в печатном, аудио- и видеоформатах.

Посон известен тем, что принимает текст Библии, как авторитетное Слово Божие, при этом объясняя его значение и контекст на практическом и понятном языке. Поскольку он следует учению Писания там, где оно сталкивается с церковной традицией, его книги часто вызывают дискуссии.

Сегодня Дэвид проповедует по всему миру, его смотрят по God TV миллионы телезрителей почти в каждой стране.

Дэвид родился в 1930 году, после получения степени бакалавра естественных наук по агрономии в Университете Дарема он планировал стать фермером. Он удивился, когда Бог вмешался и повёл его по пути служения. Обучаясь в Кэмбридже для получения докторской степени по богословию, под влиянием либеральных преподавателей Посон утратил доверие к Библии и почти утратил веру в Бога.

Он вновь приобрёл веру в непогрешимость и безошибочность Библии, когда нёс служение капеллана в Королевских военно-воздушных силах. В это время он решил проповедовать Библию систематически – от начала до конца. Результаты проповеди среди военнослужащих удивили его и их, и подтвердили богодухновенность Писания. С тех пор его проповедью было либо изучение Библии, либо тематические изучения, основанные на детальном, контекстуальном исследовании того, что говорит Библия.

Неся служение пастора в Миллмид Центре, Посон приобрёл репутацию библейского комментатора как среди евангельских, так и среди харизматических деноминаций. Во время служения Посона, Миллмид стала самой большой баптистской церковью в Британии.

Он часто выступает в Соединенном Королевстве и во многих частях мира, включая Европу, Австралию, Новую Зеландию, Южную Африку, Нидерланды, Израиль, Юго-Восточную Азию и Соединенные Штаты.

Дэвид Посон со своей женой Енид живет в Бесингстоке, Хемпшир, в Южной Англии.

Другие книги Дэвида Посона

- «Защищая христианский сионизм»
- «Идем со мной по книге Откровение»
- «Практикуя принципы молитвы»
- «Объяснение сути христианства»
- «Нормальное рождение христианина». Как помочь новообращенным правильно начать жизнь
- «Руководство – мужское дело». Что говорит Библия?
- «Слово и Дух вместе – объединяя харизматические и евангельские деноминации»
- «Дорога в ад»
- «Является ли Иоанна 3:16 Евангелием?»
- «Бог и Евангелие праведности»
- «Почему Бог допускает стихийные бедствия?»
- «Когда Иисус вернется»
- «Иисус крестит в одного Святого Духа»

Книги Дэвида Посона можно приобрести
через True Potential Publishing, Inc.
и в лучших книжных магазинах Северной Америки.
Для получения более подробной информации о Дэвиде Посоне,
отрывков из его работ для ознакомления
и для заказа через сеть Интернет посетите сайт

http://pawsonbooks.com

Защищая христианский сионизм

Дэвид Посон

160 стр., мягкий переплет
ISBN # 978-0-9818961-7-5
Стоимость: $14.99

- Привел ли Бог еврейский народ назад в Палестину?
- Как могут и евреи, и христиане быть Божьим избранным народом?
- Сколько заветов в Библии?
- Все ли христиане-сионисты принимают диспенциальное учение?
- Изменяет ли Бог Израилю Свои обещания?

Это несколько вопросов, на которые необходимо ответить во свете современных атак на христианский сионизм со стороны некоторых евангельских писателей. Дэвид Посон верит, что христианам необходимо очень четкое библейское понимание, прежде чем делать политические заявления о конфликте на Среднем Востоке.

«Нет необходимости говорить, что Дэвид Посон ценится, как один из самых серьезных, знающих, проницательных и безупречно искренних учителей Библии в наше время. Уже только лишь по этой причине следует обратить внимание на его размышления, но, как он всегда говорит, – судя о них в свете Слова Божьего».

Reflections (Великобритания)

Исследуйте в интернете! Вы можете найти отзывы, образцы и комментарии на все книги Дэвида Посона на http://pawsonbooks.com. Вы также можете приобрести книги Дэвида Посона в лучших книжных магазинах Северной Америки.

Идем со мной по книге Откровение

Дэвид Посон

336 стр., мягкий переплет
ISBN # 978-0-9818961-8-2
Стоимость: $15.99

Библия – уникальна; как историческая книга, она рассказывает нам как о будущем, так и о прошлом. Заинтересоваться одним или другим – значит избежать жизненных проблем.

Обе перспективы необходимы, чтобы «пройти через жизненные обстоятельства» настоящего.

Книга Откровение сфокусирована на будущем и вызывает среди христиан две реакции: одни никак не могут вникнуть в нее, другие не могут оторваться от нее! Нам необходимо более уравновешенное мнение о ее значимости. К тому же, это – единственная книга во всей Библии, к которой Бог прикрепил особое благословение и ужасное проклятие.

Она была написана для обычных людей, находящихся под чрезвычайным давлением. Страдание – ключ к ее пониманию. Она – пособие для мучеников.

По мере того, как история приближается к завершению, всем христианам необходимо ее послание предупреждения и ободрения.

Это – первая из серии книг, в которых Дэвид Посон приглашает читателя: идем со мной по… книге Библии.

Исследуйте в интернете! Вы можете найти отзывы, образцы и комментарии на все книги Дэвида Посона на http://pawsonbooks.com. Вы также можете приобрести книги Дэвида Посона в лучших книжных магазинах Северной Америки.

Практикуя принципы молитвы

Дэвид Посон

281 стр., мягкий переплет
ISBN # 978-0-9818961-9-9
Стоимость: $14.99

Мы все когда-то о чем-то молились. Были ли молитвы, которые остались не отвеченными? Вы когда-нибудь задавались вопросом: почему?

В какие семь утверждений вы должны поверить, чтобы получать ответы на молитвы?

Книга «Практикуя принципы молитвы» говорит об этих семи утверждениях и о многом другом.

Знаете ли вы, что согласно Библии:

- Вы никогда не молитесь один
- Молитва – это не размышление, это – разговор
- 95% молитвы составляют разговор и вопросы
- Молитва произносится вслух
- Ваши глаза открыты

Существует много книг по теме молитвы, но эта отличается от всех. Это четкое, практическое, библейское руководство к молитве. Глубоко раскрыты следующие аспекты этой темы:

- Молитва Отцу
- Молитва через Сына
- Молитва в Духе
- Молитва против диавола
- Молитва со святыми
- Личная молитва
- Молитва за других
- Молитва без препятствий

Когда Иисус вернется

Дэвид Посон

269 стр., мягкий переплет
ISBN # 978-0-9823059-1-1
Стоимость: $14.99

В наши дни усиленной обеспокоенности по поводу последнего времени, что действительно известно о Втором Пришествии Христа, и каким образом мы можем к нему подготовиться?

Христиане повсеместно ждут прихода Христа. Придет Он ко всему миру или только в отдельное место?

Скоро и внезапно или после ясных знамений? Что будет в период Его прихода и как долго он продлится?

Дэвид Посон дает ясное понимание этих и других важных вопросов относительно физического возвращения Иисуса Христа на нашу Землю. Основываясь на новом подходе толкования книги Откровения, он детально обсуждает спорные и труднопонимаемые вопросы Восхищения и раскрывает истинную значимость Тысячелетнего Царства.

Отзывы:

«Книга Откровения, изложена доступным языком! В этой книге четко и просто излагается Божий извечный план снова и навсегда жить с человеком».

«В этом исследовании четко и понятно рассмотрены эти вопросы. Настоятельно рекомендую».

<u>*Исследуйте в интернете!*</u> Вы можете найти отзывы, образцы и комментарии на все книги Дэвида Посона на http://pawsonbooks.com. Вы также можете приобрести книги Дэвида Посона в лучших книжных магазинах Северной Америки.

Нормальное рождение христианина

Дэвид Посон

327 стр., мягкий переплет
ISBN # 978-0-9823059-2-8
Стоимость: $15.99

Это пособие для душепопечителей. Оно предназначено не только для евангелистов, хотя особым образом относится к их служению. Оно для пасторов, руководителей молодежи, служителей Церкви, но, в действительности, – для христиан, сердца которых стремятся завоевывать других для Христа.

В основном, эта книга о том, как стать «христианином». Она написана в результате глубокого переживания о лучшем качестве «обращения» (так же, как и большем количестве, что все желают видеть).

Отзывы:

«Если вы читали Дэвида Посона, вы будете ожидать серьезно аргументированного, четко и ясно организованного и представленного подхода от, бесспорно, лучшего преподавателя Библии нынешнего поколения. Эта книга – не исключение. Четкость мысли и не техническая формулировка с Посоном становятся стандартом».

«Этой книге предназначено стать христианской классикой! Если вы – христианин и еще не читали ее, сделайте это немедленно! Она раскрывает основы полного «христианского рождения»».

Исследуйте в интернете! Вы можете найти отзывы, образцы и комментарии на все книги Дэвида Посона на http://pawsonbooks.com. Вы также можете приобрести книги Дэвида Посона в лучших книжных магазинах Северной Америки.

Объяснение сути христианства

Дэвид Посон

176 стр., мягкий переплет
ISBN # 978-0-9818961-0-6
Стоимость: $14.99

Дэвид Посон обсуждает основные вопросы христианской веры.
- Существует ли Бог?
- Благ ли Бог?
- Была ли смерть Иисуса убийством, или самоубийством?
- Где Он сейчас? Что значит «спасенный»?
- Как человек становится христианином?
- Как насчет Святого Духа?
- Какая роль Церкви? Как все закончится?

Отзывы:

«Несколько лет назад, когда, переживая период страданий, я искал подлинного Бога – не просто Того, о Ком я пел гимны, – две книги помогли мне сосредоточить на Нем внимание. Одной из этих книг была книга, которая сейчас перед вами. Как мне кажется, она помогла мне расчистить в моих запутанных взглядах весь тот густой «подлесок», росший у меня со времени детства и юности. Я называю этот подлесок «религией».

ДЖЕРАЛЬД УИЛЬЯМС –
спортивный комментатор

«Прекрасно написанная книга, предлагающая краткий и хорошо проиллюстрированный обзор основных христианских истин».

Епископ Джон Перри

<u>Исследуйте в интернете!</u> Вы можете найти отзывы, образцы и комментарии на все книги Дэвида Посона на http://pawsonbooks.com. Вы также можете приобрести книги Дэвида Посона в лучших книжных магазинах Северной Америки.

Является ли Иоанна 3:16 Евангелием?

Дэвид Посон

85 стр., мягкий переплет
ISBN # 978-0-9818961-1-3
Стоимость: $11.99

К вопросу о влиянии всем известного стиха Иоанна 3:16 наблюдается огромный и неослабевающий интерес. В этой радикальной книге автор разоблачает ошибочные учения, раскрывает многие распространенные заблуждения и детально объясняет этот стих в его контексте. Он исследует связь с окружающими стихами, и в результате открывает удивительные мысли, которые дадут читателю возможность понять истинную важность отрывка и способы его надлежащего применения.

Дэвид Посон пишет: «Иоанна 3:16 часто называют „Евангелием в скорлупе". Я считаю, что это – один из наиболее неправильно переведенных и неверно используемых стихов в Библии. Как и большинство христиан, я абсолютно неверно понимал этот стих. Поэтому я предупреждаю вас, что могу испортить для вас Ин. 3:16 до конца вашей жизни. Но я также надеюсь, что эта книга раскроет вам истинное значение этого чудесного и очень важного, особенно для христиан, отрывка».

Отзывы:

«Глубокое обсуждение Посона не оставляет места для критики, хотя некоторые, возможно, хотели бы оспорить его позицию. Таких я призываю, как призывает и сам Посон: „Сверьтесь с Библией и посмотрите, ошибается ли он. И только потом принимайте решение"».

Исследуйте в интернете! Вы можете найти отзывы, образцы и комментарии на все книги Дэвида Посона на **http://pawsonbooks.com**. Вы также можете приобрести книги Дэвида Посона в лучших книжных магазинах Северной Америки.

Бог и Евангелие праведности

Дэвид Посон

51 стр., мягкий переплет
ISBN # 978-0-9818961-2-0
Стоимость: $11.99

Дэвид Посон призывает Церковь вернуться к самой сути Благой Вести. Для многих «Евангелие» значит, что Бог безусловно любит каждого. Но ни Иисус, ни Его апостолы никогда не проповедовали подобным образом. Кажется, они считали, что миру нужно было узнать о Его праведности и готовности, даже о Его рвении поделиться этим с нами. Вот почему Он решил, чтобы была Вселенная, в которой не будет ничего неправедного. Почему мы не считаем это Благой Вестью?

Руководство – мужское дело

Дэвид Посон

117 стр., мягкий переплет
ISBN # 978-0-9818961-3-7
Стоимость: $11.99

Предисловие: Элизабет Эллиот

«Это простое, здравое, серьезное рассмотрение темы человеком, который любит Бога, уважает женщин и воспринимает как данность вопрос богодухновенности Писания и честности апостолов. Он затрагивает все «сложные» тексты. Он говорит нам о том, что его тема – это не церковный вопрос, равно как и не иерархический, ситуационный, исторический или экспериментальный, – это вопрос *библейский*. Прочтите эту книгу. Ее экзегеза указывает на тайну. Тайны открывают, а не объясняют. Тайны всегда нарушают спокойствие».

Дорога в ад

Дэвид Посон

227 стр., мягкий переплет
ISBN # 978-0-9818961-5-1
Стоимость: $14.99

Оспаривая «универсализм» и «анигилизм», Посон представляет традиционное представление о вечных мучениях, как библейски обоснованный аргумент, подтверждая его исчерпывающим изучением Писания по спорным отрывкам. Он подтверждает, что небеса – это тоже реальность, но из виду упускается часто именно ад.

«Ад – самая неудобная и наименее приемлемая среди всех христианских доктрин. Мы пытаемся игнорировать ее, но она остается. Лучше посмотреть правде в глаза, даже если она наносит боль».

Почему Бог допускает стихийные бедствия?

Дэвид Посон

92 стр., мягкий переплет
ISBN # 978-0-9818961-4-4
Стоимость: $11.99

Когда происходят природные бедствия, многие люди задают вопрос:

«Если Бог всемогущий и любящий, почему Он позволяет подобному происходить?» Дэвид Посон внимательно изучает, что говорит Библия о важности таких событий, которые могут оборвать миллионы жизней, принести разрушение, телесные повреждения и смерть. Поскольку количество и интенсивность таких бедствий возрастает, эта книга отвечает на необходимость основательного библейского понимания основной проблемы.

Слово и Дух вместе

Дэвид Посон

227 стр., мягкий переплет
ISBN # 978-0-9818961-6-8
Стоимость: $14.99

Дэвид Посон имеет страстное желание увидеть харизматические и евангельские деноминации объединенными. Он провел исследование остающихся различий, которые, по его мнению, можно разрешить, не идя на компромисс.

Эту книгу необходимо прочесть каждому христианину, имеющему видение Церкви, объединенной верностью Слову и открытостью для работы Духа Святого.

Иисус крестит в одного Святого Духа

Дэвид Посон

227 стр., мягкий переплет
ISBN # 978-0-9823059-3-5
Стоимость: $14.99

Посон описывает восемь основных элементов крещения в Духе. Он отстаивает мнение, что сакраментальные, евангелические и пятидесятнические течения христианства неверно судят об этой библейской доктрине. В частности, должна быть восстановлена ее двойная цель чистоты и силы для спасения и для служения, если мы хотим стать истинно апостольской церковью в двадцать первом веке.

«Я настоятельно рекомендую эту книгу тем, кто желает расширить свое традиционное мышление о спасении и, в частности, о крещении Духом Святым…»

П. Д. Гулдин, Престон, Ланкашир, Объединенное Королевство

Anchor Recordings Ltd, 72 The Street, Kennington, Ashford TN24 9HS

www.ingramcontent.com/pod-product-compliance
Lightning Source LLC
Chambersburg PA
CBHW071113080526
44587CB00013B/1328